흉노(匈奴)
연(燕)
대(代)
중산(中山)
영수(靈壽)
제(齊)
이석(離石)
형(邢)
임치(臨淄)
기(紀)
진(晉)
한단(邯鄲)
곡부(曲阜)
위(衛)
평양(平陽)
비(費)
거(莒)
조가(朝歌)
조(曹)
노(魯)
황해
곡옥(曲沃)
성복(城濮)
등(滕)
안읍(安邑)
담(郯)
송(宋)
낙양(洛陽)
팽성(彭城)
정(鄭)
상구(商丘)
주(周)
서(徐)
진(陳)
오(吳)
종리(鐘離)
채(蔡)
수춘(壽春)
광릉(廣陵)
신(申)
성양(城陽)
연릉(延陵)
황(黃)
당(唐)
등(鄧)
육(六)
고소(姑蘇)
수(隨)
초(楚)
서(舒)
회계(會稽)
영(郢)
악(鄂)
양쯔 강
월(越)
구(甌)

논어

명역고전

개정판

논어

공자 지음 · 김원중 옮김

Humanist

일러두기

1. 이 책은 공자의《논어》를 완역한 것으로 원문에 충실한 직역 위주로 작업하면서 상세한 주석을 달았으며 매우 제한된 범위에서 의역을 곁들였다.
2. 《논어》는 주로 공자와 제자들 혹은 제자들 간의 어록이므로 대화체의 어감을 살려 생동감 있고 감칠맛 나는 번역문을 만들고자 했다.
3. 이 책의 구성은 전체 해제와 각 편 해제, 각 편 본문으로 이뤄졌다. 본문의 경우에는 소제목과 번역문, 원문, 독음, 하단 각주 순으로 구성되었다. 기존 번역본들과 달리 소제목을 달아 독자들이 쉽게 내용을 유추할 수 있게 했다.
4. 《논어》는 해석의 논란이 있는 부분이 많으므로 각주를 통해 여러 학설을 제시하고 각각의 타당성을 살펴보았다. 주희의《논어집주》와 정약용의《논어고금주》등을 비롯하여 역대 저명한 주석가들의 해설의 차이점을 두루 망라하려 노력했다.
5. 각 편의 첫 부분에 붙인 해제는 본문에 나오는 주요한 사건, 개념, 문장을 통해 전체적인 그림을 그려본 것이다. 옮긴이의 독단과 감상을 경계했으며, 본문과의 중복을 피하기 위해 간소화했다.
6. 번역문에서 대괄호 안의 문구는 내용 이해를 위해 옮긴이가 추가한 것이고, 괄호 안의 내용은 해당 단어에 대한 간단한 설명이다.
7. 제자가 공자에게 물을 때는 '여쭈었다'로, 공자가 말하거나 대답할 때는 '공자께서 말씀하셨다'로, 공자가 상급자의 질문에 답할 때는 '대답하셨다'로 옮겼다. 그외에 제자들끼리의 대화는 반존칭으로, 제자들이 혼자 말하는 부분은 '말했다'로 통일했다.
8. "인仁" "광匡" 등 한 글자로 된 한자어를 제외하고는 원문에 해당 한자가 나올 경우 번역문에는 일일이 병기하지 않았다.
9. 특별한 경우를 제외하고는 교감 작업은 하지 않았지만, 중요한 구절에 한하여 판본 문제를 거론했다.
10. 찾아보기는 인명, 지명, 관직명, 주요 개념어 등을 중심으로 세밀하게 작성했다.

개정판 서문

2500여 년의 시공을 초월하여 세계적인 고전으로 자리잡은《논어》는 읽을수록 이해하기 힘든 책이다. 중국의 또 다른 고전으로 평가받는《노자 도덕경》이나《손자병법》,《맹자》,《한비자》 등 제자백가 문헌들은 문장이 난해하고 내용이 심오하거나 분량이 매우 많아 일반인이 접하기 쉽지 않아 보인다. 이에 비해서《논어》는 공자와 제자들 간의 다양한 어록집으로 문장이 전반적으로 짧은 편이고 우리에게 친숙한 고사성어 또한 많아서, 다른 제자백가의 문헌들보다 쉬워 보이는 것도 사실이다. 그래서인지 번역본을 포함하여《논어》 관련 책이 수백 종 이상이 현재 유통되고 있을 정도다.

그런데 전국 시대에 편찬된 것으로 추정되는《논어》는 겉으로 쉬워 보이지만 그 이면의 함의가 적지 않아 해석상의 논란이 많았기 때문에 역설적으로 결코 쉬운 책이 아니라는 수식어가 따라붙었다.

7년 전 필자의 번역본이 출간된 이래 30여 쇄를 훌쩍 넘겼는데, 그간 역자가 오해했거나 미처 생각하지 못했던 점들이 발견되어 역대 주석가들의 견해를 포괄적으로 수용하여 전면개정판을 펴내게 되었다. 단어의 자전적 의미에 일차적으로 주목하면서도 전통적으로 권위 있는 주석가들(주희, 정현, 하안, 황간, 한유, 형병, 유보남)의 견해를 참조했다. 아울러 중국의 고증학적 성과와 일본 경학 연구를 두루 섭렵한 다산 정약용, 일본의 오규 소라이 등에 이르기까지 필자 나름대로 분석하고 고증한 자료를 통해 해당 번역문의 논거를 찾아보려고 노력했다. 이들은 하나의 문장을 두고 정반대의 해석을 하는 경우도 많고 채택하고 있는 판본상 문제가 있는 자구도 적지 않은데, 이설이 존재하는 경우에는 다양한 제가諸家의 주석을 함께 소개하여 왜 그런 해석의 차이가 존재하는지에 대해 독자들 스스로 판단할 수 있는 여지를 제공하고자 하였다. 아울러 원문을 함께 보면서 독자들 스스로 해석의 확장 가능성을 열어가는 재미도 살리고자 했다.

이번 전면개정판은 전공 과정에서의 논어강독 수업과 네이버 오디오클립에서 '논어백독'이라는 타이틀로 《논어》를 연재한 성과를 모두 반영하였다. 한 문장씩 읽으면서 그 행간의 의미와 사상, 시대적 배경 등을 정리한 내용을 이번 개정판에 오롯이 담았다. 각주 등으로 보충되고 새롭게 추가된 내용 등이 200자 원고지 500여 장에 이른다. 독자 여러분은 번역문과 각주를 읽으면서 단어의 의미에 대한 궁금증 해소는 물론, 해당 번역이 나오게 된 배경과 여러 주석가들의 견해 등을 읽어보면서 번역문을 읽는 것 못지않은 재미를 느끼리라고 본다.

끝으로 '논어백독' 진행을 맡고 있는 김학원 대표의 날카로운 질의와 애청자 여러분의 댓글에 감사드린다. 연구실에서 이 작업에 매달려 시간을 보내다 보니, 긴긴 여름날은 온데간데없고, 아침저녁으로 차가운 기운이 감도는 초가을이 성큼 다가왔다. 세월은 이렇게 흐르는가 보다.

2019년 10월 어느 날,

선효재宣曉齋에서

김원중

초판 서문

어려서부터 《논어》는 늘 즐겨 공부하던 책이었다. 대학 때는 주희朱熹의 《논어집주論語集註》를 외우듯이 읽었고 타이완 삼민서국에서 나온 파란색 표지의 《사서四書》로 진행되는 수업을 듣기도 했다. 대학 강단에 섰던 25년 동안 역자는 거의 한 해도 거르지 않고 《논어》를 강의해왔다. 수업에서 읽었던 텍스트로는 주희의 《논어집주》가 대부분이었는데 영문과 원문이 함께 있는 제임스 레게James Legge 판본도 있고, 양보쥔楊伯俊의 《논어역주》도 있다.

오래 읽고 강의도 했지만 《논어》를 번역한다는 것은 너무나 힘겨운 작업이었다. 《논어》에서 다루는 내용이 학문, 정치, 역사, 문화 등 광범위한 영역을 포괄하는 점과 국내외에서 출간된 번역본이 많은 탓도 있지만, 번역을 하면서 가장 큰 원칙으로 삼는 가독성의 문제, 즉 읽히는 번역을 온전히 추구할 수 없을지도 모른다는 부담감이 마음을 괴롭혔다. 《논어》는 공자가 직접 붓을 잡고 저술한 긴 문장이 아니라 매우 짤막한 촌철살인의 말들로 이뤄져 있기 때문이다. 대화체이고 어록체이다 보니, 툭툭 던진 한마디 한마디의 역사적 맥락과 철학적 함의를 풀어가면서 일관된 번역 원칙을 고수하기에 어려움이 적지 않았다.

《논어》는 원전에 맞게 읽는 것이 중요하다. 유학이 국교나 다름없을 정도의 권위를 자랑한 중국과 우리나라에서는《논어》의 자구 하나로 중요한 정치적 판단을 내리기도 했기 때문에《논어》의 '가치'를 제대로 파악하기 위해서는 번역 작업에서도 '원문原文'에 대한 충실성을 최대한 높여야 마땅하다. 특히 공자가 살던 시기에 통용된 단어의 의미와 문법을 항상 염두하여 우리말로 옮겼으며,《논어》에 나타난 공자와 제자들의 삶과 당대의 분위기 등은《시경》《예기》《사기》《노자 도덕경》《맹자》등 선진·양한 시대의 저작들을 세밀하게 참조해서 전달하려 했다. 오늘날까지 논란을 빚고 있는 구절들의 해석에서는 주희의 설을 비롯한 역대 대표적인 주석들 가운데 원전에서 가장 벗어나지 않은 해석을 선택했고 주석가들의 견해차와 이설이 있는 경우, 비교 분석한 내용을 각주에서 확인할 수 있도록 했다. 원전에 충실하다 보니 얼핏 낯설거나 부자연스러운 대목들도 생겨났는데 이런 부분은 대괄호 속에 보충 문구를 넣어 해결했다. 독자들은 우선 대괄호 속의 내용을 함께 읽어 의미를 분명히 파악한 다음, 대괄호를 생략하고 읽음으로써 원전에 함축된 철학과 촌철살인의 맛을 느낄 수 있을 것이다.

《논어》는 공자와 그의 제자들의 집단 어록집 성격을 띠고 있어 일정한 흐름으로 읽어나가기에 불편함이 더러 있고, 같은 편이라

해도 주제가 계속 바뀌어 장과 장 사이의 단절감이 크다. 그래서 장마다 간단하게 소제목을 달아 독자들이 주제를 한눈에 파악하여 이러한 단절감이 해소될 수 있도록 배려했다. 하지만 2,000여 년의 역사에 빛나는《논어》를 온전히 번역해낸다는 것은 역자의 역량 밖의 일임을 인정할 수밖에 없다는 아쉬움도 한편에 간직한다. 5년 전에 출간된 역자의《논어》를 독자들의 사랑에 힘입어 번역문을 대폭 손질하고 각주와 해설을 세밀하게 보완하고 수정하였다.

지난 20여 년간 나는 늘 새벽에 일어나 고전을 번역하고 연구해 왔다. 주말과 휴일도 거의 예외 없이 홀로 고전과 씨름해온 일은 옛 정신을 대면하는 일이 선사하는 카타르시스가 없었다면 불가능했을 것이다. 이런 작업을 이해해주고 성원해주는 소중한 나의 가족과 존경하는 은사님, 강호제현들 그리고 나의 작품을 사랑하고 끊임없이 격려해주는 애독자들에게 깊은 감사를 드린다.

고전이 영원하다면《논어》도 영원할 것이다.

2017년 5월

죽전竹田의 연구실에서

김원중 적다

차 례

해제

《논어》는 어떤 책인가

공자孔子가 그의 제자들, 당대 인물들과 대화를 나눈 기록이 주 내용인《논어》는 이미 한 개인의 저작이라는 차원을 뛰어넘어 인류의 보편적인 가치를 담고 있는 고전이 되었다.

《논어》는 대부분 대화체로 구성되어 있고 글자 수는 약 1만 5천 900여 자로 노자老子의《도덕경道德經》이 5천 200여 자임을 감안하면 세 배가 넘는 분량이다.《도덕경》이 응집된 사상을 일관된 필치로 써내려간 저술이라면《논어》는 공자와 그의 제자들의 어록집에 가깝다. 제자들의 기억에 의존해 후대에 발췌하고 편집한 담화집이라는 이야기다.《한서漢書》〈예문지藝文志〉를 보면 "스승이 죽자 문인들이 그것을 모아 논의하여 편찬하였으므로 '논어論語'라고 한 것이다"라고 되어 있다. 어떻게 보면《논어》는 단편적인 문장들을 모아놓아 실제로 읽어보면 일관된 배열의 원칙도 미흡하고 문장 상호간의 연관성도 부족한 듯하다. 편폭이 짧은데도 불구하고 중복되는 장절이 출현하고, 앞에 나왔던 말이 뒤에서 약간 다르게 인용되는 경우도 있다. 사마천의 기록대로 공자의 핵심 제자와 제자의 제자들이 모은 자료들이 적어도 수십 년에서 그 이상의 시차를 두고 편찬된 것은 분명한 사실이다. 《논어》는 공자가 죽은 지 오래지 않은 춘추 말에서 전국 초기에 현재의 판본에 가까운 내용과 형식으로 등장했을 것으로 추정된다.

어록이란 틈나는 대로 생각나는 대로 한 말을 엮어놓은 것이다. 어록집으로서 《논어》의 비체계성은 오히려 이 책의 가치를 더욱 드높이고 있다. 공자의 "술이부작述而不作(서술하되 짓지는 않는다)"의 원칙 덕분에 공자의 언행과 생활 습관 등이 잘 드러나기 때문이다. 제자들이 엮었기 때문에 스승의 언행이 담긴 글을 털끝 하나 건드리지 않고 그대로 엮었을 가능성이 크다. 말하자면 윤색해서 미화하거나 왜곡하지 않았다는 말이다. 사람 냄새가 나는 책, 풋풋하고 싱그러운 멋도 있는 말씀, 때로는 인간 공자의 편견과 아집, 쓸데없는 자존심도 고스란히 실려 있는 인간다운 어록집이란 말이다. 우리는 《논어》에서 비주류로 살다 간 실패한 정치인이 어떻게 위대한 사상가의 자세를 함께 견지하고 있는지를 생생히 살펴볼 수 있다.

《논어》에서 눈여겨볼 점은 제자들의 태도이다. 아무래도 스승이 다소 거슬리는 말을 하면 그것을 재편집해서 수록하고 싶기도 했을 터인데 그들은 그러지 않았다. 아마 제자들은 공자의 허례허식 비판이나 내용과 실질이 다른 위선에 대한 성찰을 마음 깊이 받아들였으리라.

왜 공자이고 《논어》인가

《논어》의 주인공인 공자는 역사가 사마천도 동경해 마지않았던 사상계의 거목이었다. 공자의 행적에 대한 가장 오래되었으면서도 권위 있는 저서는 사마천의 《사기史記》로서 사마천은 자신이 황로黃老학파(도가의 한 유파)에 속해 있으면서도 공자에게 상당한 의미를 부여했다. 사마천은 공자의 위상을 대단히 높게 보았으며, 전기를 집필해 제후와 같은 반열에 둠으로써 그의 인류문화사적 입지를 굳건히 하는 데 결정적으로 공헌했다. 사마천은 야합野合을 통해 공자가 탄생했다는 출생의 비밀을 밝히면서도 공자에 관한 거의 모든 사실을 세세히 고증하고 의미를 부여했으니, 이는 실로 전무후무한 일이다. 따라서 공자의 삶을 알기 위해 우리는 먼저 《사기》 〈공자세가孔子世家〉를 읽어보아야 한다. 또 제자들의 행적을 알기 위해서는 《사기》 〈중니제자열전仲尼弟子列傳〉을 읽어야 하고, 비록 단편적이고 편파적인 시각이기는 하나 유가학파의 흐름을 알기 위해서는 《사기》 〈맹자순경열전孟子荀卿列傳〉을 읽어야 하며, 공자 이후 유학의 발전 양상을 알기 위해서는 《사기》 〈유림열전儒林列傳〉을 꼼꼼히 살펴보아야 한다. 더구나 사마천은 한 무제가 공자를 떠받들어 성인으로 모신 데서도 영향을 받았으며, 곡부에 있는 공자의 고택을 방문하고 공자의 후예 공안국孔安國으로부터 고문을 배우기도 했으니, 이러한 사실로 볼 때 그의 기록물들은 매우 중요하게 받아들여졌다.

"중니仲尼(공자)는 예가 땅에 떨어지고 음악이 무너진 것을 슬퍼하여 경술經術을 닦아 왕도를 밝혀 어지러운 세상을 바로잡아 정도로 돌아오게 하고자 했다. 이것을 글로 나타내고 천하를 위해 의법儀法을 만들었으며, 육예六藝의 기강을 후세에 전했다."(〈태사공자서〉) 이것이 사마천이 〈공자세가〉를 지은 이유다. 사마천에게는 공자가 무관의 시절을 보내고 공후의 작위도 받지 못하고 봉토를 받아 나라를 세운 것도 아니라는 사실은 중요하지 않았다. 사마천은 공자의 여러 정치 활동과 사상을 두고 주공 다음가는 위대한 성인으로 평가했으며, 그의 정치 역량에 대해서도 결코 인색하지 않은 평가를 내렸다. 또한 굴곡진 삶에 대한 안타까움도 절절히 표하고 있다.[1)]

사마천의 기록에 따르면, 공자는 노魯나라 창평향昌平鄉 추읍陬邑(숙양흘叔梁紇이 다스리던 읍 이름)에서 태어났다. 그의 조상은 송宋나라

1) 사마천이 생각하는 공자는 성현이며 학자이지만 공자의 정치적 이상은 춘추시대라는 상황에 들어맞지 않아 현실화되지 못했다. 공자의 비극은 사마천의 비극이며, 공자가 굴복하지 않고 꿋꿋하게 살아가려는 모습은 사마천의 의지와도 닮아 있다.

사람으로 공방숙孔防叔이라고 한다. 방숙이 백하伯夏를 낳았고 백하는 숙양흘을 낳았다. 숙양흘은 안씨顔氏 딸과 야합(정식 혼인 절차를 거치지 않고 남녀가 결합하는 것)하여 공자를 낳았으니, 이구尼丘에서 기도를 하여 공자를 얻은 것이다.[2] 공자는 태어나면서부터 정수리가 움푹 패여 있고 둘레가 언덕처럼 솟아 있어 이름을 구丘라고 했다고 한다. 그의 자는 중니仲尼이고 성은 공씨孔氏이다. 공구가 태어나고 나서 숙양흘이 죽어[3] 방산防山에 매장되었다. 방산은 노나라 동쪽에 있었는데, 공자는 자신의 아버지가 어디에 매장되었는지를 두고 의구심을 품었으나 어머니는 알려주기를 꺼렸으며 이유는 알려져 있지 않다.[4] 공자가 어린아이로서 장난칠 때, 늘 조두俎豆(나무로 만든 제사 그릇)를 늘어놓고 예의와 자태를 갖추었다. 공자는 어머니가 죽자 오보구五父衢(곡부에서 서남쪽으로 2리 떨어진 곳)에 빈소를 차렸으

2) 본래 숙양흘은 노나라의 시씨施氏의 딸과 결혼해 딸 아홉을 낳았다고 한다. 당시 예법에 의하면 남자 나이 16세, 여자 나이 14세가 양기와 음기가 통하여 혼인에 적절한 나이였다. 숙양흘은 나이가 많고 안징재는 나이가 어려 초계初筓의 예를 치르기에 부적합하다고 보았고 따라서 야합이라고 한 것이다. 참고로 안징재는 안씨의 세 딸 가운데 막내다.

3) 공자 나이 3세 때였다.

4) 이를 다른 식으로 해석하기도 한다. 《사기색은史記索隱》에 따르면 숙양흘이 안징재와 산 지 얼마 안 되어 죽었으니 안징재는 어린 나이에 과부가 된 것이다. 공자가 세 살 때 아버지가 세상을 떠났다는 것이 정설이다. 그녀는 이것을 혐오하여 장례도 따라가지 않았으므로 본인 역시 무덤이 있는 곳을 알지 못했을 뿐 일부러 숨긴 것은 아니라는 견해가 있다.

니, 이는 아마 부모를 함께 매장하려는 그의 신중함을 방증하는 듯하다. 추읍 사람 만보輓父의 어머니가 공자 아버지의 무덤을 알려주고 나서야 방산에 가서 두 분을 합장했다고 사마천은 설명한다.

이런 가정환경으로 볼 때 공자가 제대로 된 교육을 받지 않았을 것이라는 데에는 의견이 일치한다. 공자는 젊은 홀어머니 슬하에서 자라는 어려움을 겪었지만 자립하여 학문을 이루고 가정도 꾸렸다. 《논어》에 딸을 공야장에게 주었다는 기록과 아들이 50세의 나이로 공자보다 먼저 세상을 떠났다는 기록이 있는 것으로 보아, 공자가 결혼하여 1남 1녀 이상을 두었다는 것은 분명한 듯하다.

공자가 그토록 그리워한 것은 주周나라였다. 사마천에 따르면 공자는 자신과 거의 동시대인[5]이었던 주나라의 노자를 찾아가기도 했다. 공자는 노자에게 예禮에 관하여 물었다. 그러자 노자는 부질없다는 표정을 지으며 오히려 "그대는 교만과 지나친 욕망과 야심을 버리시오"(〈노자한비열전〉)라고 하면서 공자의 위선적인 태도를 나무라고 있다. 고향 곡부로 돌아가 제자들을 양성하기 전의 일이다. 사마천은 왜 공자와 노자의 만남을 기록으로 남겼을까? 공자와의 만남이 노자에 대한 유일한 역사 기록이기 때문이기도 하지

5) "或曰: 老萊子亦楚人也, 著書十五篇, 言道家之用, 與孔子同時云."(《사기》〈노자한비열전〉)

만, 공자의 방향 전환에 노자가 미친 결정적인 역할을 강조하고 싶어서가 아니었을까? 우리는 노자가 공자에게 한 말 중에서 "군자는 때를 만나면 관리가 되지만, 때를 만나지 못하면 쑥처럼 떠돌이 신세가 되오"(〈노자한비열전〉)라는 충고를 유념할 필요가 있다. 때가 아니라는 것은 공자도 잘 알고 있었을 터였다. 이런 기록을 남기면서 사마천이 생각한 바는 무엇이었을까? 노자와 공자는 각기 다른 길을 가면서도 회통의 가능성을 열어놓은 사상가들이다. 결국 인간이 지향하는 삶은 각자 방법은 달라도 크게 보면 통한다는 의미이다. 사마천의 기록에는 자잘한 차이에 집착하지 않고 융합과 소통, 회통이라는 길을 모색하다 보면 고뇌에 찬 삶도 새로운 지평으로 열릴 것이라는 논지가 담겨 있지 않을까?

천자의 지위에서 제후의 지위로 전락해간 주나라로 그토록 돌아가고 싶어 했던 공자의 삶은 허울뿐인 명분에 집착한 시대착오적 여정에 불과하지 않은가 싶기도 하다. 공자가 갈망한 주나라는 종법제를 바탕으로 한 문명국이었고, 대국이었다. 또 당시는 그런 주나라를 정점으로 제후들 사이의 견제와 균형이 유지되던 시대였다. 그러나 공고해 보이던 혈연관계도 서서히 무너지더니 결국 주나라가 동쪽으로 옮겨져(동주) 명목상으로만 유지되는 처지로 전락하자 이제는 패자 중심으로 통치하는 시대가 도래했다. 초, 진秦, 제, 진晉, 오, 월 등 강대국들은 약소국인 노, 정, 위, 송, 진, 채 등을 끊임없이 괴롭혔으며 이들은 생존을 위해 몸부림쳐야 했다. 강자와 타협하길 원했지만 뜻대로 되지 않았고 언제 닥쳐올지 모르는 외부의 강적과 내부의 반란 등에 제후들의 마음도 타들어가고 있었다. 말하자면 노나라는 문화적으로는 타국에 앞서 있었으나 현실적으로 작고 힘이 없었다.

오늘날의 산둥성山東城에 자리 잡고 있었던 노나라는 서주 초기 주공周公 단旦이 천자에게 하사받은 봉국으로, 서주 정치·문화의 중심 가운데 하나였으며, 주나라의 역사 문헌을 많이 보존하고 있었다. 이러한 배경으로 인해 공자는 어린 시절부터 고대 문화의 훈도를 받았다. 공자는 도덕적 행동을 전통적 역할과 위계질서에 연계함으로써 주 왕조 체제를 옹호했지만, 주나라는 이미 쇠락한 상태였다. 공자는 주나라의 분신과도 같았던 노나라 안에서 주나라의 모든 규범적 질서가 어긋나는 상황을 목도하게 된 것이다.

공자가 살던 시대 노나라는 호시탐탐 기회를 노리는 강력한 제나라로부터 존립을 위협받았지만 남방의 강국 오·월이 견제하고 있어 긴장감만 계속 이어지는 상황이었다. 노나라는 주 무왕이 봉한 나라이므로 당시 명목상의 천자국이라 해도 얼마간 주나라의 보호를 받을 수는 있었다. 그러나 문제는 내부에 있었다. 무기력한 군주의 집권이 장기화되면서 가신들이 난을 일으켰으니 《논어》에 여러 차례 언급되는 삼환三桓(계손씨·숙손씨·맹손씨)이 나라를 좌지우지했으며 나중에는 계손씨의 가신인 양호陽虎가 반란을 일으키는 등 군신관계도 거의 무너져내렸다.

그러나 공자는 이런 세태에 초연하고자 했으며 주나라 천자의 권위를 회복하여 그 시대의 예제를 본받음으로써 새로운 천하를 구축하려는 이상을 품었다. 공자는 어려움에 처해서도 자신을 굳건히 지킨 인물들을 존경했다. 주나라의 노자老子, 위衛나라의 거백옥蘧伯玉, 제나라의 안평중晏平仲, 초나라의 노래자老萊子, 정나라의 자산子産, 노나라의 맹공작孟公綽 등이다. 그리고 공자는 장문중臧文仲, 유하혜柳下惠, 동제백화銅鞮伯華(진晉나라 대부 양설적羊舌赤), 개산자연介山子然(개지추介之推) 역시 존경했다.

공자는 30세 남짓 되었을 때 주 왕실의 도서실로 들어가 책을 보았으며, 삶의 상당 부분을 정鄭, 진陳, 채蔡, 제齊 같은 이웃 나라들에서 벼슬을 얻고자 했으나 번번이 좌절했다. 공자가 노나라를 떠나 본격적인 유세를 나선 것은 지천명을 넘긴 55세 때였다. 그로부터 68세까지 천하를 주유하며 제후들에게 일자리를 구하였으나, 이런 시도는 실패로 점철되었다. 공자는 명성에 걸맞은 예우도 받지 못했다. 제나라에서는 안영의 반대로 내쳐졌으며, 송나라에서는 생명의 위협을 받았고, 위나라에서는 쫓겨났다. 진나라와 채나라 사이를 전전하다, 결국 말년에 노나라로 돌아왔다. 공자는 만 13년에 걸친 긴 유랑 생활을 보내고 고향으로 돌아와 제자들을 가르치면서 육경을 편찬했다.

《논어》 곳곳에서 확인되듯 공자는 기존 귀족들이 누리던 세습적 특권을 과감하게 무시했다. 심지어 비판하기도 했다. 그러면서도 공자가 탄압을 받지 않았던 이유는 가르침의 내용이 상당히 보수적이었기 때문이다. 또한 학문의 전수에 있어서도 공자는 개인이 학문을 가르치는 새로운 풍조를 열어 서주 이래 관부에서만 공부할 수 있던 제도적 제한에서 벗어났으며, 학술 문화를 민간에까지 확산시켰다. 공자는 신흥 '사' 계층의 대표적인 인물로 국가에 봉사(仕)해야 한다는 계층적 소명 의식이 있었다.

한 고조 12년(기원전 196)에 고조가 곡부에 들러 태뢰太牢를 갖추어 공자에게 제사를 지냈다[6]는 기록으로 보건대 공자는 세상을 떠난 뒤 3백 년이 채 못 되어 거의 성인의 반열에 올랐다. 이는 한나라의 국교가 유교儒敎라는 사실과 무관하지 않으며, 지식인의 명예를 회복시켜주기 위한 조치였다. 또한 공자가 성인이라 불렀던 요, 순, 우, 탕, 주나라의 문왕과 무왕, 주공 등과 달리 공자는 통치권을 갖지 못했지만 중국 문화 발전에 지대한 영향을 끼쳤다는 점은 이미 한나라 초기에도 인식했던 바였다.

《논어》에 나오는 제자들과 여러 인물들

《논어》에 언급되어 있는 인물은 150여 명이다. 이들은 크게 두 부

6) 《사기》〈공자세가〉 및 《한서》〈고제기高帝紀〉 등 참조.

류로 나뉘는데, 첫째는 공자의 제자들이고 둘째는 주로 정계 인물들이다.

공자의 제자는 몇 명이나 될까? 사마천은 두 가지 의견을 내놓았다. 〈공자세가〉에서는 "제자가 대체로 3천 명이었고, 육예에 능통한 사람이 일흔두 명이었다"[7]라고 했다. 또 〈중니제자열전〉에서는 "내 문하에서 학업에 힘써 육예에 통달한 사람은 일흔일곱 명이다"[8]라는 공자의 말을 인용했다. 두 글에서 제자들의 수가 일치하지 않지만 대략 규모는 파악할 수 있다. 《논어》를 읽어보면서 느끼게 되는 것은 공자와 제자들이 때로는 허물없다 싶을 정도로 솔직하게 대화하고 있다는 점이다.

리링 교수는 《상가구喪家狗》라는 책에서 공자의 제자들을 크게 1기, 2기, 3기로 나누어 분류하고 있다. 1기 제자들은 공자의 초창기인 35세 이전에 받아들인 인물들로 모두 다섯 명이 있었으니, 안무요顏無繇(자는 계로季路), 염경冉耕(자는 백우伯牛), 중유仲由(자는 자로子路), 칠조계漆雕啟(자는 자개子開), 민손閔損(자는 자건子騫) 등이다. 2기 제자들은 제나라에서 노나라로 돌아온 시기인 54세 즈음에 받아들인 제자들로 모두 여덟 명이다. 염옹冉雍(자는 중궁仲弓), 염구冉求(자는 자

7) "弟子蓋三千焉, 身通六藝者, 七十有二人."(《사기》〈공자세가〉)

8) "受業身通者七十有七人."(《사기》〈중니제자열전〉)

유子有), 재여宰予(자는 자아子我), 안회顏回(자는 자연子淵), 무마시巫馬施(자는 자기子旗), 고시高柴(자는 자고子羔, 계고季羔), 복부제宓不齊(자는 자천子賤), 단목사端沐賜(자는 자공子貢) 등이다. 그리고 3기 제자들은 그가 55세부터 천하를 주유할 때 받아들인 제자들로서 열한 명이다. 원헌原憲(자는 자사子思), 번수樊須(자는 자지子遲), 담대멸명澹臺滅明(자는 자우子羽), 진항陳亢(자는 자항子亢 혹은 자금子禽), 공서적公西赤(자는 자화子華), 유약有若(자는 자유子有), 복상卜商(자는 자하子夏), 언언言偃(자는 자유子游), 증삼曾參(자는 자여子輿), 전손사顓孫師(자는 자장子張), 사마경司馬耕(자는 자우子牛) 등이다. 그리고 공야장公冶長(자는 자장子長), 남궁괄南宮适(자는 자용子容), 증점曾點(자는 자석子晳), 공백료公伯寮(자는 자주子周), 금뢰琴牢(자는 자개子開 혹은 자장子張) 등이 기타 제자들이다. 이들 중에서 공자와 같은 나라인 노나라 출신이 가장 많다. 노나라 출신은 몰락한 가정에서 태어난 자가 대부분이며, 자공이나 사마우 정도를 제외하면 돈도 거의 없었다. 이 가운데 핵심 제자는 열 명 정도다. 공자도 언급했던 것처럼 덕행으로는 안회와 민손과 염경과 염옹을 꼽고, 정치로는 염구와 중유를 꼽으며, 언어로는 재여와 단목사를 꼽고, 문학으로는 언언과 복상을 꼽을 수 있다. 말하자면, 사과십철四科十哲이라고 하여 대단히 중시된 인물들이다.[9)]

그렇다면 공자는 어떤 제자들과 가깝게 지냈을까? 물론 덕행이 뛰어난 자들이다. 염경과 안회, 증삼, 유약처럼 말이 별로 없고 어리석은 것 같으면서도 자신의 말을 잘 어기지 않고 따르는 제자들을 좋아했고 심지어 안회는 편애했다. 반면 욱한 성격에 행동이 앞서는 중유는 심하게 나무랄 때도 많았다. 마찬가지로 덕행이 깊은 민손과 염옹을 칭찬하고 말재주가 뛰어난 재여와 단목사를 비판했다. 이 가운데 가장 혼이 많이 난 제자는 중유, 즉 자로다.

공자는 많이 돌아다니고 많이 만났기 때문에《논어》에는 제자들 외에도 다양한 인물이 등장한다. 제후들은 공자를 등용하지는 않았지만, 형식적으로라도 그와의 대화를 통해 적지 않은 정치 자문을 받았다. 공자는 이에 답하기 위해 당대의 제후들을 면밀히 관찰하고 그들의 언행을 과거의 성현들과도 비교했다. 공자는 동시대인인 그들과 대화하는 가운데 자신의 생각을 관철해보려고 많은 노력을 기울였다.

《논어》에는 공자보다 한참 이전 인물이라 공자가 만나보지 못한 이도 많이 언급되는데, 제자들의 수보다 훨씬 많다. 총 40여 명으로 요임금과 순임금을 비롯하여 고요皐陶와 이윤伊尹, 직稷, 관중, 백이·숙제, 오태백 등이 대표적이다. 이들 이외에 공자와 동시대 인

9) 《논어》에 자주 등장하는 이들은 주로 초기 제자들이며 가장 많이 나오는 사람은 중유(42회)다. 이어서 단목사(38회), 안회와 복상(21회), 염구(16회), 언언(8회), 염옹(7회), 재여(5회), 민손(4회), 염경(2회)이다. 노년기의 제자로는 자장(18회), 증삼(15회), 번수(6회), 공서적(5회), 유약(4회) 등이 있다. 일흔일곱 명의 제자라고 하지만 핵심 인물은 열다섯 명 정도인 셈이다. 물론 다른 제자들의 어록도 꽤 수록되어 있다.

물도 일흔 명가량 나온다. 제나라 경공景公과 안평중晏平仲(안영晏嬰), 제나라 간공簡公, 노나라 소공昭公·정공定公·애공哀公을 비롯하여 양화陽貨, 공산불요公山弗擾, 임방林放, 좌구명左丘明, 위나라의 영공靈公과 출공出公, 영공의 부인 남자南子 등이 있으며, 공자를 공격한 송나라의 사마환퇴司馬桓魋, 정나라의 자산子產·비심裨諶 등도 있다. 초나라의 미치광이 접여接輿도 빼놓을 수 없는 인물이다.

이들은 크게 군주와 대부, 실권자, 은둔자 등으로 나뉘는데 공자는 이들을 좋게 보지 않고 심지어 악담도 서슴지 않았다. 이에 비해 공자가 만나보지 못한 인물들에 대해서는 호평을 많이 했다. 공자는 평생 몇몇 사람에게만 존경을 표했고 그들의 인품을 칭찬했다. 어찌 보면 공자가 출세하지 못한 것은 당연한 일인지도 모른다. 때로는 제후들이나 권력자와 직접 대면해서도 날카롭게 비판했으니, 옆에 두었다가는 사사건건 시비를 걸지 모른다고 생각했으리라. 공자가 추구한 인의예악은 당대에 결코 인정받지 못했고 현실성도 없어 보였다. 시대를 초월하여 사람들은 당장 눈앞의 이해타산에 급급하기 때문이다.

하지만 공자가 추구한 가치를 부정한 사람은 없다. 다만 시급한 것으로 여겨지지 않아 제후들의 주목을 거의 받지 못했던 것이다.

《논어》에 관한 대표적인 주석서들

《논어》에 관한 중국의 대표적인 주석서를 살펴보면 다음과 같은 책들이 손에 꼽힌다.[10)]

《논어집해論語集解》: 위魏나라 때 하안何晏(?~249)이 편찬한 《논어論語》에 대한 고주古注로서 그 당시까지 이어져 내려온 《논어》에 대한 주해를 모아 엮었는데, 공안국孔安國·포함包咸·마융馬融·정현鄭玄을 비롯하여 왕숙王肅이나 왕필王弼 및 주생렬周生烈의 견해 등을 두루 싣고 있다. 도가적 관점도 강하다.

《논어집해의소論語集解義疏》: 하안의 《논어집해論語集解》에 대한 세밀한 주석으로 양梁나라의 황간皇侃(488~545)이 편찬했으며, 고주에서 뜻풀이에 역점을 둔 것으로 널리 알려진 책이다. 송대 형병본邢昺本과 주희朱熹의 《논어집주論語集註》가 출현하면서 보이지 않다가, 청나라 때 일본을 통해 역수입되었다.

《논어필해論語筆解》: 당唐나라 때 한유韓愈(768~824)가 쓴 책을 그의 제자인 이고李翶(?~약 844)가 주注를 더한 것으로서 모두 2권이다. 훈고학적 해석을 지향한 책으로 북송 말기의 판본으로 추정된다는

10) 주석서 해설의 서지 정보와 맥락은 《중국대백과전서中國大百科全書》〈철학편〉(1986, 베이징)과 《두산세계대백과사전》(두산, 1996), 이강제의 〈논어 상십편의 해석에 대한 연구〉(서울대 박사논문, 1998)를 따랐다.

설도 있다.

《논어주소論語註疏》: 북송北宋의 형병邢昺이 편찬한 《논어집해論語集解》에 대한 소疏로서 《정의正義》라고 부르기도 한다. 이는 형병邢昺의 소疏가 "정의왈正義曰"로 시작되기 때문에 붙여진 이름이다.

《논어집주論語集註》: 송宋나라의 주희朱熹(1130~1200)가 편찬한 《사서집주四書集註》 가운데 하나로서 그의 사상이 잘 드러나 있는 책이다. 문자 고증이나 훈고학적인 측면과 기존 학설에 대한 나름의 의견 제시 등이 독보적이며, 고려말에 우리나라에 들어온 이후 지금까지도 이 책을 능가한다는 책이 없을 정도로 모든 《논어》의 주석서 가운데 그 차원을 달리하고 있는 책이다.

《논어정의論語正義》: 청淸나라 때 유보남劉寶楠(1791~1855)이 편찬한 것인데, 그는 이 책의 완성을 보지 못하고 죽었으나, 그의 아들 유공면劉恭冕이 완성(1865)하여 이듬해 출간되었다. 《논어정의》는 하안何晏의 《논어집해論語集解》에 대해 소疏를 더한 책으로서 그 해석의 탁월함으로 널리 인정을 받는 책이다.

《논어평의論語平議》: 청말 고증학자 유월踰越(1821~1906)의 《논어》에 대한 훈고학적 주석서이며 자신의 견해도 많이 들어가 있다.

《논어집석論語集釋》: 정수덕程樹德이 최근까지의 모든 성과를 총망라하여 주석의 최고봉으로 널리 인정받았다. 주희 이후 상당한 영향력을 발휘하고 있는 책이다.

조선시대의 주요 자료는 다음과 같다.

《논어석의論語釋義》: 이황李滉(1501~1570)이 1609년(선조 41년) 도산서원에서 간행한 《사서석의四書釋義》 중의 《논어》 부분이다. 주자설에 충실하면서도 《논어》에서 의심스럽거나 난해한 곳을 가려 뽑아 풀이와 현토를 제시하고 있으며, 그 의미를 상세하게 설명하기도 하였다. 조선시대 논어학의 효시이다.

《논어석의論語釋義》, 《율곡사서언해栗谷四書諺解》: 이이李珥(1536~1584)의 《논어석의論語釋義》는 《사서석의四書釋義》 4권 중 제3권으로 《논어論語》에서 논란이 되는 부분만을 가려 뽑아 풀이한 것이다. 《율곡사서언해栗谷四書諺解》는 사서四書 전편에 대해 언해를 가한 책으로 지금까지도 이 언해본의 영향력은 거의 절대적이다.

《사변록思辨錄-논어論語》: 박세당朴世堂(1629~1703)이 편찬한 책으로, 주자의 해석에 반기를 들었다는 이유로 사문난적이라는 비판을 받은 바 있지만 그 나름의 의미는 평가받을 만하다.

《논어질서論語疾書》: 이익李瀷(1681~1763)이 편찬한 책으로, 주희의 《논어집주》를 주로 참고하였지만 자신의 견해에 따라 공자의 가르침을 설명하고자 한 의욕을 드러낸 책이다.

《사서문답四書問答-논어문답論語問答》: 홍대용洪大容(1731~1783)이 편찬한 《담헌서湛軒書》 내집에 수록된 책으로 《논어論語》에서 쟁론거리가 되는 몇 편에 대해 여러 이설異說을 소개하고 자신의 견해를 밝힌 책이다.

《논어고금주論語古今注》: 정약용丁若鏞(1762~1836)이 편찬한 책으로 모두 40권으로 구성되어 있다. 하안의 《논어집해論語集解》, 황간의 《논어의소論語義疏》, 형병의 《논어주소論語註疏》 및 주희의 《논어집주論語集註》 등은 물론 당시 중국 고증학 및 일본 경학 연구 성과까지 수용한, 제목 그대로 고금의 주석을 총망라한 책이다. 또 각 견해에 대한 반론과 자신의 생각을 그 어떤 주석서보다 충분하고도 깊이 있게 서술하여 감히 주희의 주석과 견주어도 전혀 손색이 없다.

《논어》, 어떻게 읽을 것인가

조선왕조 5백 년의 독서 목록은 그야말로 유가경전이 핵심이었으니, 독서를 통한 인성론의 함양에 초점이 맞추어져 있었다. 유가적 가치관인 자애와 공경, 가정의 법도 준수, 부부와 형제자매와의 관계 정립을 위한 가르침의 중심에는 예禮가 있었다. 예는 가정 윤리와 공동체의 기본 지침이었으며, 이로써 인륜人倫의 관계를 중시하는 인성 지향의 독서관이 핵심이었음을 알 수 있다.

따라서 지금까지 우리나라의 경향 각지에 남아 있는 조선시대의 서원이나 향교의 맨 안쪽에는 공자의 사당이 있으며 건축물의 명칭에도 어김없이 《논어》에 나오는 핵심개념이나 지명 등을 활용한 것이 상당하니, 우리 선현들과 함께한 고전에 《논어》가 있었던 것이다.

우리에게 널리 알려진 대로, 《논어論語》·《맹자孟子》·《대학大學》·

《중용中庸》을 흔히 사서四書라고 하며, 《시경詩經》·《서경書經》·《역경易經》을 삼경三經이라 하고, 이 둘을 합쳐 사서삼경四書三經이라고 한다. 여기에 《예기禮記》와 《춘추春秋》를 합쳐 사서오경四書五經이라고 한다. 《대학》과 《중용》은 사서로 편입되긴 했으나 원래는 각각 《예기》의 한 편목이었다. 말하자면 《예기》의 한 편인 《대학》·《중용》은 《논어》나 《맹자》와 같은 반열에 오를 수 없는 저작이다.

바로 이 《대학》과 《중용》을 사서에 포함하자고 한 사람이 남송南宋의 성리학자 주희朱熹이다. 이 두 편이 《예기》의 편명이지만, 내용도 좋고, '도통道統'의 입장에서 보더라도 상당히 중요한 의미가 있다고 보았던 것이다. 주희는 도의 계통이 요堯임금, 순舜임금, 우禹임금, 문왕文王과 무왕武王에 이어 당대의 고문 운동가인 한유韓愈와 유종원柳宗元으로 이어져 내려오다가, 남송의 정자程子[11]와 주희에 이르러 완성된다고 보았다. 정자는 "《대학》이라는 책은 공씨가 남긴 글이고, 처음으로 배워 덕에 들어가는 문이다(《大學》, 孔氏之遺書, 而初學入德之門也)"라고 가르쳤다. 한걸음 더 나아가 《대학》은 입덕入德을 위해 맨 먼저 읽는 책이라고 말했다. 다시 말해 《대학》, 《논어》, 《맹자》, 《중용》의 순서로 책을 읽어야 한다는 뜻이다.

이 계보에 공자가 들어가 있는데, 이는 공문孔門의 학문 전수 과

11) 정자程子는 정명도程明道와 정이천程伊川 두 형제를 함께 이르는 명칭이다.

정을 고스란히 보여준다 하겠다. 요컨대 《대학》이란 아주 짧은 문장을 읽고 나서 《논어》로 들어가야 한다는 것이다. 조선의 성리학자 율곡은 《격몽요결擊蒙要訣》의 〈독서장讀書章〉에서 《논어》란 "인仁을 구하고, 자신(의 수양)을 위하는 것과 근원을 길러 가는 공을 하나하나 참되게 알아〔求仁爲己涵養本源之功〕"가기 위한 저술이므로 읽어야 한다고 했다.

그렇다면, 《논어》를 어떻게 읽을 것인가? 《논어》가 대화록이라 계통도 일관성도 없다고 말하는 이들의 말은, 뒤집어보면 아무 데나 펼쳐서 읽어도 된다는 말이 된다. 말하자면 그냥 읽는 것이 정답이라는 식이다. 물론 어느 정도는 일리 있는 말이지만, 공자의 제자들이 과연 아무 생각 없이 이렇게 순서를 정했을까?

역자는 그렇지 않다고 본다. 그들의 숨은 뜻을 헤아리는 것도 《논어》의 독법 중 하나이리라. 《논어》의 각 편 제목은 가장 먼저 나오는 두 글자를 딴 것으로, 특별한 내용을 반영하고 있지 않은 듯 보이지만, 20편을 살펴보면 꽤 체계적으로 구성되어 있음을 알 수 있다. '학學' '정政' '인仁' 등 공자 사유의 핵심이 전반부에 주로 배치돼 있고, 공자와 관련이 있는 인물들이 제목에 들어간 장들은 후반부에 몰려 있다. 이는 우연의 일치일 수도 있겠지만 편집 의도가 개입된 것으로 본다. 그래서 역자는 《논어》를 순서대로 읽을 것을 권한다. 아무리 계통이 없다 해도 가장 타당한 구절과 내용을 책의 앞부분에 배치했을 것이라는 점을 확신하기 때문이다.

또 다른 이유는《논어》가 크게 전반부 10편과 후반부 10편으로 나뉘는데, 전반부 10편을 먼저 읽어야만 후반부 10편의 내용을 이해하는 데 무리가 없기 때문이다. 물론 다 그런 것은 아니지만, 전후반부의 문체가 상당히 다르고, 체재가 다른 면도 적지 않다. 예컨대, 제10편 〈향당〉을 보면 공자를 미화하는 듯한 내용이 많으며, 과연 '공자가 한 말일까' 하는 의구심마저 들 만큼 세련된 문장이 나오기도 한다. 문체와 체재의 상이함은 다루는 내용도 다르다는 것을 암시한다. 이런 사실은《논어》를 실제로 읽어볼 때 더 잘 드러나는 점이다.

한문 실력이 어느 정도 뒷받침된다면, 원문을 같이 읽어야《논어》의 더욱 깊은 맛을 알 수 있다. 역자가 생각하기에 번역서에서는 이 점을 배려하여 원문에 대한 상세한 설명을 달아 독자들의 이해를 도와야 한다고 본다.

《논어》는 다른 고전들과는 달리 읽는 이에 따라 같은 문장을 전혀 다른 의미로 파악하기도 한다. 이는《논어》라는 저술 자체의 함축성에서 기인하며, 앞뒤 문맥을 뚝 잘라버리고 단장취의斷章取義를 유발하게 하는 문장이 적지 않기 때문이다. 불과 10여 글자에서 20여 글자로 된 문장이 상당히 많은데,《논어》 주석본이 그렇게 많이 나왔던 가장 큰 이유는《논어》 자체의 함축적인 내용 때문이 아닌가 한다. 물론《논어》에 대한 대표적인 주석서들의 내용도 함께 읽으면 독서의 재미는 배가될 수 있겠다. 그러나 어느 정도 내공이 쌓이지 않은 독자에게는 주석서가 독이 될 수도 있다. 예를 들어 너무도 유명한 주희의 《논어집주》의 경우 주희의 사상이 너무나 많이 개입되어 있어 공자가 말하고자 한 원의를 훼손한 경우도 적지 않으니 주석서를 읽을 때는 이런 점을 충분히 감안해야 한다.

이런 문제점을 피하기 위해 역자는 《논어》를 천천히 읽으며 행간의 의미를 음미하면서 해석학적인 의미도 파악해보면 좋다고 본다. 그러나 의미 파악이 어렵다고 해서 주관적인 상상력을 마음껏 발휘하지는 말자. 역자는 번역을 하면서 이런 대목들을 각별하게 신경 썼으며, 원문에 나오지 않지만 자연스럽게 읽히도록 추가한 구절들을 모두 대괄호에 넣어 구분했다.

분명한 것은, 이 《논어》라는 책은 공자라는 프리즘으로 공자가 살아간 춘추시대와 당대 인간의 본질을 꿰뚫어보고자 했다는 점이다. 공자는 냉엄한 잣대로 당대의 인물들을 재단하고 제자들의 일거수일투족도 서릿발같이 질타했다. 때로는 감성적이고 순진한 말로 허심탄회하게 인간 자체를 감싸기도 했다. 자신의 삶이 그토록 치열했기에 가능한 일이다. 공자가 고민했던 바로 그 문제들이 오늘 이 시점에서 고스란히 반복되고 있다는 점을 되새겨본다면 《논어》가 얼마나 날카롭게 인간의 진면목을 꿰뚫은 책인가를 다시 한번 확인할 수 있다.

세상이 어지러울수록 성공한 사람들은 좀 더 겸허해지고 그렇지 못한 사람들은 발분하여 통찰의 지혜를 터득해나가야 할 것이다.

가장 근본적으로는 인간과 인간의 관계를 회복해야 한다. 공자가 제시한 인仁은 결국 그의 말처럼 '사람을 사랑하는〔愛人〕' 것이고 이는 인간과 인간의 관계를 대단히 원활하게 하는 기본 축이다.《논어》를 인재경영론 시각에서 읽더라도 반드시 이러한 사실을 인식해야 한다.

제1편

학이學而

– 배움의 즐거움과 수신의 기본들

【해설】

《논어》의 첫머리인 〈학이〉 편은 16장으로 구성되어 있으며 《논어》 전체의 총서로서 공자가 말하고자 하는 인생론의 핵심이 오롯이 들어 있다고 해도 과언이 아니다. 물론 공자 이외에 유자有子, 증자曾子, 자하子夏 등 제자들의 발언도 적지 않다. 특히 학문과 수신을 논하는 대목이 많다.

이 편은 배움과 인간관계에 대한 기본, 교우관계, 입신의 근본이 되는 효도와 우애, 세 번 반성할 일, 교언영색, 나라를 다스리는 법 등 복잡하고 다양한 내용을 다루고 있다. 배움의 진정한 의미나, 허물을 고치지 않는 것이 진짜 잘못이란 가르침도 되새겨볼 만한 내용이다. 진정한 효도는 아버지가 돌아가시고 나서 3년간 부친의 도를 고치지 않는 것이라고 했다. 이 편에서 가장 논란이 된 말은 "자기만 못한 사람을 친구로 삼지 말라"는 구절이다.

우리는 이 편에서 공자가 말하는 '군자'란 덕망과 학식을 두루 갖춘 이상적인 인격의 상징적인 인물을 뜻한다는 것을 알 수 있다. 공자는 군자의 길을 말하면서 믿음과 의로움의 관계를 중시했고, 배움이란 벼슬을 위한 욕망이 아니라 수신하는 자세에 기반을 둔 행위임을 강조했다. 특히 자공과 문답하면서 가난 자체를 즐거움으로 삼아야 하고, 부유해도 충분히 예를 좋아할 수 있다고 강조한 것은 오늘날의 세태에 비추어 시사하는 바가 크다. 남들에게 자신의 존재감을 억지로 부각시켜 허명을 얻기만 하는 것을 경계하라는 맨 마지막 문장은 혼란한 시대의 모든 지식인에게 벼슬을 얻기 위해 동분서주하지 말고 스스로 역량을 키우라는 메시지다.

삶의 즐거움 1.1

공자께서 말씀하셨다.[1)]

"배우고 때때로[2)] 그것을 익히면[3)] 이 또한 기쁘지[4)] 않은가? 벗[5)]이 있어 먼 곳에서 찾아오면 이 또한 즐겁지 않은가? 남이 [나를] 알아주지 않아도 노여워[6)]하지 않으면 또한 군자[7)]가 아닌가?"

子曰: "學而時習之, 不亦說乎? 有朋自遠方來, 不亦樂乎? 人不知而不慍, 不亦君子乎?"

---

1) 원문의 "자왈子曰"을 번역한 것인데 여기에서 "자子"는 '공자孔子'의 약자로 스승이기 때문에 공자의 성姓을 생략하고 지칭한 것이다. 형병邢昺은 '스승을 일컬어 자子라고 한다〔稱師曰子〕'라고 했다. 그러므로 '자子'는 스승이라는 말의 미칭으로 이해하면 무방하다.

2) 원문의 "시時"를 번역한 "때때로"란 반복해서 익힌다는 의미다. '때에 맞추어'라고 번역하기도 하는데, 왕숙王肅의 《논어주論語注》가 그러하다. 《맹자孟子》 〈양혜왕 상梁惠王上〉의 "도끼를 때에 맞추어 산림에 들여놓으면〔斧斤以時入山林〕"에 나오는 '시時'와 같은 맥락으로 보았기 때문이다. 양보쥔도 《논어역주論語譯註》에서 "때에 맞추어"라고 옮겼는데, 그는 "시時"를 〈학이〉 1.5에 나오는 "이시以時"라는 말과 연관지어 번역했다. 일리가 없는 바는 아니지만, 문맥을 보면 다소 무리가 있는 해석이다.

3) 원문의 "습習"을 번역한 것이다. '새가 자주 날갯짓을 한다〔鳥數飛〕'는 의미로서, 배움을 멈추지 않는 것〔學之不已〕을 새의 날갯짓에 비유했다. 내면에 흡족하게 젖어들 정도까지 학습하는 것을 말한다.

4) 원문의 "열說"을 번역한 것인데, 《논어》에 나오는 이 글자는 기쁘다는 의미의 '열悅'로 보면 틀림없다. 이것은 내면적인 기쁨을 의미한다. 뒤에 나오는 "불역락호不亦樂乎"에서의 "락樂"은 외면적인 기쁨으로 '열悅'과 대비 현상을 보여준다. 따라서 '열悅'은 '수신修身'의 기쁨이고, "락樂"은 '다른 사람과 관계'의 즐거움이다.

5) 원문의 "붕朋"을 번역한 것으로 같은 길을 가는 친구들 무리로 주희는 《논어집주》에서 '같은 문하〔同門〕'라는 의미로 풀이했다. 한편 이 "유붕有朋"이 고본古本에는 '우붕友朋'이라고 되어 있는데, 《논어》에 한정해 풀자면 '학우學友'나 '제자弟子'라고 보아도 무리가 없을 것이다.

6) 원문의 "온慍"을 번역한 것으로, 노여움을 머금고 있다는 의미다.

입신의 근본 1.2

유자[8]가 말했다.

"그 사람됨이 효성스럽고 우애가 있으면서 윗사람을 범하는 자[9]는 드물다. 윗사람을 범하기를 좋아하지 않으면서 난을 일으키는 자는 드물다. 군자는 근본에 힘쓰며 근본이 서면 도가 생겨난다. 효도와 우애란 아마도 인仁[10]을 행하는 근본일 것인저!"

---

7) "군자君子"의 기본적인 의미는 '덕德'과 '지위(位)'가 있다는 것이며 특히 '덕을 이룬 자의 이름(成德之名)'의 의미다. 소인小人이란 말과 대비되며 공자 이래로 군자라는 말은 사회적 지위보다는 도덕적 품성이 높아 존경받는 사람을 가리킨다. 물론 후세에는 지위가 없더라도 덕이 있으면 군자라고 일컬었다(정약용 설). 소인은 이와 반대다. 한편, 청대 일부 지식인들에 의해 풍자와 조롱의 대상이 되기도 했다.

8) "유자有子"는 유약有若을 높여 부른 칭호로, 그의 이름은 약若이고 자는 유有이다. 공자보다 33세 연하인 유약은 성실하고 도덕적으로도 훌륭하여 공자가 늘 좋아했다. 공자가 죽은 뒤에 우상偶像이 없자 복상·언언·전손사 등이 유약을 시동尸童(산 사람이 분장하여 죽은 자 역할을 대신하는 것)으로 삼으려 했으나 당시 증삼曾參이 반대하였다고 한다. 모두 그를 공자 대신 추대하였고, 유약은 제자들의 참배를 받았다고 한다.

9) 원문의 "호범상자好犯上者"를 번역한 것으로 "범犯"이라는 것은 아랫사람과 윗사람의 질서를 어그러뜨리는 것을 말한다. 말하자면 '하극상下剋上'과 같이 아랫사람이 윗사람을 이기는 개념이다.

10) "인仁"은 공자의 사상에서 핵심 개념이다. 문자적 의미는 '사랑의 이치(愛之理), 마음의 덕(心之德)'의 의미로서 '어짊', '인자함'이다. 공자는 이 개념을 '사람을 사랑하는 것' 혹은 '사람을 사람답게 대하는 것'이라는 뜻으로 썼다. 청대의 학자 완원阮元은《논어》에 '인' 자가 105번 쓰였다고 밝혔으나 109번 나오는 것으로 확인된다. 공자는 "인"의 실천 방법으로 '효孝', '제悌', '충忠', '서書', '예禮', '악樂'을 제시했다. 전통적으로 이 글자를 번역하지 않고 '인仁하다'는 의미 그대로 풀이해왔으나 현재 국어사전에는 '인하다'라는 표제어가 없다. 다소 의미 차이가 있지만 '어짊' 혹은 '어질다'는 개념으로 이해하면 무난한데, 인仁이란 개념을 담을 수 있는 낱말이 없으므로 기존 관례에 따라 '인하다', '인한' 등의 용어를 그대로 사용한다.

有子曰: "其爲人也孝弟,[11] 而好犯上者, 鮮矣.

不好犯上, 而好作亂者, 未之有也. 君子務本, 本立而道生. 孝弟也者, 其爲仁之本與!"

교언영색 1.3

공자께서 말씀하셨다.

"말을 교묘하게 하고 얼굴빛을 꾸미는 자들에겐 드물구나 인仁이!"

子曰: "巧言令色,[12] 鮮矣仁!"

11) "효제孝弟"란 고대 가정 윤리의 핵심 개념으로 "효孝"는 자식이 부모를 섬기는 것이고, "제弟"는 '제悌'와 같으며 아우가 형을 섬기고 연장자에게 공순恭順하게 대하는 것이다. 그러므로 인의 근본이요 입신과 입국의 근본이고, 윗사람과 아랫사람 사이의 질서를 유지하는 데 관건이 되는 덕목이 "효제"라는 것이다.

12) 원문의 "교언영색巧言令色"이란 말을 듣기 좋게 하고 얼굴빛을 보기 좋게 하면서 남의 비위나 맞추려는 가식과 위선에 따른 행동을 말한다. 말하자면 약삭빠를 정도로 말재주가 뛰어난 사람은 그로 인해 복을 얻기보다 오히려 다른 사람의 미움을 받기 십상이라고 생각한 것이다. 남의 비위를 맞추는 말과 알랑거리는 태도로 사람을 대하는 이는 인간의 내면을 충실하게 하는 일을 경시하므로 이른바 문질빈빈文質彬彬한 군자가 될 수 없기 때문이다. 원문의 "교巧"는 '좋게 한다'는 의미이고, "영令"은 '선하게 하다'는 의미다. 한편 정이천程伊川은 "교언영색이 인仁이 아니라는 것을 안다면, 인을 아는 것이다〔知巧言令色之非仁, 則知仁矣〕"라고 부연했다.

세 가지 반성할 일 1.4

증자[13]가 말했다.

"나는 날마다 세 가지[14]로 나 자신을 반성한다. 다른 사람을 위해 [무언가를] 도모하는 데 충심[15]을 다하지 않았는가? 벗들과 사귀면서 믿음이 없었는가?[16] 전수받은 것을 익히지 않았는가?"[17]

曾子曰: "吾日三省吾身. 爲人謀而不忠乎? 與朋友交而不信乎? 傳不習乎?"

---

13) "증자曾子"는 공문의 재전제자들이 증삼曾參을 높인 칭호이다. 증삼의 자字는 자여子輿로서 효성이 지극했다. 공문십철孔門十哲에는 증자가 들어가지 않지만, 송유宋儒가 도통을 세울 때 그를 지극히 높이 받들었다. 명대에는 증자를 복성復聖으로 봉하여 유약보다도 앞에 두었으며 그의 위상은 안회를 능가할 정도였다.

14) "세 가지"라는 번역은 주희의 견해에 입각한 것인데, 문법에 맞지 않으므로 '세 번'이라고 해석해야 한다는 견해도 일리가 있다. "삼三"이란 숫자를 '여러 번'으로 해석(양보쥔楊伯峻 설)하기도 하는데 여기에서는 타당하지 않은 견해다.

15) 원문의 "충忠"을 번역한 것으로 이 글자는 '중中', '충冲' 등의 글자와 관련이 있다. '중심中心이 충忠이다'라는 풀이가 있으니, 어떤 일을 꾀함에 있어서 진실하고 성실한 마음으로 임해야 하며 절대 다른 사람을 속여서는 안 된다는 뜻이다. 그래서 여기서는 '충심'이라고 번역했는데 '진심'이라고 번역해도 좋다.

16) 원문의 "여붕우교이불신호與朋友交而不信乎"를 번역한 것으로 "신信"은《설문해자說文解字》에서 설명한 육서六書 중에 회의會意자이다. 즉, '사람〔人〕의 말〔言〕에는 믿음이 있어야 한다'는 뜻인데, 다른 사람을 속이지 않는 것이 '신信'의 개념이다. 이 구절은 사람이 벗들과 사귀면서 "불신不信"의 상황이 늘 존재할 수 있는 개연성을 역설적으로 이야기한 것이다.

17) 문법적 맥락에서 보면, '익히지 않을 것을 전해주었는가'라는 해석이 더 타당할 수도 있는데, 황간皇侃(남북조시대 양梁나라의 학자)도 이런 시각에서 이렇게 말하고 있다. "무릇 남에게 전해주고자 하는 것이 있다면 먼저 익히고 나서야 전해줄 수 있는 법이다. 미리 익히지도 않고 망령되게 그것을 전해줄 수 있는가?" 그러나 역자는 주희의 견해에 따라 '스승께 전해 받은 것을 내가 익히지 않았는가'로 풀었다. 유보남劉寶楠(청대의 고증학자)의《논어정의論

나라를 다스리는 법 1.5

공자께서 말씀하셨다.

"천 대의 전차를 가진 나라를 이끌어가는 방법은 일을 경건하게 처리하고 믿으며,[18] 비용을 절약하고 사람을 사랑하며, 백성들을 부리되 때에 맞게[19] 하는 것이다."

子曰: "道千乘[20]之國, 敬事而信, 節用而愛人, 使民以時."

語正義》도 주희의 해석과 궤를 같이한다.

18) 원문의 "경사이신敬事而信"을 번역한 것으로 "사事"는 '업業'과 같은 뜻이다. 〈위령공〉 15.37에서 "임금을 섬기되 [먼저] 그 일을 경건하게 하고 녹봉은 뒤로해야 한다(事君敬其事而後其食)"라고 한 것과 연관하여 읽을 필요가 있다. 어떤 일을 할 때 공경과 충심으로 해야 함을 말한 것이다.

19) 원문의 "이시以時"를 번역한 것으로, 백성을 동원할 때는 봄과 가을의 농번기를 피해야 한다는 말이다. 맹자孟子도 "농사짓는 때를 어기지 말라(不違農時)"라고 하였다.

20) 원문의 "도道"는 '이끌어가다'는 의미의 '도導'와 같으며, '다스리다'라는 의미의 '치治'와도 같다. "승乘"은 전차를 세는 단위이다. 일승一乘에는 갑옷 입은 병사 세 명, 보병 일흔두 명, 거사車士 스물다섯 명이 딸린다. 주周나라 때 천자는 제도에 따라 사방 천 리를 영역으로 하며 전쟁 시에 전차 1만 승을 내놓았다. 그리고 세력이 큰 제후는 사방 1백 리를 소유하며 전쟁 시에 전차 1천 승을 내놓았다. 제후 아래의 대부는 전쟁 시에 수레 1백 대를 내놓았다. 다시 말해 만승지국은 천자의 나라를, 천승지국은 제후의 나라를, 백승지국은 대부의 영지를 일컫는다.

사람됨이 먼저다 1.6

공자께서 말씀하셨다.

"제자들[21]은 [집에] 들어오면 효도하고 [집을] 떠나서는 우애로우며, 삼가고 믿으며[22] 널리 뭇사람을 사랑하면서도 인한 사람을 가까이해야 한다.[23] [이것들을] 실행하고 남는 힘이 있으면 곧 글[24]을 배운다."

子曰: "弟子入則孝, 出則弟, 謹而信, 汎愛衆而親仁. 行有餘力, 則以學文."

21) 원문의 "제자弟子"를 번역한 것으로, "제자"라는 말보다는 '부형父兄'과 대비되는 말로 나이가 어린 사람을 두루 칭하는 '젊은이들'이라는 개념으로 보아야 한다고 해설하기도 한다(유보남 설). 그런데 이 문맥에서 "제자"를 너무 좁은 의미로 풀면 문하생이라는 개념이 강해 이 글자의 포괄적 의미를 퇴색시킬 위험성도 있다.

22) 원문의 "근이신謹而信"을 번역한 것인데, "근謹"은 '말을 적게 한다〔寡言〕'는 뜻이다. 공자는 "근謹"과 "신信"의 관계에 대해서 주목하고 있다. 삼가는 것이 믿음이 있게 하는 것이고, 삼가게 되면 믿음이 따르게 되는 것이며, 또는 삼감과 믿음이 같은 길로 향하는 의미 등으로 복합적인 의미를 지니고 있다.

23) 원문의 "범애중이친인汎愛衆而親仁"을 번역한 것으로 "중衆"은 '민民'과 같은 맥락으로 보면 된다. "범애중汎愛衆"은 '뭇사람을 사랑한다'는 개념으로 보면 무난하다. "친인親仁"은 '인仁한 사람을 가까이하라'는 뜻으로 〈옹야〉 6.24에서 "인한 사람은, 누군가 그에게 '우물에 인한 사람이 있다'고 알려주면〔仁者, 雖告之曰, 井有仁焉〕"과 같이 "인仁"은 인한 사람을 의미한다. 즉, 여기에서는 인한 사람을 가까이하여 자신이 스스로 체득할 수 있도록 노력해야 함을 말한다.

24) "글〔文〕"은 예악과 관련이 있는 인문 학술이라는 총체적인 개념이 강한데, 문헌으로 해석하면 편협해진다. 주희는 육예六藝(예禮, 악樂, 사射, 서書, 어御, 수數)로 보았는데, 이는 정현의 견해를 수용한 것으로 상당히 확장된 개념이다.

자하[25]가 말했다. "현명한 사람을 현명하게 여기는 것[26]을 여색 좋아하는 것을 [거꾸로] 바꾸듯 하고,[27] 부모를 섬김에 그 힘을 다할 수 있고,[28] 임금을 섬김에 그 몸을 바칠 수 있으며,[29] 친구와 사귈 때는 말에 믿음이 있으면, 비록 배우지 못했다고 해도 나는 반드시 그를 배웠다고 말하겠다."

---

25) 복상卜商의 자이다. 공자보다 44세 어렸으며 문학에 뛰어났고 위나라 영공을 섬긴 인물로, 위나라 문후文侯·전자방田子方·단간목段干木·이극李克·오기吳起 등을 제자로 두었다. 그는《시경》과《춘추》에 해석〔傳〕을 붙여 경학經學을 전수하는 데 상당한 기여를 하기도 했다.

26) 원문의 "현현賢賢"을 번역한 것인데, "현賢"이란 글자는 '현명한', '지혜로운'이라는 의미로 '인仁' 자와는 어감이 다르다. 뒤의 글자가 명사이고 앞의 글자가 동사다. 전통적인 해석에 따랐는데 양보쥔은 "아내에 대해 인품과 덕망을 중히 여기고〔對妻子, 重品德〕"라는 백화문 번역을 붙여 가장 이색적인 해석을 내놓았다. 이렇게 번역한 근거는 부부 문제를 인륜의 시작으로 여기기 때문이라고 보충 설명을 하였는데, 지나친 해석이다.

27) 원문의 "역색易色"을 번역한 것인데 주희의 견해에 따른 것이다. 안사고顔師古는 '여색을 가볍게 여기다'라는 의미로 풀이하여 "이색易色"이라고 새겼으며, 왕인지王引之는 "역易" 자를 같을 '여如'로 보아 '색을 좋아하는 것처럼 어진 사람을 좋아하고'라는 식으로 풀이하기도 했다. 전목錢穆은 '아내를 취함에 있어 여색을 좋아하는 마음을 바꾸고'라는 의미로 풀었다. 물론 이 문장을 '여색 좋아하는 것을 바꾸어 어진 사람을 어질게 여기고'라고 번역하는 것도 무리는 없다. 이 구절은 〈자한〉 9.17의 "나는 덕을 좋아하는 것을 마치 색을 좋아하는 것처럼 하는 사람을 보지 못했다〔吾未見好德如好色者也〕"라고 한 말과 긴밀하게 연계된다. 이 구절은 〈위령공〉 15.12에도 나와 있다.

28) 원문의 "사부모능갈기력事父母能竭其力"을 번역한 것으로 "갈竭"은 '다한다'는 의미의 '진盡'과 같은 개념으로 온갖 힘을 다한다는 것이다.

29) 원문의 "치致"를 번역한 것으로, '버리다', '바치다'라는 의미다. '맡길 위委'와 같은 뜻이다. 즉, 충신忠臣은 군주를 위해서 자신의 몸을 바치는 수준에 이르러야 함을 의미한다.

子夏曰: "賢賢易色, 事父母能竭其力, 事君能致其身, 與朋友交言而有信, 雖曰未學, 吾必謂之學矣."

잘못된 것은 고쳐야지 1.8

공자께서 말씀하셨다.

"군자가 진중하지 않으면[30] 위엄이 없고, 배워도 견고하지[31] 못하다. 충심과 신의를 주로 하고, 자기보다 못한 자를 벗하지 말며[32] 허물이 있으면 고치는 것을 꺼리지 말아야 한다."

子曰: "君子不重則不威, 學則不固. 主忠信, 無友不如己者, 過則勿憚改."[33]

30) 원문의 "군자부중君子不重"을 번역한 것으로 군자가 처신을 하는 원칙을 말한 것이다. 〈자장〉 19.9의 "군자에게는 세 가지 변하는 것이 있으니, 그를 멀리서 보면 근엄한 모습이고, 그를 가까이서 보면 온화하며, 그의 말을 들으면 엄정하다〔君子有三變, 望之儼然, 卽之也溫, 聽其言也厲〕"와 연관하여 근엄함과 엄정함을 갖춘 모습이 "중重"이라고 할 수 있다.

31) 원문의 "고固"를 해석한 것으로, 황간과 하안何晏(삼국시대 위魏나라의 관료 겸 사상가)의 견해가 그렇고 주희의 견해도 일치한다. 한편 이 글자를 '고루하다'는 의미로 풀기도 하는데 초순焦循(청대의 학자)의 경우가 그러하니 "배워야만 고루하지 않게 된다"라고 해석했는데 여기서는 취하지 않는다.

32) 이 문장은 역대로 오해의 소지가 대단히 많았다. 원문의 "무우불여기자無友不如己者"를 번역한 것으로 '나보다 뒤처지는 사람을 벗하지 말라'는 의미인데, 한편으로는 편협한 교우관이라고 볼 수 있다. 이에 다음 문장을 비교해서 읽기 바란다. 《설원》〈잡언雜言〉 편을 보면 이런 말이 있다. "구丘(공자)가 세상을 떠난 후 상商(자하)은 날로 [학문이] 늘어났고 사賜(자공)는 나날이 [학문이] 줄어들었다. 상은 자기보다 현명한 사람과 어울리는 것을 좋아했고, 사는 자기보다 못한 사람을 좋아했기 때문이다〔丘死之後, 商也日益, 賜也日損. 商也好與賢己者處, 賜也好說不如己者〕". 또한 정이천程伊川은 "불여기不如己"는 앞의 "주충신主忠信"과 연관하여 '충신忠信'이 자기만 같지 못한 자로 특정하여 설명하였다.

죽음과 조상에 대한 마음 1.9

증자가 말했다.

"임종을 신중하게 모시고 먼 조상까지 추모하면[34] 백성의 덕이 두터운 데로 돌아갈 것이다.[35]"

曾子曰: "愼終[36]追遠, 民德歸厚矣."

---

33) 맨 마지막의 두 문구 "無友不如己者, 過則勿憚改"는 〈자한〉 9.24에도 보이는데, "무無" 자가 "무毋"로 되어 있고, "과즉過則"은 "과자過者"로 되어 있다는 점이 다르다. 물론, "무無"는 "무毋"의 개념이다.

34) 원문의 "추원追遠"을 번역한 것으로 "추追"는 '거슬러 올라가다'의 뜻인데 여기에서는 '추모하다'의 개념이다. "원遠"은 '제사', '[3대를 포함한] 먼 조상'의 뜻으로 보면 무방하다. 말하자면 제사에 공경하는 마음을 다하는 것이다. 《맹자》 〈이루 하離婁下〉 편에 "養生者不足以當大事, 惟送死可以當大事"라는 문장이 나오는데 "삶을 봉양하는 것은 큰일에 해당되기에 부족하고 오직 죽음을 보내는 것이 큰일에 해당된다"는 말이다. 즉, 맹자의 발언은 '살아 있는 사람을 부양하고 죽은 사람을 잘 보내준다〔養生送死〕'로 축약되며 이 구절과 유사한 맥락이다.

35) 원문의 "민덕귀후의民德歸厚矣"를 번역한 것이다. "후厚"라는 것은 위정자가 신종추원愼終追遠 할 수 있는 제반 여건을 만들고, 백성들이 그러한 위정자의 덕德에 감화되면 사회 전반적인 민심 혹은 풍속이 관대함으로 돌아간다는 의미이다.

36) "신종愼終"이란 임종을 신중하게 치르는 것이다. 구체적으로는 부모님이 임종하여 상을 치를 때 정성을 다해 입관하고 매장하는 것으로, 추모의 마음을 다하는 것이다. 유보남劉寶楠의 《논어정의論語正義》 〈단궁檀弓〉에 나오는 증자의 말이다.

자금[37]이 자공[38]에게 물었다.[39]

"선생님께서 어떤 나라에 도착하면[40] 꼭 그 나라가 정치를 어떻게 하는지 들으셨는데,[41] 그것을 요구하신 것입니까? 아니면 [그들이] 선생님께 제공한 것입니까?"

자공이 대답했다.

"선생님께서는 따사로움·선량함·공경·절약·겸양[42]으로써 그것

---

37) 진항陳亢의 자이다. 그는 《논어》 〈계씨〉 16.13과 〈자장〉 19.25 등 세 군데에 나온다. 〈계씨〉 16.13에서는 공리孔鯉(공자의 아들)에게 묻고, 이 장과 〈자장〉 19.25에서는 자공에게 묻는다. 《사기》 〈중니제자열전〉에는 진항에 대한 간략한 전傳도 없고 이름 정도만 나열하듯 붙여놓아 그의 존재에 큰 의미를 부여하지 않았다. 자공의 제자로 보는 것이 타당하다.

38) "자공子貢"은 단목사端木賜이다. 자공의 "공貢"은 원래 '공贛'으로 썼는데 "공貢"은 간략화된 글자이다. 공자보다 31세 어린 그는 공문의 제2기 제자로 공문십철의 한 사람이고, 언어에 뛰어나 대외 협상을 비롯한 외교 업무에 능했다. 공자 사후 자공의 명망이 가장 높았으며, 공자의 이름이 천하에 알려지게 된 것도 그의 역할이 컸다(사마천 설). 탁월한 외교가 자공은 공자를 모시고 제후국을 주유했으며 공자의 마음을 잘 읽는 제자였다. 자공은 공자의 제자 중에서는 당대에 몇 손가락 안에 드는 거부가 되었는데, 사두마차를 타고 기마 행렬을 거느리며 비단을 폐백으로 들고 제후들을 찾아다녔으므로 가는 곳마다 왕들이 몸소 뜰까지 내려와 왕을 대하는 예로 맞이했다. 그런 자공도 스승에게는 말만 앞세운다는 핀잔을 자주 들었다.

39) 이 문장에서 원문의 "문問"에 주목할 필요가 있다. 제자(자금子禽)가 스승(자공子貢)에게 물어보는 상황인데, 여기서 '물었다〔問〕'는 것은 자금이 자공에게 가르침을 청한다는 개념으로 보아야 한다.

40) 원문의 "부자지어시방야夫子至於是邦也"를 번역한 것인데, "지至"는 '달達'과 같다. 즉, '도달하다·도착하다'의 의미이다. "시是"는 본래 '이(것)'를 의미하는데 여기에서는 '일一'의 개념으로 보아 '어떤 나라'로 풀이해야 한다.

41) 원문의 "필문기정必聞其政"을 번역한 것으로 "문聞"은 '문問'과 같다고 보면 된다. 말하자면 "당시 군주가 공경과 신의로 스스로 [공자에게] 정사政事를 나아가 물은 것〔時君敬信, 自以其政就而問之耳〕"(주희 설)을 의미한다.

을 얻은 것이니, 선생님이 그것을 구한 것은 아마도[43] 다른 사람이 그것을 구한 것과는 다를 것인저!"[44]

子禽問於子貢曰: "夫子至於是邦也, 必聞其政, 求之與? 抑與之與?" 子貢曰: "夫子溫良恭儉讓以得之. 夫子之求之也, 其諸異乎人之求之與!"

효의 의미 1.11

공자께서 말씀하셨다.

"아버지께서 살아 계실 때는 [자식된 자로서] 그분[45]의 뜻을 살피고, 아버지께서 돌아가신 뒤에도 그분의 행적을 살피며 3년 동안[46] 아버지의 도에서 고침이 없다면 효도라고 말할 수 있을 것이다."

---

42) 원문의 "온량공검양溫良恭儉讓"을 번역한 것이다. "온溫"은 '온화함과 후함(和厚)'을 의미하고, "량良"은 '평탄하고 곧음(易直)'이며, "공恭"은 '장엄하고 공경스러움(莊敬)', "검儉"은 '절제節制', "양讓"은 '겸손謙遜'이다.

43) 원문의 "기저其諸"를 번역한 것으로 자신의 주장을 확신할 수 없을 때 하는 말투이며 제나라와 노나라의 사투리로 보아야 한다는 견해가 있다. 양보쥔은 이에 대한 근거로 홍이선洪頤煊의 《독서총록讀書叢錄》에 나오는 사례, 즉 공양전 환공 6년조의 주석 '아마도 환공을 꾸짖는 것인저?(公羊桓六年傳, 其諸以病桓與)', 민공 원년조의 주석 '아마도 중손이 곧 우리의 중손일 것인저(閔元年傳, 其諸吾仲孫與)', 희공 24년조의 주석 '아마도 이 일을 말하는 것인저!(僖二十四年傳, 其諸此之謂與)' 등을 들었다. 일리 있는 분석이다.

44) 다른 나라의 행신幸臣이나 권신權臣에 빌붙어 군주를 만나 아첨하듯 구한 것과 차원이 다르다는 의미이다. 오히려 공자의 다섯 가지 덕이 군주에게도 알려져 자연스러운 정치 현상이라는 말을 함축하고 있다.

45) 원문의 "기其"를 번역한 것인데 뒤의 '기其'도 모두 '아버지'를 가리킨다고 보아야 한다. 양보쥔은 둘 다 '자식'을 가리킨다고 보았는데 일리가 없지 않으나 앞뒤 맥락상 설득력이 부족하다.

子曰: "父在, 觀其志. 父沒, 觀其行. 三年無改於父之道, 可謂孝矣."

예란 조화다 1.12

유자가 말했다. "예禮[47]는 그 운용에 있어서 조화[48]를 귀하게 여긴다. 선왕의 도[49]에서는 이것(조화)을 아름답게 여겼다. 큰일이든 작은 일이든 이것(도)에 따르게 했다. [때로] 그것만으로는 행해지지 못하기도 하는데, [이는] 조화를 알아 조화스러울 뿐이니[50] 예로써

46) 3년 동안은 자식이 마음대로 아버지의 방식을 고치지 않는다는 의미이다. 이는 합리와 불합리를 떠난 자식의 기본 도리라는 말로, 3년이란 절대적인 시간은 아니고 긴 시간을 의미한다고 볼 수도 있다. 여기서 삼년상이 나왔을 것으로 추정된다.

47) "예禮"란 절도에 들어맞는 것을 의미하며, 일반 귀족들의 행위를 규범화한 것이다. 타인과 나 사이에 존재하는 일정한 선을 넘지 않는 규범과 이에 따른 긴장감에서 나오는 것으로, '의儀'와 통하며, 주나라의 예를 말한다. 이 '예'는 '인'의 출발점이자 귀결점으로, 공자에게는 이상적인 지배 질서이자 한 나라의 근본 원리였다. 사마천은 《사기》 〈서〉 첫머리에서 "예禮란, 사람으로 말미암아 일어난다. 사람은 태어나면서부터 욕망이 있어, 하고자 하는 바를 이루지 못하면 원망이 없을 수 없으며, 원망하는 데도 절제가 없으면 다투게 되는데, 다투게 되면 혼란스럽게 된다. 선왕은 그처럼 어지러워지는 것을 싫어했으므로 예의를 제정하여 사람들의 욕망을 길러주고, 사람들의 욕구를 만족시켜, 욕구로 하여금 사물에 대하여 고갈됨이 없게 하고, 사물은 욕망에서 굴복됨이 없도록 하여, 두 가지가 서로 기대어 성장하는 것, 이것이 예가 일어난 바이다"라고 하여 그 의미를 정확히 부여했다.

48) 원문의 "화和"를 번역한 것으로 널리 알려져 있다시피, "희로애락이 겉으로 드러나지 않는 것을 '중中'이라고 하고, 드러났으나 모두 절도에 맞는 것을 '화'라고 한다〔喜怒哀樂之未發謂之中, 發而皆中節謂之和〕"(《예기禮記》 〈중용中庸〉). 양우부楊遇夫(양수달楊樹達)는 《논어소증論語疏證》에서 이에 반론을 제기하여 '화'에 대한 《설문해자說文解字》의 풀이, "화和란 조화로운 것이다〔調也〕"가 더 적합하다고 보았는데 일리가 있다.

49) "선왕의 도〔先王之道〕"는 주周나라의 요堯·순舜이 지켜온 원칙적인 도道를 말한다. 포괄적인 의미에서 대대로 내려오는 [선왕의] 삶의 방향과 지침이다.

그것을 절제하지 못하면, [이] 또한 행해질 수 없는 것이다."

有子曰: "禮之用, 和爲貴. 先王之道, 斯爲美. 小大由之. 有所不行, 知和而和, 不以禮節之, 亦不可行也."

군자의 길 1.13

유자가 말했다.

"믿음이 의로움에 가까우면[51], [그] 말은 실천할 수 있다.[52] 공손함이 예의에 가까우면, 치욕에서 멀어지게 된다. 친한 관계[53]라고 하더라도 그 친함을 잃지 않는다면 역시 으뜸으로 삼을 수 있다[54]."

有子曰: "信近於義, 言可復也. 恭近於禮, 遠恥辱也. 因不失其親, 亦可宗也."

---

50) 원문의 "지화이화知和而和"를 번역한 것인데, 〈자로〉 13.23의 "군자는 [사람들과] 조화를 이루지만 [부화]뇌동하지는 않고, 소인은 [부화]뇌동하지만 조화를 이루지는 못한다(君子和而不同, 小人同而不和)"와 연관하여 '화이부동和而不同'의 개념으로 보면 된다. 즉, 군자君子와 소인小人의 질적인 차이는 조화를 알아서 조화로울 수 있는 절제가 있느냐의 문제이다.

51) 원문의 "신근어의信近於義"를 번역한 것인데, "의義"는 '마땅함(宜)'의 뜻도 있으므로 '정의正義'의 뜻으로 한정하기보다는 '합리적'이라는 의미가 함께 들어 있는 것으로 보아야 한다.

52) 이 문장은 인간의 말이 대인관계에 있어서 매우 중요하다는 의미로, 자신이 한 말을 지키는 것이 믿음이고 이는 실천에 달렸다는 뜻이다. 그래서 공자는 "말에는 반드시 믿음이 있고, 행동에는 반드시 과단성이 있다(言必信, 必有果)"(〈자로〉 13.20), "군자는 올곧지만 믿음만을 고집하진 않는다(貞而不諒)"(〈위령공〉 15.36)라고 했으니 이들 문장과 비교해서 읽어보아야 한다.

53) 원문의 "인因"을 번역한 것인데, 공안국과 형병은 '친親' 자와 같은 개념으로 보아 '가까이하다'로 풀었는데, '그리하여'라는 접속사의 개념으로 보아야 한다는 견해나 '인척姻'의 의미로 풀어야 한다는 견해도 있다.

호학은 절제다 1.14

공자께서 말씀하셨다.

"군자는 먹음에 배부름을 추구하지 않고, 거처함에 편안함을 추구하지 않으며,[55] 일처리하는 데 민첩하고 말하는 데는 신중하며, 도가 있는 곳에 나아가 [스스로를] 바로잡는다면,[56] 배우기를 좋아한다고 말할 수 있을 뿐이다."

子曰: "君子食無求飽, 居無求安, 敏於事而愼於言, 就有道而正焉, 可謂好學也已."

가난함과 부유함 1.15

자공[57]이 물었다.[58]

---

54) 원문의 "역가종야亦可宗也"를 번역한 것으로 "종宗"은 여러 해석이 존재한다. '높이다'라는 개념으로 보아 '[주인으로 삼아] 높이다'라는 의미이다. 역자는 '종주宗主'의 개념으로 이해하고 '으뜸으로 삼을 수 있다'고 풀이했다. 주희는 '주主'와 같은 뜻으로 보아 '주인으로 삼을 수 있다'고 하였고, 양보쥔은 '믿음직하다'와 같은 맥락으로 보기도 하였다. 어떤 이는 '친척·혈연'의 관계로 해석한 경우도 있다.

55) 원문의 "거무구안居無求安"을 번역한 것으로 맥락상 공자가 말하는 '안빈낙도安貧樂道'의 '빈貧'이란 단어와 연관된다. 이 구절과 앞의 '식무구포食無求飽'는 '부富'의 문제다. 군자는 먹는 것〔食〕과 사는 것〔住〕, 이 두 가지에 대하여 초연하고 절제해야 함을 말한 것이다.

56) 원문의 "정正"은 '광정匡正'의 의미로 보아야 한다. 즉, '옳고 그름을 바로잡는 것〔正其是非〕'과 '얻음과 잃음을 판별하는 것〔判其得失〕'의 개념이다.

57) 사마천의 《사기》 〈화식열전貨殖列傳〉에 보면 "칠십 명의 제자의 무리 중에서 자공이 가장 풍요롭고 윤택했다〔七十子之徒, 賜最為饒益〕"라고 하여 자공을 설명한 내용이 이 장의 문답과 비교해서 생각할 만하다.

"가난하면서도 아첨하지 않고, 부유하면서도 교만하지 않으면[59] 어떻습니까?"

공자께서 말씀하셨다.

"괜찮겠지만,[60] 가난하면서도 [이를] 즐거움으로 삼고, 부유하면서도 예의를 좋아하는 것보다는 못하다."[61]

자공이 물었다.

"《시경》에서 '[칼로] 끊듯이, [줄로] 갈듯이, [정으로] 쪼듯이 [숫돌로] 윤을 내듯이'[62]라고 한 것은, 아마도 이것을 가리키는 것입니까?"

공자께서 말씀하셨다.

"사(자공의 자)야, 비로소 너와 더불어 《시경》을 이야기할 수 있겠다. 지나간 것을 알려주었더니 다가올 것을 아는구나."

58) 원문의 "왈曰"의 의미에 주목해야 한다. "왈曰" 앞에 '문왈問曰'이라고 해야 공자와의 문답이 성립되는데, "자공왈子貢曰"이라고 한 것은 자공 스스로 자신의 능함에 만족하고 자신의 견해에 확신이 차 있음을 엿볼 수 있는 대목이다. 역자는 이 말의 의미를 살려 "물었다"라고 번역했다.

59) 원문의 "첨諂"은 '비굴卑屈'의 뜻이고, "교驕"는 '자랑하고 방사함(矜肆)'을 말한다(주희 설).

60) 원문의 "가야可也"를 번역한 것이다. 주희는 이에 대하여 "가可라는 글자는 겨우 가하지만 다하지 못한 말이 있다(可者, 僅可而有所未盡之辭也)"라고 세밀하게 풀이하였다.

61) 공자는 정당한 방법으로 이득을 취해 부富를 쌓는 것에 반대하지는 않았다. 하지만 자신을 재물과 무관한 존재로 묘사하기를 좋아했는데, "나에게는 뜬구름만 같은 것이다"(〈술이〉 7.15)라고 한 것이 한 예다. 공자는 이 장에서 자신의 가장 부유했던 제자 자공과 부에 대해서 담론했다.

62) '절차탁마'란 고사성어가 나온 문장으로, "절切"은 뼈(骨)를 끊으면서 다듬는 것을 말하고, "차磋"는 뿔(角)을 다듬는 것, "탁琢"은 옥玉을 다듬는 것, "마磨"는 돌(石)을 다듬어 윤택하게 하는 것이다. 옥이나 돌을 다듬는 것처럼 사람도 끊임없는 수양 과정을 통해야만 비로소 완전한 인격체로 거듭날 수 있다는 뜻이다.

子貢曰: "貧而無諂, 富而無驕, 何如?" 子曰: "可也. 未若貧而樂, 富而好禮者也." 子貢曰: "詩云, 如切如磋, 如琢如磨, 其斯之謂與?" 子曰: "賜也, 始可與言詩已矣, 告諸往[63]而知來者."

허명을 경계하라 1.16

공자께서 말씀하셨다.

"남이 자기를 알아주지 않는 것을 근심하지 말고,[64] [자기가] 남을 알지 못하는 것을 근심하라.[65]"

子曰: "不患人之不己知, 患不知人也."

63) "왕往"은 첫 번째로 내딛는 걸음이니 지나간 것으로 이미 말해 준 빈부에 대처하는 도道를 지칭하고, 뒤에 나오는 "래來"는 두 번째로 내딛는 걸음이니 자공이 인용한 학문을 정밀히 추구하는 것을 의미한다.

64) 이 문장은 〈학이〉 1.1에 있는 "남이 [나를] 알아주지 않아도 노여워하지 않으면(不知而不慍)"이란 구절과 유사하다. 〈이인〉 4.14에 "자기를 알아주는 사람이 없음을 근심하지 말고, [남이] 알아줄 만하도록 되는 것을 추구하라(不患莫己知, 求為可知也)"는 말과 가장 비슷하며, 〈헌문〉 14.30, 〈위령공〉 15.18에도 비슷한 문장이 나온다.

65) 원문의 "환부지인야患不知人也"를 번역한 것으로, 여기에서 "부지不知"는 '옳고 그르고 사악함과 바름을 변별하지 못하는 것(是非邪正, 不能辨)'이라고 하였다(윤순尹焞 설). 말하자면 '지知'를 한다는 것은 다른 사람의 시비사정是非邪正을 변별할 능력을 말한다.

제2편

위정爲政

– 형과 벌보다 덕과 예로 다스려라

【해설】

제 1편 〈학이學而〉 다음에 〈위정爲政〉이 오는 것은 오늘 우리가 보기에 자연스럽지 않을지라도 공자의 시대에는 학문을 닦는 이유가 궁극적으로는 정치를 통해 뜻을 펼치기 위함이었다.

물론 〈위정〉 편에서 정치를 직접 언급한 대목은 그리 많지 않아 네 개의 장(2.1, 2.3, 2.18, 2.21)에 불과하다. 주로 제자들이 질문을 통해 정치를 하려는 공자의 의중을 여쭙거나 정치 참여가 논란이 되는 식이다. 후반부에는 효孝와 신信의 문제를 많이 거론한다. 이 두 개념 역시 '위정'이라는 제목과 어느 정도 연관이 있다. 공자가 강조한 것이 덕정德政이기 때문이다. 공자는 덕이 있는 자의 정치와 능력이 출중한 자의 정치 사이에서 무엇이 옳은가를 고민했지만 결국 덕정을 선택했다.

공자는 정치를 인품의 문제로 다루려 했고, 효치라는 말로써 나라를 다스리는 근본인 효를 강조했다. 효란 어긋남이 없다고 한 말이나, 부모에게 근심을 끼치지 않는 것이라는 말, 그리고 봉양이란 공경하는 마음이 전제되어야 한다는 효론을 통해 부모님 앞에서는 얼굴빛 하나까지 신경을 쓰는 세심한 배려가 필요하다고 할 정도였다. 그러나 이런 효제의 실천이 곧장 정치적 덕목으로 확장되기는 현실적으로 힘들었다. 패권주의가 난무한 와중에 이런 말에 귀 기울여주는 제후나 군주는 거의 없었기 때문이다.

"군자는 그릇이 아니다(君子不器)"라는 말이라든지, 스승의 자격을 '온고지신溫故知新'을 들어 설명한 말 등이 이 편의 명구들이다. 말보다는 실천이 중요하다는 대목 역시 시사하는 바가 많다.

정치는 덕으로 2.1

공자께서 말씀하셨다.

"정치를 덕으로 하는 것은,[1] 비유하면 마치 북극성[2]이 자리를 지키고 있고[3], 다른 모든 별이 함께 그를 떠받드는 것과 같다.[4]"

子曰: "爲政以德, 譬如北辰, 居其所而衆星共之."

《시》란 무엇인가 2.2

공자께서 말씀하셨다.

"《시경》 3백 편, 이를 한마디로 개괄하면[5] '생각에 사악함이 없다'는 것이다."[6]

---

1) 원문의 "위정爲政"에서 "정政"은 바로잡을 '정正' 자와 통하니, 위정자의 바르지 않음을 바로잡는다는 의미가 있다. "위爲"는 '따를 종從'과 유사한 개념이다. "덕德"은 '득得' 자로 보아 '마음을 얻다'라는 의미로 풀이하면 무방하다.

2) 원문의 "북신北辰"을 번역한 것으로 하늘의 천추天樞인 북극성을 가리킨다. 다산 정약용은 "신辰"을 하늘의 추축樞軸으로 보았고 꼭 북극성을 지칭하는 것으로 보지는 않았다.

3) 원문의 "거기소이居其所而"를 번역한 것인데, "소所"는 '처處'와 같다. 직역하자면 '그곳에 자리 잡고 [움직이지 않고] 있다'는 것을 의미한다.

4) 원문의 "중성공지衆星共之"를 번역한 것이다. "중성衆星"은 '[북극성을 제외한] 모든 별'을 의미하고, "공共"은 '[두 손으로] 받들 공(拱)' 자와 같다. 주희는 '향할 향(向)'으로 보았고, 이와 달리 정약용은 '같을 동(同)'이라고 하여, "다른 모든 별이 [북극성을] 따라 회전하여 북극성과 함께 운행한다(而衆星隨轉, 與北辰同運)"라는 개념으로 해석하였다. 말하자면 북극성이 뭇 별들을 인도하듯이 군주가 백성을 인도하면 백성들도 함께하는 것으로 이해하면 큰 무리가 없다.

5) 원문의 "일언이폐지一言以蔽之"에서 "폐蔽"는 '개괄하다, 뭉뚱그리다'의 뜻이다. 한편 '단斷' 자로 보아 '단정하면'으로 해석하는 경우도 있는데 가능한 주석이다.

子曰: "詩三百, 一言以蔽之, 曰: '思無邪'."

형벌보다는 덕과 예다 2.3

공자께서 말씀하셨다.

"정령政令으로 이끌고[7] 형벌로 다스리면[8], 백성들은 [법망을 교묘하게] 빠져나가고도 부끄러움을 모른다. 덕으로 이끌고 예로써 다스리면 [백성들은] 부끄러워할 줄도 알고 [잘못을] 바로잡게 된다."

子曰: "道之以政, 齊之以刑, 民免而無恥. 道之以德, 齊之以禮[9], 有恥且格[10]."

6) 원문의 "사무사思無邪"는 학자에 따라 해석이 다양한데, 인간의 사상과 감정의 순수성을 강조한 말로 이해하면 무난하다.《시경》의 시들은 모두 민간에 유행하던 것을 채록했기 때문에 소탈한 정서가 많이 배어 있다. 공자는 시를 중요하게 생각했고, 깊이 알았기에 3천 여 편의《시경》에서 3백 편을 추렸다는 설이 있다.

7) 원문의 "도지이정道之以政"을 번역한 것으로, "도道"는 '이끌다(導)'라는 뜻이다. "정政"은 '금령禁令'의 의미로 보아 정치적 명령으로 법적 구속력을 함축하고 있다.

8) 원문의 "제지이형齊之以刑"을 번역한 것이다. "제齊"는《설문해자》에 보면 "벼와 보리가 이삭을 토해내면 위가 평평해진다(禾麥吐穗, 上平也)"라고 하였다. 정약용도 "위가 평평한 것이다(上平)"라고 보았다. 즉, 형벌로써 귀족이든 평민이든 차별 없이 공평하게 법 적용을 해야 함을 의미한다.

9) 원문에서 "덕德"은 자율성 보장이고, "예禮"는 타율적 관리라는 현대적 개념으로 이해해도 좋다. 즉 타율성을 갖추되 덕치德治의 수준을 넘어서지 말라는 의미다.

10) "격格"은 하안의 견해를 따라 '바르게 되다', '바로잡게 되다'로 해석했다. 뜻을 보충하자면 규정을 엄격하게 준수하는 것이며 일정한 법도와 규범을 두고 관리하는 것이다. 법망을 교묘하게 빠져나간다는 의미의 '면免'과는 상반되는 개념이다. 한편 주희는 "격"을 '지至'의 의미로 보아 "선함에 이르게 된다(至於善)"로 풀이하기도 했는데 하안의 해석과 크게 어긋나는 것은 아니다.

나이에 따라 살다 2.4

공자께서 말씀하셨다.

"나는 15세[11]에 배움에 뜻을 두었고, 30세가 되어서는 자립[12]했으며, 40세가 되어서는 미혹[13]되지 않았고, 50세가 되어서는 천명天命(하늘의 명)[14]을 알게 되었으며, 60세가 되어서는 귀가 순해졌고,[15] 70세가 되어서는 마음이 하고자 하는 대로 따라도 법도를 어기지 않았다."[16]

---

11) 소학을 마치고 대학大學에 들어갈 나이다. 원문의 "십유오十有五"에서의 "유有"는 '있다'는 뜻이 아니고, '또'라는 뜻이니 '우又'와 같은 의미다. 바로 번역문의 "배움"은 구체적으로 '대학지도大學之道'를 의미한다.

12) 이 말의 의미를 두고는 논의가 분분하다. 청대의 송상봉宋翔鳳은 "장성하여 가정을 갖는 것〔壯而有室〕"(《논어발미論語發微》)이라고 하였으나, 공자는 19세에 결혼했기 때문에 타당성이 부족하다. 여기서는 "립立"을 '자립하다'라고 번역했는데, 정신적으로는 세계관의 정립을 의미하고 물질적으로는 다른 사람의 도움 없이 스스로 생활을 꾸려나갈 수 있다는 것을 의미한다.

13) "미혹"이라는 표현을 쓴 것은 주희의 주석대로 '사물의 당연함〔物之當然〕'을 깨달았다는 의미로서 주변의 상황에 흔들림 없이 학문에 전념했음을 의미한다. 공자가 열국을 주유한 시기는 대략 35세부터 50세 사이일 것으로 추정되니, 이때는 바로 나이 40세에 해당한다. 〈자한〉과 〈헌문〉에 "지자불혹知者不惑"이란 말이 있으니 참고하여 읽어보아도 좋다.

14) "천명"이란 사물에 드러나는 자연스런 이치 혹은 하늘이 부여한 사명으로 해석한 주희의 설이 타당하다. 말하자면, 자기의 역량이 어느 정도 되는지, 도대체 무엇을 할 수 있는지, 운명에 따르면 무엇을 하게 되어 있는지 등을 아는 것이며 공자가 51세에 관직에 나아간 것과 관련되는 중요한 개념이기도 하다. 공자는 "천명을 알지 못하면 군자가 될 수 없다"(〈요왈〉 20.3)라고 말했다. 공자가 말하는 "지천명"은 《역》을 배운 것과 관련이 있다. 사마천은 "공자는 늘그막에 《역易》을 좋아하여 〈단彖〉, 〈계繫〉, 〈상象〉, 〈설괘說卦〉, 〈문언文言〉 편에 서문을 썼다. 그리고 《역》을 얼마나 많이 읽었는지 책을 묶은 가죽 끈이 세 번이나 끊어졌다〔孔子晩而喜易, 序彖系象說卦文言. 讀易, 韋編三絶〕"(《사기》 〈공자세가〉)라고 기록했다. 그렇다고 공자를 숙명론자로 보면 곤란하다. 오히려 후세의 주석가들이 이 문제를 너무 운명론적인 시각에서 접근하여 공자의 본의를 훼손한 측면도 있다.

子曰: "吾十有五而志于學, 三十而立, 四十而不惑, 五十而知天命, 六十而耳順, 七十而從[17]心所欲, 不踰矩."

효란 어긋남이 없는 것 2.5

맹의자[18]가 효에 대하여 물었다.
공자께서 말씀하셨다.
"어긋남이 없는 것입니다.[19]"

15) 정현에 의하면 어떤 말이든 귀로 그 뜻을 곡해하지 않고 제대로 알아듣는다는 의미다. 주희는 "소리가 들어오면 마음으로 통한다〔聲入心通〕"라는 의미로 풀었다. 정현도 "귀로 그 말을 듣고 그 은미한 뜻을 안 것이다〔耳聞其言而知其微旨〕"라고 보았다. 55세에서 68세까지 공자는 중국 북쪽의 나라들을 돌아다녔고 곤경과 좌절의 나날을 보내며 마음고생을 많이 했다. 그는 길에서 만난 초나라 광인 접여, 장저, 걸익 등이 빈정대고 풍자하는 말을 모두 귀담아 들었다. 심지어는 정나라에 이르렀을 때 성의 문지기가 공자의 외관을 보고 "상갓집 개와 같다"라고 한 말마저도 체념하듯 있는 그대로 받아들였다.

16) '정도正道를 벗어나지 않는다'는 말로 여기서 중요한 것은, 나이가 들어감에 따라 변화해가는 상태를 단계적으로 묘사하면서 자신의 체험을 말했을 뿐 타인에게 이러한 삶을 강요하지 않았다는 점이다. 우리는 이 문장을 통해 공자의 삶을 더욱 분명하게 이해할 수 있다.

17) "종從"이란 '수隨'와 같은 의미로 마음이 하고자 하는 대로 따르는 것이다. 역자는 이 글자를 긍정적인 의미로 해석했다. 반면 "종"을 '방종하다'는 의미의 '종縱'으로 보는 입장도 있는데 황간이 《의소義疏》에서 주장한 것이다. 말하자면, 마음을 대담하게 탁 풀어놓은 채 거침없이 말하고, 하고 싶은 대로 행하는 것이니 좋은 의미는 아니다.

18) 노나라의 대부로 "맹"은 성이고, "의"는 시호이며, "자"는 존칭이다. 이러한 칭호는 죽은 뒤에 부르는 방식이다. 맹씨는 곧 맹손씨이다. 맹손씨는 숙손씨, 계손씨와 더불어 노나라 삼환 가운데 하나이다. 맹손씨는 또 중손씨仲孫氏라고도 한다. 하기何忌는 맹의자의 이름이므로, 그를 중손하기仲孫何忌라고도 부른다. 공자 시대에 노나라는 줄곧 계손씨의 손아귀에 있었다.

19) 원문의 "무위無違"를 번역한 것으로 "위違"는 '순順'과 반대의 의미다. 즉, '이치에 어긋나지 않는 것〔不背於理〕'이라는 의미다(주희 설).

번지가 수레를 몰고 있었는데, 공자께서 그에게 이렇게 말씀하셨다.

"맹손[20]이 나에게 효를 물어 내가 어긋남이 없는[21] 것이라고 대답했다."

번지[22]가 여쭈었다.

"무슨 뜻으로 하신 말씀입니까?"

공자께서 말씀하셨다.

"[부모가] 살아 계실 때는 예로써 섬기고, 돌아가신 다음에는 예로써 장사를 지내고, 예로써 제사를 모시는 것이다."

孟懿子問孝. 子曰: "無違." 樊遲御, 子告之曰: "孟孫問孝於我, 我對曰無違." 樊遲曰: "何謂也?" 子曰: "生, 事之以禮. 死, 葬之以禮, 祭之以禮."

20) 맹손씨를 말하는데 서출의 장자로서 백伯과는 다르다. 정실 소생의 장자는 관례에 따라 노나라의 제후가 된다. 맹손씨는 지위가 백의 아래였기 때문에 즉위할 수 없었고, 그저 숙손씨와 계손씨 등과 함께 경대부가 될 수 있을 뿐이었으며, 둘째 아들로서 중손씨라고도 불렸던 것이다.

21) 주희는 도리를 어기지 않는 것이라고 풀이했는데, 예를 어기지 않는다는 의미로도 풀이할 수 있다.

22) 번지는 곧 번수樊須이고, 자는 자지子遲인데, 자로써 부른 것이다. 농사일을 좋아하여 공자에게 욕을 먹은 적이 있다. 사마천의 기록에 따르면 번지는 공자보다 36세 연하였다. 반면 《공자가어孔子家語》에는 공자보다 46세 적다고 되어 있다. 한편, 리링李零은 《상가구喪家狗》라는 책에서 번지의 나이를 통해 추정하기를 이것이 공자 만년의 일이고, 당시에 맹의자의 부친이 이미 세상을 떠난 상황이었다고 말한다. 본문에서 번지의 질문에 대한 공자의 답변은 〈학이〉 1.9에 나온 "신종추원愼終追遠"의 의미와 비슷하다고 보면 된다.

부모의 마음 2.6

맹무백[23]이 효에 대하여 물었다.

공자께서 말씀하셨다.

"부모는 오로지 그 자식의 질병을 근심한다."[24]

孟武伯問孝. 子曰: "父母唯其疾之憂."[25]

공경하는 마음으로 봉양하라 2.7

자유[26]가 효에 대하여 여쭈었다.

공자께서 대답하셨다.

23) 맹의자의 아들이고, '맹'은 성씨이고, '무'는 시호이며, '백'은 항렬을 나타내는 글자이다. 그의 이름은 '체彘'였기 때문에 무백체武伯彘 혹은 중손체仲孫彘라고도 부른다.

24) 이 부분의 번역은 이설이 많은데, 원문의 "기其"를 어떻게 해석하느냐가 관건이다. 마융馬融은 효자가 부모의 근심을 끼쳐서는 안 된다는 취지에서 '자식'으로 보았고, 왕충王充은 자식이 부모를 모실 때 부모의 병듦을 어찌할 수 없기 때문에 '부모'로 보아야 한다고 하였는데, 이런 두 이설이 논쟁의 핵심이다. 기其를 앞 단어 '부모'를 지칭하는 대명사로 보면 "부모는 오직 자신의 질병을 근심한다"로 번역해야 하므로 어색하다. 역자는 '부모의 것'으로 보았다. 부모의 것은 바로 '자식'이니 자식으로 옮기면 문맥상 맞는다. "부모는 오로지 자식의 질병을 근심한다"라는 말은 부모로 하여금 자식 걱정을 하지 않도록 해야 효도라는 것이다. 부모를 위해 자기 몸을 잘 챙기는 것이 효의 출발이고 가장 큰 덕목이라는 것이다. 마융 또한 이 문장을, '언제나 부모 속을 썩이지 않아야 효자인데 병이 나게 되면 부모 속을 썩이게 된다'라고 풀이했다.

25) 이 문장은 《회남자淮南子》 〈설림說林〉에도 보이는데, "부모의 질병을 근심하는 자는 자식이다(憂父母之疾者子)"라고 하였다. 이 근거에 따라 리링은 "자식은 부모의 질병을 근심한다"로 해석하였다. 그러나 역자는 부모의 속을 썩이지 않는 것이 효孝의 출발이라고 보고, "자식의 질병을 근심한다"로 풀이했다.

"오늘날 효는 부모를 봉양하는 것을 말한다. 개나 말 따위도 모두 [서로를] 먹여주고 있으니, 공경하지 않는다면 무엇으로 구별하겠느냐?"

子游問孝. 子曰: "今之孝者, 是謂能養[27]. 至於犬馬, 皆能有養. 不敬, 何以別乎?"

밝은 얼굴 2.8

자하가 효에 대하여 여쭈었다.

공자께서 말씀하셨다.

"안색[을 밝게 하는 것]이 어렵다.[28] 일이 있을 때 자식이 그 수고로움을 다한다고 하여, [또] 술과 음식이 있어 윗사람[29]이 드시게 한

26) 언언言偃의 자로서 문학에 뛰어난 공자의 제자다. 오나라 사람이며 항상 자하와 쌍벽을 이루는 인물로 공자보다 45세 어린 제3기 제자다. 무성의 읍재를 지냈다.

27) "양養"의 대상은 노인老人으로 [노인을] 봉양한다는 의미인데, 《사기》〈주본기周本紀〉와 〈백이열전〉에도 연관된 내용이 나온다. 즉, 백이와 숙제가 서로 왕의 자리를 양보하다가 서백西伯을 찾아가는 장면으로 "서백이 노인을 잘 봉양한다는 것을 듣고, 어찌 가서 그에게 귀의하지 않겠는가〔聞西伯善養老, 盍往歸之〕"(〈주본기〉)라고 하였다.

28) 자식이 부모를 모실 때 항상 밝은 안색으로 대하기가 어렵다는 뜻으로 해석했다. 이는 《예기禮記》〈제의祭義〉에 나오는, "효자로서 깊은 사랑이 있는 자는 반드시 온화한 기색이 있어야 하고 온화한 기색이 있는 자는 반드시 기뻐하는 얼굴빛이 있어야 하며 기뻐하는 얼굴빛이 있는 자는 반드시 온순한 용모가 있어야 한다〔孝子之有深愛者必有和氣, 有和氣者必有愉色, 有愉色者必有婉容〕"에 근거한 것이다. 이와는 달리 '부모의 안색을 살피는 게 어렵다'는 식으로 해석하기도 한다.

29) 원문의 "선생先生"을 번역한 것인데 '어른'이라고 해도 좋다. 마융은 '부형父兄'으로 보았으나 정약용은 옳지 않다고 반박하기도 했다. "선생"은 '후생後生'이란 단어의 상대적 개념이다.

다고 하여, 결국[30] 이런 일만으로 효라고 할 수 있겠느냐?"

子夏問孝. 子曰: "色難. 有事, 弟子服其勞. 有酒食, 先生饌, 曾是以爲孝乎?"

어리석지 않은 안회 2.9

공자께서 말씀하셨다.

"내가 회(안회)[31]와 온종일 이야기를 나눴는데, 거스르는 말을 하지 않아[32] 마치 어리석은 것 같았다. 물러간 뒤 그가 홀로 지내는 것을 살펴보니[33] 또한 [내가 해준 말들을] 충분히 발휘하고 있었으니 회는 어리석지 않다."

子曰: "吾與回言終日, 不違, 如愚. 退而省其私, 亦足以發, 回也不愚."

30) 원문의 "증曾"을 번역한 것으로 주희는 '일찍이(嘗)'로 보아 "일찍이 이런 것을 효라고 할 수 있는가?"라고 풀이했다. 반면 '이에·곧(乃)'과 '결국(竟)'으로 해석하기도 한다. 역자는 후자의 견해를 따랐다.

31) 사마천은 "안회는 노나라 사람으로 자는 자연子淵이며 공자보다 30세가 적었다"라고 하고는 안연을 《사기》 〈중니제자열전〉의 첫머리에 두었다. 안회는 29세에 머리가 하얗게 세더니 일찍 죽었다.

32) 원문의 "불위不違"를 번역한 것으로 말대꾸를 하거나 이견을 보이거나 문제를 제기하지 않는다는 의미다.

33) 원문의 "퇴이성기사退而省其私"를 번역한 것인데, "사私"에 대하여 주희는 "한가로이 지내면서 혼자 거처하는 것(燕居獨處)"이라고 하였고, 정약용은 "벗끼리 사사롭게 강습하는 것(朋友之私講也)"으로 해석하였다.

사람을 아는 세 가지 2.10

공자께서 말씀하셨다.

"그가 [지금] 하고 있는 일을 보고, 그가 어떤 이유로 그렇게 하는지 관찰하고, 그가 편안하게 여기는 것을 세밀히 살펴보라. 사람이 어찌 [자신을] 숨기겠는가? 사람이 어찌 [자신을] 숨기겠는가?[34)]"

子曰: "視其所以, 觀其所由, 察其所安. 人焉廋哉? 人焉廋哉?"[35)]

스승의 자격 2.11

공자께서 말씀하셨다.

"옛것을 익히고 새것을 알면[36)] 스승이라고 할 수 있다."[37)]

子曰: "溫故而知新, 可以爲師矣."

34) 원문의 "인언수재人焉廋哉"를 번역한 것으로 반복되어 쓰였다. "수廋"는 '은닉하다(匿)'의 뜻인데 '낭중지추囊中之錐(주머니 속의 송곳)'처럼 숨길 수 없음을 내포하고 있다.

35) 이 문장의 자구를 설명해보면, "시視"는 유의하지 않고 평범하게 보는 것이고, "관觀"은 '시'보다 자세히 살펴보는 것이고, "찰察"은 세밀하게 들여다보는 것이다. "소이所以"는 '하는 바'로 현재의 문제이고 "소유所由"는 '지금까지 해왔던 바'로 과거의 문제이며. "소안所安"은 '즐거워하는 바'로 장래의 문제라고 풀이할 수도 있겠다.

36) 원문의 "온고이지신溫故而知新"을 번역한 것이다. "온溫"은 '찾아서 탐색한다(尋繹)'이고, "고故"는 '옛날에 들은 바(舊所聞)'이다. "신新"은 '지금 얻은 바(今所得)'라고 하였는데(주희 설) 여기에서의 '지금(今)'은 미래의 의미를 함께 나타낸 것이다. 양보쥔은 "지신知新"을 〈자장〉 19.5의 "날마다 내가 가지고 있지 않은 것들을 알게 되며(日知其所亡)"와 통한다고 하였다. 또한, 이 문장은 〈술이〉 7.1의 "서술하되 짓지는 않고 믿어서 옛것을 좋아하니(述而不作, 信而好古)"라고 한 것과 유사한 개념으로 같이 읽으면 도움이 된다.

그릇 같다기보다는 2.12

공자께서 말씀하셨다.

"군자는 그릇이 아니다."[38]

子曰: "君子不器."

말보다 실천 2.13

자공이 군자에 대하여 여쭈었다.

공자께서 말씀하셨다.

"그 말을 [앞세우기보다] 먼저 실천하고 나서 [말이] 행동을 따르도록 하라."[39]

子貢問君子. 子曰: "先行其言而後從之."

---

37) 옛날에 들은 바를 찾아서 풀이하여 새로 발견하고 깨닫는다는 의미로서 이 문장은《예기》〈학기學記〉의 "암기와 질문을 위주로 한 배움으로는 다른 사람의 스승이 되기에는 부족하다(記問之學, 不足以爲人師)"와 함께 읽으면 좋다.

38) 본문의 "그릇(器)"은 제기祭器를 말한다. "기器"는 개가 밥그릇을 지키는 모양새로 주희는 "저마다 그 나름의 쓰임은 적당하나 서로 통하지 못하는 것(各適其用而不能相通)"이라고 하였다. 군자란 종묘의 제사를 지낼 때 쓰는 그릇처럼 일정한 모양과 크기를 갖춘 자가 아니라 세상의 온갖 이치를 두루 알 수 있는 회통하고 유연성을 갖춘 인물이라는 의미다. 말하자면, 한 분야에 하나의 재주나 기예에 치우치지 않고 전인적 완성을 목표로 하는 것이 중요하다는 의미를 담고 있다. 즉 자신의 독단만을 고집하는 자는 군자가 아니라 소인배이다. 덕을 닦은 군자가 터득한 도리는 모든 일에 통용될 수 있음을 밝힌 말이다.

39) 이 해석은 주희의 견해에 따른 것이다. 말하자면 먼저 실천한 후에 말을 한다는 의미다. 공안국의 경우는 "그의 말을 먼저 했으면, 행동이 말을 따라야 한

군자와 소인의 차이 2.14

공자께서 말씀하셨다.

"군자는 원만하지만 편을 가르지 않고,[40] 소인은 편을 가르지만 원만하지는 않다."[41]

子曰: "君子周而不比, 小人比而不周."

배움과 생각 2.15

공자께서 말씀하셨다.

"배우기만 하고 생각하지 않으면 미혹되고,[42] 생각하기만 하고 배우지 않으면 위태롭다.[43]"

다"라고 해석했는데 주희의 견해가 옳다고 본다. 한편 황간은 "먼저 말을 한 이후에 [사람들은] 군자의 말을 따른다"라고 해석하는데, 이는 너무 앞서 나간 것이다. 〈학이〉 1.14에도 "일처리하는 데 민첩하고 말하는 데는 신중하며"라는 구절이 보인다. 이 장은 언변이 뛰어났던 자공을 경계하려는 스승(공자)의 말씀이다.

40) 원문의 "주이불비周而不比"를 번역한 것으로 "주周"는 '두루'라는 의미로 '도의道義를 통해 사람을 모으는 것'인데, 뒤에 나오는 "비比"와는 서로 배치되는 개념이다. "비"는 '치우치다', '편을 가르다'라는 의미로 잠시 동안의 이익을 위해 결탁한 사람들이란 의미다. 송대의 구양수歐陽修는 〈붕당론朋黨論〉에서 다음과 같이 비판적인 말을 남겼다. "무릇 군자는 군자와 더불어 도를 같이하여 붕당을 일삼는다〔大凡君子與君子, 以同道爲朋〕".

41) 원문은 〈술이〉 7.30의 "군자는 편을 가르지 않는다", 〈위령공〉 15.21의 "무리를 이루지만 파벌을 만들지는 않는다"와 비교하면서 읽어야 한다.

42) 원문의 "사즉망思則罔"을 번역한 것으로 "사思"는 《중용》 19장의 "박학博學, 심문審問, 신사愼思, 명변明辨, 독행篤行" 중에 '밝게 분별해내는 것〔明辨〕'을 의미한다. "망罔"은 '무망誣罔'의 개념으로 성인의 도를 속인다는 말이다.

子曰: "學而不思則罔, 思而不學則殆."

이단 2.16

공자께서 말씀하셨다.
"이단[44]을 공격[45]하는 것, 이는 해로울 뿐[46]이다."

子曰: "攻乎異端, 斯害也已."

43) 원문의 "사이불학즉태思而不學則殆"를 번역한 것으로 "태殆"는 '경건함에 거하면서 이치를 궁구한다(居敬窮理)'와 연관하여 '궁리窮理'는 '옛날 선인들의 문헌을 고찰하지 않고 자기 생각을 믿어나가는 것'인데 이렇게 되면 기반이 없게 되어 결국 위태롭게 된다는 의미다.

44) 여기서 "이단異端"이란 '소도小道'로서 기이하고 극단적인 설이란 의미다. 즉 유가로 대변되는 성인의 도와 어긋나는 사상을 포괄적으로 가리키는 말인데, 구체적으로 양주楊朱와 묵가 학파를 지칭한다(주희 설)고 볼 수 있다. 주희는 기본적으로 황간皇侃과 범조우范祖禹의 견해를 받아들인 것인데, 그 대상은 양주와 묵자墨子의 학문을 의미한다고 보인다. 묵자는 유가 학설이 귀족들의 예禮, 상喪, 악樂, 장葬을 옹호하여 백성을 상하게 한다고 보고 유가의 반대편에 섰다. 묵자가 유가를 집중 공격한 것은 그들이 유가의 한 이단적 지파를 대표함을 염두에 두고 있다. 그런데 정약용은 주희의 설이 옳지 않다고 반박했다. 한편 양보쥔은 역자의 관점과 달리 이단을 '다른 학설' 혹은 학파로 보기는 어렵다고 하면서 '부정확한 의론議論'으로 번역해야 한다고 주장했으나 취하지 않는다.

45) 원문의 "공攻"을 '공격하다'라고 옮겼는데, 적지 않은 주석가가 이런 해석을 취했다(전대흔錢大昕이 대표적이고 양보쥔, 양수달도 그렇다.) 그러나 주희는 "공攻"을 '전적으로 다루다(專治)'라는 '치학治學'의 의미로 해석하기도 하는데, 그렇게 되면 '오로지 다루다'라는 식으로 번역된다.

46) 이렇게 번역하지 않고, '해로운 것이 없어질 것이다'라고 번역하는 학자도 있으니 양보쥔이 그러하다. 원문의 "이已"를 동사 그칠 지止의 의미로 보았기 때문이다. 한편, 원문의 "사斯"는 지시대사로 번역한다.

앎의 기본 2.17

공자께서 말씀하셨다.

"유[47]야, 너에게 안다는 것이 무엇인지 가르쳐줄까? 어떤 것을 알면 안다고 하고 알지 못하면 알지 못한다고 하는 것,[48] 이것이 [진정으로] 아는 것이다."

子曰: "由, 誨女知之乎? 知之爲知之, 不知爲不知, 是知也."

녹봉을 구하는 자세 2.18

자장[49]이 녹봉을 구하는[50] 방법을 배우고자 했다.

공자께서 말씀하셨다.

"많이 들으면서도 의심나는 것은 비워두고[51], 그 나머지를 신중

---

47) "유由"는 중유仲由로, '중'은 자로子路의 성이고 '유'는 이름이다. 공자보다 불과 9세 아래로 만년까지 공자의 곁을 떠나지 않은 몇 안 되는 제1기 제자다. 중유는 용맹하며 덤벙대고 큰소리치길 좋아해 평소 공자에게 꾸지람을 많이 들었으나, 공자는 그의 솔직담백하고 의로운 성격을 좋아했다.

48) 아는 것과 아는 척하는 것의 차이가 크다는 점을 강조한 것이다. 앎의 기본은 솔직함에서 나온다. 모르고도 안다고 하고 다른 사람의 눈을 속이며 아는 척하는 것은 기본적인 인성이 잘못된 어리석은 짓이며, 앎의 기회를 스스로 포기하는 것이다. 모르는 것은 솔직하게 모른다고 말하는 사람이 현명하다.

49) 전손사顓孫師의 자이며, 공자보다 48세나 적었다. 공자가 "내가 전손사를 얻고 나서부터 앞에도 빛이 있고 뒤에도 빛이 있었다"고 하면서 그를 안회·중유·단목사 등과 함께 공자사우孔子四友로 언급하였다고 한다. 공문십철에는 자장이 포함돼 있지 않다.

50) 원문의 "록祿"은 벼슬하는 자의 봉록, 녹봉의 의미이고, 원문의 "간干"은 구하다는 의미의 '구求'와 같다(정현 설).

하게 말하면 허물을 적게 할 것이다. 많이 보면서도 미혹된[52] 것을 비워두고 그 나머지를 신중하게 실행하면 후회를 적게 할 것이다. 말에 허물이 적고 행동에 후회가 적으면 녹봉은 그 안에 들어 있다."

子張學干祿. 子曰: "多聞闕疑, 愼言其餘, 則寡尤. 多見闕殆, 愼行其餘, 則寡悔. 言寡尤, 行寡悔, 祿在其中矣."

정직한 인재 2.19

[노나라] 애공哀公[53]이 물었다.

"어떻게 하면 백성들이 복종합니까?"

공자께서 대답하셨다.[54]

"정직한 사람을 천거하여 비뚤어진 사람들 위에 두면[55] 백성들은 복종하겠지만, 비뚤어진 사람을 뽑아 정직한 사람 위에 두면 백성들은 복종하지 않을 것입니다."[56]

51) 원문의 "다문궐의多聞闕疑"를 번역한 것으로 "궐闕"은 '빼다'를 뜻하는 한자이므로 역자는 '비워두고'로 풀이했다. 왜냐하면, 보통 의심나는 것을 빼놓으려고 하지 않고, 자신의 상상력과 주관을 가미하여 잘못된 의미를 부여하기 때문이다. 〈자로〉 13.3의 "군자는 자기가 모르는 것은 대체로 [의문으로] 남겨두는 법이다(君子於其所不知, 蓋闕如也)"와 같은 맥락이다.

52) 원문의 "태殆"를 번역한 것인데, 이 글자는 앞의 "의疑"와 호응하며, 같은 의미로 보아야 한다.

53) 노나라 애공은 성은 희姬, 이름은 장蔣으로 정공의 아들이다. 정공을 이어 기원전 494년에 즉위하여 27년간 재위했다. 공자가 노나라에 돌아온 시점은 바로 기원전 484년이다.

54) 공자는 신하였고 애공은 주군이었으므로 예를 갖추어 "대왈對曰", 즉 '대답하셨다'라고 한 것이다. '대왈'이란 표현은 여기에만 나온다.

哀公問曰: "何爲則民服?" 孔子對曰: "擧直錯諸枉, 則民服.

擧枉錯諸直, 則民不服."

백성을 대하는 법 2.20

계강자[57]가 물었다.

"백성들로 하여금 공경하고 충성하게 권면하려면 어떻게 하면 되겠습니까?"

공자께서 대답하셨다.

"백성들을 대할 때 [윗사람으로서] 장엄하면 [아랫사람이] 공경하게 되고, [부모님께] 효도하고 자애로우면 마음을 다할 것이며, 착한 사

55) 원문의 "거직조저왕擧直錯諸枉"을 번역한 것으로 "조錯"는 '두다〔置〕'와 같은 뜻인데, 포함包咸은 '버려두는 것〔廢置〕'이라고 하여 정반대 개념으로 해석하였다. 그러나 대체적으로 이야기하는 것은 '조치錯置하는 것'으로 보아 '임용한다'는 의미로 풀이하면 무방하다. "저諸"에 대하여 주희는 '무리'를 뜻하는 '중衆'으로 보고 많은 굽어 있는 사람들에게 둔다는 의미로 보았다. 역자는 '지어之於'의 축약형으로 보는 것이 해석에 무리가 없다고 본다. 주역동朱亦棟은 《논어찰기論語札記》에서 "굽어 있는 사람의 윗자리에 [정직한] 사람을 둔다〔置之於枉人之上〕"고 하였다.

56) 이 문장에서 공자는 인재를 등용하는 방법을 설명하고 있는데, 좋은 사람을 나쁜 사람 아래 두어서는 안 된다는 의미다. 그리고 이 문장과 유사한 문장이 〈안연〉 12.22에 나온다. "정직한 사람을 천거하여 비뚤어진 사람 위에 두어 비뚤어진 사람으로 하여금 바르게 될 수 있도록 하는 것이다"라는 문장이니 참조하면 좋다. 한편, 정약용도 "조"의 의미를 '들었던 것을 놓는다'라고 풀이했다는 점을 특기한다.

57) 노나라 애공 대의 계손비季孫肥이다. 공자가 살던 때 노나라의 귀족 중에서 삼환이 가장 위세를 떨치고 있었는데 삼환 가운데서도 계씨가 가장 세력이 컸다. 공자가 어렸을 때는 계평자가 정권을 잡고 있었고, 중년 때는 계환자가 정권을 잡고 있었으며, 만년에는 계강자가 정권을 잡고 있었다. 계강자는 기원전 492년에 정권을 잡은 것으로 추정된다. "강康"은 시호이다.

람을 천거하여 능력 없는 사람을 가르치도록 하면 [백성이 스스로] 권면하게 될 것입니다."

季康子問, "使民敬忠以勸, 如之何?" 子曰: "臨之以莊[58]則敬. 孝慈則忠. 擧善而敎不能則勸[59]."

효도가 정치의 근본이다 2.21

어떤 사람이 [관직에 있지 않은] 공자에게 말했다.

"선생께서는 어찌하여 정치를 하지 않으십니까?"

공자께서 말씀하셨다.

"《서경》에 이르기를 '효도하고 오직 효도하여 형제들에게 우애롭게 대하고 정치에 [이것을] 베풀어라'[60]라고 했으니, 이 또한 정치를 하는 것이니 어찌 [벼슬을] 해야만 [꼭] 정치를 하는 것이 되겠느냐?"

或謂孔子曰: "子奚不爲政?" 子曰: "書云, '孝乎惟孝, 友于兄弟, 施於有政.'[61] 是亦爲政, 奚其爲爲政?"

---

58) 원문의 "장莊"은 '용모가 단정하고 엄숙하다〔容貌端嚴〕'는 의미다(주희 설). 말하자면 흐트러짐 없는 면모를 내포하고 있다.

59) 원문의 "권勸"은 앞의 계강자가 물었을 때의 '권면하다〔勸〕'와 같은 개념인데, 형병은 '권면勸勉, 권장勸奬'의 의미라고 하였다. 한편, 정약용은 "백성들이 [마음에서 우러나] 스스로 흥하고 일어나 덕예德藝로 나아가는 것〔勸謂民自興起以進其德藝也〕"이라고 풀이했다.

60) 이 인용문은 《서경書經》에 있는 문장으로 알려져 있으며, 오늘날에는 전하지 않는 일문逸文으로 원문은 《위고문상서僞古文尙書》〈군진君陳〉에 나온다.

믿음 가는 사람이라야 2.22

공자께서 말씀하셨다.

"사람이면서 믿음이 없다면, 그것이 옳은지[62] 모르겠구나. [소가 끄는] 큰 수레에 예輗(수레채 마구리)가 없고, [말이 끄는] 작은 수레에 월軏(멍에막이)이 없다면[63], 그런 수레를 어찌 몰고 갈 수 있겠느냐?"

子曰: "人而無信, 不知其可也. 大車無輗, 小車無軏, 其何以行之哉?"

---

61) 원문의 "시어유정施於有政"을 직역하면 '정치가 있는 곳에 베풀어라'인데 어딘가 어색하다. "시施"는 '파급하다'의 뜻으로 보아야 한다는 설도 있다. 양보쥔은 "여기서의 유有는 명사 앞에 사용될 경우에 뜻이 없는 것이 고대 한문문법의 한 형태〔有字無義, 加於名詞之前, 這是古代構詞法的一種形態〕"라고 풀이했다. "정政"을 '정치를 하는 사람'이라고 하는 견해도 있다(양수달 설).

62) 옳거나 쓸모가 있는지 모르겠다는 말로 어디에서도 통하지 못한다는 의미다.

63) 원문의 "대거大車"와 "소거小車"에 관하여 주희는 '평지에서 짐을 싣는 수레〔平地任載之車〕'를 "대거"라고 하였다. 즉 '소가 끄는 수레'이고, "소거"는 '전거田車·병거兵車·승거乘車'라고 하여 '말이 끄는 수레'라고 보았다.

주나라 계승의 의미 2.23

자장이 여쭈었다.

"열 왕조[64] 이후의 일을 알 수 있겠습니까?"[65]

공자께서 말씀하셨다.

"은나라는 하나라의 예절을 이어받았는데, 거기에서 덜고 보탠 것을 알 수 있으며, 주나라는 은나라의 예를 따랐는데, 거기에서 덜고 보탠 것을 알 수 있다. 아마도 주나라를 계승한다면 비록 백 왕조 이후의 일이라 할지라도 알 수 있다."[66]

子張問, "十世可知也?" 子曰: "殷因於夏禮, 所損益可知也.

周因於殷禮, 所損益可知也. 其或繼周者, 雖百世, 可知也."

64) 본래 "세世"란 왕조의 성이 바뀌는 30년의 기간을 말하니 곧 아버지가 아들에게 제위를 넘겨 세대교체하는 시기를 의미한다. 여기서는 주희가 "성을 바꾸어 천명을 받는 것〔易姓受命〕"을 일세一世라고 보았으니 열개의 조대朝代를 의미한다.

65) 원문의 "야也"는 '야耶'와 같으며, 의문을 표할 때 쓰는 어기사다.

66) 공자가 이같이 답변한 것에 대하여 주목할 필요가 있다. 역사는 인과관계이며 계승관계이기 때문에 가장 이상적으로 생각했던 요순堯舜시대를 하夏·은殷·주周가 계속 이어받은 것처럼 그 인과관계 속에서 변함없는 제도·문물을 지니게 된다는 의미다.

제사의 대상 2.24

공자께서 말씀하셨다.

"자기 조상의 귀신[67]이 아닌데도 제사 지내는 것[68]은 아첨하는 것[69]이고, 의로운 일을 보고서도 하지 않는 것은 용기가 없는 것이다."

子曰: "非其鬼而祭之, 諂也. 見義不爲, 無勇也."

67) 원문의 "귀鬼"를 번역한 것이다. 당시에는 죽은 사람을 모두 '귀'라고 했으며, 정현의 풀이대로 인귀人鬼를 의미하니 일반적으로 돌아가신 조상을 포괄적으로 가리킨다. 정약용은 천신天神과 지기地祇 그리고 인귀人鬼의 개념을 총괄하여 가리킨다고 보아 범위를 확장하기도 했는데, 다소 무리한 풀이다.

68) 예를 들어 노나라가 정나라를 대신해서 태산泰山에 제사를 지내준 것이라든지, 정나라가 노나라를 대신해서 주공에게 제사를 지내준 것 등을 말한다. 리링 교수는 이 구절이 "민족들이 서로 동화되는 추세에 있던 시기에 유행했던 '체협禘祫'이라는 제례를 반영하고 있다"고 보았다. 이는 서로 다른 족속의 조상을 한꺼번에 제사지내는 것인데 공자는 이를 꼴사납게 보았다. 공자는 그런 일에 익숙하지 않았기 때문에 그것을 아첨하는 행위라고 생각했다.

69) 원문의 "첨諂"은 '원칙을 어기는 제사(淫祀)'를 지내는 것을 의미하며 음사淫祀를 경고한 것이다. 즉, 당시 삼가三家들이 천자의 예를 사용하여 제사를 지냈으니 명분과 실질의 행동이 걸맞지 않는다는 것이다.

제3편

팔일八佾

– 예와 악의 실현이 이상적인 정치다

【해설】

〈팔일〉 편은 〈위정〉 편과 긴밀한 연계성이 있으며, 다른 편과 달리 둘째 구절의 첫 단어 두 글자로 제목을 삼았는데, 주로 예악의 득실을 논하고 있다. 첫 장에서부터 공자는 당시 세도를 부린 계씨가 천자의 의식인 팔일무를 춘 것을 호되게 비판하면서 상하 질서가 무너진 세태를 강력히 비판하고 있다. 3장이 이 편의 핵심이며, 4장, 8장, 12장, 15장, 26장이 이 편의 흐름을 관통하고 있다. 하늘에 죄를 지으면 빌 곳이 없다는 말에서 우리는 공자가 천명을 매우 중시했음을 알 수 있다.

〈팔일〉 편의 1~3장은 유가의 예악禮樂 문제를 다룬다. 예가 인간의 성정을 융합하는 데 중점을 둔다면, 악은 엄숙한 종법과 등급에 중점을 둔다. 둘은 상보 관계로 상하의 관계를 조율하고 종법 사회를 유지하는 초석이다. 주나라에서 정점에 이른 예악은 제도와 맞물리면서 중대한 문화 권력으로 작용했다. 패권과 생존을 위해 투쟁했던 춘추시대에도 각 제후국은 서로 일정한 수준의 신의와 예절을 지켰다. 이런 상황에서 지식인으로 불리는 '사士' 계층은, 육예六藝를 깊이 수행하지 않으면 사회 활동이 불가능할 정도였다. 공자는 인이 예악의 핵심이고, 예악은 인의 외재적 표현일 뿐이므로 양자는 서로 표리를 이루고 있기 때문에 인이 없는 예악은 그저 허울일 뿐이라고 지적했다.

군신 간의 예의를 강조한 공자는 군주를 넘어선 사치를 부린 관중을 소인이라고 폄하하기도 했다. 공자는 예악을 인仁과 결부하는데, 예의 근본을 검소한 것에 두었고, 상례의 기본은 슬픔이라고 한 데서 이를 알 수 있다. 그리하여 지나친 형식 중심의 예악 제도를 비판하면서, 예악이 흐트러지면 나라가 위험에 빠질 수 있다고 본 것이다.

5장에 나오는 "화이지변華夷之辨"의 개념도 주목해야 할 부분이다. 이 문장에 대한 역대의 해석 논쟁에서 알 수 있듯이, 당시 이적夷狄(오랑캐)과 제하諸夏(중원)의 관계를 구체적으로 언급한 바를 엿볼 수 있는 중요한 단서다.

군자가 다투는 방식 역시 예를 벗어나지 말 것을 강조한 대목이며, 흰 바탕을 먼저 처리한 다음 그림을 그려야 한다는 "회사후소繪事後素"라는 가르침도 흥미롭다.

맨 마지막 문장에서 다시 강조하지만, 공자는 윗사람은 너그러워야 하고 예를 행할 때는 공경해야 하며, 상을 당해서는 슬퍼하는 마음가짐이 필요하다고 거듭 역설하고 있다.

참을 수 없는 의식 3.1

공자께서 계씨[1]에 대해 말씀하셨다.

"팔일무[2]를 뜰에서 추게 했으니, 이것을 차마 할 수[3] 있다면 무엇인들 차마 할 수 없을까?"

孔子謂季氏. "八佾舞於庭, 是可忍也, 孰不可忍也?"

제사를 돕다 3.2

[노나라의] 세 집안[4]에서 [천자의 제례 음악인] 〈옹雍〉을 부르며 제기를 거두었다.[5]

공자께서 말씀하셨다.

---

1) 여기서 말하는 계씨는 논의가 분분하지만 구체적으로는 계평자季平子를 가리키는 것으로 보이며 〈미자〉 18.3의 계씨와 같은 인물이다. 반면 〈자로〉 13.2의 '계씨'는 계환자를, 〈선진〉 11.16, 〈계씨〉 16.1의 '계씨'는 계강자를 가리킨다.

2) 팔일무란 옛날 종묘에서 쓰던 악무로서 가로와 세로 여덟 줄로 서서 예순네 명이 추는 춤으로, 천자에게만 허용되는 의식이다. 제후는 세로줄이 여섯 줄로 마흔 여덟 명, 대부는 네 줄로 서른 두 명, 사士는 두 줄로 열 여섯 명이 추게 할 수 있는데, 노나라의 임금은 주공周公의 후예이기에, 공자는 계씨가 팔일무를 추게 한 것을 제 분수를 모르는 일이자 사회질서를 어지럽히는 행위로 보았다.

3) 원문의 "인忍"을 풀이한 것이다. 이 글자를 마융馬融과 황간皇侃은 '용인容忍', 즉 '너그러운 마음으로 참는다'는 의미로 풀이했는데 뒷 글자 "숙孰"을 '누구'라고 물은 것과 관련된다. 이와 달리 주희는 '차마 하다' 즉, 감히 함부로 하다는 의미로 풀이했는데 "숙孰"을 '하사何事'로 보아 풀이한 것이다. 전자는 주체가 공자이고, 후자는 계씨이다. 여기서는 문맥상 주희의 견해가 더 타당하다.

4) 맹손씨(중손씨), 숙손씨, 계손씨를 말하며 당시 집정대신으로 환공의 후손들이므로 '삼환三桓'이라고 부른다.

"'[제사를] 돕는 사람[6]은 제후들이고, 천자께서는 [말없이] 엄숙하시네'라는 노래를 어찌 세 가문의 묘당廟堂에서 가져다 쓴다는 말인가?"

三家者以雍徹. 子曰: "相維辟公, 天子穆穆, 奚取於三家之堂."

인仁과 예禮의 선후 관계 3.3

공자께서 말씀하셨다.

"사람이면서 인仁하지 않으면 예 같은 것이 무슨 소용인가? 사람이면서 인하지 않으면 악 같은 것이 무슨 소용인가?"

子曰: "人而不仁[7], 如禮何? 人而不仁, 如樂何?"

---

5) 원문의 "옹雍"은 '옹雝'으로도 쓰며, 《시경》〈주송周頌〉의 편명으로 이 편을 부르며 제기와 제물을 거두어들이는 것이다. "철徹"은 '거두다'라는 뜻인데 주희는 "제사가 끝나서 그 제기를 거두어들이는 것(祭畢而收其俎)"이라고 하였다. 즉, 제사상을 거두어들이는 행위의 주체가 천자天子가 아닌 삼가三家라는 것이다. 참고로 천자天子의 권위를 도적질하는 죄를 '참절지죄僭竊之罪'라고 한다.

6) 원문의 "상相"을 번역한 것인데, 제사를 돕는 사람을 가리키며 명사로 쓰였다.

7) 이 장에서 "인仁"은 두 번 나온다. 정이천程伊川은 "인仁이라는 것은 천하의 바른 이치라서 [천하의] 바른 이치를 잃게 되면 질서가 없고 조화를 이루지 못한다(仁者, 天下之正理, 失正理則無序而不和)"라고 하였다.

검소하고 간소하게 3.4

임방林放[8]이 예의 근본에 대하여 여쭈었다.

공자께서 말씀하셨다.

"대단하구나, 질문이. 예는 사치스러운 것보다는 차라리 검소한 것이 낫고, 상례는 손에 익게 처리하는[9] 것보다는 차라리 슬퍼하는[10] 것이 낫다."[11]

林放問禮之本. 子曰: "大哉問. 禮, 與其奢也, 寧儉. 喪, 與其易也, 寧戚."

8) 정현에 따르면 노나라 사람으로 추정되며 혹자는 공자의 제자라고도 하는데, 공자의 제자 일흔일곱 명의 명부에 올라 있지 않은 것은 분명하다. 아마 이름은 그다지 알려져 있지 않은 자로 계씨를 위해 예를 집행하는 자일 것이라는 추측만 할 뿐이다.

9) 원문의 "이易"에 대한 번역이다. 제사의 형식이나 절차가 손에 익어 형식적으로 처리한다는 뜻이다. 말하자면 상례를 막힘없이 처리한다는 의미다. 역대로 이 글자를 둘러싼 논쟁이 많았다. 정현은 "이易"를 '간簡'으로 보고 '간소하다'라고 해석했다. 포함包咸은 '온화하고 평온함'이라고 해석하여 온화하고 평온하게 상을 치르는 것으로 보았는데 근거가 부족해 보인다. 한편 유보남은 이 글자를 '느슨하다', '나태하다'는 의미의 '이弛'로 보았는데 상을 치르는 동안 사람이 점차 느슨해지는 것을 경계한 말로 해석한 것으로 무리가 따르는 풀이다. 역자가 보기에 주희가 '다스리다'는 의미의 '치治'로 풀이한 것도 일리가 있다. 김학주는 '형식을 갖추는 것'으로 풀이했다.

10) 원문의 "척戚"을 번역한 것인데, '오직 슬퍼한다'는 의미가 강하고 형식이나 절차는 부족하다는 의미다. 이 〈팔일〉의 맨 마지막 26장을 〈자장〉 19.17과 함께 읽어보면 의미가 더 명백해진다.

11) 공자가 임방林放의 물음에 답하는 이 문장은 〈팔일〉 3.26의 "상을 당하여 슬퍼하지 않는다면〔臨喪不哀〕"과 같은 개념으로 원문의 "척戚"은 '애哀'와 의미가 통한다고 보면 된다.

화이지변 3.5

공자께서 말씀하셨다.

"오랑캐[12]에게도 임금이 있으나, [이는] 중원[13]에 [현명한 군주가] 없는 것보다 못하다."[14]

子曰: "夷狄之有君, 不如諸夏之亡也."

12) 동쪽 오랑캐를 "이夷"라고 하고 북쪽 오랑캐를 "적狄"이라고 한다. 한 걸음 더 나아가 양보쥔은 초나라 장왕莊王이나 오왕 합려闔閭를 가리킨다고 보충하였다.

13) 원문의 "제하諸夏"를 번역한 것으로, "하夏"는 화하華夏, 중하中夏, 중원中原을 의미하니 중원의 여러 나라 혹은 중원이라고 번역하면 무난하다.

14) 이 문장은 해석상 논쟁의 여지가 있다. 문화 수준 면에서 중원이 오랑캐보다 못하다는 설과 오랑캐가 중원보다 못하다는 설이 맞선다. 역자는 오랑캐에게 현명한 임금이 있어도 중원에 군주가 없는 것과도 견줄 수 없다고 옮겼다. 야만적이고 예의가 없어 거론하기 어렵다는 의미다. 황간은《논어집해의소》에서 이렇게 썼다. "이 장은 중국(중원)을 중시하고 오랑캐를 천시한 것이다. 제하諸夏는 중국이다. 무(亡)는 없다는 것이다. 즉 오랑캐에게 비록 군주가 있어도 중국(중원)에 군주가 없는 것에 미치지 못하는 것을 말한다(此章重中國, 賤蠻夷也. 諸夏, 中國也. 亡, 無也. 言夷狄雖有君主, 而不及中國無君也)". 이 문장에 대해 정약용은 다음처럼 해석했다. "군주가 있어 그가 오랑캐의 도를 따르는 것보다는, 군주가 없어도 제하諸夏(중원)의 도를 지키는 것이 더 낫다". 이는 충분히 검토해볼 만하다. 염두에 둘 것은 공자가 늘 분별을 중시했다는 점이다. 분별이란, 존귀함과 비천함, 연장자와 연하자, 잘살고 못삶, [신분의] 가벼움과 무거움을 구별하여 가른다는 뜻이다. 공자는 "하이夏夷"를 혈통이나 종족의 문제로 보려는 시각이 있다.

태산을 속일 수 있는가 3.6

계씨(계강자)가 태산에 제사 지내려[15] 하자 공자께서 염유[16]에게 물으셨다.

"너는 [저지하여] 구해낼 수 없었느냐?"

[염유가] 대답하여 아뢰었다.

"그럴 수 없었습니다."

공자께서 말씀하셨다.

"아아! 결국 태산의 신이 [예의 근본을 물은] 임방보다도 못하다는[17] 말인가?"

季氏旅於泰山. 子謂冉有曰: "女弗能救與?"

對曰: "不能." 子曰: "嗚呼. 曾謂泰山不如林放乎?"

---

15) 원문의 "려旅"는 산에 지내는 제사의 이름이다. 태산에 제사를 지내는 것은 중국의 제왕들이 대단히 중시한 것으로, 제사를 주관하는 자는 천자였다. 이는 곧 천명을 받는다는 의미로서 권력의 상징이며 통치 행위를 정당화한다는 의미로도 해석될 수 있다. 계씨처럼 천자의 자격을 갖추지 못한 자가 그런 무모한 일을 벌이는 상황이니 공자가 탄식하지 않을 수 없는 것이다.

16) 염구冉求이다. 자는 자유子有이며 염유라고도 한다. 정사에 재능이 있었던 염유가 계씨의 집안일을 총괄하는 재宰로 일한 때는 대략 기원전 492년에서 기원전 472년 사이로 추정되는데, 염옹을 대신하여 그렇게 한 것이다. 이 시기에 공자는 주유하는 중이었으며 이 말은 적어도 공자가 노나라로 돌아간 뒤에 한 말이다. 〈공야장〉 5.7에는 공자가 그의 정치적 역량을 평가한 부분이 있고, 〈옹야〉 6.3에도 나오는 인물이다.

17) 임방은 계씨 휘하의 제례담당 관리이다. 그리고 예를 모른다는 의미로, 태산의 신은 적어도 계씨의 제사는 받지 않을 것이라는 말이다.

활쏘기의 규칙 3.7

공자께서 말씀하셨다.

"군자는 다툴 일은 없으나, 꼭 [다투어야] 한다면 활쏘기일 것이다! 절하고 겸양하며 [활 쏘는 자리에] 오르고 내려와서는[18] [벌주를] 마시니 그런 다툼이야말로 군자의 모습이다."

子曰: "君子無所爭, 必也射乎![19] 揖讓而升下而飮,[20] 其爭也君子."

18) 원문의 "승하升下"를 번역한 것인데 "승升"은 '[대청으로] 오르는 것'이다. 말하자면 활을 쏠 때 대청 아래에서 '여러 사람〔衆賓〕'이 주변에 있고 당상 위에는 과녁이 있으니 그곳에 오르는 것이다.

19) 활쏘기는 상고 시대에 연회나 모임의 필수 의식이었으며 공자 역시 겸손과 양보의 미덕을 기를 수 있다고 보아 매우 중요시했다. 이 장은 3.16장과 함께 읽어야 한다. 그리고 이 문단에서 "필야必也"를 윗 구절에 붙여 "군자무소쟁필야君子無所爭必也"로 읽고 나머지를 하나의 구로 읽기도 하는데 역자는 아래 구절에 붙여 읽었다. 참고로 《논어》에 "필야必也"는 다섯 군데에 예가 더 있다. 〈옹야〉 6.28, 〈술이〉 7.10, 〈안연〉 12.13, 〈자로〉 13.3, 13.21, 〈자장〉 19.17 등에서는 모두 필야必也를 구절의 앞에 두었다. 따라서 여기서도 끊어 읽어야 옳다.

20) 더러는 이 문장에서 "읍양이승揖讓而升"과 "하이음下而飮"을 분리하여 읽기도 하는데 논리적 타당성이 부족하다. 한편, "음飮"을 "마시게 할 임"으로 새기기도 한다.

자하가 여쭈었다.

"'고운 미소에 팬 보조개, 아름다운 눈에 또렷한 눈동자를 그리고, 흰 바탕에 여러 가지 색깔을 칠했구나'라는 말은 무슨 뜻입니까?"

공자께서 말씀하셨다.

"그림 그리는 일은 흰 바탕을 만든 이후의 일이다."[21)]

[자하가] 여쭈었다.

"예는 [인의] 다음에 온다는 것입니까?"

공자께서 말씀하셨다.

"나를 일깨우는[22)] 자는 상商이로구나. 비로소 [너와] 더불어 《시》를 이야기할 수 있게 되었구나."

子夏問: "'巧笑倩兮, 美目盼兮, 素以爲絢兮.'[23)] 何謂也." 子曰: "繪事後素." 曰: "禮後乎?" 子曰: "起予者商也. 始可與言詩已矣."

---

21) 원문의 "회사후소繪事後素"를 번역한 것인데, 흰 바탕을 만들고 나서 색을 칠한다는 말이니, 본질이 있고 나서 꾸밈이 있음을 뜻한다. 다시 말해 자하는 밖으로 드러난 형식적인 예보다는 예의 본질인 '인'을 갖춘 마음이 중요하므로 형식으로서의 예는 본질을 갖춘 다음에야 의미가 있는 것임을 알게 되었다. 정현은 "그림 그리는 일은 흰 바탕을 뒤로한다"고 풀이하여 정반대의 해석을 하기도 하였는데 앞의 것이 옳다.

22) 원문의 "기起"는 사람이 병으로 고생을 하다가 병을 떨쳐서 일어난다는 뜻으로 '기사회생起死回生'과 연관하여 이해하면 좋다. 역자는 일으켜 세운다는 의미에서 "일깨우는"으로 번역했다.

23) 이 문장의 앞 두 구절은 《시경》〈위풍衛風〉'석인碩人' 편에 나오고, 끝 구절은 《시경》에 실리지 않은 일시逸詩다. 원문의 "천倩"은 뺨(보조개)이 예쁘다는 뜻이고, "반盼"은 눈동자의 흑백이 분명하다는 뜻이며, "현絢"은 문채가 화려하고 아름답다는 뜻이다.

고증할 수 없거늘 3.9

공자께서 말씀하셨다.

"하夏나라의 예에 대해서는 내가 말할 수 있지만, [그 뒤를 잇는] 기杞나라의 예는 고증하기에 부족하고 은殷나라의 예에 대해서는 내가 말할 수 있지만, [그 뒤를 잇는] 송宋나라의 예는 고증하기에 부족하다. 문헌[24]이 부족하기 때문이니, 충족된다면 나는 고증할 수 있을 것이다."[25]

子曰: "夏禮吾能言之, 杞不足徵也. 殷禮吾能言之, 宋不足徵也. 文獻不足故也, 足則吾能徵之矣."

24) 원문의 "문헌文獻"인데 정현은 '문장文章'이라고 보고, 주희는 '전적典籍'이라고 보았다. 과거의 문서로 된 형식만을 지칭하는 것이 아니라 고고학적 성과 등 옛 문물을 증명해놓은 문헌 및 "헌獻" 자를 '현賢'으로 보아 현명한 사람 혹은 옛일을 잘 아는 사람 등을 두루 포괄하는 개념이다. 문헌에 대한 신뢰야말로 공자의 "온고지신溫故知新"(〈위정〉 2.11)이나 "술이부작述而不作"(〈술이〉 7.1)의 근거이기도 하다.

25) 이 장은 《예기》 〈예운禮運〉의 "공자께서 말씀하셨다. 내가 하나라의 도를 보고자 하였기 때문에 기나라에 갔으나 징험이 부족했다. 나는 [그곳에서] 《하시夏時》를 얻었다. 내가 은나라의 도를 보려고 하였다. 이런 까닭으로 송나라에 갔으나 징험이 부족했다. 나는 [그곳에서] 《곤건坤乾》을 얻었다(孔子曰: 我欲觀夏道, 是故之杞, 而不足徵也, 吾得夏時焉. 我欲觀殷道, 是故之宋, 而不足徵也, 吾得坤乾焉)"는 것을 참고하여 읽을 필요가 있다.

제사가 변했다 3.10

공자께서 말씀하셨다.

"체禘 제사를 지낼 때 관례灌禮[26](술을 따르는 의식) 이후의 일은[27] 내가 보고 싶지 않다."[28]

子曰: "禘自旣灌而往者, 吾不欲觀之矣."

제사에 능통하면 다스린다 3.11

어떤 사람이 체 제사의 이론에 대해 물었다. 공자께서 말씀하셨다.

"[불만스러워하며] 알지 못하겠소.[29] 그 이론을 아는 자라면 천하를

26) 체禘 제사를 거행할 때 신神을 강림하게 하는 의식으로 맨 처음 천자가 태조太祖의 망령亡靈에게 울창주(鬱鬯酒, 향료를 배합하여 만든 술)를 뿌려 헌주獻酒하는 의식을 말한다. 즉, 강신례降神禮다. 그 당시 두서도 없고 엄정함도 사라져 공자가 한탄한 것이다.

27) 원문의 "왕往"은 '후後'와 같다. 즉, '체자기관이후자禘自旣灌而後者'라고 생각하여도 문제가 없다. 따라서 역자는 "이후의 일"로 번역했다.

28) 체 제사는 천자가 동성친족의 뿌리인 조상에게 지내는 봄 제사의 일종으로, 여기에서는 노魯나라의 조묘祖廟에서 거행한 체 제사를 가리킨다. 일찍이 주나라 성왕成王은 주공周公 단旦의 공로를 기리기 위하여 노나라의 군주가 주공을 제사 지낼 때 특별히 체 제사를 지낼 수 있도록 허용했다. 노나라 문공文公의 제사보다 더 중시했다. 강신하고 나서 분수에 어긋난 행위가 있어 군신君臣의 상하관계를 깨뜨리는 것으로 예에 어긋난다고 보았기 때문에 관灌의 의식 이후의 일은 보고 싶지가 않다고 말한 것이다.

29) 원문의 "부지야不知也"를 번역한 것이다. 제사를 중시했던 공자가 노나라 군주의 체 제사에 대한 참람된 행동이 못마땅했기에 이같이 답한 것이다. 이에 대하여 정약용은 "체禘라는 것은 제왕의 제사이다. 한 번 변하여 태묘의 체 제사가 되었고, 두 번 변하여 여러 제후의 체 제사가 되었으며, 사계절에 지내는 일반 제사 이름까지 되었다[禘者, 帝祭也, 一變而爲太廟之禘, 再變而爲羣

다스리는 일이 마치 물건을 여기에서 보는 것과 같을 것이오." [그러고는] 자신의 손바닥을 가리키셨다.

或問禘之說. 子曰: "不知也. 知其說者之於天下也, 其如示諸斯乎." 指其掌.

경건한 마음 3.12

[공자께서는] 제사를 지낼 때 [조상이] 마치 [살아] 있는 듯이 하셨고, 신에게 제사 지낼 때는 마치 신이 거기에 계신 듯이 하셨다.[30] 공자께서 말씀하셨다.

"내가 제사에 참여하지 않으면, 마치 제사를 지내지 않은 것과 같다."

祭如在, 祭神如神在. 子曰: "吾不與祭, 如不祭."

公之禘, 遂爲四時常祀之名)"라고 하여 그만큼 체 제사가 변질이 된 것으로 보고, 이어서 "노나라의 참람됨이 점점 심해졌다 하더라도 선생께서는 감히 말할 수 없는 처지였기 때문에 부지不知라고 답한 것이다(魯之僭也滋甚, 夫子之所不敢言, 故答曰不知)"라고 하였다.

30) 원문의 "제신여신재祭神如神在"를 번역한 것인데, 이 구절의 "신神"은 '외신外神'을 뜻하여 '공경하는 마음(敬)'이다. 앞의 "제여재祭如在"는 조상을 의미하여 '효孝'를 말한다(정이천 설). 즉, '효孝'와 '경敬'의 기본적인 맥락은 '성의誠意'이기 때문에 진실한 뜻을 갖고 조상과 외신을 모셔야 한다는 말이다.

하늘에 죄를 지으면 3.13

왕손가[31]가 물었다.

"안방 신(奧[32])에게 아첨하느니 차라리 부뚜막 신(竈)에게 아첨하는 것이 더 낫다[33]는 말은 무슨 뜻입니까?"

공자께서 말씀하셨다.

"그렇지 않습니다.[34] 하늘에 죄를 지으면 빌 곳이 없습니다."

王孫賈問曰: "與其媚於奧, 寧媚於竈, 何謂也?" 子曰: "不然. 獲罪於天, 無所禱也."

31) 위衛나라 영공의 대부로서 군사에 정통하여 대사마大司馬를 맡았다.

32) 원문의 "오奧"는 본래 방의 서남쪽 구석을 뜻하며, 주인이 거처하는 안방을 주재하는 신으로 "안방 신"으로 불린다.

33) 양보쥔은 이 문장이 당시 속어였을 것이라고 추론했다. 물론 이 문장은 높은 관리를 찾는 것보다 담당자를 찾는 것이 더 낫다는 뜻이다. 부연하면 고대에는 창문(戶), 부엌(竈), 문門, 길(行), 집의 신(中霤) 등의 오사五祀에 제사를 지냈다. 이들 제사에서는 모두 "오奧"의 자리에서 사자의 신령을 맞이했다. "오"는 집의 안방 신으로 가까운 신하를 비유하고 부뚜막 신인 "조竈"는 집정자인 왕손가를 가리킨다. 왕손가는 위나라 권신의 한 사람이었으므로 지체만 높은 안방 신과 실권을 쥐고 있는 부뚜막 신을 비유하는 말인데 공자를 압박해 자신에게 좀 잘 보이라고 옆구리를 찌른 것이다. 이를 눈치챈 공자는 그의 생각이 근본적으로 옳지 않다고 보았으며, 만약 사람이 정말로 하늘에 죄를 짓는다면 아무리 기도해도 소용이 없다는 신념을 보여준 것이다.

34) 원문의 "불연不然"을 번역한 것으로 왕손가가 물은 '안방 신에게 아첨(媚於奧)', '부뚜막 신에게 아첨(媚於竈)'하는 것에 대하여 둘 다 이치에 맞지 않기에 잘못되었다고 답한 것이다.

주나라를 따르는 이유 3.14

공자께서 말씀하셨다.

"주나라는 [하와 은] 두 왕조를 거울로 삼았으니[35], 찬란하구나, 그 문화[문물제도]여! 나는 주나라를 따르겠다."[36]

子曰: "周監於二代, 郁郁乎文哉. 吾從周."

태묘에서는 물어라 3.15

공자께서 태묘[37]에 들어가서는 매사를 물으셨다. 어떤 사람이 말했다.

"누가 추 땅 사람의 자식[38]이 예를 안다고 말했는가? 태묘에 들어

35) 원문의 "감監"은 '꼼꼼하게 살펴본다'라는 뜻으로 '시視'와 같다. 말하자면 하나라와 은나라의 예禮를 거울로 삼아서 그 손익損益을 다 함께 살펴본다는 의미로 이해하면 무방하다.

36) 공자는 꿈에서조차 주공을 뵐 정도로 주나라를 찬미하며 모든 것을 주나라의 방식대로 회복하려는 뜻을 품었다. 이 문장에 대하여 윤순尹焞은 "삼대三代의 예禮가 주周나라에 이르러서 크게 갖추어지니, 공자께서 그것을 찬미하여 따른 것이다〔三代之禮, 至周大備, 夫子美其文而從之〕"라고 하였는데 하夏·은殷(이대二代)과 더불어 순舜임금이 다스린 우虞나라를 가리켜 '삼대三代'라고 한 것으로 짐작된다.

37) 나라를 세운 임금을 태조太祖라고 하며, 태조의 사당을 태묘라고 하는데, 주공 단이 노나라에서 처음으로 봉토를 받은 임금이므로 여기서 태묘는 바로 주공의 묘를 말한다.

38) "추鄹"는 노나라 고을 이름으로 공자의 아버지 숙양흘이 이 고을의 대부였기에 당연히 "추인鄹人"이란 공자의 아버지를 지칭하며, 아들은 바로 공자를 가리킨다. 참고로 사마천은 《사기》〈공자세가〉에서 이렇게 기록했다. "공자는 노나라 창평향昌平鄕 추읍鄹邑에서 태어났다. 그의 조상은 송나라 사람으로

서는 매사를 묻더라."[39)]

공자께서 그 말을 듣고 말씀하셨다.

"이것(매사를 묻는 것)이 예다.[40)]"

子入太廟, 每事問. 或曰: "孰謂鄹人之子知禮乎? 入太廟, 每事問."

子聞之, 曰: "是禮也."

과녁만 쏘려 하지 마라 3.16

공자께서 말씀하셨다.

"활을 쏠 때 가죽 과녁 뚫는 것만을[41)] 주된 목표로 삼지 않는 것은 [쏘는 사람마다] 힘을 쓰는 것이 같은 등급이 아니었기 때문이니, [이것

공방숙孔防叔이라고 한다. 방숙이 백하伯夏를 낳았고 백하는 숙양흘을 낳았다. 흘은 안씨顏氏 딸과 야합野合(정식 혼인 절차를 거치지 않고 남녀가 결합하는 것)하여 공자를 낳았으니, 이구尼丘에서 기도를 하여 공자를 얻은 것이다." 이 문장을 보더라도 분명히 추읍이 공자의 고향임을 알 수 있다.

39) 이는 스스로 지레짐작해 판단하는 것을 경계해야 한다는 뜻이다. 모든 일은 절차를 거쳐야 하고, 항상 물어본 뒤에 처신하는 '근신'과 '삼감'이 바로 군자의 미덕이라는 것을 보여준다.

40) 공자의 답변에 주목할 필요가 있다. 윤순尹焞은 "예禮라는 것은 공경이다[禮者, 敬而已矣]"라고 보았는데, 〈공야장〉 5.14의 "영민하지만 배우기를 좋아하고 아랫사람에게 묻는 것을 부끄러워하지 않았다[敏而好學, 不恥下問]"라고 한 것과 같은 맥락이다.

41) "주피主皮"에 대하여 주희는 "피皮는 가죽이니 과녁판[侯]을 베로 만들고 그 가운데에 가죽을 덧대고 표적으로 삼은 것이니 이른바 곡鵠이라고 한다[布侯而棲革於其中以為的, 所謂鵠也]"라고 하여 가죽 과녁을 꿰뚫는 의미로 보았는데, 정약용은 "가죽 과녁에 그 정곡을 맞추는 것이다[以中鵠爲主也]"라고 하여 "피皮"는 '정곡正鵠'을 의미한다고 하였다. 역자는 전자의 해석을 따랐다. 한편, "과녁"이라는 말은 '관혁貫革'에서 온 것으로 가죽을 꿰뚫는다는 목적을 내포하고 있다.

이] 옛날의 규칙이었다."

子曰: "射不主皮, 爲力不同科, 古之道也."

아껴야 할 대상 3.17

자공이 곡삭제告朔祭[42]에 쓰던 희생양[43]을 [더 이상] 쓰지 않으려 하자 공자께서 말씀하셨다.

"사야, 너는 그 양을 아까워하지만, 나는 그 예를 아까워한다."[44]

子貢欲去告朔之餼羊. 子曰: "賜也. 爾愛其羊, 我愛其禮."

42) 곡삭제는 '반곡삭頒告朔'이라고도 하는데, 주나라 천자는 매년 가을과 겨울의 교체기에 이듬해의 역서曆書를 제후들에게 나누어주고, 이 역서를 윤달이 없는 해의 매월 초하루에 조상의 사당에 간직해 둔다. 양을 죽여 사당에 제를 올리고 조정으로 돌아와 정사를 듣는 것이 바로 곡삭제다. 원문의 "곡告" 자는 '아뢰다'라는 의미로 읽어야 한다. 노나라는 문공文公 이후부터 이 곡삭제를 지내지 않아 양이 필요 없게 되었으나 여전히 양을 바치던 풍습이 있었다.

43) 원문의 "희양餼羊"을 번역한 것인데, 곡삭제를 행할 때 쓰는 아직 죽이지 않은 살아 있는 양을 가리킨다. 죽였으나 아직 삶지 않은 양이라는 설도 있다.

44) 자공이 부질없이 낭비하는 일이라고 생각하여 이런 제도를 없애려 하자 공자가 그런 것도 하나의 예라면서 제지한 것이다. 공자의 말에는 '네가 마음 아프게 생각하는 것은 양이지만, 내가 마음 아프게 생각하는 것은 예'라는 뜻이 담겨 있다. 제사도 안 지내는 상황에서 양을 바치는 것마저 없애버리면 예는 순식간에 사라져버릴 것이라는 우려가 배어 있다.

섬김과 아첨 3.18

공자께서 말씀하셨다.

"임금을 섬기는 일에 예를 다하는데[45] 남들은 아첨한다고 생각한다."[46]

子曰: "事君盡禮, 人以爲諂也."

부림과 섬김 3.19

정공이 물었다.[47]

"임금이 신하를 부리고 신하가 임금을 섬기는 일은 어떻게 해야만 합니까?"

공자께서 대답하셨다.

"임금은 신하를 예로써 부리고, 신하는 임금을 충심으로 섬깁니다.[48]"

---

45) 원문의 "사군진례事君盡禮"를 번역한 것으로 공자는 신하로서 예를 다했다는 의미이지만, 남들이 생각하는 것과는 일정부분 간극이 존재하는 것이다. 이 구절은 〈자한〉 9.3에서 "비록 대중의 경우와는 어긋나지만(雖違衆)"이란 구절과 연계하여 읽을 필요가 있다.

46) 공자가 노나라 정공·소공·애공 등에게 군신의 예법을 지킨 것을 두고 실권도 없는 군주에게 잘 보이려 한다고 비웃은 것이다. 공자의 경건한 몸가짐이 〈향당〉 10.2와 10.3에 세밀하게 그려지고 있다. 이 장은 〈팔일〉 3.13에서 왕손가에게 한마디 던진 문장과 긴밀하게 연계된다.

47) 노나라 군주인 정공은 양공의 아들로서 소공의 뒤를 이어 약 15년간 다스렸다. 문답은 정공 재위 시에 주고받은 것으로 기원전 500년에서 기원전 498년 사이, 즉 공자가 노나라 사공과 사구의 벼슬을 맡았을 때다.

定公問: "君使臣, 臣事君, 如之何?" 孔子對曰: "君使臣以禮, 臣事君以忠."

예란 절제다 3.20

공자께서 말씀하셨다.

"[《시경》] 〈관저〉[49] 편은 즐겁지만 [마음을] 상하게 하지 않고, 슬프지만 상심에 빠지게 하지 않는다."

子曰: "關雎, 樂而不淫, 哀而不傷."

해명, 따짐, 탓을 말라 3.21

애공이 재아에게 사社(토지를 관장하는 신을 제사 지내는 곳의 위패로 쓸 나무)에 대해서 물었다. 재아가 대답했다.

"하후씨는 소나무를 썼고, 은나라 사람들은 잣나무를 썼으며, 주나라 사람들은 밤나무를 썼으니 백성들로 하여금 벌벌 떨게 하려

---

48) 원문을 병렬 구조로 보고 번역한 것으로 주희와 정약용의 설을 따른 것이다. 한편 윤순尹焞은 인과관계로 보았는데, 그럴 경우 '임금이 신하를 예로써 부리면, 신하는 임금을 충성으로 섬깁니다'라고 해석된다. 물론 타당성이 없는 바 아니다.

49) 《시경詩經》 305편 가운데 〈국풍國風〉의 첫 편으로 문왕文王과 후비后妃의 덕을 말한 것으로 도학가들은 평했으나 실제 내용은 남녀의 애정을 다룬 편이다. 즉 남녀 간의 사랑을 물수리〔雎〕와 물풀의 흔들리는 모습에 비유한 만남·탐색·사귐·즐김의 연애 이야기인데, 공자는 방탕하거나 음란하거나 저속하지 않고 애틋하면서도 몸을 상하게 하지 않는다고 평가한 것이다.

는 뜻이라고 합니다."

공자께서 이 말을 듣고 [재아를 꾸짖으며] 말씀하셨다.

"이루어진 일은 해명하지 않고, 끝마친 일은 간언하지 않으며, 이미 지나간 일은 탓하지 않는다.[50)]"

哀公問社於宰我. 宰我對曰: "夏后氏以松, 殷人以柏, 周人以栗, 曰使民戰栗." 子聞之, 曰: "成事不說, 遂事不諫, 旣往不咎."

관중의 그릇 됨 3.22

공자께서 말씀하셨다.

"관중[51)]의 그릇은 작았구나!"

어떤 사람이 물었다.

"관중은 검소했습니까?"

[공자께서] 말씀하셨다.

"관씨(관중)는 세 명의 여자를 두었고,[52)] 관청의 일들을 겸직하지[53)]

50) 원문의 "성사불설成事不說, 수사불간遂事不諫, 기왕불구旣往不咎"를 번역한 것인데, 주희는 이에 대하여 "사社를 세운 본의에 대하여 [지나치게 따지지] 말아야 한다(非立社之本意)"고 하였다.

51) 관경중管敬中이라고도 불리는 관중은 40여 년 동안 재상 자리에 있으면서 정치, 경제, 군사 등 모든 방면에 대대적인 개혁을 단행하여 환공이 춘추시대의 첫 번째 패자가 되는 데 크게 기여하여 당대 최고의 군사軍師로 꼽힌다. 그래서 사마천도 《사기》 〈관안열전〉에서 "제나라 환공은 관중을 등용하여 천하의 우두머리가 되었다. 환공이 제후들을 여러 차례 모아 천하를 바르게 이끌었는데 이는 모두 관중의 정책에 따른 것이었다"고 하면서 높은 평가를 내렸다. 관중은 "창고에 물자가 풍부해야 예절을 알며, 먹고 입는 것이 풍족해야 명예와 치욕을 알게 된다"는 말을 늘 되새겼다.

않게 하였으니 어찌 검소하다고 할 수 있겠는가?"

[어떤 사람이 말했다.]

"그렇다면 관중은 예를 알았습니까?"

[공자께서] 말씀하셨다.

"나라의 군주라야 색문[54]을 세우는 법인데 관씨도 색문을 세웠다. 나라의 군주라야 두 나라 군주의 우호를 위해 반점[55]을 설치하는데 관씨도 반점을 설치했다. 관씨가 만일 예를 알았다고 한다면 누군들 예를 몰랐다고 하겠는가?"

子曰: "管仲之器小[56]哉!" 或曰: "管仲儉乎?" 曰: "管氏有三歸, 官事不攝, 焉得儉?" "然則管仲知禮乎?" 曰: "邦君樹塞門, 管氏亦樹塞門. 邦君爲兩君之好, 有反坫, 管氏亦有反坫. 管氏而[57])

---

52) 원문의 "삼귀三歸"는 포함包咸의 풀이대로, "성이 각기 다른 세 여자를 아내로 거느리는 것"이라고도 하고 주희는 누대 이름으로 보았다. 여기서는 사마천의 《사기》〈화식열전〉에서 "관중 또한 후候 신분으로 있으면서도 열국의 왕들보다 부유하여 삼귀三歸를 가질 정도였다. 이리하여 제나라의 부강함은 위왕威王과 선왕宣王 대에까지 이르렀다"라고 한 데 근거하여 세 성씨의 여자를 얻는 것으로 해석했다. 공자가 관중을 소인이라면서 폄하한 것은 관중이 왕과 비슷한 호사를 누려 분수를 어겼다고 보았기 때문이다. 그러나 분명한 사실은 공자의 이런 비판에도 불구하고 당시 제나라 사람들은 관중이 사치스럽다거나 무례하다고 생각하지 않았다는 점이다. 사마천은 《사기》〈관안열전〉에서 "관중이 세상을 떠난 뒤에도 제나라에서는 그의 정책을 따라 늘 다른 제후국보다 강했다. 관중이 죽은 뒤 백여 년이 지나 안영이 등장했다"고 기록했다.

53) 원문의 "섭攝"을 번역한 것이다. 관중도 임금처럼 자신의 집안일을 하는 가신을 두었다는 의미다.

54) 문 앞을 막는 담장 같은 병풍으로 칸막이의 일종이며 군주의 신변을 보호하기 위해 안과 밖을 격리하여 시선을 가리는 데 쓰였다.

55) 대청 앞 동서쪽에 각각 하나씩 두었으며, 모양은 흙더미와 비슷했으며 술잔을 주고받아 마시고 나서 술잔을 올려 두는 시설물이다.

知禮, 孰不知禮?"

음악을 논하다 3.23

공자께서 노나라 태사[58]에게 음악을 일러주어[59] 말씀하셨다.

"음악[60]이란 [그 연주과정을] 알 수 있는 것이니 [연주가] 시작될 때는 소리가 합해지고 그 소리를 풀어 놓으면 맑은 소리를 내는 듯하고, 음이 분명한 듯하며 끊어지지 않는 듯하면서 [연주 과정이] 완성되는 것이다."

---

56) 공자가 관중에 대하여 "그릇이 작다(器小)"고 하였는데, '그릇(器)'을 주목할 필요가 있다. '대기만성大器晩成'이란 말도 있듯이 소식蘇軾은 대기大器에 대하여 다음과 같이 말하였다. "스스로 자신을 닦아서 집안을 바로 세우고 그것이 나라에 미치면 그 근본이 깊고 그 미치는 것이 멀리 생각하게 되니, 이것을 대기大器라고 한다(自修身正家, 以及於國, 則其本深, 其及者遠, 是謂大器)". 이 문장에서의 그릇은 '그릇이 치우치고 얕고 그 규모가 낮고 협소하여 자신을 바르게 하고 덕을 닦아서 왕도 정치에 이르지 못하는 것(局量褊淺, 規模卑狹, 不能正身修德以致主於王道)'을 의미한다고 하였다(주희 설). 그러므로 공자가 관중이 성현의 도를 알지 못했다고 여겨 혹평한 말이다.

57) 여기서 "이而"는 가설을 나타내는 접속사로 '만일 ~한다면'이라고 해석한다.

58) "태사大師"는 〈태백〉 8.15와 〈미자〉 18.9에도 나오는데, 음악을 관장한 관리이며 이름은 '지摯'이다.

59) 원문의 "어語"는 '일러주다', 즉 상대편이 잘 모르는 것을 가르쳐서 알게 해준다는 의미다. 공자가 음악에 정통했으므로 가능한 것이었다. 춘추 시기에 가장 유명한 고전음악은 여섯 가지가 있었다. 리링에 따르면, 황제를 위한 음악인 운문雲門, 당요唐堯를 위한 음악인 함지咸池, 우순虞舜을 위한 음악인 대소大韶, 하우夏禹를 위한 음악인 대하大夏, 상탕商湯을 위한 음악인 대호大濩, 주 무왕을 위한 음악인 대무大武 등이다. 이중에서 대소와 대무가 가장 유명하여 늦게는 진한 및 위진 시기까지도 연주되었다고 한다. 이 소와 무는 〈위령공〉 15.10에도 나온다. 공자는 제나라에서 소를 듣고서는 석 달 동안 고기 맛을 알지 못했다(〈술이〉 7.13)고 한다.

60) 고대 음악의 개념은 성악, 기악뿐만 아니라 춤과 가사, 이른바 시까지 포함될 정도로 매우 폭이 넓다.

子語魯大師樂, 曰: "樂其可知也. 始作, 翕如也. 從之, 純如也, 皦如也, 繹如也[61]以成."

목탁으로 삼은 이유 3.24

의儀 고을의 봉인[62]이 [공자를] 뵙기를 청하면서[63] 말했다.

"군자가 이곳에 오면 제가 일찍이 뵙지 않은 적이 없었습니다."

[공자를] 따르던 자들이 [그로 하여금] 스승을 만나보도록 했다. [그는 뵙고] 나와서 말했다.

"여러분은 어찌 [관직을] 잃는 것을 걱정합니까? 천하에 도가 없어진 지 오래되었으므로 하늘은 선생님을 [세상의] 목탁[64]으로 삼으실 것입니다."

儀封人請見, 曰: "君子之至於斯也, 吾未嘗不得見也." 從者見之.

61) 이 문장의 핵심 단어의 음과 훈을 적어보면, '합할 흡翕', '분명할 교皦', '연달아 할 역繹'이다.

62) 변경의 봉수封樹를 관리하던 말단 관리로서, 봉수는 땅을 돋워 나무를 심어 경계를 표시하는 것이다. 혹자는 출입국 관리의 책임자로 풀이하기도 한다.

63) 원문의 "청현請見"이란 말과 바로 뒤 구절의 "현지見之"를 비교해볼 필요가 있다. "청현"이란 만나기를 청한다는 의미이고, "현지"란 공자가 그 사람을 만난다는 의미다. 하작何焯은 공자가 천하를 주유하면서 능동적이든 피동적이든 많은 사람과 만났는데 유독 유비孺悲란 자는 만나주지 않았다고 《의문독서기義門讀書記》에서 지적하고 있다.

64) 쇠로 된 아가리 속에 나무로 만든 방울〔舌〕 달린 요령이 목탁木鐸인데, 고대에 문사文事 및 법령 등에 관한 교령敎令을 낼 때 관원들이 들고 길을 순행하면서 이 목탁을 치고 흔들었다. 따라서 목탁이란 말은 백성을 지도하거나 인도할 만한 사람을 비유하며, 어리석은 이들을 가르칠 만한 능력을 갖춘 사람을 가리킨다.

出曰: 二三子何患於喪乎? 天下之無道也久矣, 天將以夫子爲木鐸."

지극한 아름다움과 선함 3.25

공자께서 〈소韶〉(순임금 때의 악곡 이름)를 일러 말씀하셨다.
"지극히 아름답고, 또 지극히 선하구나."[65]
〈무武〉(주나라 무왕 때의 악곡 이름)에 대해 일러 말했다.
"지극히 아름답지만 지극히 선하지는 않다."[66]

子謂韶: "盡美矣, 又盡善也." 謂武: "盡美矣, 未盡善也."

65) 원문의 "미美"와 "선善"에 대한 설명이 필요하다. "미"는 소리의 성대함이고, "선"은 아름다움의 실제적 내용을 가리키는 말이다. 순임금이 천자 자리를 요임금에게 물려주었으므로 더할 나위 없이 훌륭하다고 한 것이다. 이에 반해 주나라 무왕의 천자 자리는 상나라의 주紂를 토벌하여 차지한 것으로 비록 정의를 내세웠다고는 하나 내용 면에서 어딘가 미흡한 점이 있다는 것이다.

66) 원문의 "미지선야未盡善也"를 번역한 것으로 이에 대하여 주희는 "무왕의 덕은 [이와] 정반대다. 또한, 정벌과 주살로써 천하를 얻었기 때문에 그 실제는 [진선盡善의 경지와는] 같지 않다(武王之德, 反之也, 又以征誅而得天下, 故其實有不同者)"라고 설명하였다. 즉, 무왕의 악곡 이름이 겉으로는 드러나는 것 같지만 도덕적 함의가 부족하다는 것을 평한 것이다.

윗사람의 체통 3.26

공자께서 말씀하셨다.

"윗자리에 있으면서 너그럽지 않고[67], 예를 행하면서 공경하지 않고, 상을 당하여[68] 슬퍼하지 않는다면, 내가 무엇으로써 그런 사람을 관찰할 수 있겠는가?"

子曰: "居上不寬, 爲禮不敬, 臨喪不哀, 吾何以觀之哉?"

---

67) 원문의 "불관不寬"을 번역한 것으로 "관寬"은 "사람을 사랑하는 데 주로 함에 너그러운 것으로써 근본으로 삼는다〔主於愛人, 故以寬為本〕"고 하였다(주희설). 말하자면 윗자리에 있으면 아랫사람에게 너그럽기가 쉽지 않은 것인데, 그렇다 하여도 아랫사람을 편협하게 대하고 다그치면 반발을 일으키기 때문에 예禮로써 너그럽게 다스려야 한다는 것이다.

68) 원문의 "임상臨喪"을 번역한 것인데, '상가에 가서'라는 견해도 있으나 취하지 않는다.

제4편

이인里仁

– 인仁이 먼저이고, 예와 악이 나중이다

【해설】

〈이인〉 편은 모두 26장이며, 역시 제목 자체에서 드러나듯 인仁과 관련된 언급이 많은데 의義, 효孝, 덕德 등도 나온다. 공자는 좋아하거나 미워할 수 있는 자질도 바로 인자만이 갖출 수 있다고 보았고, 인한 사람들이 사는 곳을 가려서 살아야 한다는 1장의 표현이 인상적이다. 군자는 인仁의 유무에 따라 사람을 좋아할 수도 있고 미워할 수도 있다는 3장도 의미심장하다. 대체로 짤막한 문장으로 구성되어 있으며 도덕률에 관한 내용이 많다. 거의 모두 공자가 한 말이고, 증자와 자유의 말이 하나씩 있을 뿐이다.

인을 설명한 일곱 문장에 이어 도를 설명하는데, 아침에 도를 들으면 저녁에 죽어도 좋다고 한 말이 바로 여기에 나온다. 군자와 소인의 구분이라든지, 이익과 원한의 상관관계, 예의와 겸양의 문제, 충忠과 서恕의 문제, 의리지변義利之辨 등 다양한 문제를 다루고 있다. 부모님에 대한 효도 빠뜨리지 않았다. 덕을 갖출 것을 요구하고 다시 언행일치 문제도 강조했다. 17장의 "견현사제見賢思齊"란 말의 출처도 바로 이 편이다. 군주를 섬기거나 친구를 사귈 때 지나치게 간언하면 안 된다고 강조한 마지막 장도 공자의 처세관으로 눈여겨볼 부분이다.

인한 사람을 이웃으로 4.1

공자께서 말씀하셨다.

"마을이 인仁한 것은 아름다운 일이다. [마을을] 가려서[1] 인한 사람들이 사는 곳에 살지 않으면, 어찌 지혜를 얻었다고 하겠는가?"[2]

子曰: "里[3]仁爲美. 擇不處仁, 焉得知?"

인한 곳이 편안하다 4.2

공자께서 말씀하셨다.

"인仁하지 못한 사람은 오랫동안 곤궁한 데에[4] 머물지 못하고, 오랫동안 즐거움에 머물지도 못한다.[5] 인한 사람은 인 자체를 편안하

---

1) 원문의 "택擇"을 번역한 것인데 '집 택宅' 자로 쓰인 판본도 있어 그 글자로 교열해야 한다는 학자도 있다. 정현은 "살 곳을 구하되 인한 자의 마을을 구해 살지 않으면 지혜롭다고 할 수 없다〔求居而不處仁者之里, 不得爲有知〕"고 하였다. 공자는 자신의 고향인 곡부에 대한 자부심이 높았는데 그곳을 빗댄 것이라는 견해도 있다.

2) 주희는 "마을에 인후仁厚한 풍속이 있는 것이 아름다우니〔里有仁厚之俗為美〕, 마을을 가려서 여기(인仁)에 거하지 않는다면 이는 시비의 본심을 잃는 것이어서 지혜가 될 수 없다〔擇里而不居於是焉, 則失其是非之本心, 而不得為知矣〕"고 하였다.

3) 길이와 폭이 각각 3백 보가 되는 면적을 나타내는 말로서 비교적 작은 거주 단위다. 대략 25가구를 말한다. 《주례》〈지관地官〉에 다섯 가구를 1린隣, 5린隣이 1리里(25가구)를 말한다고 나온다. 한편, 이 글자를 '마을에 살다'라는 동사로 보아야 한다는 견해도 있다(정현 설).

4) 원문의 "약約"을 번역한 것으로, 역자는 주희의 설 '궁곤窮困'을 따랐으나 '단속하다, 약속하다'의 뜻으로 해석하기도 한다.

게 여기고, 지혜로운 사람은 인 자체를 이롭게[6] 여긴다."

子曰: "不仁者不可以久處約, 不可以長處樂. 仁者安仁, 知者利仁."

좋아하고 미워한다는 것 4.3

공자께서 말씀하셨다.

"오직 인仁한 사람만이 [사심이 없어] 남을 좋아할 수 있고, 남을 미워할 수도 있다."[7]

子曰: "唯仁者, 能好人, 能惡人."

인에 뜻을 둔다면 4.4

공자께서 말씀하셨다.

"진실로[8] 인仁에 뜻[9]을 두고 있으면 나쁜 짓을 하지 않는다.[10]"

---

5) 포함은 "오직 성품이 인仁한 사람이라야 자연히 이를 체득하게 됨으로 인仁에 편안해진다〔惟性仁者, 自然體之, 故安仁〕"라고 하였고, 주희는 "인하지 못한 사람은 오래 곤궁하면 반드시 넘치고, 오래 즐거움에 빠지면 반드시 음탕해진다〔不仁之人, 久約必濫, 久樂必淫〕"라고 하였다.

6) 주희는 "리利는 탐貪과 같으니, 깊이 알고 독실히 좋아하여 반드시 인仁을 얻고자 하는 것이다〔利猶貪也, 蓋深知篤好而必欲得之也〕"라고 하였다.

7) 이 말을 주희는 "사심私心이 없어야 좋아하고 미워함이 이치에 맞을 수 있다〔蓋無私心, 然後好惡當於理〕"라고 했으며, 정이천程伊川은 "그 공정함을 얻었다〔得其公正〕"라고 하기도 하였다.

8) 원문의 "구苟"를 번역한 것으로, 역자는 주희의 "구苟는 성誠이다〔苟誠也〕"를 따랐으나 '만일'의 뜻으로 해석하는 견해도 있다(양보쥔 설).

子曰: "苟志於仁矣, 無惡也."

군자는 인으로 드러난다 4.5

공자께서 말씀하셨다.

"부유함과 귀함은 사람들이 바라는 바이지만 그것이 정당하게(道) 얻은 것이 아니면 머물러서는 안 된다. 가난함과 천함은 사람들이 싫어하는 바이지만, 그것이 정당하지(道) 못한 상황일지라도 [애써] 벗어나려 해서는 안 된다.[11] 군자가 인을 버리고 어디에서[12] 명성을 얻겠는가? 군자는 한 끼 밥을 먹는 동안에도 인을 어기지 않고, 황망하고 다급할 때도 반드시 여기(인)에 근거하고, 넘어지고 자빠질 때도 반드시 여기에 근거한다."

9) 원문의 "지志"를 번역한 것으로, "지"는 '마음이 가는 것(心之所之)'이다. 즉, 행하기로 결심한 것을 말한다.

10) 원문의 "무악無惡"을 번역한 것으로, 주희는 "그 마음이 진실로 인仁에 있으면 반드시 악을 하는 일이 없을 것(無爲惡之事)"이라 하였다.

11) 원문의 "불이기도득지不以其道得之"에서 "불不"과 "득得", 두 글자 때문에 이 문장을 해석하는 데 논란이 적지 않았다. "불" 자가 잘못 들어간 글자이므로 빼버리고 해석해야 한다는 사람도 있으며, 정약용은 "득" 자를 획득이 아니고 빈천이란 말과 연관지어 '벗어남(去)'이라고 해석하여 적지 않은 공감을 얻었다. 일단 여기서는 주희의 설에 따라 정당하게 주어진 것이 아닐지라도 억지로 상황을 벗어나려 해서는 안 된다고 해석했다. 이 문장은 〈술이〉의 "의롭지 못하고 잘살고 귀하게 되는 것은 나에게는 뜬구름만 같은 것이다(不義而富且貴, 於我如浮雲)"와 비교해서 읽어야 한다.

12) 원문의 "오호惡乎"를 번역한 것으로 '어디에서'라는 의미다. '어떻게'라고 번역해도 괜찮다.

子曰: "富與貴是人之所欲也, 不以其道得之, 不處也.

貧與賤是人之所惡也, 不以其道得之, 不去也. 君子去仁, 惡乎成名?

君子無終食之間違仁, 造次必於是, 顚沛必於是."

인의 실천 4.6

공자께서 말씀하셨다.

"나는 아직 인仁을 좋아하는 사람과 인하지 못한 것을 미워하는 사람을 보지 못했다. 인을 좋아하는 사람은 더할 나위가 없지만[13], 인하지 못한 것을 미워하는 사람은 [스스로] 인을 실천함에 있어 인하지 못한 일이 그 몸에 이르지 못하도록 해야 한다. 단 하루라도 자신의 힘을 [온전히] 인에 쓸 사람이 있는가? 나는 아직 [그] 능력이 부족한 사람[14]은 보지 못했다. 아마도 그런 사람이 있겠지만, 나는 그런 사람을 아직 보지 못했다."

子曰: "我未見好仁者, 惡不仁者. 好仁者, 無以尙之. 惡不仁者,

其爲仁矣, 不使不仁者加乎其身. 有能一日用其力於仁矣乎?

我未見力不足者. 蓋有之矣, 我未之見也."

13) 원문의 "무이상지無以尙之"를 번역한 것으로, "상尙"은 '상上'과 같다(형병 설).

14) 원문의 "역부족力不足"을 번역한 것으로, 〈옹야〉 6.10의 "능력이 부족한 사람이라면 중도에 그만둔다. 지금 너는 [미리] 선을 긋고 있다〔力不足者, 中道而廢, 今女畫〕"는 구절과 통한다. 인仁을 실천하는 데 있어 노력을 하지 않는 제자들을 향한 당부의 말이다. 안회도 석 달을 실천하기 어려웠다고 하니 인仁을 실천하는 일이 어려운 일인 것은 분명하다.

허물을 보면 안다 4.7

공자께서 말씀하셨다.

"사람의 허물은 저마다 그가 속한 무리를 따르게 된다.[15] 허물을 관찰해보면 곧 [어느 정도] 인仁한지를 알 수 있다."

子曰: "人之過也, 各於其黨. 觀過, 斯知仁矣."

아침에 들으면 4.8

공자께서 말씀하셨다.

"아침에 도를 들으면 저녁에 죽어도 좋다."[16]

子曰: "朝聞道, 夕死可矣."

15) 군자와 소인에 따라 다르다는 의미로 지혜로운 사람은 그 지智로 인하여 허물이 생기고, 의로운 사람은 그 의義 때문에 허물이 생기는 이치다. 이 문장은 이 편의 첫 장과 관련된다.

16) 원문의 "조문도朝聞道"의 "도道"를 주희는 사물의 당연한 이치〔事物當然之理〕로 보아 "진실로 그것을 들을 수 있다면, 살아서는 따르고〔順〕 죽어서는 편안하여 다시 남은 한이 없을 것이다〔苟得聞之, 則生順死安, 無復遺恨矣〕"라고 하였다. 반면 하안何晏은 형병邢昺의 설을 인용하여 "도道"를 '세상에 도가 있음'으로 보았으며, 형병은 말년에 이른 공자가 도가 행해지지 못하는 세태를 보고 이 세상에 도가 없음을 미워한 것〔疾世無道〕이라고 보았고, 정약용은 "공자는 세상 사람들이 [도에] 뜻을 두지 않는 것에 연민을 가졌기 때문에 이같이 말한 것이다〔孔子愍世人不以爲意, 言之如此〕"라고 하였다.

가난을 두려워해서야 4.9

공자께서 말씀하셨다.

"선비가 도에 뜻을 두면서, 허름한 옷과 나쁜 음식을 부끄러워한다면 [그와는] 더불어 논의할 만한 가치가 없다."[17]

子曰: "士[18]志於道, 而恥惡衣惡食者, 未足與議也."[19]

할 것과 해서는 안 될 것 4.10

공자께서 말씀하셨다.

"군자는 천하에 대하여 꼭 그래야만 하는 일도, 절대 해서는 안 되는 일도 없으며,[20] 의로움만을 더불어 따를[21] 뿐이다."

子曰: "君子之於天下也, 無適也, 無莫也, 義之與比."

17) 이 문장은 〈자한〉 9.26에 나오는 "해진 솜옷을 입은 [천한] 사람이나, 여우나 담비 가죽 옷을 입는 [귀한] 사람과 나란히 서 있어도 부끄러워하지 않을 사람은 아마도 유(자로)일 것이다"와 함께 읽어야 한다.

18) 단순히 선비라고 번역했는데 이 말은 "사군자士君子", 즉 군자라는 의미도 담겨 있다. 귀족 아래의 계층에 대한 일반적인 호칭이라고 보면 무난하다. 아직 관직에 오르지 않은 지식인이라고 이해해도 무방하다.

19) 주희는 "마음은 도를 구하고자 하나 구체口體의 봉양奉養이 남만 못한 것을 가지고 부끄러워한다면 그 지식과 취향의 비루함이 심한 것이니, 어찌 더불어 도를 의논할 수 있겠는가(心欲求道, 而以口體之奉不若人為恥, 其識趣之卑陋甚矣, 何足與議於道哉)"라고 하였다.

덕과 땅, 법도와 은혜 4.11

공자께서 말씀하셨다.

"군자는 덕을 생각하고,[22] 소인은 땅을 생각한다. 군자는 법도를 생각하고, 소인은 은혜를 생각한다."[23]

子曰: "君子懷德, 小人懷土[24]. 君子懷刑[25], 小人懷惠."

---

20) 원문의 "적適"과 "막莫"을 주희가 '전주專主'와 '불긍不肯'이라고 주석한 것에 의거하여 번역한 것인데, 이 두 글자에 대한 이설이 많다. 어떤 사람은 '가까움과 소원함〔親疏〕', '후함과 박함〔厚薄〕'으로 해석하고 또 '적대와 흠모〔敵慕〕'로 해석하기도 하나 역자는 모두 취하지 않는다. 다만, 상대적인 개념인 것은 분명하다. 그리고 이 구절의 기본 맥락은 이렇다. 공자는 절대적인 긍정을 취하지 않고 어떤 일을 꼭 해야 한다고 고집하지도 않고 시대의 추이를 봐가면서 임기응변하며 살아간다는 의지를 보여주었다. 물론 바로 뒤에서 말하듯이 하나의 원칙은 간직하고서 말이다.

21) 원문의 "비比"를 번역한 것으로, '따라〔從〕' 행한다는 의미로 주희의 설에 의거한 것이다. 한편 형병은 '가까이하다'는 '친親' 자로 보았다.

22) 원문의 "회懷"에 대한 해석이다. 이는 주희의 견해에 따른 것으로, 주희는 이를 '사념思念'으로 풀이하면서 마음속으로 무언가를 생각하는 것, 즉 타고난 선善을 마음속으로 생각하여 간직하는 것을 의미한다고 보충했다. 한편, 이 글자에 대해 공안국은 "편안히 여기는 바〔所安〕"라고 풀이하고 있는데 너무 앞서 나간 해석이다. 황간 역시 한걸음 더 나아가 '귀歸' 자로 풀어 '돌아가다' '귀의하다'라는 개념으로 확대해석했다.

23) 군자와 소인은 취향의 차이도 있고 기본적인 마음가짐이 다르다. 군자는 마음가짐이 늘 일정하기에 평정심을 유지할 수 있고 고요한 내면에서 깊은 사유가 우러나온다는 것이 이 문장의 핵심이다.

24) 원문의 "회토懷土"를 주희는 "그 처하는 곳의 편안함에 빠지는 것〔溺其所處之安〕"이라고 하였는데, "토土"를 고향으로 보기도 한다(양보쥔 설). 군자의 '덕德'이 형이상학적 영역이라면 "토"는 형이하학적, 현실적, 물질적 영역으로 보면 문제가 없다.

25) 원문의 "회형懷刑"을 주희는 "법을 두려워하는 것〔畏法〕"이라고 하였고, 공안국은 "형刑을 생각하는 것은 법에 편안한 것이다〔安於法〕"라고 풀이하였다.

이익과 원한 4.12

공자께서 말씀하셨다.
"이익에 의거하여[26] 행동하면 원망이 많아지게 된다.[27]"

子曰: "放於利而行, 多怨."

예의와 겸양 4.13

공자께서 말씀하셨다.
"예의와 겸양[28]으로 나라를 다스릴 수 있다면, 무슨 어려움이 있겠는가? 예의와 겸양으로 나라를 다스릴 수 없다면, [선왕의] 예는 있어 무엇하겠는가?[29]"

---

26) 원문의 "방放"을 공안국은 '의거하다(依)'라는 의미로, 주희는 '구하다(求)'라는 의미로 풀이하였다. 그리고 이 문장에서도 드러나듯 공자는 "이利"를 별로 언급하지 않았으며 늘 부정적으로 말했다. 이 문장은 다음 16장과도 연관되며, 〈자한〉 9.1의 "공자께서는 이익과 천명에 대해서는 거의 말씀하지 않으셨으나, 인仁과 함께 말씀하셨다(子罕言利與命, 與仁)"와 함께 읽어보면 더 쉽게 이해된다.

27) 원문의 "다원多怨"을 번역한 것으로, 정이천程伊川은 "자신에게 이롭고자 하면 반드시 남에게 해를 끼친다(欲利於己, 必害於人)"고 하였다. 《주자어류朱子語類》에 "이익을 구하다가 얻지 못하면 스스로 하늘을 원망하고 남을 탓함이 많은 것(求利而不得, 則自多怨天尤人)"이라고 하였다. 여기서 "다원多怨"의 주체를 자신으로 볼 것인가 남으로 볼 것인가에 따라 두 가지 해석이 가능하다. 주자는 공안국과 정이천의 설을 따라 남이 자신을 원망하는 것으로 해석하였고, 장식張栻은 자신이 남을 원망하는 것으로 보았는데, 이익만 추구하다 보면 이것을 얻지 못했을 때 남을 원망하게 되기 때문이라고 하였다.

28) 원문의 "예양禮讓"을 번역한 것으로, "예禮"는 형식이요, "양讓"은 내용으로 주희는 "양讓은 예禮의 실제(讓者禮之實)"라고 하였다.

子曰: "能以禮讓爲國[30]乎, 何有?[31] 不能以禮讓爲國, 如禮何?"

지위보다는 설 수 있는 능력이다 4.14

공자께서 말씀하셨다.

"지위[32]가 없음을 근심하지 말고, [그 자리에] 설 수 있는 까닭[33]을 근심하라. 자기를 알아주는 사람이 없음을 근심하지 말고, [남이] 알아줄 만하도록 되는 것을 추구하라."

子曰: "不患無位, 患所以立. 不患莫己知, 求爲可知也."

29) 정약용은 "국군國君이 찬탈을 자행하고 대부大夫가 참람한 짓을 하는 것은, 능히 예와 겸양으로써 나라를 다스리지 못하는 것이다(國君簒奪, 大夫僭越, 是不能以禮讓爲國也)"라고 하였다. 공자는 이러한 권력 남용을 경계하고 있는 것이다.

30) 원문의 "위爲"를 형병은 '다스릴 치(治)'와 같다고 하였고, 정약용은 "위국爲國은 위정爲政과 같은 말"이라고 하였다.

31) 원문의 "하유何有"는 춘추시대의 일상어로 '어떤 어려움이 있겠는가(何難之有)'라는 뜻이다(형병 설). 유보남도 《논어정의》에서 "어렵지 않다는 말(不難之詞)"이라고 풀이했다. 역자는 주희의 설에 따라 "무엇하겠는가"라고 풀이했다.

32) 원문의 "위位"를 번역한 것으로, 정약용은 "조정朝廷의 백관들이 서게 되는 바의 지위(朝廷百官所立之地)"라고 해석하였다. 《설문해자》에 "중정中庭의 좌우에 늘어서는 것을 위位라 한다(列中庭之左右曰位)"고 하였다.

33) 원문의 "소이립所以立"을 번역한 것으로 주희는 "그 자리에 설 수 있는 자격(所以立乎其位)"이라 하였는데 역자는 이 설에 따랐다. 그런데 정약용은 "임금을 바로잡고 백성을 기르는 방법(匡君牧民之術)"이라 하였고, 정이천程伊川은 "군자는 자신에게 있는 것을 구할 뿐(君子求其在己者而已矣)"이라고 하였는데 너무 앞서 나간 풀이다.

선생님의 도 4.15

공자께서 말씀하셨다.

"삼參(증삼)아, 나의 도는 하나로[34] 꿰뚫는다."

증자가 아뢰었다.

"맞습니다."[35]

공자께서 나가시자 문인들[36]이 물었다.

"무엇을 말씀하신 겁니까?"

증자가 말했다.

"선생님의 도는 충忠과 서恕[37]일 뿐이구나."

子曰: "參乎. 吾道一以貫之." 曾子曰: "唯." 子出, 門人問曰: "何謂也?" 曾子曰: "夫子之道, 忠恕而已矣."

34) 원문의 "일一"을 번역한 것으로, 그 하나를 '충서忠恕'로 보기도 하고, '서恕'로 보는 학자도 있다. 특히 정약용은 "서恕를 행하려 충忠으로써〔行恕以忠〕하였기 때문에 공자는 서만 말하였고, 증자는 충서忠恕를 이어 말하였다"고 하였다.

35) 원문의 "유唯"란 상대방의 말에 어떤 의심도 없이 긍정적으로 동의한다는 말이다.

36) 여기서는 공자의 제자들, 즉 문하생을 가리킨다. 어떤 사람은 이어지는 다음 문장과 연결지어 증자의 문하생이라고도 한다.

37) 마음의 중심中心이 "충忠"이니 마음속으로 남을 섬기는 것이고, 남의 마음처럼〔如心〕 하는 것이 "서恕"다. 《광아廣雅》 〈석고釋詁〉에서는 "서恕는 인仁이다"라고 했다. 옛날 사람들은 "서"와 "인"은 의미가 비슷하다고 말하기도 했는데 의미는 같지 않다. "서"를 '관서寬恕'라고 보기도 하는데 그렇다고 해서 너그러이 용서하는 마음이라고만 풀이할 수는 없다. 여하튼 의미가 복잡하게 얽혀 있는 단어다.

의리와 이익 4.16

공자께서 말씀하셨다.
"군자는 의로움에 밝고, 소인은 이익에 밝다.[38)]"

子曰: "君子喩於義, 小人喩於利."

나은 자에게서 배워라 4.17

공자께서 말씀하셨다.
"어진 이를 보면 그와 같아질까를 생각하며[39)], 어질지 못한 이를 보면 [그렇지 않은지] 속으로 스스로 반성한다.[40)]"

子曰: "見賢思齊焉, 見不賢而內自省也."

---

38) 주희는 "의義"와 "리利"에 대하여 "의義는 천리天理의 마땅함이고, 리利는 인정人情의 하고자 하는 바"라고 하였다. 육구연은 "의義에 뜻을 두면 익히는 것이 반드시 의義에 있게 되므로 여기 의義에 깨우치고, 리利에 뜻을 두면 익히는 것이 반드시 리利에 있게 되므로 여기 리利에 깨우친다"고 하였다.

39) 원문의 "견현사제見賢思齊"를 번역한 것으로, 태재순은 "사제思齊"를 "키가 작은 사람이 큰 사람과 나란히 섰을 때, 발꿈치를 치켜들어 큰 사람에 똑같이 미치려고 하는 것과 같다〔短人與長人並立, 欲跂而及之〕"는 흥미로운 비유를 하였다. 주희는 "자신도 이러한 선善이 있기를 바라는 것〔冀己亦有是善〕"이라고 하였다. 《맹자孟子》〈등문공 상滕文公上〉에 제자 안연이 "순임금은 어떤 분이었고 나는 사람이었던가? 훌륭한 일을 하는 사람은 또한 이와 같을 뿐이다〔舜何人也, 予何人也, 有爲者亦若是〕"라고 한 것과 통한다.

40) 원문의 "내자성內自省"을 번역한 것으로, "자신에게도 이러한 악惡이 있을까 두려워하는 것〔恐己亦有是惡〕"(주희 설)을 말하는데, 이는 반면교사反面教師로서의 의미이며, 〈술이〉 7.21의 "세 사람이 길을 가면, [그 가운데] 반드시 나의 스승이 있다〔三人行, 必有我師〕"는 구절과 상통한다.

부모를 섬기는 방식 4.18

공자께서 말씀하셨다.

"부모를 섬길 때는 완곡하게[41] 간언하고, [자신의] 생각을 [부모님이] 따라주지 않는다 하더라도 또한 공경하여 거스르지 않아야 하고, 힘들더라도 [부모님을] 원망해서는 안 된다."

子曰: "事父母幾諫, 見志不從, 又敬不違, 勞而不怨."

행선지는 꼭 남겨라 4.19

공자께서 말씀하셨다.

"부모님이 [살아] 계시면 멀리 놀러 가지 않고[42], 놀러 가면 반드시 [가는] 방향(곳)이 있어야만 한다.[43]"

---

41) 원문의 "기幾"를 번역한 것으로, 포함包咸은 '미微, 은미함'의 의미로 보았으니, '완곡하게', '슬며시'라는 뜻이다. 같은 맥락에서 주희도 "기운을 누르고 안색을 누그러뜨리고 부드러운 목소리로 간언한다〔下氣怡色柔聲以諫也〕"는 의미로 풀었다. 정약용은 "직접적으로 하지 않고 은근히 풍자해서 깨닫게 한다〔不敢直諫, 但以微意諷之使喩也〕"는 의미로 해석했는데 대체적으로 해석은 비슷하다.

42) 원문의 "유遊"는 유학游學, 유환游宦이라고 할 때의 '유游'의 뜻과 같은 것이다(정약용 설). 주희는 먼 데 놀면 혼정신성昏定晨省을 하지 못하게 되니 문안인사를 올리는 것이 어렵게 되는 것을 의미한다고 하였다.

43) 형병은 "혹시 부모가 자기를 부르고자 할 때 그 처소를 알 수 있도록 하기 위해서〔欲使父母呼己得, 卽知其處〕"라고 하였고, 주희는 "이미 동쪽으로 간다고 아뢰었으면 감히 바꾸어 서쪽으로 가지 못함과 같은 것이니, 어버이가 반드시 자신의 소재를 알아서 근심함이 없고 자신을 부르면 반드시 도착하여 실수가 없고자 하는 것"이라 하였다. 범조우는 "자식이 능히 부모의 마음을 자신의 마음으로 삼는다면 효孝가 된다〔子能以父母之心, 則孝矣〕"고 하였다.

子曰: "父母在, 不遠遊, 遊必有方."

효도의 기본 4.20

공자께서 말씀하셨다.

"[돌아가신 후] 3년 동안 아버지의 도에서 고침이 없다면 효도라고 말할 수 있을 것이다.[44)]"

子曰: "三年無改於父之道, 可謂孝矣."

연세를 헤아려라 4.21

공자께서 말씀하셨다.

"부모의 나이는 알고 있지 않을 수 없다. 한편으로는 [오래 사시는 것에] 기쁘고, 한편으로는 [노쇠해지는 것에] 두렵기 때문이다.[45)]"

子曰: "父母之年, 不可不知也. 一則以喜, 一則以懼."

---

44) 이 구절은 〈학이〉 1.11의 "아버지께서 살아 계실 때는 [자식된 자로서] 그분의 뜻을 살피고, 아버지께서 돌아가신 뒤에도 그분의 행적을 살피며 3년 동안 아버지의 도에서 고침이 없다면 효도라고 말할 수 있을 것이다(子曰, 父在, 觀其志, 父沒, 觀其行, 三年無改於父之道, 可謂孝矣)"와 중복된다. 원문의 "부지도父之道"란 아버지가 살아계실 때의 행적과 행동, 가치관 등을 총칭한 말이다.

45) 이 구절은 "애일지성愛日之誠"이라는 말과 상통한다. "애愛"는 '아끼다'라는 뜻으로, 부모를 섬길 수 있는 날짜가 적음을 안타까워하여 하루라도 더 정성껏 봉양하려고 노력하는 효성을 이르며, 부모님의 거처에 '효일당孝日堂'이라고 써 두기도 하였다.

말보다는 실천 4.22

공자께서 말씀하셨다.

"옛날 사람들이 말을 [입 밖에] 내지 않은 것은 몸이 [말을] 따라갈 수 없을까 부끄러워했기 때문이다.[46)]"

子曰: "古者言之不出, 恥躬之不逮也."

단속의 필요성 4.23

공자께서 말씀하셨다.

"[스스로를] 단속하는데도[47)] 실수하는 자는 드물다."

子曰: "以約失之者鮮矣."

---

46) 이 구절은 〈헌문〉 14.20의 "자신의 말에 부끄러움을 느끼지 않는다면, 그 말을 실천하는 것도 어렵다(其言之不怍, 則為之也難)"는 구절과 상통한다. 범조우는 "군자는 말에 있어 부득이한 뒤에 내는 것이니, 말하기가 어려운 것이 아니고 행하기가 어려운 것(君子之於言也, 不得已而後出之, 非言之難, 而行之難也)"이라고 하여 말의 신중함과 행동의 어려움을 말하고 있다.

47) 원문의 "약約"을 번역한 것인데, 자신을 단단히 동여매듯 단속하여 제멋대로 굴지 않는다는 의미다. 공안국이 '검약儉約'의 뜻이라고 푼 것도 같은 맥락이다.

말과 행동 4.24

공자께서 말씀하셨다.

"군자는 말에는 어눌하고[48] 행동에는 민첩하려고 한다."[49]

子曰: "君子欲訥於言而敏於行.[50]"

외롭지 않으려면 4.25

공자께서 말씀하셨다.

"덕 있는 사람은 외롭지 않고, 반드시 이웃이 있다.[51]"

子曰: "德不孤, 必有鄰."

48) 원문의 "눌訥"을 포함은 '지둔遲鈍한 것'을 뜻한다고 하였고, 사량좌는 "함부로 말함은 쉽다. 그러므로 어눌하고자 하고, 힘써 행함은 어렵다. 그러므로 민첩하고자 하는 것이다(放言易, 故欲訥, 力行難, 故欲敏)"라고 하였다. 〈자로〉 13.27에 인仁에 가까운 네 가지 덕목 '강직함, 의연함, 질박함, 어눌함(剛毅木訥)' 중에도 '눌訥'이 중요한 덕목으로 포함되어 있음을 볼 수 있다.

49) 공자는 제자들에게 학문을 하는 목적은 선현들의 지식을 전수받는 것만이 아니며, 이론 못지않게 실천이 중요하다고 강조했다. 즉 배움의 길에서 이론과 행동이 병행될 때 좋은 성과를 기대할 수 있다는 말이다.

50) 원문의 "민敏"은 부인이 머리를 손질한 후 제사를 열심히 돕는 것을 뜻한다. 이 구절은 〈학이〉 1.14의 "일처리하는 데 민첩하고 말하는 데는 신중하며(敏於事而愼於言)"와 같은 맥락이다.

51) 주희는 "덕이 있는 자는 반드시 그 동류同類가 따름이 있으니, 거주하는 곳에 이웃이 있는 것(有德者必有其類從之, 如居之有鄰也)"과 같은 것이라고 하였다. 《역易》 건괘 〈문언전〉에, "같은 소리는 서로 응하고 같은 기운은 서로 구한다는 것(同聲相應, 同氣相求)"과 맥락이 같다.

간언의 법칙 4.26

자유가 말했다.

"군주를 섬기는 데 [간언을] 일삼으면 곧 모욕을 당하게 되고, 친구에게 [간언을] 일삼으면 곧 소원해질 것이다."[52)]

子游曰 "事君數, 斯辱矣. 朋友數, 斯疏矣."

52) 원문의 "삭數"은 '자주 삭'으로 읽어야 한다. 한편, 황간은 "삭"을 '수를 세다'라는 의미로 풀어야 한다고 보았으니, 군주나 친구의 잘못을 세는 것이다. 정약용도 '수'라고 읽어야 한다고 풀이하면서 '빈번하다, 빠르다, 촘촘하다〔煩也, 促也, 密也〕'의 뜻으로 "나아가 만나는 것이 때가 없거나, 말이 간결하지 못하거나, 싫어함이 없이 계속해서 요구하는 것〔進見無時, 言語不簡, 求索無厭〕"을 말한다고 하였다. 주희는 "번거롭게 자주 하다〔煩數〕"라고 풀이했으니, 임금을 섬기다가 너무 간언하다 보면 본의 아니게 역린을 건드리게 되어 자칫 벼슬을 빼앗기는 모욕을 당할 수 있으며, 벗과 사귈 때도 너무 자주 번거롭게 하면 벗과 소원해질 수 있다는 의미다. 적당한 거리를 두고 자신이 할 말과 안 할 말을 잘 가려서 현명하게 처신하라는 뜻이다. 호인胡寅은 "임금을 섬김에 간하는 말이 행해지지 않으면 마땅히 떠나야 하고, 벗을 인도함에 착한 말이 받아들여지지 않으면 마땅히 중지해야 하니, 번독煩瀆함에 이르면 말한 자는 가벼워지고 듣는 자는 싫어한다. 이 때문에 영화를 구하다가 도리어 욕을 당하고, 친하기를 구하다가 도리어 소원해지는 것〔事君諫不行, 則當去, 導友善不納, 則當止, 至於煩瀆, 則言者輕, 聽者厭矣. 是以求榮而反辱, 求親而反疏也〕"이라고 하였다.

제5편

공야장公冶長

–공자의 제자들과 역사 인물에 대한 평

【해설】

〈공야장〉 편은 인물 품평을 위주로 하면서 정명正名의 문제를 주요하게 다루고 있다. 공자가 평가한 24인 가운데 절반은 제자이고 나머지 절반가량은 제후국의 명망 있는 인물들이다. 각 장별로 살펴보면 4장, 7장, 18장에서는 주로 인仁의 문제를 다루고, 9장에서는 말과 신의의 관계를 다뤘다. 앞부분에 해당되는 1~14장에서는 주로 제자들을 평했는데, 거침없고 때로는 냉소적이다. 정직의 개념을 논한 부분은 적지 않은 논란거리가 되기도 했다.

이 편을 읽으면서 우리는 공자가 결코 범상한 인물이 아님을 거듭 알게 된다. 첫머리 1, 2장에서 공야장과 남용을 예로 들어 죄수임에도 불구하고 자신의 딸과 형의 딸을 시집보내는 대목이라든지, 말만 내세우는 자공을 "호련"이라고 거침없이 평가하는 것을 보면 삶에 대한 공자의 깊은 통찰이 전해진다. 때로는 긍정적인 부분도 있지만, 상당수 어미가 의문형이나 감탄형 혹은 부정형으로 끝나는데, 이것은 풀리지 않는 공자 자신의 삶과 야속한 현실에 대한 항변이 아닐까 하고 추측해보게 된다.

이런 점은 공자가 제자들을 깨우치는 방식에서도 쉽게 드러난다. 공자는 안회를 제외한 거의 모든 제자에게 상당히 비판적이었다. 가장 오랜 세월을 함께한 애제자들인 '공문십철'조차도 봐주지 않았다. 특히 자로를 들볶았으며 자공에게 하는 말에도 늘 비판이 스며 있었다. 재여가 낮잠을 자자, 썩은 나무로는 조각할 수 없다고 말하며 화를 내기도 했다.

15장부터는 정자산이나 안평중, 백이와 숙제 등 고금의 인물을 평가했는데 이 부분에서도 공자의 솔직담백함이 엿보인다. 특히 인仁의 유무에 따라 평가하는 방식이 인상적이다.

이 편의 끝에 공자는 사람이란 항상 자신의 잘못을 인정하고 스스로 비판해야 한다고 강조했다. 자신의 잘못은 공부를 하면서 계속 깨달아 나가는 수밖에 없다. 이런 점에서 공자가 이 편의 마지막에서 학문을 좋아하는 자신의 모습을 강조하는 것은 의미심장하다.

죄수를 사위 삼다, 남용을 조카사위로 삼다 5.1

공자께서 공야장[1]에 대해 말씀하셨다.

"[딸을] 시집보낼 만하다. 비록 검은 포승줄로 묶인 채 [감옥] 안에 있었으나 그의 죄가 아니었다."

그러고는 그(공자)의 딸을 아내로 주었다.

공자께서 남용[2]에 대해 말씀하셨다.

"나라에 도가 있으면 [그는] 버려지지 않을 것이며, 나라에 도가 없더라도 형벌을 면할 것이다."

그러고는 그(공자) 형의 딸을 아내로 주었다.

子謂公冶長, "可妻也. 雖在縲絏之中, 非其罪也." 以其子妻之.

子謂南容, "邦有道, 不廢: 邦无道, 免于刑戮." 以其兄之子妻之.

1) 공야장은 태어나고 죽은 해를 알 수 없다. '공야'는 복성이고 자는 '자장子長'으로 알려져 있다. 두 글자의 가족 이름으로서 엄밀히 말하면 사실은 씨氏이고 성姓이 아니며 아마도 철기나 동기를 주조하는 관직명을 씨로 삼은 것 같다고 고증했다(리링 설). 공문의 제자 가운데 복성을 가진 사람이 매우 많았다. 예를 들어《논어》에서 언급하고 있는 칠조계漆雕啟(자는 자개子開), 공서적公西赤(자는 자화子華), 무마시巫馬施(자는 자기子期), 단목사端沐賜(자는 자공子貢), 담대멸명澹臺滅明(자는 자우子羽), 사마경司馬耕(자는 자우子牛), 남궁괄南宮适(자는 자용子容) 등이 모두 복성이었다.《논어》의 대화 속에서 제자들이 스승과 같은 연배의 어른을 부를 때 자주 자를 불렀으니 남용, 자천, 자공, 자산 등이 그러하다. 다른 점은 공야장의 자 앞에는 자子를 붙이지 않고 복성만을 붙였다는 사실이다. 5장에 나오는 "칠조개漆雕開", "무마기巫馬期", "공서화公西華", "사마우司馬牛" 등도 모두 그렇게 불렀다.

2) 남궁괄南宮适(괄适을 괄括이라고도 함)이고, 자는 자용子容이며 남궁은 복성이다. 사는 곳이 궁실이었기 때문에 그로부터 유래한 이름으로 추정된다. 생몰년 또한 알 수 없다. 그런데 흥미로운 것은, 공자의 평에서도 알 수 있듯이 남용은 처세에 밝았던 자로 보이는데 공자가 그를 좋아했다는 점이다.

자천의 풍모 5.2

공자께서 자천[3]에 대해 말씀하셨다.

"군자로다, 이런 사람은! 노나라에 군자[4]가 없다면, 이 사람이 어디에서 이런 것(덕)을 갖게 되었겠는가?"

子謂子賤, "君子哉若人! 魯無君子者, 斯焉取斯?"

호련 같은 자공 5.3

자공이 여쭈었다.

"저는 어떻습니까?"

공자께서 말씀하셨다.

"너는 그릇[5]이다."

[자공이] 여쭈었다.

"어떤 그릇입니까?"

---

3) 복부제宓不齊로서 자가 자천이다. 노나라 사람으로 공자보다 30세 혹은 49세 적다. 일찍이 단보의 읍재로 있었다.

4) 자천에 빗대어 공자 스스로를 가리킨다는 설도 있다. 이 문장에도 공자 특유의 자부심이 배어 있다. 자신이 최고라는 의미로도 해석된다. 그러나 주희의 풀이대로 자천이 현명한 사람을 존중하고 벗하며, 덕을 이룬 것을 칭찬한 말로 보는 것이 무난하다.

5) 공자의 이 말엔 한 가지 기능만을 가진 그릇일 뿐, 도덕과 인의를 목표로 삼는 융통성 있는 인간이 아니라는 비판이 깔려 있다. 그런데 자공은 언어에 뛰어났고 외교 분야에서 역량을 발휘했으며 군사력 분야에도 해박했으며 늘 공자를 모시고 다닌 제자였다. 이러한 혹평은 당시 자공의 활동 역량을 고려해보면 사실과 부합하지 않는다.

[공자께서] 말씀하셨다.

"호련[6]이다."

子貢問曰: "賜也何如?" 子曰: "女, 器也." 曰: "何器也?" 曰: "瑚璉也."

평가 절하된 염옹 5.4

어떤 사람이 말했다.

"옹雍(염옹)은 인仁하지만 말주변이 없습니다."

공자께서 말씀하셨다.

"말주변을 어디에 쓰겠는가? 말주변만을 보고 사람을 대하면 자주 다른 사람에게 미움을 받게 된다. 그가 인한지 어떤지는 모르겠지만,[7] 말주변을 어디에 쓰겠는가?"

或曰: "雍也仁而不佞." 子曰: "焉用佞? 禦人以口給, 屢憎於人.
不知其仁, 焉用佞?"

6) 종묘 제사 때 기장을 담던 귀중한 제기로서 위아래가 딱 들어맞게 결합된 그릇으로 대나무로 만들고 옥으로 장식되어 있다. 하나라 때는 '호瑚'라 부르고 은나라 때는 '련璉'이라 불렀다(포함 설). 주희는 '자공은 군자께서 자천子賤을 군자라 허여하심을 보았다. 이 때문에 자기를 가지고 질문함에 공자께서 이것으로 답하셨으니, 그렇다면 자공이 비록 불기不器의 경지에는 이르지 못했으나 또한 그릇 중에 귀한 것일 것이다(子貢見孔子以君子許子賤, 故以己為問, 而孔子告之以此, 然則子貢雖未至於不器, 其亦器之貴者歟)'하였다.

7) 중궁(염옹)에게 불만이 있다는 말인데 그가 인仁의 경지에 도달하지 못했다는 아쉬움과 불만 섞인 투정이 깔려 있다.

겸손한 칠조개 5.5

공자께서 칠조개[8]에게 벼슬길에 나가 보라고 하자 [그는 겸손하게] 대답했다.

"제가 이런 일을 할 수 있는지 아직 확신할 수 없습니다.[9]"

공자께서 기뻐하셨다.

子使漆彫開仕. 對曰: "吾斯之未能信." 子說.

용기만 있는 자로 5.6

공자께서 말씀하셨다.

"도가 행해지지 않으니, 뗏목을 타고 바다로나 떠다니려 한다.[10] 나를 따라올 사람은 아마도 유由(자로)일 것이다!"[11]

자로가 그 말을 듣고 기뻐했다.

---

8) "칠조개漆彫開"는 "칠조漆彫"가 씨이고 이름은 "개開" 또는 '계启'이며 자는 '자개子開' 또는 '자약子若'이다. 공자보다 7세 어린 공문 제1기의 제자다. "조彫"는 '조雕'와 같이 칠기에 그림을 그리는 것을 가리킨다. 칠조개는 노나라 사람이고, 제자들 중에 성이 칠조인 사람으로 칠조치漆雕哆와 칠조도부漆雕徒父가 있었으니 대체로 칠기와 관련 있는 일을 한 것으로 추정된다.《묵자》〈비유 하非儒下〉에는 불구자이면서 죄인으로 묘사되어 있다.

9) 사량좌謝良佐는 "마음의 은미함에 이르러서는 털끝만큼이라도 스스로 얻지 못함이 있으면 자신할 수 없다고 말하는데 무방하니, 이것은 성인도 아시지 못하는 것인데, 칠조개가 스스로 안 것이다. 그 재질이 벼슬할 만한데도 그 그릇이 작은 성과에 안주하지 않았으니, 후일에 성취할 바를 어찌 헤아릴 수 있겠는가. 부자夫子(공자)께서 이 때문에 기뻐하신 것이다〔至於心術之微, 則一毫不自得, 不害其為未信. 此聖人所不能知, 而開自知之. 其材可以仕, 而其器不安於小成, 他日所就, 其可量乎, 夫子所以說之也〕"라고 하였다.

[그러자] 공자께서 말씀하셨다.

"유(자로)는 용기 있는 행동을 좋아하는 데 있어 나를 능가하지만, 재주[12]는 취할 것이 없구나."[13]

子曰: "道不行, 乘桴浮于海. 從我者, 其由與!" 子路聞之喜.

子曰: "由也好勇過我, 無所取材."

---

10) 원문의 "부桴"는 대나무를 묶어 놓은 뗏목인데, 큰 것을 '벌筏'이라 하고 작은 것을 "부桴"라 한다(마융 설). 공자는 세상에 도道를 펼치고자 했으나 뜻대로 안 되었다. 〈자한〉 9.13에 "공자께서 구이에 살고 싶어 하셨다〔子欲居九夷〕"는 내용을 보더라도 당시 중원의 심각한 사회상을 알 수 있으며 이 구절에 공자의 푸념이 잘 드러나 있다.

11) 사마천은 자로가 공자의 제자가 된 경위에 대해 이렇게 말하고 있다. "중유仲由는 자가 자로子路이고 노나라 변卞 지역 사람이다. 공자보다 9세 적다. 《논어》에 40번이나 언급되는 자로는 성격이 거칠고 용맹하며 뜻이 강하고 곧았다. 수탉의 깃으로 만든 관을 쓰고 수퇘지의 가죽으로 주머니를 만들어 허리에 차고 다녔다. 그는 한때 공자를 업신여기며 포악한 짓을 했다. 그러나 공자가 예의를 다해 조금씩 바른길로 이끌어주자, 나중에는 유자儒者의 옷을 입고 예물을 올리고 공자의 문인들을 통해 제자가 되고 싶다고 했다."(《사기》 〈중니제자열전〉). 공자의 이 발언은 넋두리인데 자로는 진의를 이해하지 못했기에 기뻐하는 반응이 나온 것이다.

12) 원문의 "재材"를 해석한 것인데, 정현은 '뗏목에 쓸 재목'이라고 보았으며, 주희는 '재裁'로 풀이하여 사리를 근거로 '재량하다'라는 의미로 보았으며 이에 대해 다산 정약용은 다소 진전시켜 사리의 옳고 그름을 재량하는 것을 바로 '취재取材'라고 풀이했다. 무엇보다도 중요한 것은 이 문장이 당시의 무도한 상황을 비판한 말인지, 자로를 질책하는 말인지를 따져볼 필요가 있다는 점이다. 물론 공자는 전자에 무게중심을 두었지만, 《논어》에서 대개 자로를 비판한 것으로 미루어 그를 직접 공격한 대목으로 볼 수도 있기 때문이다.

13) 《논어》 전체를 통해 자로만큼 혹평을 당한 제자는 없을 것이다. 그러나 다른 문헌을 보면, 공자가 자로에게 혹평만 한 것은 아님을 알 수 있다. 공자는 자로의 효성을 보고 "자로가 부모님을 섬기는 것을 보니, 살아 계실 때는 힘을 다해 섬기고, 돌아가신 뒤에는 그리움을 다하는구나"(《공자가어》 〈치사致思〉)라고 평했다. 하루는 자로가 공자에게 이렇게 말했다. "무거운 물건을 지고 먼 곳으로 갈 때에는 땅이 좋은지 나쁜지를 가리지 않고 쉬게 되고, 집이 가난하여 부모님을 모실 때에는 봉록이 많은지 적은지를 가리지 않고 관리가 됩니

맹무백[14]이 물었다.[15]

"자로는 인仁합니까?"

공자께서 대답하셨다.

"모르겠습니다."

[같은 것을] 다시 물었다. 공자께서 대답하셨다.

"유由(자로)는 천 대의 수레를 낼 수 있는 나라(제후국)에서 군사[16] 일을 다스리게 할 수 있을 정도이나, 그가 인한지는 모르겠습니다."

"구求(염구)는 어떻습니까?"

공자께서 대답하셨다.

"구는 천 가구의 읍이나 백 대의 수레를 낼 수 있는 경대부 집안에서 우두머리 직책으로 삼을 수 있겠지만[17] 그가 인한지는 모르겠

다. 예전에 제가 두 부모님을 섬길 때는 늘 명아주 잎과 콩잎 같은 거친 음식으로 대접하며, 직접 쌀을 백 리 밖에서 져왔습니다. 부모님이 돌아가시고 나서 남쪽 초나라에서 관리가 되었을 때는 수레가 백 대나 되고 창고에 쌓아놓은 쌀이 만 종鍾(한 종은 6석 2말)이나 되며, 깔개를 포개놓고 앉아 솥을 늘어놓고 먹었는데, 명아주 잎과 콩잎을 먹고 직접 쌀을 지고 가기를 원했지만 할 수 없었습니다. 말린 물고기를 묶어놓는다고 해서 어찌 썩지 않겠습니까? 부모님 두 분의 수명은 흰 망아지가 달려 지나가는 것을 문틈으로 보는 것처럼 순간일 뿐입니다." 공자의 폄하와는 달리 자로는 정사 분야에 탁월한 능력을 가지고 있어 공자의 비판은 좀 지나친 데가 있다. 한편 주희는 공자의 폄하가 나름 일리가 있다고 분석했다.

14) 노나라 대부이며, 시호는 무武이고 맏아들이므로 백伯이란 글자가 붙었다.

15) 맹무백의 물음에 공자가 세 명의 제자를 평한 것이다. 사실《논어》에서 이 세 제자를 언급한 대목이 더 있는데〈선진〉11.21과 11.25에 나온다.

16) 원문의 "부賦"를 번역한 것으로, 주희는 "옛날에는 토지의 세금에 따라 군사를 내었으므로 병兵을 일러 부賦라 하였다〔古者以田賦出兵, 故謂兵為賦〕"라고 하였다.

습니다."

"적赤(공서적公西赤)은 어떻습니까?"

공자께서 대답하셨다.

"적은 허리띠를 묶어 의관을 갖추고 조정에 세워 빈객을 접대하면서 이야기를 나누게 할 수 있을 정도이나 그가 인한지는 모르겠습니다."

孟武伯問. "子路仁乎?" 子曰: "不知也." 又問, 子曰: "由也, 千乘之國, 可使治其賦也, 不知其仁也." "求也何如?" 子曰: "求也, 千室之邑, 百乘之家, 可使爲之宰也, 不知其仁也." "赤也何如?" 子曰: "赤也, 束帶立於朝, 可使與賓客言也, 不知其仁也."

문일지십 5.8

공자께서 자공에게 말씀하셨다.

"너와 회(안회) 중에 누가 더 나으냐?"

[자공이] 대답했다.

"제가 어찌 감히 회를 바라보겠습니까? 회는 하나를 들으면 열을 알고,[18] 저는 하나를 들으면 둘을 아는 정도입니다."

공자께서 말씀하셨다.

"그보다 못하지. 나는 네가 [그만] 못함을 인정한다."[19]

---

17) 주희는 "천실千室은 대읍大邑이며, 백승百乘은 경대부卿大夫의 집안이다. 재宰는 읍장邑長과 가신家臣의 통칭이다(千室大邑, 百乘卿大夫之家, 宰邑長家臣之通號)"라고 하였다. 실제로 자로는 계환자의 가신家臣을 맡은 경험이 있다.

子謂子貢曰: "女與回也孰愈?" 對曰: "賜也何敢望回? 回也聞一以知十, 賜也聞一以知二." 子曰: "弗如也. 吾與女弗如也."

혹평받는 재여 5.9

재여가 [한낮에] 낮잠을 잤다.[20] 공자께서 말씀하셨다.

"썩은 나무로는 조각할 수 없고, 더러운 흙으로 쌓은 담장에는 흙손질을 할 수 없다. 내가 너를 보고 무엇을 탓하겠느냐?"[21]

---

18) 원문의 "문일지십聞一知十"을 번역한 것으로, "일一은 수의 시작이고, 십十은 수의 끝(一數之始, 十數之終)"이다. 주희에 따르면 안회는 시작에 나아가면 끝을 보아(即始而見終) 상지上智의 자질로, 태어나면서부터 저절로 도리를 아는 '생이지지生而知之'의 경지요, 이에 비해 자공은 추측하여 알아서 이것을 인하여 저것을 알고(推測而知, 因此而識彼), 지나간 것을 말해주니 말하지 않은 것을 아는(告往知來) 중지中智의 자질로, 배워서 도리를 아는 '학이지지學而知之'의 경지라고 하였다. 《중용》 28장에 "혹은 태어나면서 이것을 알고 혹은 배워서 이것을 알고 혹은 애를 써서 이것을 아는데, 그 앎에 미쳐서는 똑같다(或生而知之, 或學而知之, 或困而知之, 及其知之, 一也)"라고 한 구절을 곰곰이 생각해 볼 일이다.

19) 원문의 "여與"를 접속사로 보아 "나는 네가 [그만] 못함을 인정한다"라고 해석했다. 이는 주희도 "여與"를 '허許' 자로 풀이하였으므로 '허락하다'라는 의미로 보아야 한다는 견해가 일리가 있다. 특히 원문의 "오여여불여야吾與女弗如也"를 '오여여吾與女, 불여야弗如也'라고 구두점을 찍으면, '나와 너는 [그만] 못하다'로 해석된다. 포함包咸은 "[자공의 부끄러워하는 마음을] 공자가 위로하기 위해 말씀한 것(蓋欲以慰子貢也)"이라 하였다. 물론 여기서는 취하지 않는다. 한편 자공이 안회보다 자신을 낮추어 이야기했지만 공자는 그 정도로는 미흡하다고 본 듯하다. 또한 《논어》 전체에서 자공에 대한 공자의 평가가 대부분 부정적임을 볼 때 자공을 면전에 두고 그의 자만하는 태도를 더 분명한 의미로 단호하게 말했다고 볼 수 있다.

20) 원문의 "주침晝寢"을 번역한 것으로, "주晝"를 '화畫' 자로 보는 학자도 있고(晝當爲畫)(양 무제, 한유 설), 낮에 침소에 들었다고 보는 학자도 있다(寢者寢室也)(왕무 설).

21) 형병은 재여가 스승 앞에서 자신이 "학문에 부지런히 힘쓴다"고 말했으나 실제는 낮잠을 잤으므로 공자가 이렇게 말씀하신 것으로 해석하였다. 이는 "말

[그러고는] 공자께서 말씀하셨다.

"처음에 나는 사람을 대할 때 그의 말을 듣고 그의 행동을 믿게 되었는데, 지금 나는 사람을 대할 때 그 말을 듣고도 그 행동을 살피게 되었다. [재여에 대해서도] 이처럼 바뀌었다."

宰予晝寢. 子曰: "朽木不可雕也, 糞土之牆不可杇也, 於予與何誅?"
子曰: "始吾於人也, 聽其言而信其行. 今吾於人也, 聽其言而觀其行. 於予與改是."

욕심만 있던 신정 5.10

공자께서 말씀하셨다.
"나는 꿋꿋한[22] 자를 보지 못했다."

이 행실에 미치지 못했기 때문〔能言而行不逮〕"이라고 설명한 주희와 같은 맥락이라고 하겠다. 재여는 능력이 뛰어나 공자가 죽고 공자학파를 설립하는 데 적지 않은 공헌을 했다. 하지만 스승의 생전에는 이런 혹평을 받았다. 한번은 재여가 고대 전설 속의 다섯 제왕인 오제五帝의 덕을 묻자 공자는 "너는 그것을 물을 자격이 없다"고 말했다고 사마천은 《사기》〈중니제자열전〉에서 기록하고 있다. 사마천은 "재여가 제나라 도성 임치의 대부가 되었는데, 전상田常과 난을 일으켜 그의 일족이 모두 죽임을 당하게 되었으므로 공자는 매우 부끄러워했다"라고 적기도 했는데, 그는 이 일로 인해 공자가 재여를 비판하게 되었다고 보았다.

22) 원문의 "강剛"을 번역한 것으로, 여기서의 "강"은 〈양화〉 17.8의 "강한 것을 좋아하고 배우기를 좋아하지 않으면 병폐가 있으니〔好剛不好學, 其蔽也〕"에서의 의미와 달리 '내면이 단단한 것〔外柔內剛〕'을 뜻한다. 형병은 "강剛"을 바탕이 곧고 순리에 따르는 것〔質直而理者〕이라 하였고, 주희는 굳세고 강하여 굽히지 않는 뜻〔堅强不屈之意〕이라 하였으며, 이토 진사이는 "너그럽고 부드러우며 도의로써 자기를 이긴 뒤에 얻은 참다운 굳셈"이라고 하였다. 〈자로〉 13.27에 인仁에 가까운 네 가지 덕목 "강직함, 의연함, 질박함, 어눌함〔剛毅木訥〕" 중에도 "강"이 중요한 덕목으로 포함되어 있다.

어떤 사람이 대답했다.

"신정[23]이란 자가 있습니다."

공자께서 말씀하셨다.

"신정은 욕심만 있으니 어찌 꿋꿋하다고 할 수 있겠는가?"

子曰: "吾未見剛者." 或對曰: "申棖." 子曰: "棖也慾, 焉得剛?"

자공의 오판 5.11

자공이 아뢰었다.

"저는, 다른 사람이 저에게 하기를 바라지 않는 바를 저 또한 다른 사람에게 하지 않으려고 합니다.[24]"

공자께서 말씀하셨다.

"사야, [그런 일은] 네가 미칠 수 있는 것이 아니다."

子貢曰: "我不欲人之加諸我也, 吾亦欲無加諸人." 子曰: "賜也, 非爾所及也."

---

23) 공자의 제자로서 생몰년은 알 수 없다. 이 사람은《사기》〈중니제자열전〉에 나오는 "신당申黨"으로 추정된다. 한편 〈헌문〉 14.36의 "공백료公伯寮"로 추정하기도 한다.

24) 자공이 여기에서 말한 바는 '자신이 원하지 않는 일을 남에게 베풀지 말라〔己所不欲, 勿施於人〕'는 뜻으로 '서恕'와 같은 의미다. 도가 이루어지기 어려운 것은 이 '서恕'에 있는 것인데, 자공이 가끔 이를 쉽게 말했기 때문에 공자가 그를 제지한 것이다〔道之難成在此, 子貢或易言之, 故夫子抑之〕(정약용 설). 공안국은 "남이 나에게 의義가 아닌 것을 가加하지 못하도록 저지할 수 없음을 말한 것〔言不能止人使不加非義於己〕"이라고 하였고, 주희는 "인자仁者의 일로서 억지로 힘씀을 기다리지 않는다〔仁者之事, 不待勉强〕"고 하였으니 그 실천의 어려움을 말한 것이다.

공자께서 금기시한 말씀 5.12

자공이 말했다.

"선생님의 문장[25]은 얻어 들을 수 있었지만, 선생님께서 말씀하신 성性(본성)과 천도天道[26]는 얻어 들을 수 없다."[27]

子貢曰: "夫子之文章, 可得而聞也. 夫子之言性與天道, 不可得而聞也."

듣는 것보다 실행하기 5.13

자로는 어떤 내용을 들으면 [미처] 그것을 실행하지 못한 채로 오직 [또 다른 것을] 듣게 될까 두려워하기만 했다.[28]

---

25) 글자의 뜻으로 보면, 본래 청색과 적색을 배합한 것을 '문文'이라 하고, 적색과 백색을 배합한 것을 '장章'이라고 하여 이 둘을 합쳐 "문장文章"이라고 한다. 여기서는 이런 문양이 섞여 있는 무늬라는 뜻이다. 그렇다면 여기서 말하는 "문장"의 의미가 무엇인가? 이 역시 논란이 많다. 어떤 이는 '육적六籍', 즉 육예六藝라고 했다. 그러나 주희의 경우는 주석에서 "엄숙하고 장중한 모습과 문장〔威儀文辭〕"이라 하여 좀 더 포괄적으로 보았다.

26) "성"은 바로 '본성'으로 쉽게 바뀌지 않는 근본적인 마음이다. 그리고 이 문장에서 "천도"는 하늘의 도가 아니고 관리가 될 운세라는 개념이니 술수학의 차원에서 이해해야 한다는 논리를 펴는 학자도 있다(리링 설). 일리가 있는 말이기는 하나, 좀 더 점검해볼 여지가 있는 견해다. "천도"란 일반적으로 하늘의 이치를 말하는 것으로 인간의 도리인 '세도世道'와는 다른 개념이기 때문이다.

27) "얻어 들을 수 없다"는 말은 내용이 대단히 심오하여 스승인 공자 자신조차도 이에 대해 논의하거나 설명한 일이 드물었다는 뜻이다. 예를 들어 《논어》에서 "성性"에 대해 언급하고 있는 곳은 이 대목 외에 "[타고난] 본성은 서로 비슷하지만, 습관 때문에 서로 멀어지게 된다〔性相近也, 習相遠也〕"(〈양화〉 17.2)라고 한 부분 정도다.

子路有聞, 未之能行, 唯恐有聞.

공문자의 시호 5.14

자공이 여쭈었다.

"공문자는 무엇 때문에 [시호에] '문文'이라고 일컬어지게 된 것입니까?"[29)]

공자께서 말씀하셨다.

"영민하지만 배우기를 좋아하고 아랫사람에게 묻는 것[30)]을 부끄러워하지 않았다.[31)] 이 때문에 그를 '문'이라고 부른 것이다."

28) 범조우范祖禹는 "자로는 좋은 말을 듣고 반드시 실행하는 데 용감하니, 문인門人들이 스스로 따라갈 수 없다고 여겼다(子路聞善, 勇於必行, 門人自以為弗及也)"고 하였고, 오규 소라이도 "자로의 현명함을 형용한 것(以形子路之賢)"이라고 하여 자로의 실행력을 칭찬하는 뜻으로 해석하였다. 그러나 자로는 성급하고 충동적이며, 말참견이나 말대꾸를 잘하는 편으로 '눌언민행訥言敏行'하는 안회와는 대비되는 인물로 평가된다.

29) 공문자는 위나라의 경으로 영공과 출공을 모셨고, 성은 길姞이고 씨는 공孔이며, 이름은 어圉이고, 문자文子는 시호다. 《춘추좌씨전》의 기록에 따르면 공자가 위나라에 있을 때, 어떤 경위를 통해서든 그와 만났는데 두 사람은 늘 우호적인 관계를 맺었으리라는 것이 정설이다. 공문자가 태숙질로 하여금 본부인을 쫓아내게 하고 자신의 딸 공길孔姞을 시집 보내고, 태숙질이 본부인의 여동생과 정을 통하여 공자에게 물으니, 공자는 대답하지 않고 떠나셨고 태숙질도 송나라로 떠나자 공문자는 태숙질의 아우 유遺에게 공길孔姞을 아내로 맞게 하였다. 공문자의 사람됨이 이와 같았는데 시호를 문文이라 하니 자공이 의심하여 물은 것이다. 공자께서 그의 선한 점을 없애지 않고 말씀하신 것이다(소철 설).

30) 공자는 사람 됨됨이가 호학다문好學多問하였는데 제사를 지낼 때에도 주변 사람들에게 시시때때로 물어보아, 어떤 사람이 공자가 예의를 알지 못한다고 비웃어도 전혀 개의치 않았다. "하문下問"이란 자신보다 지위가 낮거나 나이가 적은 사람에게 묻는 것을 말한다.

31) 이 구절은 제나라 환공이 관중과 고죽국 정벌에 나섰다가 길을 잃었을 때 관중이 '늙은 말의 지혜가 필요하다'고 한 말과 맥락이 통한다.

子貢問曰: "孔文子何以謂之文也?" 子曰: "敏而好學, 不恥下問, 是以謂之文也."

군자의 도를 갖춘 자산 5.15

공자께서 자산[32]에 대하여 말씀하셨다.

"[그는] 군자의 도 네 가지를 갖추고 있었으니, 행동할 때는 공손하고 윗사람을 섬김에 있어서는 공경하며, 백성을 봉양함에 있어 은혜롭고, 백성을 부림에 있어서는 의로웠다."[33]

子謂子產, "有君子之道四焉: 其行己也恭, 其事上也敬, 其養民也惠, 其使民也義."

안평중의 장점 5.16

공자께서 말씀하셨다.

"안평중[34]은 사람들과 잘 사귀어서, 오랜 시간이 지나도 [사람들은] 그를 공경한다.[35]"

子曰: "晏平仲善與人交, 久而敬之."

---

32) 자산은 공손교公孫僑의 자字다. 너그럽고도 엄격한 정치가로 정나라의 재상을 오래 지냈으며 공자가 평소 존경했다. 공자는 나이 60세에 이르러 정나라에 가보았지만 자산은 이미 세상에 없었다.

33) 원문에서 "기其" 자가 반복되어 나온다. 당연히 자산을 가리킨다. 여기서는 가독성을 위해 생략하고 번역했다.

지혜롭지 않은 장문중 5.17

공자께서 말씀하셨다.

"장문중[36]은 채蔡(점치는 거북을 모셔두는 집)를 지으면서 기둥 나무엔 산을 조각해 넣고, [대들보 위의] 작은 기둥에는 풀을 그려 넣었으니, 어찌 그가 지혜롭겠는가?[37]"

子曰: "臧文仲居蔡, 山節藻梲, 何如其知也?"

---

34) 공자가 존경한 인물로 손꼽히는 안평중은 안영晏嬰이며, 자가 평중이다. 춘추시대 제나라의 영공靈公, 장공莊公, 경공景公 등 3대에 걸쳐 재상을 지내며 50년 동안 집정하면서 제나라를 중흥시켜 제후들 사이에 이름을 떨쳤다. 그는 2인자로 귀감을 보여 결단력과 슬기와 해학이 넘쳤고, 제갈공명이 극찬할 만큼 내치에도 뛰어났다. 그는 평생 동안 단 한 번도 긴장을 풀지 않았다고 하며 30년간 단벌로 생활할 만큼 검소했고 밥상에 고기 반찬을 두 가지 이상 놓지 못하게 하고 첩에게는 비단옷을 입지 못하게 했다. 또 조정에 나아가서는 임금이 물으면 바르고 신중하게 대답하고, 묻지 않을 때에는 몸가짐을 조심했다. 그러면서도 직언을 서슴지 않은 명재상이었다.

35) 정이천程伊川은 "사람은 사귀기를 오래하면 공경이 쇠해지니, 오래되어도 공경함은 사귀기를 잘함이 되는 것〔人交久則敬衰, 久而能敬, 所以為善〕"이라고 하였다. 형병은 원문의 "구이경지久而敬之"에서 "지之"를 '다른 사람들'로 보아 "보통 사람들은 쉽게 사귀고 쉽게 끊어 버리는데, 안평중은 오래될수록 더욱 공경하였다〔凡人輕交易絶, 平仲則久而愈敬〕"라고 해석하였다.

36) 장손진臧孫辰이고, 노나라 경이었으며 공자보다 선배였다. 장공, 민공, 희공, 문공 등 네 명의 군주를 섬기면서 꽤 오래 살았다. 그는 이렇듯 천자나 하는 장식을 거리낌 없이 하였으니, 분수에 맞지 않게 사치하고 호화로운 것을 좋아하여 공자의 비판을 받았다.

37) 이 구절은 논란의 여지가 있다. 공안국은 원문의 "하여何如"는 '여지하如之何'와 같은 말로 "당시 사람들이 그를 일러 지혜롭다고 하는 것을 비판한 것〔非時人謂之爲知〕"이라 하였다. 주희도 "당시에 장문중을 지혜롭다고 하니, 공자가 사람의 도의道義에 힘쓰지 않고 귀신에게 아첨하고 친압함이 이와 같았음〔當時以文仲為知, 孔子言其不務民義, 而諂瀆鬼神如此〕"을 지혜롭지 못하다고 보았으나, 정약용은 "가家에 큰 보귀寶龜를 소장하고 있는 것은 참람한 짓이며, 사당에 천자가 하는 장식을 한 것도 또한 참람한 짓〔家藏大寶龜, 僭也, 廟用天子之飾, 亦僭也〕"이라 하였다.

영윤 자문과 진문자 5.18

자장이 여쭈었다.

“영윤(재상의 지위) 자문[38]은 세 번이나 벼슬에 나가 영윤이 되었는데도 기뻐하는 기색이 없었고, 세 번이나 벼슬을 그만두었으나 언짢아하는 기색이 없었습니다.[39] 옛 영윤의 일을 반드시 새 영윤에게 알려주었습니다. [그는] 어떻습니까?”

공자께서 말씀하셨다.

“충성스럽다.”

[자장이] 여쭈었다.

“인仁합니까?”

말씀하셨다.

“알지 못하겠다. 어찌 인을 얻었다고 하겠느냐?[40]”

“최자(제나라 대부 최저崔杼)가 제나라 군주를 시해하자, 진문자[41]는

38) 그는 초나라 성왕成王의 영윤으로 이름은 투곡어토鬪谷於菟이고 자문은 자다. 《춘추좌씨전》에 따르면 자문은 노나라 장공莊公 30년에 영윤이 되어 희공僖公 23년에 자옥子玉에게 자리를 물려주기까지 28년 동안 여러 차례 면직과 임용을 경험했다. 《국어國語》 〈초어 하楚語下〉에도 “옛날에 자문이 세 번이나 영윤을 그만두었는데 하루 동안 먹을 식량도 쌓아두지 않았다〔昔子文三舍令尹, 無一日之積〕”고 할 만큼 청렴했다고 한다.

39) 주희는 “자문子文의 사람됨이 기쁨과 성냄을 나타내지 않았고 남과 내가 간격이 없어서 국가가 있음만 알고 자신이 있음을 알지 못하였으니, 그의 충성이 거룩하다〔其為人也, 喜怒不形, 物我無間, 知有其國而不知有其身, 其忠盛矣〕”고 하였다.

40) 주희는 “자문子文의 행동이 모두 천리天理에서 우러나와 인욕人慾의 사사로움이 없었는지는 알 수 없다. 이 때문에 부자夫子께서 다만 그의 충忠만을 허여하시고 그의 인仁은 허여하지 않으신 것이다〔未知其皆出於天理而無人慾之私也, 是以夫子但許其忠, 而未許其仁也〕”라고 하였다.

말 마흔 마리를 소유하고 있었지만 버리고 그곳을 떠나갔습니다. 다른 나라에 이르러 말하기를 '우리나라 대부 최자와 같다' 하고는 그곳을 떠났습니다. 또 다른 나라에 가서 또 말하기를 '우리나라 대부 최자와 같다' 하고는 그곳을 떠났습니다. [그는] 어떻습니까?"

공자께서 말씀하셨다.

"청렴하다."

[자장이] 여쭈었다.

"인합니까?"

말씀하셨다.

"알지 못하겠다. 어찌 인을 얻었겠느냐?[42)]"

子張問曰: "令尹子文三仕爲令尹, 無喜色. 三已之, 無慍色. 舊令尹之政, 必以告新令尹. 何如?" 子曰: "忠矣." 曰: "仁矣乎?" 曰: "未知. 焉得仁?" "崔子弑齊君, 陳文子有馬十乘, 棄而違之. 至於他邦, 則曰: '猶吾大夫崔子也.' 違之. 之一邦, 則又曰: '猶吾大夫崔子也.' 違之. 何如?" 子曰: "淸矣." 曰: "仁矣乎." 曰: "未知. 焉得仁."

41) 제나라 대부로 이름은 수무須無이고, 진나라 완증完曾의 손자이며 제나라 영공, 장공, 경공 등 세 임금을 섬겼고 공자와 같은 시기에 살았다.

42) 주희는 "문자文子가 자기 몸을 깨끗이 하고 어지러운 나라를 떠났으니, 깨끗하다고 이를 만하다. 그러나 그의 마음이 의리義理의 당연함을 보아서 얽매인 바가 없었는지, 사사로움에 부득이해서 원망과 후회를 면치 못했는지는 알 수 없다. 이 때문에 부자夫子께서 다만 그의 깨끗함만을 허여하시고 그의 인仁은 허여하지 않으신 것이다(文子潔身去亂, 可謂淸矣, 然未知其心果見義理之當然, 而能脫然無所累乎, 抑不得已於利害之私, 而猶未免於怨悔也, 故夫子特許其淸, 而不許其仁)"라고 하였다. 주희의 스승 연평延平 이동李侗도 "이치에 합당하고 사심私心이 없으면 인仁이다(當理而無私心, 則仁矣)"라고 하였으니 인仁이란 범인凡人이 따르기에 범접하기 어려운 경지인 것이다.

생각 많은 계문자 5.19

계문자[43]는 세 번 생각한 다음에 행동했다. 공자께서 이 말을 듣고 말씀하셨다.

"두 번이면 곧 괜찮다."[44]

季文子三思而後行. 子聞之, 曰: "再斯可矣."

이중적인 영무자 5.20

공자께서 말씀하셨다.

"영무자[45]는 나라에 도가 있으면 지혜로웠고, 나라에 도가 없으면 어리석었다.[46] 그의 지혜로움은 따라갈 수 있지만, 그의 어리석음은 따라갈 수 없다."

43) 계손행季孫行의 아버지이다. 문자의 아들이 무자숙武子宿(혹은 무자숙武子夙)이고, 무자武子의 아들이 도자의여悼子意如이며, 도자의 아들이 계평자季平子이고, 평자의 아들이 계환자季桓子이며, 환자의 아들이 계강자季康子이다.

44) 공자가 세 번이나 생각하고 행동한 계문자에 대해 두 번이면 족하다고 비판했는데, 이 점은 매우 중요하다. 사실 공자는 계문자가 이해관계에 너무 밝았기 때문에 이런 계산속을 줄여야 한다고 보았다. 세상 물정에 깊이 빠져들어 사욕을 채우려는 생각을 적게 해야 한다고 말한 것이다. 이를 정이천程伊川은 "생각을 세 번 하면 사사로운 뜻이 일어나 도리어 현혹된다(三則私意起而反惑矣)"고 한 것이다. 〈위령공〉 15.30의 "나는 온종일 먹지도 않고 밤새도록 잠자지 않고 생각해보았지만, 유익함이 없었으며, 배우는 것이 더 나았다(吾嘗終日不食, 終夜不寢, 以思無益, 不如學也)"라고 한 구절과 맥락이 통한다. 주희는 "군자는 궁리窮理를 힘쓰면서도 과단果斷함을 귀하게 여기고, 한갓 생각만 하는 것을 숭상하지 않는다(君子務窮理而貴果斷, 不徒多思之為尚)"라고 하였다.

45) 이름은 유俞이고, 그의 아버지는 영장자寧莊子(이름은 속速)이다. 공자보다 일찍 태어나 활동한 사람이다.

子曰: "甯武子, 邦有道, 則知. 邦無道, 則愚. 其知可及也, 其愚不可及也."

마을의 젊은이들 5.21

공자께서 진陳나라에 계실 때[47] 말씀하셨다.

"돌아가자꾸나! 돌아가자꾸나! 내 마을의 젊은이들은 뜻은 원대하나 하는 일은 소략하고[48] 찬란하게 빛나는 학문과 성품을 갖추었으나, 그것들을 재량하는 방법을 알지 못한다."

子在陳, 曰: "歸與! 歸與! 吾黨之小子狂簡, 斐然成章, 不知所以裁之."

46) 정이천은 "나라에 도道가 없을 때는 자신을 드러내지 않아〔沈晦〕 화禍를 면하였다〔邦無道能沈晦以免患〕"고 하였다. 이는 어둠 속에서 자신을 감추는 계책〔韜晦之計〕으로 처세의 방편이라 하겠다. 공자는 안회를 평가할 때 우불우愚不愚, 즉 어리석은 것 같으나 어리석지 않다고 본 것처럼 원문의 "우愚"의 의미도 긍정적으로 보고 있다. 그러나 정약용은 "자취를 감추고 몸을 온전히 하는 것을 지知라 하고, 자신의 몸을 잊고 어려움을 무릅쓰고 행하는 것을 우愚라 한다〔斂跡全身曰知, 忘身冒難曰愚〕"고 하였다.

47) 구체적으로는 진陳나라 민공湣公(재위 기원전 491~기원전 489) 때 한 말이다. 사마천은 《사기》〈공자세가〉에서 이 단락을 두고 계강자가 염구를 초청하고, 염구가 막 떠난 해인 기원전 491년의 일이라고 말하고 있다.

48) 원문의 "광간狂簡"은 '뜻은 원대하나 일을 처리하는 데 너무 거칠고 소략하다〔志大而略於事也〕'는 의미다(주희 설). 공영달은 "간簡" 자를 '대大'의 의미로 보기도 했으나 무리가 따르는 풀이다. "광狂"이라는 단어는 〈태백〉 8.16과 〈양화〉 17.8에도 나오는데 고집스럽고 경박하다는 의미가 있다.

백이와 숙제[49] 5.22

공자께서 말씀하셨다.

"백이와 숙제는 옛 원한을 마음에 두지 않았다. [이들이 다른 이들을] 원망하는 일도 이 때문에 드물었다."[50]

子曰: "伯夷叔齊不念舊惡, 怨是用希."

미생고의 품행 5.23

공자께서 말씀하셨다.

"누가 미생고[51]가 정직하다고 말하는가?[52] 어떤 사람이 식초를 빌리러 갔더니, [자기 집에 없다고 하지 않고] 그 이웃집에서 빌려다가 그 사람에게 주었더라."

---

49) 사마천의 《사기》 〈백이열전〉에 의하면, 백이와 숙제는 고죽국孤竹國 군주의 두 아들인데, 그들의 아버지는 아우인 숙제에게 뒤를 잇게 할 작정이었다. 그러나 아버지가 죽자 숙제는 왕위를 형 백이에게 양보하려고 했다. 그러자 백이는 아버지의 명령이라면서 나라 밖으로 달아나고 숙제도 왕위에 오르려 하지 않고 달아나 버렸다. 고죽국 사람들은 할 수 없이 중간의 아들(백이의 동생이며 숙제의 형)을 왕으로 세웠다. 백이와 숙제는 그 길로 함께 주나라를 찾아갔지만 은나라를 무력으로 침공하는 주 무왕을 목도했다. 두 사람은 도의가 지켜지지 않는 나라의 백성이 되는 것을 부끄러운 일이라 하며 주나라 곡식을 먹지 않고, 수양산首陽山으로 들어가 고사리만 뜯어 먹으며 살다가 결국 수양산에서 굶어 죽었다.

50) 역자는 황간의 해석에 따랐는데 형병은 남이 백이와 숙제를 원망하는 것이 드물었다고 하여 황간의 해석과 정반대의 의미로 파악했다. 주희는 형병의 설에 동조했다. 한편 사마천은 《사기》 〈백이열전〉에서 공자의 이런 평가에 의문을 제기하면서 두 사람이 원망하는 마음을 품었을 것이라고 추단했다. 이 문장은 〈술이〉 7.15, 〈계씨〉 16.12, 〈미자〉 18.8을 참조해서 읽어보아야 한다.

子曰: “孰謂微生高直? 或乞醯焉, 乞諸其鄰而與之.”

좌구명과 함께 부끄러워한 것 5.24

공자께서 말씀하셨다.

“말을 교묘하게 하고 얼굴빛을 꾸미고 공손함을 지나치게 하는 것은 좌구명[53]이 부끄러워하던 것이고 [나] 구丘(공자)도 부끄럽게 여기는 것이다.[54] 원망의 감정을 숨기고[55] 그 사람과 벗하는 것은 좌구명이 부끄러워했던 것이고, 나도 부끄럽게 여기는 것이다.”

---

51) 여기에 나오는 “미생고微生高”는 미생고尾生高 혹은 미생尾生이라고 하며 우리에게 널리 알려진 ‘미생지신尾生之信’의 주인공이다. 즉 다리 밑에서 미생이 한 여인과 만나기로 약속했는데 시간이 되어도 오지 않는 여자를 기다리다가 비로 인해 불어난 강물에 떠내려갔다는 이야기다. “미微”와 ‘미尾’의 고음古音이 같아 서로 호용互用했다고 본다. 이 문장에서 공자가 미생고의 행위를 비판한 것은 진정한 의미의 정직〔直〕을 알지 못한 자라고 보았기 때문이다.

52) 주희는 “뜻을 굽혀 남의 비위를 맞추고 아름다움을 빼앗아 은혜를 팔았으니 정직하지 못하다〔譏其曲意殉物, 掠美市恩, 不得為直也〕”고 하였고, 정약용도 “이웃에 구하러 가서 한 말은 반드시 자기가 쓴다고 하였을 것이니, 그것은 곧지 못한 것〔乞鄰之詞, 須云自用, 是其不直也〕”이라 하였다. 그러나 “그 자체가 또한 일상적으로 있는 일이며, 따라서 이는 후한 풍속이니, 죄를 널리 알리고 성토한다는 것은 아마도 본의가 아닌 듯하다〔自亦常事, 仍是厚風, 聲罪致討, 恐非本意〕”고 하면서 유연한 태도를 보이고 있다.

53) 눈이 먼 상태에서 《국어》를 저술해 남겼다고 하며 공자의 제자인지 확실하지는 않다. 공자는 좌구명을 칭찬했으나 그의 생몰년은 전혀 확인되지 않고 있다. 참고로 사마천은 《사기》 〈태사공자서〉에서 “옛날 서백西伯(주나라 문왕)은 유리에 갇혀 있었으므로 《역》을 풀이했고, 공자는 진陳나라와 채나라에서 고난을 겪었기 때문에 《춘추》를 지었으며, 굴원은 쫓겨나는 신세가 되어 〈이소〉를 지었고, 좌구명左丘明은 눈이 멀어 《국어》를 남겼다”라고 했다.

54) 원문의 “구역치지丘亦恥之”를 번역한 것으로, 이는 ‘남몰래 나를 노팽에게 비교해본다〔蓋竊比老彭之意〕’라는 구절에서 보이는 바처럼 동조하는 뜻의 비슷한 표현이고, 사량좌는 “배우는 자들을 깊이 경계해서 이것을 살펴 정직正直함으로써 마음을 세우게 하신 것이다〔深戒學者, 使察乎此而立心以直〕”라고 하였다.

子曰: "巧言令色足恭, 左丘明恥之, 丘亦恥之. 匿怨而友其人, 左丘明恥之, 丘亦恥之."

안연과 자로의 포부 5.25

안연과 계로[56](자로)가 [스승을 서서] 모시고 있을 때 공자께서 말씀하셨다.

"각자 자신의 포부를 한 번 말해보지 않겠느냐?"

자로가 말씀드렸다.

"수레와 말과 옷과 가죽옷을 벗들과 함께 쓰다가 그것들을 망가지게 하더라도 섭섭해하지 않았으면 합니다."

안연이 말씀드렸다.

"[저 자신의] 잘한 점을 자랑하지 않고, [저 자신의] 공로를 늘어놓지 않기를 바랍니다."

자로가 말씀드렸다.

"선생님의 포부를 듣고자 합니다."

공자께서 말씀하셨다.

"노인을 편안하게 해주고, 벗들에게는 믿음을 주고, 젊은이들을 품어주고자 한다."[57]

---

55) 원문의 "익원匿怨"을 번역한 것으로, 공안국은 '마음속에 서로 원한을 품고 있으면서 겉으로는 거짓으로 친한 척하는 것이다(心內相怨而外詐親)'라고 하였다.

56) 공자의 제자 자로를 말한다. 그래서 바로 뒤의 문장에서는 "자로子路"라고 되어 있다. 한편 공자의 제자 안무요顔無繇의 자도 계로季路다. 그는 안회의 아버지로서 공자보다 6세 적었다. 공문 제자 중에서 나이가 진상 다음으로 많았다. 그의 자가 자로와 같다는 점이 흥미롭다. 이 장을 기재할 때는 안회가 이미 죽었다는 설도 있다.

顏淵季路侍. 子曰: "盍各言爾志?" 子路曰: "願車馬衣輕裘與朋友共, 敝之而無憾." 顏淵曰: "願無伐善, 無施勞." 子路曰: "願聞子之志." 子曰: "老者安之, 朋友信之, 少者懷之."

스스로 비판하는 자 5.26

공자께서 말씀하셨다.
"끝났구나![58] 나는 자신의 잘못을 보고도 마음속으로 스스로 꾸짖는[59] 사람을 보지 못했다."

子曰: "已矣乎! 吾未見能見其過而內自訟者也."

57) 정이천은 "공자는 인仁을 편안하게 행하신 것이요, 안연은 인仁을 떠나지 않은 것이요, 자로는 인仁을 구한 것이다〔夫子安仁, 顏淵不違仁, 子路求仁〕"라고 하였다.

58) 원문의 "이의호已矣乎"를 번역한 것으로, 주희는 "끝내 그러한 사람을 만나보지 못할까 두려워하여 탄식한 것이다〔恐其終不得見而歎之也〕"라고 하였다.

59) 원문의 "내자송內自訟"을 번역한 것으로, 주희는 "입으로 말하지 않고 마음으로 탓하는 것〔口不言而心自咎也〕"이라 하였고, 포함도 "송訟"을 '꾸짖는다〔責〕'로 해석하였다. 정약용은 "천명天命과 인욕人欲이 마음속에서 서로 싸울 때 자기의 인욕을 이기기를 마치 송사訟事를 이기는 것처럼 해야 한다〔天命人欲, 交戰于內, 克己如克訟〕"라고 하였다.

충심과 믿음, 호학 5.27

공자께서 말씀하셨다.

"열 가구밖에 안 되는 고을[60]에도 반드시 충심과 믿음이 [나] 구丘(공자)와 같은 자가 있겠지만,[61] [나] 구丘(공자)처럼 배우기를 좋아하는 사람은 없을 것이다."

子曰: "十室之邑, 必有忠信如丘者焉, 不如丘之好學也."

60) 원문의 "십실지읍十室之邑"을 번역한 것으로, 정약용은 "5가家가 린鄰이 되고, 2린鄰은 10실室이니, 작은 읍을 말한다〔五家爲鄰, 二鄰則十室, 言其小也〕"라고 하였다.

61) 이 문장은 논란거리가 있다. 원문의 "언焉"을 지금처럼 "必有忠信如丘者焉, 不如丘之好學也"로 끊어서 해석하는 것과, "必有忠信如丘者, 焉不如丘之好學也"로 끊어서 해석하는 것에 차이가 있기 때문이다. 전자는 황간과 주희의 견해로서 타당성이 있다고 본다. 후자는 형병의 주장인데 "언焉"을 의문사로 보면 '어찌 나처럼 배우기를 좋아하는 사람이 없겠는가?'라고 번역되니 의미가 완전히 달라진다.

제6편

옹야雍也

– 한결 부드러워진 공자의 인물평과 속내

【해설】

〈옹야〉 편은 공자가 제자들을 주로 품평한 것으로, 덕행에 관한 내용이 많으며 제자들과 자연스럽게 대화를 나누면서 공자 자신의 모습도 은연중에 드러내고 있다. 〈공야장〉 편에 이어 여전히 공자 특유의 비판적이고도 날카로운 시각이 돋보이지만, 여기서는 칭찬하는 논조가 많이 엿보인다는 점이 다른 점이다.

염옹에 대해서는 임금 노릇을 할 만하다며 극찬하고 자상백자는 너무 소탈해서 탈이라고 한다. 안회는 호학한다고 칭찬하고 자화에게는 너무 부유하여 도와줄 필요가 없다고 하였다. 출신이 미천한 중궁을 얼룩소의 새끼에 비유한 것이라든지 정치를 할 만한 네 명의 재목들을 평가한 대목을 통해 우리는 공자가 얼마나 제자들의 일거수일투족에 관심을 기울이고 있었는지 알 수 있다. 공자는 때로 나병에 걸린 제자를 방문했으며, 핑곗거리를 찾는 염구를 나무라기도 했다. 자하에겐 군자다운 선비의 상을 제시했으며, 험난한 세상을 살아가기 위해 말재간과 미모도 필요하다고 말하는 유연함을 보여주기도 했다.

문질빈빈을 강조한 대목이라든지, 아는 것, 좋아하는 것, 즐기는 것의 차이를 설명한 부분 역시 이 편에서 빼놓을 수 없는 읽을거리다. 대화 상대를 거론하면서 보통 이상의 사람과 말해야 한다는 부분은 논란을 촉발하기도 했다. 인자와 지자의 차이를 강조한 부분에서는 절로 고개가 끄덕여진다. 후반부에서 중용의 중요성이라든지, 인仁과 성聖을 구분하여 설명한 부분도 공자 사상을 이해하기 위하여 잘 읽어보아야 할 대목이다.

공자의 인물평 6.1

공자께서 말씀하셨다.

"옹雍(염옹)은 임금[1]을 시킬 만하다."

중궁이 자상백자[2]에 대해 여쭙자, 공자께서 말씀하셨다.

"괜찮은데 [지나치게] 소탈하지."[3]

중궁이 여쭈었다.

"사는 모습이 경건하고 행동은 소탈하게 하면서 백성들 앞에 나서는 것이 또한 괜찮지 않습니까? 사는 모습이 소탈하고 행동도 소탈하면 지나치게 소탈하지 않습니까?"

공자께서 말씀하셨다.

---

1) 원문의 "남면南面"을 번역한 것인데, "남면"이란 '군주가 듣고 다스리는 자리〔人君聽治之位〕'다. 고대의 군주는 궁실 정북쪽의 청사에서 남쪽을 바라보고 있어서 이런 명칭이 붙었다. 이와는 반대로 신하는 임금을 뵐 때 당 아래의 뜰에 서서 북쪽을 바라보고 있었다. 한편 양보쥔은 이 부분에서 '남면'이란 단어를 '한 부서나 지방의 장관' 정도로 번역해야 한다고 주장하는데, 공자가 군신관계를 대단히 중시했음을 고려하여 임금이란 과한 말을 입에 올리지 않았을 것이라고 본 듯하다. 유향은 "공자의 시대에는 위로는 명철한 천자가 없었으므로 옹은 남면하게 할 만하다고 한 것이며, 남면은 천자〔當孔子之時, 上無明天子也, 故言雍也可使南面, 南面者天子也〕"라고 하였고, 포함은 "제후를 맡겨 국정을 다스리게 할 만함을 말한다〔言任諸侯治〕"고 하였으며 후대의 유학자들은 경대부의 직무를 수행하는 정도로 해석하였다.

2) 자상백자는 자묵자子墨子의 경우처럼 자子를 존칭으로 썼는데, 청대 학자들은 《장자》〈산목〉의 "자상호子桑雽", 〈대종사〉의 "상호桑戶", 《초사》〈섭강涉江〉의 "상호桑扈" 등이 모두 동일인이라고 고증했다.

3) 원문의 "간簡"은 '자질구레한 일을 생략하는' 것을 뜻한다. 주희는 이 "간"을 해석하면서 "일은 번거롭게 하지 않으면서 백성들을 어지럽히지 않는 것〔事不煩而民不擾〕"이라고 긍정적인 의미로 풀었는데, 상당히 일리가 있다. 그러나 이 장의 전체적인 문맥에서 본다면 완전히 긍정적으로 평가했다 할 수 없으므로 취하지 않는다. 너무 소탈하여 예의를 잃고 공경하는 마음을 잃어버릴 정도에 이르렀음을 지적한 문장이라고 봐야 한다.

"옹의 말이 옳다."

子曰: "雍也可使南面." 仲弓問子桑伯子. 子曰: "可也簡." 仲弓曰: "居敬而行簡, 以臨其民, 不亦可乎. 居簡而行簡, 無乃大簡乎?" 子曰: "雍之言然."

배우기를 좋아한 안회 6.2

애공이 물었다.

"제자들 가운데 누가 배우기를 좋아합니까?"

공자가 대답하셨다.

"안회라는 자가 있어 배우기를 좋아하고, 노여움을 [남에게] 옮기지 않고, [똑같은] 잘못을 거듭하지 않았습니다. 불행하게도 목숨이 짧아[4] 죽었습니다. 지금은 [그런 자가] 없으니, 배우기를 좋아하는 사람을 듣지 못했습니다."[5]

哀公問, 弟子孰爲好學? 孔子對曰: "有顔回者好學, 不遷怒, 不貳過. 不幸短命死矣. 今也則亡, 未聞好學者也."

---

4) 안연은 공자가 죽기 몇 년 전에 죽었다. 그의 나이 겨우 41세였으며 노나라 애공 14년(기원전 481)의 일이다. 그런데 《공자가어》 등의 문헌에 보면 안회가 31세에 죽었다고 해 무려 10년의 편차가 있다. 모기령毛奇齡은 《논어계구편論語稽求篇》에서 《사기》에 "공자보다 서른 살 적다고 했는데 이는 원래 마흔살을 잘못 기록한 것(少孔子三十歲, 原是四十之誤)"이라고 지적하기도 했다. 옛날 사람들은 50세까지 살지 못하면 단명했다고 생각했다.

5) 이 문장에서도 입증되듯 공자는 안회의 "호학好學"이 도덕적으로 훌륭하다고 본다. 공자는 지식 습득보다는 도덕적인 면에서 타인을 배려하는 마음가짐 등을 호학의 기본 정신으로 보고 있다.

부자는 보태줄 필요가 없다 6.3

자화(외교에 능했던 공서적)가 제나라에 사신으로 가게 되자, 염자[6]가 그의 어머니에게 줄 곡식을 청했다. 공자께서 말씀하셨다.

"그에게 1부釜(여섯 말 넉 되)를 주어라."

더 달라고 청했다.

[공자께서] 말씀하셨다.

"1유庾(열여섯 말[7])를 주어라"

염자는 그에게 곡식 5병秉(여든 섬)을 주었다.

공자께서 말씀하셨다.

"적赤(자화)이 제나라에 갈 때 살진 말을 타고 가벼운 가죽옷을 입었더라. 내가 듣기로는 '군자는 다급한 사람을 도와주지만, 잘사는 사람에게 더 보태주지는 않는다'고 했다.[8]"

원사[9]가 [선생님(공자)의] 가신이 되어[10] 그에게 900의 곡식을 주었으나 사양했다.

공자께서 말씀하셨다.

---

6) 염구인데 재정에 능해 계강자의 가신을 지냈다. "자子"는 공자의 제자들이 높여 부른 칭호인데 증삼, 유약, 민자건 등과 더불어 "자子"가 붙여졌다.

7) 두 말 넉 되라는 설도 있는데, 여기서는 주희의 견해에 따라 열여섯 말로 보았다.

8) 원문의 "주周"는 '부족한 이를 도와주는 것〔補不足〕'이요, "급急"은 '곤궁함〔窮迫〕'이다. "계繼"는 '여유가 있는 이를 계속 대주는 것〔續有餘〕'이다.

9) 원헌原憲이고, 자는 자사子思이며, 노나라 사람이다. 공자가 노나라에서 사구직에 있을 때 공자의 가신이 되어 도왔다. 공문의 제3기 제자로서 자공과 곧잘 대비되는 인물이다.

10) 당시 공자는 노나라의 경대부였으므로 집에 가신을 둘 수 있었다.

"[사양하지] 마라. [그것을] 네 이웃 마을과 고을 사람들[11]에게 나눠 줄 것인저!"

子華使於齊, 冉子爲其母請粟. 子曰: "與之釜." 請益. 曰: "與之庾." 冉子與之粟五秉. 子曰: "赤之適齊也, 乘肥馬, 衣輕裘. 吾聞之也. '君子周急不繼富.'" 原思爲之宰, 與之粟九百, 辭.
子曰: "毋. 以與爾鄰里鄉黨乎."

얼룩소의 새끼라도 6.4

공자께서 중궁에 대해 말씀하셨다.[12]
"얼룩소[13]의 새끼가 붉은색이고 뿔이 가지런하다면,[14] 비록 [제물로] 쓰지 않으려 해도 산천의 신이 어찌[15] 그를 내버려두겠느냐?"

11) 원문의 '린리향당鄰里鄉黨'을 번역한 것인데, 양보쥔은 "다섯 집을 '린', 다섯 린을 '리', 1만 2천5백 가家를 '향', 5백 가를 '당'이라 한다〔五家爲鄰, 二十五家爲里, 萬二千五百家爲鄉, 五百家爲黨〕"라고 했으나 이 단위에 관한 논란은 적지 않다. 여기서는 포괄적으로 "이웃 마을과 고을 사람들"이라고 번역했다.

12) 이렇게 번역한 것은 공자가 미천한 출신의 중궁을 평가하는 말이란 의미이기 때문이다. 이는 원문에서 "왈曰"과 앞의 네 글자 "자위중궁子謂仲弓"을 붙여 읽지 않고 끊어 읽는 데 따른 것이다.

13) 원문의 "이우犁牛"를 번역한 것으로, 옛사람들은 이름과 자字가 이런 식으로 연관되어 있다. 예컨대 공자의 제자 염경冉耕은 자가 백우伯牛이고 사마경司馬耕은 자가 자우子牛이다. "이犁"는 '얼룩소 리'다. 정약용은 "검은 소〔黑牛〕"라고 해석하였다.

14) 원문의 "각角"을 번역한 것인데, 두 개의 뿔이 가지런하게 잘 자랐다는 의미다. 당시 사람들이 잘 사용하던 말이다.

15) 원문의 "기其"를 번역한 것으로, 여기서는 '기豈'와 같은 "어찌"라는 의미다. 바로 뒤의 "저諸"는 '지호之乎'의 합음자로서 '그를 ~하겠는가'라고 번역한다.

子謂仲弓, 曰: "犁牛之子騂且角, 雖欲勿用, 山川其舍諸?"

석 달 어기지 않다 6.5

공자께서 말씀하셨다.

"안회는 그 마음이 석 달 동안[16] 인仁을 어기지 않았고[17], 그 나머지 제자들은 하루나 한 달[18] [인에] 이를 뿐이다."

子曰: "回也, 其心三月不違仁, 其餘則日月至焉而已矣."

정치 재목들 6.6

계강자가 물었다.[19]

"중유(자로)는 정사에 종사하게 할 수 있습니까?[20]"

공자께서 대답하셨다.

16) 원문의 "삼월三月"을 번역한 것으로, 그 오래됨〔其久〕을 말한 것이다(주희 설). 정이천程伊川은 3개월은 "천도가 조금 변하는 절기이니 이것을 지나면 성인이다〔天道小變之節, 過此則聖人矣〕"라고 보았다.

17) 원문의 "불위인不違仁"을 번역한 것으로, 주희는 "마음이 인仁을 떠나지 않는다는 것은 사욕이 없어 그 덕을 간직한 것이다〔心不違仁者, 無私慾而有其德也〕"라고 하였다.

18) 원문의 "일월日月"을 번역한 것으로 '날마다 또는 달마다'라고 풀이하는 이도 있다.

19) 공자가 만년에 유세하다가 노나라로 돌아왔는데 당시 실권자가 바로 계강자였다. 기원전 492년으로 계강자가 정권을 잡은 뒤에도 염옹이 여전히 계강자의 가신으로 있었으나, 그 당시 공자는 천하를 주유중이었으므로 직접 물은 것이 아니라 누군가를 통해 물은 것이다(리링 설). 계강자는 공자의 다른 제자 중에서 누가 쓸 만한 인재들인지 궁금해서 이렇게 물어본 것이다.

"유(자로)는 과단성이 있으니, 정사에 종사하는 데 무엇이 어렵겠습니까?"

[또] 물었다.

"사(자공)는 정사에 종사하게 할 수 있습니까?"

대답하셨다.

"사는 사리에 밝습니다. 정사에 종사하는 데 무엇이 어렵겠습니까?"

[또] 물었다.

"구(염유)는 정사에 종사하게 할 수 있습니까?"

대답하셨다.

"구는 재능이 많으니, 정사에 종사하는 데 무엇이 어렵겠습니까?[21]"

季康子問, "仲由可使從政也與?" 子曰: "由也果, 於從政乎何有?"

曰: "賜也可使從政也與?" 曰: "賜也達, 於從政乎何有?"

曰: "求也可使從政也與?" 曰: "求也藝, 於從政乎何有?"

20) 원문의 "종정從政"을 번역한 것으로, 정약용은 "벼슬하여 정사를 행하는 것〔仕而行政〕"이라 하였다.

21) 공자가 자로, 자공, 염유 세 사람이 각기 소장所長이 있다고 대답하셨으니, 정이천은 비단 세 사람 뿐만 아니라 "사람마다 각기 소장所長이 있으니, 그 장점을 취한다면 모두 쓸 수 있는 것〔各有所長, 非惟三子, 人各有所長, 能取其長, 皆可用也〕"이라고 하였다.

읍재를 거절한 민자건 6.7

계씨[22]가 민자건[23]을 비읍費邑의 읍재로 삼으려 했다. 민자건이 [계씨의 사신에게] 말했다.

"저는 사양하겠다는 뜻을 잘 전해주십시오. 만약 다시[24] 저를 찾아온다면 저는 분명히 [제나라와 노나라의 경계인] 문수汶水가로 달아나 있을 것입니다."

季氏使閔子騫爲費宰. 閔子騫曰: "善爲我辭焉. 如有復我者, 則吾必在汶上矣."

죽는 것은 운명이구나 6.8

백우가 병이 나자 공자께서 문병하여 창을 통해 그 손을 잡고[25] 말씀하셨다.

---

22) 원문의 "계씨季氏"는 계환자季桓子일 수도 있고 계강자季康子일 수도 있는데 누구로 단정하기는 곤란하다. 정약용은 "계씨가 비읍에 웅거해 있으면 국명國命을 집행하기 힘들고, 노나라에 있으면 비읍의 반란을 제지할 수 없으니 그 상황이 진퇴양난이었다(季氏居費則不能執國命, 在國則不能制費畔, 其勢兩難)"라고 하였다.

23) 이름은 민손閔損이고 자가 자건子騫이며 공자보다 15세 아래다. 덕행과 효행으로 이름난 공자의 제1기 제자다. 이 문장에 인용된 것처럼 옳지 못한 일을 한 군주의 봉록을 받지 않은 소신파였다.

24) "다시"는 주자의 설을 따라 원문의 "부復"를 번역한 것인데, '아뢰다(告)'는 의미의 '복復' 자로 읽어야 한다는 설도 있다(정약용 설).

25) 나병에 걸려 있었으므로 방에 직접 들어가지 못하고 창문을 통해 문병을 한 것이다. 정약용은 "나병이었다면 손을 잡지 않았을 것(若是癩瘡, 無緣親執其手)"이라고 추정하였다.

"죽는 것은 운명이구나. 이런 사람이 이런 병에 걸리다니.[26] 이런 사람이 이런 병에 걸리다니."

伯牛有疾, 子問之, 自牖執其手, 曰: "亡之[27]命矣夫.
斯人也而有斯疾也. 斯人也而有斯疾也."

안빈낙도 6.9

공자께서 말씀하셨다.

"어질구나 회(안회)여! 한 통의 대나무 밥과 한 표주박의 마실거리를 가지고 누추한 골목에 살면서도, 다른 이들은 그 근심을 견디지 못하는데[28] 회는 그 즐거움을 바꾸려 하지 않으니, 어질구나, 회여!"[29]

---

26) 정약용은 원문의 "사인斯人"을 "얻기 어려운 사람〔難得之人〕"이라고 하였고, "사질死疾"을 "반드시 죽을 병〔必死之疾〕"이라고 하였다.

27) 주희의 해석에 따라 "망지亡之"로 읽어 "죽는 것은"이라고 번역했다. 한편 리링 교수의 고증에 따르면 원문 "망지"가 죽간본에는 "말지末之"로 쓰여 있고, 당사본 《논어정씨주論語鄭氏注》와 《신서新序》에서 《논어》를 인용한 부분에도 역시 "말지末之"로 쓰여 있다는 데 근거하여 '끝이로구나'라고 해석해야 한다고 했다. 그 근거로 이 책 〈헌문〉 14.39에 나오는 "말지난의末之難矣"라는 구절과 《예기》의 〈단궁 상檀弓上〉에 나오는 "말지복야末之卜也"라는 구절을 예시하고 있는데 참조해볼 필요가 있는 분석이다.

28) 원문의 "인불감기우人不堪其憂"를 번역한 것으로, 형병은 "곁에 있는 사람이 와서 보고 대신 근심하는 것〔旁人來見而代憂也〕"이라 하였고, 장남헌은 "다른 사람으로서 입장을 바꾸어 그 처지에 놓인다면 견디지 못하는 것〔他人易地則不堪也〕"이라고 하였다.

29) 공자가 생각하기에 군자의 즐거움은 천명을 실천하는 데 있고, 소인의 즐거움은 욕망을 충족하는 데 있다. 그러므로 소인은 욕망을 충족시킬 수 있는 의식주의 문제에 매달리지만, 군자의 즐거움은 이런 형이하학적인 문제에 좌우되지 않는다는 것이다. 학문을 좋아하는 안회는 밥 한 그릇과 물 한 표주박을 먹으며 누추한 곳에 살아도 불평하는 기색이 전혀 없이 여전히 즐거워했으므로

子曰: "賢哉回也! 一簞食, 一瓢飮, 在陋巷, 人不堪其憂, 回也不改其樂. 賢哉回也!"

역부족의 의미 6.10

염구가 아뢰었다.

"선생님의 도를 기뻐하지 않는 것이 아니라 능력이 부족합니다."

공자께서 말씀하셨다.

"능력이 부족한 사람이라면[30] 중도에 그만둔다[31]. 지금 너는 [미리] 선을 긋고(한계를 짓고) 있다."[32]

冉求曰: "非不說子之道, 力不足也." 子曰: "力不足者, 中道而廢. 今女畫."

이런 평가를 내린 것이다.

30) 원문의 "역부족자力不足者"를 번역한 것으로, '나아가려고 해도 능하지 못한 것〔欲進而不能〕'을 말한다. "자者"는 잠시 어기語氣의 멈춤을 나타내며, 가설이라는 뜻도 있다.

31) 원문의 "중도이폐中道而廢"를 번역한 것으로, 요쌍봉饒雙峯은 "예를 들면 사람이 무거운 짐을 지고 먼길을 가는데, 걸음이 중도에 이르러 기운이 다하고 힘이 빠져서 더 이상 갈 수 없어, 거기에서 바야흐로 짐을 내려놓는 것과 같다〔如人擔重擔行遠路, 行到中途, 氣匱力竭, 十分去不得, 方始放下〕"고 하였다.

32) 공자의 제자 염구가 자신이 스승의 도를 늘 따르고 싶지만 끈기가 부족하다며 걱정하자 공자가 다그치면서 한 말이다. 능력의 부족이 아니고 의욕과 집념의 문제라는 것이다. 마무리를 잘하기 위해서는 반드시 성취하겠다는 근성이 있어야 한다는 것을 공자는 강조하고 있다. 〈이인〉 4.6과 참조해서 읽어야 한다.

군자다운 학자여야 6.11

공자께서 자하에게 말씀하셨다.

"너[33]는 군자다운 학자가 되어야지 소인 같은 학자는 되지 말아야 한다.[34]"

子謂子夏曰: "女爲君子儒, 無爲小人儒."

모범과 고지식 사이 6.12

자유가 무성(노나라의 작은 성읍)의 읍재가 되었는데, 공자께서 말씀하셨다.

"너는 사람을 얻었느냐?[35]"

"담대멸명[36]이라는 자가 있는데, 다닐 때엔 지름길로 다니지 않

33) 원문의 "여女"를 번역한 것으로, '여汝'와 바꾸어 쓸 수 있으며 《논어》의 다른 경우에도 마찬가지다. 그리고 "유儒"는 학자學者를 지칭한다(주희 설). 한편 "유儒"의 의미는 천한 직업의 하나로서 글을 가르치고 예를 도와주며 남의 잔칫일 따위도 관여하는 자라는 의미도 있다.

34) 공안국은 "군자다운 학자는 장차 도를 밝히려고 할 것이요, 소인 같은 학자는 그 이름을 자랑하려고 할 것〔君子爲儒, 將以明道, 小人爲儒, 則矜其名〕"이라고 하였다.

35) 원문의 "여득인언이호女得人焉爾乎"를 번역한 것으로, "언이호焉爾乎"는 글자가 모두 어조사다. 공안국은 "기록하는 자가 공자의 사기詞氣가 느린 것을 형용한 것〔記者形容夫子詞氣之緩〕"이라고 하였다.

36) 담대澹臺는 복성이고 자는 자우子羽인데, 고지식하고 용모가 못생겼다고 한다. 자유가 발굴한 인재로서 공자의 마지막 제자 가운데 하나였다. 나중에 초나라에 가서 세를 확산시켜 3백 명의 제자를 거느렸으며, 공자가 죽은 뒤 매우 유명해졌다.

고, 공적인 일이 아니면 저(자유)의 집에 온 적이 없습니다.[37]"

子游爲武城宰. 子曰: "女得人焉耳乎?" 曰: "有澹臺滅明者, 行不由徑, 非公事, 未嘗至於偃之室也."

겸손한 유머감각 6.13

공자께서 말씀하셨다.

"맹지반[38]은 [스스로] 우쭐거리지 않으니, [군대가] 도망갈 때는 [그가] 후방을 막고 있었는데, 성문을 들어올 무렵에는 자기 말을 채찍질하면서 '감히 뒤처지려 했던 것이 아니라 말이 나아가지 않았던 것이다'라고 말했다."

子曰: "孟之反不伐, 奔而殿, 將入門, 策其馬, 曰: '非敢後也, 馬不進也.[39]'"

37) 자유子游가 담대멸명澹臺滅明을 평가한 것은 모범적이고 고지식한 사람의 의미로 보이며, 채청에 의하면 자유는 담대멸명을 얻어 정사를 보필하지는 않았다〔子游不是取滅明輔政〕고 한다.

38) 노나라 대부로 이름은 측側이고 자는 자반子反이며, 맹자반孟子反이라고도 한다. 이 사람은《춘추좌씨전》〈애공〉 11년에 나오는 맹지측孟之側과 같은 인물이다.

39) 원문의 "벌伐"은 '공을 과시한다〔誇功〕'는 뜻이다. "분奔"은 '패하여 달아난다〔敗走〕'는 뜻이다. 군대의 후미를 "전殿"이라 하고, "책策"은 '채찍질하는 것〔鞭〕'이다. 주희는 "싸움에 패하여 돌아올 때 후미에 처져 뒤에 오는 것을 공으로 삼는데, 맹지반이 도망하면서 처져서 뒤에 왔고 겸손한 말로써 그 공을 가린 것〔戰敗而還, 以後為功, 反奔而殿, 故以此言自揜其功也〕"이라고 하였다. 정약용은 "달아날 때 맨 뒤에서 엄호하며 오는 것은 공과 죄가 반반인데 그를 어찌 칭찬할 수 있느냐〔奔也殿也, 功罪半也, 何以稱也〕"고 하였다.

난세엔 말재간과 미모 6.14

공자께서 말씀하셨다.

"만일 축타[40] 같은 말재간이 없거나, 송조[41] 같은 미모를 갖지 못했다면,[42] 오늘날 같은 세상에서 [재난을] 피하기 어렵겠구나."

子曰: "不有祝鮀之佞, 而有宋朝之美, 難乎免於今之世矣."

거쳐 가야 할 관문 6.15

공자께서 말씀하셨다.

40) 자는 자어子魚이며 위나라 영공의 태축太祝(종묘의 제사를 관장하는 관직)으로 공자는 이 사람을 별로 좋아하지 않았으나 능력은 인정했다. 《춘추좌씨전》 〈정공〉 4년에는 "축타祝佗"라고 쓰여 있다.

41) 송자조宋子朝라고도 부르는데, 매우 잘생겨서 남자南子와 사통했다고 전해진다. 리링에 따르면 기원전 496년 태자 괴외蒯聵가 송나라를 지나는데, 농사꾼들이 노래를 만들어 부르면서 남자와 송조의 관계를 풍자했다. 태자는 부끄럽게 생각하고 남자를 죽일 음모를 꾸몄지만, 성공하지 못하고 송나라로 쫓겨났다. 공자는 이듬해 위나라에 도착하여 위나라 영공 아래에서 3년 동안 벼슬을 했다. 이 말은 기원전 495년에서 기원전 493년 사이에 했을 것이다.

42) 이 문장에 대해 이설이 분분하다. 공안국은 "축타 같은 말재간이 없이, 송조 같은 미모를 갖지 못한 채"로 해석하고 있고 김학주도 이 해석을 따르고 있는데, 역자는 달리 해석한다. 역자는 황간의 해석에 따랐는데 황간은 "축타의 말재주가 없다면 반대로 송조의 미모라도 있어야 한다. 만일 이 두 가지가 모두 없다면 난을 면하기 어렵다"라고 풀이했으며 주희 역시 쇠락한 세상에서는 아첨과 미모가 모두 중요하다고 하여 황간과 같은 견해를 보였다. 왕인지도 "불유不有~이而"를 인과관계로 보면서 뒤의 "이而" 자를 '불유不有'의 의미로 보아 역자와 유사하게 해석하였다. 물론 공자는 외모보다는 말재주를 더 부정적으로 보았기에 공안국의 해석에도 일리가 없지는 않다. 공자는 실속 없는 미모에 위선적인 말재주까지 지녀야만 난세에 출세하는 풍토를 개탄하고 있기 때문이다.

"누가 문(도道를 비유함)[43]을 거치지 않고 나갈 수 있을까? 어찌 [내가 추구하는] 이 도를 따르지 않는가?"

子曰: "誰能出不由戶? 何莫由斯道也?"

문질빈빈 6.16

공자께서 말씀하셨다.

"바탕이 꾸밈을 이기면 촌스럽고, 꾸밈이 바탕을 이기면 번지르르하다. 꾸밈과 바탕이 고르게 조화를 이룬[44] 사람이라야 군자인 것이다."

子曰: "質勝文則野, 文勝質則史.[45] 文質彬彬, 然後君子."

43) 원문의 "호戶"를 "문"으로 번역하였다. 정약용은 "옛날에는 방의 구조가 서북은 모두 막고, 남쪽 창으로 밝은 햇빛을 받아들이며, 오직 동쪽에만 지게문이 있어 이를 통해 사람이 출입하였으니, 방에서 나오는 것은 오직 이 한 길뿐이다. 하늘이 명한 것을 성性이라 하고, 성을 따르는 것을 도道라 한다〔古者室制, 西北全塞, 南牖以納明, 惟東有戶, 以通出入, 自室而出者, 惟此一路而已, 天命之謂性, 率性之謂道〕"라고 하였다.

44) 원문의 "빈빈彬彬"은 "반반斑斑"이란 의미로 '잘 섞여 있는 모양'이니, 적당한 균형과 조화를 의미한다는 주희의 설을 따랐다.

45) 원문의 "야野"는 촌사람이니 비루하고 소략함〔鄙略〕을 말하고, "사史는 문서文書를 맡은 자이니 견문이 많고 일에 익숙하나 성실성誠實性이 혹 부족한 것〔史掌文書, 多聞習事, 而誠或不足〕"이다(주희 설). 정약용은 "사史의 직책은 다만 등사謄寫하고 전초傳鈔하는 것만 알기 때문에 그들에게는 항상 전혀 의리義理라는 것이 없으니 신분이 천해진 것〔史之爲職, 但知謄傳, 故常全無義理, 所以賤也〕"이라 하였다. "사史"는 여기서 '겉치레하다'는 뜻으로 쓰였다.

정직한 삶 6.17

공자께서 말씀하셨다.

"사람이 살아갈 수 있는 까닭은 정직 때문이니, 굽은 방법으로 살아가는 것[46]은 요행으로 [화를] 벗어나는 것이다."

子曰: "人之生也直, 罔之生也幸而免."

알고, 좋아하고, 즐기는 것 6.18

공자께서 말씀하셨다.

"무엇을 안다는 것은 그것을 좋아하는 것만 못하고, 무엇을 좋아하는 것은 그것을 즐기는 것만 못하다.[47]"

---

46) 이 구절을 '정직함이 없이 사는 것은'이라고 번역하는 학자(김학주)도 있는데, "망罔"을 '무無'로 보고 해석한 것이다. 역자는 이 글자를 '속이다'라는 의미의 '망誷'으로 보고 해석했다. 정약용도 "망罔"은 속인다는 뜻으로, '기欺'나 '무誣'와 같다고 하면서 "사람으로서 서로 바로잡아 주면서 살아가는 이유는 도道를 곧게 하기 위함이니, 그 가운데 혹 속이면서 살아가는 자는 요행히 화를 면하는 것〔人之所以胥匡以生者, 直道而已, 其或誣罔以得生者, 倖而免禍也〕"이라 하였다. 또 "《중용中庸》 20장에 말하기를 '군자는 평이함에 처하여 천명을 기다리고, 소인은 위험한 것을 행하여 요행을 바란다'라고 하였으니, 여기 평이함에 처한다는 것은 곧은 것이며, 위험한 것을 행한다는 것은 속이는 것〔中庸曰, 君子居易以俟命, 小人行險而徼幸, 居易者直也, 行險者罔也〕"이라 하였다. 마융은 "사람이 태어나서 스스로 그 삶을 제대로 마칠 수 있는 것은 정직하기 때문〔人所生於世而自終者以其正直〕"이라고 하였다. 군자와 소인의 차이는 "직直"이냐 "망罔"이냐에 달려 있다. 이 구절은 〈공야장〉 5.23의 미생고 이야기와 맥락이 같다.

47) 윤순은 "안다는 것은 도道가 있음을 아는 것〔知有此道〕이요, 좋아한다는 것은 좋아하되 아직 얻지 못한 것〔好而未得〕이요, 즐거워한다는 것은 얻음이 있어 즐거워하는 것〔有所得而樂之〕"이라고 하였다. 정약용은 "안다는 것은 듣고 그

子曰: "知之者不如好之者, 好之者不如樂之者."

대화의 수준차 6.19

공자께서 말씀하셨다.

"보통 이상의 사람[48]과는 상급 수준의 것을 말할 수 있지만, 보통 이하의 자들과는 상급 수준의 것을 말할 수 없다."

子曰: "中人以上, 可以語上也. 中人以下, 不可以語上也."

착함을 아는 것〔聞而識其善〕이고, 좋아한다는 것은 행하여 그 맛을 기뻐하는 것〔行而悅其味〕이며, 즐긴다는 것은 얻어서 그 만족함을 누리는 것〔得而享其充〕"이라 하였다. 장남헌張南軒은 "안다는 것은 그 먹을 만함을 아는 것〔知其可食者〕이고, 좋아한다는 것은 먹어서 즐기는 것〔食而嗜之者〕이며, 즐긴다는 것은 즐겨 먹고 배부른 것〔嗜之而飽者〕"이라 하였다.

48) 원문의 "중인이상中人以上"을 번역한 것으로, 왕숙王肅은 "상上은 상지의 사람이 알고 있는 바를 말한다. 두 번이나 중인을 든 것은 상등으로 향상할 수 있고 하등으로 격하할 수도 있기 때문〔上謂上知之所知也 兩擧中人 以其可上可下〕"이라고 하였다. 형병은 "사람의 재주와 식견은 9등급이 있는데 중인은 제5등급에 해당하는 중중 사람이며, 중인 이상은 상중·상하·중상 사람〔中人謂第五中中之人也 以上 謂上中·上下·中上之人也〕"이라고 하였다. 〈양화〉 17.3에서 "오직 지혜로운 사람과 가장 어리석은 사람만 변화시킬 수 없다〔唯上知與下愚不移〕"고 한 구절을 함께 생각해 볼 만하다. 요쌍봉饒雙峯은 "중인 이하에는 끝내 상급을 말해줄 수 있는 것이 아니다. 장차 그들로 하여금 절실하게 묻고 자기 자신에 가까운 것을 생각하여 하급으로부터 중급으로 향상하면 또한 점차 상급을 말해줄 수 있다〔中人以下, 非是終不可以語上, 且使之切問近思, 由下以進於中, 則亦漸可以語上矣〕"고 하였다. 공자가 하인下人을 멸시하는 태도로 보이는 구절이나 공자는 귀천을 가리지 않고 제자를 가르쳤으니 평등하게 교육의 기회를 제공한 것이다. 이 구절은 교육을 진작시키기 위한 공자의 어법으로 보면 되겠다.

번지가 지혜를 묻다 6.20

번지가 지혜에 대하여 여쭙자 공자께서 말씀하셨다.

"백성들이 [지켜야 할] 의로움에 힘쓰고, 귀신을 공경하되 멀리한다면[49] 지혜롭다고 할 수 있을 것이다."

인에 대하여 여쭙자 [공자께서] 말씀하셨다.

"인이라는 것은 어려운 일을 먼저하고 [이익을] 거두어들이는 것을 뒤로하는 것이니[50], [이렇게 하면] 인이라고 말할 수 있다."

樊遲問知. 子曰: "務民之義, 敬鬼神而遠之, 可謂知矣." 問仁. 曰: "仁者先難而後獲, 可謂仁矣."

지자와 인자 6.21

공자께서 말씀하셨다.

---

49) 사람이 죽어 "귀鬼"가 된다. 이와 달리 산천의 신은 "신神"이다. 공자가 상례나 제례의 중요성을 깊이 인지하면서도 귀신을 멀리하라고 한 말은 한번 되새겨 볼 만하다.

50) 원문의 "선난이후획先難而後獲"을 번역한 것으로, 인仁을 물었는데 공자가 이렇게 답한 이유를 주희는 "먼저 그 공효功效를 계산하고 이후에 그 일을 하면 그 일이 비록 공公이라도 그 뜻은 사私이니 공公을 이룸이 있더라도 인을 이롭게 여기는 일일 뿐이다. 인자仁者는 먼저 그 일을 하고 그 공효功效는 계산하지 않아서 오직 천리의 자연을 따를 뿐 리利를 바라는 욕심이 없다"고 하였다. 정이천은 결국 "어려운 일을 먼저 함은 극기의 일〔先難克己也〕"이라고 하였고 정약용은 "'난難'이란 어렵고 고된 것이요, '획獲'이란 소득이 되어 이로운 것이다. 어렵고 고된 일은 남보다 앞서서 하고, 소득이 되어 이로운 일은 남보다 뒤에 하면 이는 '서恕'〔難者艱苦也, 獲者得利也, 艱苦之事先於人, 得利之事後於人則恕也〕"라 하였다.

"지혜로운 사람은 물을 좋아하고, 인한 사람은 산을 좋아한다.[51] 지혜로운 사람은 동적이고, 인한 사람은 정적이다. 지혜로운 사람은 즐기고, 인한 사람은 오래 산다."

子曰: "知者樂水, 仁者樂山. 知者動, 仁者靜. 知者樂, 仁者壽."

변해야만 6.22

공자께서 말씀하셨다.

"제나라가 한 번 변하면 노나라 [수준]에 이르고,[52] 노나라가 한 번 변하면 도道에 이르게 될 것이다."

子曰: "齊一變, 至於魯. 魯一變, 至於道."

51) 원문의 "지자요수知者樂水 인자요산仁者樂山"을 번역한 것으로, 주희는 "지자智者는 사리事理에 통달하여 두루 유통하고 막힘이 없어서 물과 비슷하고, 인자仁者는 의리에 편안하여 중후하고 옮기지 않아서 산과 비슷하다〔知者達於事理而周流無滯, 有似於水, 仁者安於義理而厚重不遷, 有似於山〕"라고 하였다. 이 구절은 〈이인〉 4.2의 "인한 사람은 인 자체를 편안하게 여기고, 지혜로운 사람은 인 자체를 이롭게 여긴다〔仁者安仁 知者利仁〕"는 구절과 통한다.

52) 이 말은 실용과 개혁을 추구하여 주로 민생 정책을 추진한 제나라가 제도를 시행한 측면은 앞서지만, 비록 정치는 어지러워도 주공周公을 시초로 삼는 예禮의 나라로서 전통이 강한 노나라의 경지에 도달하기를 바라는 희망이 깃든 표현이다. 주희는 "공자 당시 제나라의 풍속은 공리功利를 우선으로 여기고 과장과 속임을 좋아했으니, 바로 패도정치의 습속이요, 노나라는 예교禮敎를 중히 여기고 신의信義를 숭상하여 아직도 선왕의 유풍이 남아 있었다〔孔子之時, 齊俗急功利, 喜誇詐, 乃霸政之餘習, 魯則重禮敎, 崇信義, 猶有先王之遺風焉〕"라고 하였다.

본질 문제 6.23

공자께서 말씀하셨다.

"고가 고답지 않으니,[53)] [모난 술잔인] 고이겠는가. 고이겠는가."[54)]

子曰: "觚不觚, 觚哉, 觚哉."

53) 세상의 도가 퇴폐해져 군주가 군주답지 않음을 비유한 말이다. "고觚"는 '모난 그릇'이라는 뜻으로 술 마실 때 쓰는 술잔의 일종으로 본래 팔각형으로 각이 있었는데, 나중에 중간을 허리띠로 묶듯 가늘게 파고 위와 아래에 나팔 모양의 주둥이를 만든 술잔이 되었으니 마융도 이것을 이렇게 풀이했다. 그런데 주희는 술잔이란 의미 이외에 '목간木簡'의 의미도 있다고 보았으며, 유보남 역시 "'고'란 글을 배울 때 쓰는 나무 조각으로 여기에 사건을 기록하기도 한다. 나무를 깎아 만들며 죽간의 일종이다. 공자는 바로 이를 가리켜 한탄한 것이다"라고 하였다.

54) 이 말은 "고觚"를 용도에 맞지 않게 사용했다는 탄식으로, 고가 아니라는 의미를 담고 있는데 황간과 형병의 견해가 그러하다. 즉 정치도 마찬가지로 예의와 인의가 무너지면 아무것도 이루어질 수 없다고 비판한 것이다. 주희 역시 "고재觚哉, 고재觚哉"의 의미를 고가 될 수 없음을 말한 것이라고 풀이했다. 즉 "고"는 원래 방형인데 모양이 변하여 원래의 모양을 유지하지 못했으니 이를 어찌 고라고 할 수 있겠는가라는 것이다. 이는 '이름을 바로잡는다'는 공자의 정명론과도 연관되는 문제가 아닐까? 이 "고"의 의미를 '팔다'는 의미의 '고沽'의 가차자로 보는 학자(리링)도 있는데, 리링은 이 단락이 무슨 의미인지 도무지 알 수 없다고 푸념하고 나서 바로 "고재고재觚哉觚哉"란 말이 〈옹야〉 6.23에 나오므로 이를 "팔아야지! 팔아야지!"라고 풀고 있다. 말하자면 공자가 자신을 좋은 값에 적당한 가격을 받고 판다는 자조적 의미로 해석해야 한다는 것인데 이는 원문에서 너무 벗어난 해석이다.

우물에 인한 사람이 있다면 6.24

재아[55]가 여쭈었다.

"인한 사람은, 누군가 그에게 '우물에 인한 사람이 있다'고 알려주면 [구제하러] 그 우물 속으로 따라 들어가야 합니까?"

공자께서 말씀하셨다.

"어찌 그렇게 할 수 있겠느냐? 군자는 가버리게[56] 할 수는 있지만, [우물에 유인하여] 빠뜨리게 할 수는 없고, [선량함을 이용하여] 그를 속일 수는 있지만, 기망할 수는 없다."

宰我問曰: "仁者, 雖告之曰, '井有仁[57]'焉. 其從之也?" 子曰: "何爲其然也? 君子可逝也, 不可陷也. 可欺也, 不可罔也."[58]

---

55) 재여宰予이며 자는 자아子我다. 여기서는 자로 칭했다.

56) 원문의 "서逝"는 '한 번 가버리면 다시 돌아오지 않는다'는 의미가 있으므로 이를 살려 번역했다.

57) 한편 "인仁"을 '인人'의 가차자로 보아야 한다는 주희의 풀이도 어느 정도 설득력이 있다. 그렇게 보면 '우물 속에 사람이 있다'고 해석되는 것이다. 《논어》의 다른 편에서도 "인仁"과 "인人" 두 글자를 혼용하고 있다는 점을 들어 제기한 주장이다. 정약용은 "인仁"을 글자 그대로 해석하였고 역자도 이에 따랐다.

58) "기欺"와 "망罔"은 모두 속인다는 의미이지만 내포한 바는 서로 다르다. "기"는 옳은 방법으로 거짓말한다는 의미이고 "망"에는 부정한 방법으로 속인다는 의미가 배어 있다. 《맹자》 〈만장 상萬章上〉에 다음과 같은 이야기가 있다. 자산이 물고기를 얻자 연못 관리인에게 연못에 풀어놓아 키우라고 했다. 연못 관리인은 물고기를 풀어놓았다고 거짓말을 하고서는 삶아 먹어버렸다. 자산이 말했다. "유유히 가버렸어." 그러자 연못 관리인은 통쾌해지고 의기양양해져서 "누가 자산을 지혜롭다고 했던가"라고 말했는데, 맹자는 이것을 바로 "기欺"로 보면서 "군자에게 옳은 방법으로 거짓말을 할 수 있으나, 부정한 방법으로 그를 속일 수는 없다."고 했다.

글을 배우고 예로 단속하다 6.25

공자께서 말씀하셨다.

"군자가 글(넓은 의미의 학문)을 널리 배우고, 예로써 단속한다면[59], 또한 [도리에] 어긋나지 않을 수 있을 것이다."

子曰: "君子博學於文, 約之以禮, 亦可以弗畔矣夫."[60]

공자의 해명 6.26

공자께서 남자[61]를 만나시자,[62] 자로가 달가워하지 않았다. 공자께서 맹세를 하며 말씀하셨다.

"내가 [예에 어긋나는] 부당한 짓을 저질렀다면, 하늘이 나를 싫어할 것이다. 하늘이 나를 싫어할 것이다."

子見南子, 子路不說. 夫子矢之曰: "予所否者, 天厭之. 天厭之."

---

59) 원문의 "박학어문博學於文, 약지이례約之以禮"를 번역한 것으로, "박博"은 '크게 통한다〔大通〕'는 뜻이고, "약約"은 '묶어서 작게 한다〔束而小之〕'는 뜻이다. 정명도程明道는 "널리 문을 배우고 예로 요약하지 않으면 반드시 한만汗漫함에 이른다〔博學於文而不約之以禮, 必至於汗漫〕"라고 하였는데 '한만'함은 되는 대로 내버려두고 등한한 것을 말한다.

60) 유가 교육의 핵심은 바로 이 구절일 것이다. 〈안연〉 12.15에도 같은 구절이 나온다. 학문을 통해 사고력과 판단력을 키우고 이것을 예라는 규범으로 적절히 규제한다는 가르침은 이 시대에도 여전히 유용하다.

61) 송나라 여자로서 성은 자子고 씨는 남南이며, 위나라 영공의 부인이었다. 남자는 매우 아름다웠으며, 미남인 송조宋朝와 간통하여 꽤 좋지 않은 소문이 났었다.

중용의 덕 6.27

공자께서 말씀하셨다.

"중용이 덕이 된 것[63]은 아마도 지극하구나! 사람들[64] 중에 [지닌 이가] 드문 지 오래되었다."

子曰: "中庸之爲德也, 其至矣乎! 民鮮久矣."

널리 베풀어 구제하라 6.28

자공이 여쭈었다.

---

62) 사마천은 이런 사실을 《사기》의 〈공자세가〉에 다음과 같이 기록했다. "위 영공에게는 남자南子라는 부인이 있었는데 그녀는 사람을 보내 공자에게 일러 말했다. '사방의 군자들 가운데 우리 임금과 형제를 맺고자 하는 사람은 반드시 군주의 부인을 만납니다. 우리 부인께서 당신을 뵙기를 원합니다.' 공자는 사양한다고 말하였으나 어쩔 수 없어 그녀를 만나게 되었다. 부인은 휘장 안에 있었다. 공자가 문을 들어가 북쪽을 향하여 절을 하자, 부인도 휘장으로부터 두 번 절하였는데 허리에 찬 구슬 장식이 맑고 아름다운 소리를 냈다. 공자가 [돌아와서] 말했다. '나는 본래 만나고 싶지 않았으나, 그녀를 만난 이상 예로써 대답한 것이다.' 자로는 기뻐하지 않았다. 공자는 그에게 지적하여 말했다. '나에게 잘못된 점이 있다면 하늘이 나를 버릴 것이다. 하늘이 나를 버릴 것이다!'" 이렇게 본다면 분명 공자는 남자를 만난 것이고 이에 대해 맨 마지막 말로 해명을 한 것이다. 기원전 495년의 일이다. 이 내용은 《사기》의 〈위세가衛世家〉에도 비슷하게 나온다.

63) "중용中庸"은 '공평하고 떳떳함'이란 뜻의 '평상平常'의 개념인데 그 내포적 의미는 어느 한쪽에 치우치거나 모자라지 않고 다소 어리석은 것 같으나 일정하여 변함이 없는 그런 경지를 가리킨다. 사서四書의 하나로 꼽히는 《중용》은 원래 《예기》의 한 편명으로 주희가 사서에 편입한 것이다.

64) 분명 《논어》 전체에서 "민民"이란 단어는 '인人'과 대비되어 백성들을 가리키는 경우가 많은데, 여기서는 오히려 앞뒤 문맥상 '인人'의 의미도 가미되어 있으므로 "사람들"이라고 번역한다. '모두'라고 번역해도 무난하다.

"만약 백성들에게 널리 은덕을 베풀어 많은 사람을 구제할 수[65] 있다면 어떻습니까? [그를] 인仁하다고 할 수 있습니까?"

공자께서 말씀하셨다.

"어찌 인한 데서 그칠 일이겠느냐, 반드시 성덕聖德일 것이다. 요임금이나 순임금조차도 [그렇게 하지 못함을] 부족한 것으로 여기셨다. 인이라는 것은 자기가 서고자 하면 남을 일으켜주고, 자신이 이루고자 하면 남을 이루게 해주는 것이다. 가까운 데서 구체적인 예를 찾을 수 있으면[66] 그것이 바로 인仁의 [실천] 방법이라고 할 수 있을 것이다."[67]

子貢曰: "如有博施於民而能濟衆, 何如? 可謂仁乎?"

子曰: "何事於仁. 必也聖乎. 堯舜其猶病諸. 夫仁者, 己欲立而立人, 己欲達而達人. 能近取譬, 可謂仁之方也已."

---

65) 여기서 나온 성어가 바로 '박시제중博施濟衆'이란 말로 공자가 말하고자 하는 덕치의 이상이다. 바로 다음 문장에서 "인仁"을 계속 언급하면서 정치와 연계하려 한 이유는 바로 '인정仁政'을 정치 이상으로 내세우고 있기 때문이다. 물론 공자가 말하는 인정의 기본 입장은 '서恕', 즉 배려가 전제되어야 한다.

66) 원문의 "능근취비能近取譬"를 번역한 것으로, 이는 '혈구絜矩'이다. 아랫사람에게서 비유를 취하여 윗사람을 섬기며, 왼쪽 사람에게서 비유를 취하여 오른쪽 사람을 사귀는 것이다. 공자는 "힘써서 서恕를 행하면 인仁을 구함이 이보다 가까운 것이 없다〔能近取譬者, 絜矩也, 取譬於下以事上, 取譬於左以交右也, 孔子曰強恕而行, 求仁莫近焉〕"고 하였다(정약용 설). 이는 〈헌문〉 14.42의 "자신을 수양하여 백성을 편안하게 해주어라〔修己以安百姓〕"라는 구절과 연계된다.

67) 〈옹야〉에서 이 장은 특히 중요하다. 유교의 핵심 덕목인 "인仁"과 "성聖"이 어떻게 다른지를 두고 공자가 자기 생각을 직접 드러낸 대목이기 때문이다. "인"은 자기보다 남이 바라는 바를 이루어주는 것인데, "성"은 여기서 더 나아가 모든 백성을 편안하게 해주는 것이기 때문에 공자는 "성"을 "인"보다 더 높은 가치로 보았다.

제7편

술이述而

-겸손하고 단아한 일상의 기록

【해설】

〈술이〉 편에는 공자의 지식욕과 교육관이 잘 나타나 있는데, 짧은 문장이 많은 편이고, 내용도 비교적 다양하다. 첫머리에서 복고復古 정신에 입각한 학문의 방향을 언급하고 있으며 학문과 교육에만 종사하고자 하는 포부도 분명하게 드러내고 있다. 꿈에서도 주공을 보고 싶어 하는 바람 역시 첫 문장인 호고好古의 정신과 접맥되어 있다. 공자는 자신의 네 가지 근심거리 가운데 첫째로 덕을 닦지 못한 것을 들 만큼 배움과 덕을 매우 중요시하고 있다.

스승을 찾아뵐 때의 예의를 논하며 구체적인 항목을 예시한 데서는 세속적인 삶을 살아가는 공자의 모습을 알 수 있다. 그의 교육 방법을 살펴보는 것도 흥미롭다. 발분하지 않는 자는 내친다는 점을 강조했다. 여전히 자로에 대한 불만 섞인 훈계를 볼 수 있다. 스승이 죽지도 않았는데 장례 준비를 서두른 모습을 보면서 공자는 어떤 마음이 들었을까?

또 현실과 이상 사이에서 갈등하는 지식인의 고뇌를 엿볼 수도 있다. 구해서 얻을 수만 있다면 하찮은 일을 해서라도 부라는 것을 얻어보겠다는 자조 섞인 말을 하는 한편, 동시에 자신이 좋아하는 바를 고수하겠다는 신념도 단호하게 내비친다. 백이와 숙제를 평한 말이라든지 부귀가 자신에게는 뜬구름 같다는 말이라든지, 자신에 대한 자부심을 드러낸 7.20의 문장은 일종의 '정신승리법'인 듯하여 안타까운 느낌도 든다.

요컨대, 주옥같은 구절들을 통해 우리는 공자의 학문 태도와 철학, 삶에 대한 진지한 성찰에 젖어들게 된다.

창작보다 중요한 것 7.1

공자께서 말씀하셨다.

"서술하되 짓지는 않고[1] 믿어서 옛것을 좋아하니,[2] 남몰래 나를 노팽[3]과 비교해본다."

子曰: "述而不作, 信而好古, 竊比於我老彭.[4]"

1) 원문의 "술이부작述而不作"을 번역한 것으로, 여기서 "작作"은 잘 알지 못하면서 지어낸다는 뜻이니 공자는 그렇게 하지 않는다는 말이다. 이 문장은 7.27의 "아마도 알지 못하면서도 창작하는 자가 있겠지만, 나는 그런 적이 없다(蓋有不知而作之者, 我無是也)"와 같은 의미다.

2) 스승의 역할을 강조한 유명한 구절이다. 스승은 미래에 펼쳐질 일을 정확히 파악하여 그것에 대처할 능력이 누구보다 뛰어나야 한다. 미래 사회는 과거에서 현재까지 이어지는 연장선에 있으므로 과거와 현재에 이르는 흐름의 변화를 파악한다면 앞으로 다가올 미지의 세계도 어렵지 않게 예측하여 대처 방안도 정확히 세울 수 있을 것이다. 이런 점에서 "신이호고信而好古"라는 말도 한 것이다.

3) 정현은 노팽을 노자老子와 팽조彭祖라고 주장하는데 타당성이 부족하다. 《대대례大戴禮》에 "옛날 상나라의 노팽 및 중훼(昔商老彭及仲傀)"라는 말이 나올 뿐 아니라 그 앞에 해당 시대를 표시하는 "상商" 자가 있어서 노자와는 관련이 없는 인물임을 알 수 있다. 은나라 초기의 현명한 대부 이름이라는 설도 있다. 팽조의 성은 전籛이고 이름은 갱鏗이며, 전욱顓頊의 손자이고 육종씨陸終氏의 가운데 아들로서 '축융팔성祝融八姓' 중 팽彭 성의 시조이기 때문에 팽조라고 부른다. 팽조는 예로부터 내려온 양생과 방중술 관련 기록을 집대성한 자로 일컬어진다. 공자가 팽조를 거론한 이유는 옛것을 좋아하는 그의 "신이호고" 정신 때문이다. 700~800년 동안 살았다고 전해지는 팽조의 삶에 주공부터 500여 년 동안 이어진 학문을 승계해 온 공자 자신도 충분히 비교할 만하다는 자부심이 엿보인다. 옛것을 좋아하고 익힌 바를 전술하기를 즐겨한 노팽을 정신적 지주로 삼아 그처럼 하고 싶다는 공자의 바람도 담겨 있다.

4) 원문의 "신信"은 '돈독히 믿는 것(篤信)'이고, "고古"는 '선왕지도先王之道'이다. 원문의 "절竊은" '남몰래'라는 의미로 겸양의 표현이기도 하다.

공자가 추구한 세 가지 기본 7.2

공자께서 말씀하셨다.

"묵묵히 그것을 [마음에] 새기고,[5)] 배우는 데 싫증 내지 않고, 남을 가르치는 데 게을리하지 않는 것,[6)] 내가 [이 세 가지를] 행하는 데 무슨 어려움이 있겠는가?"[7)]

子曰: "默而識之, 學而不厭, 誨人不倦, 何有於我哉?"

---

5) 원문의 "지識"를 번역한 것으로 '기억하다'라는 의미다. '말하지 않으면서 마음에 새겨두는 것(不言而存諸心)'을 말한다. 이 편의 27장에 "많이 보고 그것을 [마음에] 새기면(多見而識之)"이라는 구절에 나오는 "지識"와 같은 용법이다. 원문의 "묵黙"은 '안에 두고 밖으로 표출하지 않는 것(內而不出)'을 말한다. "묵이지지默而識之, 학이불염學而不厭, 회인불권誨人不倦" 이 세 가지는 눈높이에 맞춰 차등을 두지 않고 가르치려고 노력했다는 말로 공자의 교육관이 드러나 있다.

6) 공자는 항상 학문을 게을리하지 않았다. 또 제자들을 가르칠 때에는 최선을 다해 임하였다. 교육자의 참모습은 성실하게 자신이 알고 있는 지식을 잘 전달해 주는 것이어야 한다. 공자는 평등한 교육 기회도 중시했다. 귀족은 단 두 명밖에 받아들이지 않았고 대부분의 제자는 백성의 자제들이었다.

7) 이미 앞에서도 나왔듯이《논어》에서 "하유何有"란 '무슨 어려움이 있겠는가'라는 의미로 상고 시대에 자주 쓰인 표현이다. "하유어아재何有於我哉"는 '어느 것이 나에게 있겠는가?(何者能有於我也)'라고 정반대로 해석해야 한다는 견해도 있고(주희 설), 원문의 "하何"를 '수誰'로 보아 '누가 나에게 있다고 하는가'라고 하여 겸양의 표현으로 보기도 한다(모기령 설).

네 가지 걱정거리 7.3

공자께서 말씀하셨다.

"덕을 닦지 못한 것, 배운 것을 강습하지 못한 것, 의로운 것을 듣고서도 옮겨 가지[8] 못한 것, 좋지 않은 것을 고치지 못한 것, 이것이 나의 걱정거리[9]다."

子曰: "德之不修, 學之不講, 聞義不能徙, 不善不能改, 是吾憂也."[10]

8) 원문의 "사徙"를 번역한 것이다. 〈안연〉 12.10에 "사의徙義"라는 말이 있는데 '의를 찾아간다'는 의미다.

9) 그 당시 대부분의 선비들이 '세상을 근심하고 백성을 근심〔憂世憂民〕'했지만 이는 위정자의 몫이고, 진정으로 근심할 것은 자신부터 다스릴 것을 강조하는 위의 네 가지라고 보았으며(정약용 설), 이를 '나날이 새로워지는 주요한 요소〔日新之要〕'로 보기도 하였다(주희 설). 또 윤순은 "덕을 반드시 닦고 난 이후에야 이루어지고 학學을 반드시 강습한 이후에야 명철해지고, 선善을 보면 능히 옮기고 잘못을 고치는 것에 인색하지 않은 것이 일신의 요체〔德必修而後成, 學必講而後明, 見善能徙, 改過不吝, 此四者日新之要也〕"라고 하였다.

10) 원문의 "덕德"은 '본마음의 정직함〔本心之正直〕'을 말한다. 원문의 "학學"은 '선왕의 도와 예를 배우는 것'이다(주희 설). 원문의 "강講"은 설문해자로 보면 '해解'와 같은 뜻으로 '익히다, 널리 강습하다'의 의미이다. 원문의 "불선不善"은 일상생활에서 정도에서 벗어나고 상식에 어긋난 것을 말한다. 공자는 "두 번 허물하지 말라〔不貳過〕"고 하였으니 허물을 고치라는 말이다. 원문의 "오吾"는 공자 자신을 말하기도 하고(주희 설), 반대로 당대의 '우리들'로 해석하기도 한다(오규 소라이 설).

한가로운 모습이지만 7.4

공자께서 [집에서] 한가로이 계실 때[11]는 [용모가] 편안하셨고[12] [겉모습은] 편안하셨다.

子之燕居, 申申如也, 夭夭如也.[13]

주공을 꿈꾸었건만 7.5

공자께서 [탄식하며] 말씀하셨다.

"심하구나, 나의 노쇠함이여! 오래되었구나, 내 더 이상 꿈에 주공[14]을 못 뵌 지가!"

子曰: "甚矣吾衰也! 久矣吾不復夢見周公!"

---

11) 원문의 "연燕"은 '한가로울 한閒, 편안할 안安, 편안할 연宴'과 통하는 말로 주희도 "연거燕居"를 "한가하여 하는 일이 없는 때[閒暇無事之時]"라고 풀이했다.

12) 원문의 "신신申申"은 주희의 풀이대로 "용모가 편안하다[容舒]"라는 의미다. 황간은 "마음이 조화로운 것[心和]"이라고 보았으며, 정약용은 "어투가 자상하다[言語之慈詳也]"라는 의미로 풀었다. 정약용은 "공자가 향당에 있을 때는 성실하여 말을 잘하지 못하는 것처럼 하였고 조정에 있을 때는 말을 잘하나 오직 삼갔다"라고 하였다. 마치 활시위를 당길 때 '한 번은 긴장하게 하고 한 번은 느슨하게 하는 것[一張一弛]'과 같이 공적인 영역과 사적인 영역의 엄격한 구분을 말하는 것이다.

13) 원문의 "여야如也"는 〈향당〉의 "신실한 듯하시다[恂恂如也], 강직한 듯하시다[侃侃如也], 부드러운 듯하시다[誾誾如也], 엄숙한 듯하시다[踧踖如也], 절도를 갖춘 듯하시다[與與如也], 안색이 바로잡혀 바뀐 듯하시다[色勃如也], 발걸음이 종종걸음치듯 하시다[足躩如也], 삼가고 공손한 듯하시다[鞠躬如也], 기쁘고 만족한 듯하시다[怡怡如也], 새가 날갯짓하듯 하시다[翼如也], 경쾌하고 즐거운 듯하시다[愉愉如也]" 등의 표현과 같은 것으로 '연然, 언焉'의 뜻이다.

도와 덕과 인과 예 7.6

공자께서 말씀하셨다.

"도에 뜻을 두고,[15] 덕에 근거하며, 인에 의거하고, 예藝[16]에 노닌다."[17]

子曰: "志於道, 據於德, 依於仁, 遊於藝."[18]

최소한의 예의 7.7

공자께서 말씀하셨다.

"스스로 말린 고기 열 묶음 이상을 [예물로] 가져오면,[19] 나는 일찍이 가르쳐주지 않은 적이 없다."

---

14) 주공은 희단姬旦으로 주나라 무왕의 동생이다. 무왕을 도와 상의 주왕紂王을 멸하는 데 큰 공을 세웠으며, 무왕이 죽은 후 즉위한 어린 성왕을 대신하여 섭정했다. 공자가 주공을 거론한 이유는 비록 공자가 노나라 출신이지만 노나라는 주공이 천자에게 받은 봉국이기 때문이다. 공자가 주공을 그리워한 것은 노나라를 위한 것이었다. 주공은 천하를 섭정하면서 모든 일의 나침반이 되었으나 정작 자신은 천자의 지위를 얻지 못한 상징적인 존재였다. 명예는 얻었으나 실질은 없다는 게 이런 것일까. 노나라에 돌아온 기원전 484년, 나이 68세가 된 공자도 그러했다.

15) 도를 추구하고 이루는 데 뜻을 둔다는 의미인데 도는 사람이 살아가면서 나날이 마땅히 지켜야 할 당위다.

16) 예禮(예절)·악樂(음악)·사射(활쏘기)·어御(수레 몰기)·서書(글씨 쓰기)·수數(셈하기) 등을 가리킨다.

17) 이 문장은 공자의 학문관이 전인교육에 있음을 알 수 있는 소중한 단서다.

18) 원문의 "거據'는 덕에 근본을 두어 "잡아 지킨다〔執守〕"는 의미로 도에 입각한 행위가 덕으로 나타난 것이다. "의依"는 "어기지 않는다〔不違〕"는 의미다. "유遊"는 "사물을 따라 노닐면서 감정이 가는 대로 따라간다〔玩物適情〕"는 의미다.

子曰: "自行束脩[20]以上, 吾未嘗無誨焉."

교육 방법 7.8

공자께서 말씀하셨다.

"[배울 때] 분발하지 않으면 열어주지 않고, 애태우지 않으면 발휘하도록 말해주지 않는다. 한 귀퉁이를 들어 보였을 때 [다른] 세 귀퉁이로써 반응하지 않으면 [더 이상] 반복해서 가르치지 않는다."[21]

子曰: "不憤不啓, 不悱不發. 擧一隅不以三隅反則不復也.[22]"

19) 원문의 "자행自行"을 번역한 것으로, '스스로 가져오다'라는 뜻이다. 즉 자발적이고 주도적인 학습 의지를 나타낸다.

20) "속수束脩"는 열 가닥의 육포肉脯를 묶은 것을 말하는데, 스승을 뵙는 데 쓰는 최소한의 예절에 해당할 뿐 결코 학비 개념이 아니었다. 형병은 "그 후한 것은 옥이나 비단의 무리에 있다(其厚則有玉帛之屬)"고 하였다. 공자의 학당은 한번 제자가 되면 학비는 물론 숙식까지도 무료로 제공되는 혜택이 주어졌다. "유교무류有敎無類"(〈위령공〉 15.38)라고 했듯이, 공자는 제자를 받으면서 출신을 전혀 고려하지 않았고 다만 스승을 뵙는 데 필요한 예물을 가져왔는지만 따졌다. 또 "속수는 나이 15세 때 속대束帶한다는 뜻으로, 옛날의 예속은 지금과 같지 않아, 무릇 천속지친天屬之親이 아닐 경우에는 그들이 서로 처음 볼 때 반드시 폐백이 있어야 했고, 군신君臣과 부부夫婦와 붕우朋友, 이 셋 사이는 의義로써 결합된 것이니 폐백이 없으면 서로 보지 못하였다(年十五束帶之意…不知古之禮俗, 與今不同, 凡非天屬之親者, 其始與相見, 必有贄物, 君臣也夫婦也朋友也, 此三者, 以義而合者也, 以義而合者, 苟無贄物, 不與之相見)"라는 해석도 있다(정약용 설).

21) 일방적인 지식 전달에 관한 방침이라기보다 피교육자인 제자들이 자신의 부족함을 깨달아 적극적으로 배움에 참여하기를 바라는 뜻이 깃들어 있는 말로 오늘날의 자기주도 학습과 크게 다르지 않다. 즉 "거일반삼擧一反三"에는 하나를 배우면 다른 것까지도 유추해서 안다는 의미가 들어 있다. 〈공야장〉을 보면 공자의 제자 안회는 하나를 들으면 열을 안다고 해서 "문일지십聞一知十"이라는 칭송을 들었다. 그 반대는 '우이독경牛耳讀經'이다.

상례 7.9

공자께서는 상을 당한 사람 곁에서 식사를 하실 때는 일찍이 배부르신 적이 없었다.[23] 공자께서는 이날 곡을 하시면 노래를 부르지 않으셨다.[24]

子食於有喪者之側, 未嘗飽也. 子於是日哭則不歌.

용기와 만용 7.10

공자께서 안연에게 말씀하셨다.

"등용되면 나아가고 버려지면 숨는 것, 오직 나와 너만이 이같이

22) 원문의 "분憤"은 '화내다, 답답하다의 의미로 마음속에 눌러두는 것〔心求通而未得之意〕'을 말한다. 원문의 "계啓"는 '그 뜻을 열어줌〔開其意〕'을 말한다. 원문의 "비悱"는 '입안에서 말이 나올 듯하면서 나오지 않는 것〔口欲言而未能之貌〕'을 말한다. 정이천은 "분憤"과 "비悱"를 '성의가 안색과 말에 나타나는 것〔誠意之見於色辭者也〕'이라고 해석했다. 원문의 "발發"은 '그 말문을 열어줌〔達其辭〕'을 말한다. 원문의 "반反"은 '되돌려서 서로 증좌해 주는 것〔還以相證之義〕'을 말한다. 원문의 "복復"은 '다시 말해 주는 것〔再告〕'을 말한다.

23) 원문의 "유상자有喪者"란 '장례를 아직 치르지 않은 집의 상주喪主이다〔補曰有喪者, 謂未葬者之主人也〕'(정약용 설). 원문의 "미상포야未嘗飽也"는 '상喪에 임해 슬퍼하여 달게 먹을 수가 없어서이다〔臨喪哀, 不能甘也〕'(주희 설).

24) 원문의 "자어시일子於是日, 곡즉불가哭則不歌"에 대해 정약용은 "하루 동안에는 남은 슬픔이 잊혀지지 않아서 저절로 노래 부를 수 없는 것이다〔吊哭, 日之內, 余哀未忘, 自不能歌也〕". 원문의 "가歌"를 '말을 길게 하여 시를 읊조리는 것〔長言而誦詩〕'이라고 해석하면서 "슬픔과 즐거움을 같은 날에 하지 않는 것이 충忠〔哀樂不同日者忠也〕"이라고 하였다. 《예기禮記》〈단궁檀弓〉에, "조문하는 사람은 이날에 즐거워하지 않았고, 조문하러 가는 날에는 술을 마시지 않았고 고기를 먹지 않았다〔吊於人, 是日不樂, 行吊之日, 不飮酒食肉〕"고 하는 것에서 슬픔을 함께한 마음을 읽을 수 있다.

할 수 있을 것이다."[25]

자로가 여쭈었다.

"선생님께서 3군三軍[26]을 거느리신다면 누구와 함께하시겠습니까?"

공자께서 말씀하셨다.

"맨손으로 호랑이를 잡으려 하고 맨몸으로 강물을 건너려다 죽어도 후회하지 않을 사람이라면, 나는 [그런 사람과] 함께하지 않을 것이다. [내가 함께할 자는] 반드시 일에 임해서는 두려워할 줄 알고 계획을 잘 세워 성공하는 [그런] 사람이다."[27]

子謂顏淵曰: "用之則行, 舍之則藏, 惟我與爾有是夫." 子路曰: "子行三軍, 則誰與?" 子曰: "暴虎馮河, 死而無悔者, 吾不與也. 必也臨事而懼, 好謀而成者也."[28]

---

25) 공자가 생각하는 군자는 마음에 어떠한 집착이나 고집도 없이 전체 상황에 맞추어 무심히 대처하는 인물이다. 자기를 알아주는 이에게 등용되면 도道를 행하는 데 정치적 역량을 발휘하고, 등용되지 못하면 때를 기다릴 뿐이다. 공자는 이처럼 살 수 있는 사람은 자신과 안연뿐이라고 생각했다.

26) 당시 1군一軍은 1만 2천5백 명으로 구성되어 있었는데, 천자는 6군六軍을 거느릴 수 있었고, 제후 이상은 3군을, 제후 아래의 지위에 있는 자는 1군이나 2군二軍을 거느릴 수 있었다고 한다.

27) 공자의 이 대답에는 제자들에 대한 깊은 배려가 있다. 먼저 자로의 단점을 지적하고 나서, 보충해야 할 방향을 제시하여 자로의 인격 형성에 도움을 주려 한 것이다. 지나치게 용감하고 우직했던 자로는 사실 자존심도 매우 강하여 나중에 전쟁에 연루되자 "군자는 죽을지언정 갓을 벗지 않는다〔君子死而冠不免〕"라는 말을 남기고 갓끈을 묶으며 죽었다고 사마천은 기록하고 있다.

28) 원문의 "사舍"는 '버리다〔捨〕'의 의미이다. 원문의 "여與"는 '함께〔共〕'의 의미다. 원문의 "포호暴虎"는 '맨손으로 짐승을 잡는 것〔徒手搏獸〕'을 말한다. 원문의 "빙하馮河"는 '한날 배 없이 맨몸으로 건너는 것〔無舟渡水, 徒涉〕'을 말한다. 원문의 "구懼"는 '일을 공경한 것〔敬其事〕'이라고 해석하기도 하나(주희 설)

구할 수 없는 것이라면 7.11

공자께서 말씀하셨다.

"부富라는 것이 구할 수 있는 것이라면, 비록 채찍을 들고 길을 트는 자[29]라도 나는 또한 할 것이다.[30] 만일 구할 수 없는 것이라면, 나는 내가 좋아하는 일을 따르겠다."

子曰: "富而可求也, 雖執鞭之士, 吾亦爲之. 如不可求, 從吾所好."

삼가고 두려워하는 의미다. 원문의 "성成"은 '그 계책을 이룸'을 이른다〔成其謀〕. 자로가 아마도 이런 것들을 알지 못하는 것이어서 '그의 용맹을 누르는 가르침〔抑其勇〕'을 주는 장이다(주희 설).

29) 원문의 "집편지사執鞭之士"를 번역한 것인데, 대체로 채찍을 드는 천한 일을 하는 자 혹은 인사라는 번역이 무난하다. 사실 이 '집편지사'란 단어에는 두 가지 뜻이 있으니 하나는 천자나 제후가 출입할 때 가죽 채찍을 들고 길을 비키도록 하는 하급 관리를, 다른 하나는 가죽 채찍을 들고 시장의 질서를 유지하는 책임을 지고 있는 하급 관리를 일컫는다. 소식은 "성인이 일찍이 도를 구함에 마음을 두신 적이 없으니, 어찌 가능함과 불가능함을 따지겠는가? 이런 말씀을 하신 것은 다만 결코 구해서 될 수 없음을 밝히셨을 뿐이다〔聖人未嘗有意於求富也, 豈問其可不可哉? 為此語者, 特以明其決不可求爾〕"라 하고, 정현은 "[집편지사는 그냥 던진 말이고] 부귀를 구해서 얻을 수 없으니, 덕을 닦아서 그것을 얻는 데 뜻이 있다〔富貴不可求而得之, 當修德而得之〕"라고 한 것에 정약용은 반박하여 말하기를, "만약 벼슬할 만한 세상을 만난다면 미관말직이라도 해 보겠지만 벼슬해서는 안 되는 세상을 만나면 삼공三公으로써 부르더라도 도를 닦으며 스스로 즐기는 것만 같지 못하다〔其言若曰若當可仕之世則雖卑官末職, 吾當仕焉, 若當不可仕之世, 則雖召我以三公, 不如修道而自樂也〕"라고 하였다.

30) 공자의 말은 마치 "치질을 핥아 수레를 얻다〔舐痔得車〕"(《장자》〈열어구列禦寇〉)라는 말을 생각나게 한다. 이런 일화가 있다. "진나라 왕은 병이 나서 의사를 불러 종기를 터뜨려 고름을 뺀 자에게 수레 한 대를 주고, 치질을 핥아서 고치는 자에게는 수레 다섯 대를 준다더군. 치료하는 데가 더러운 곳으로 내려가면 내려갈수록 주는 수레가 많다는 거야. 그대도 그 치질을 고쳤는가? 수레가 정말 많군. 더러우니 당장 꺼져버리게!" 이 말처럼, 부자가 되는 과정은 더럽고 치사하여 욕되기도 하다. 장자의 말에 냉소가 배어 있듯 공자의 말에도 푸념이 배어 있다.

신중히 하신 세 가지 7.12

공자께서 신중하신 것은 재계[31]와 전쟁과 질병[32]이었다.

子之所愼, 齊戰疾.

석 달 동안 고기 맛을 모른 이유 7.13

공자께서 제나라에 계실 때 〈소韶〉(순임금의 음악)를 들으시고,[33] 석 달 동안 고기 맛을 알지 못하셨으며, 이렇게 말씀하셨다.

31) 제사 지내기 전에 몸과 마음을 가지런하게 하는 것으로, 원문의 "재齊"는 '재齋'와 같은 뜻이다. 〈향당〉 10.7에서 "재계할 때는 반드시 [평소에 드시던] 음식을 바꾸셨으며, 거처할 때에도 반드시 자리를 바꾸셨다〔齊必變食, 居必遷坐〕"라고 했는데, 바로 그런 의미다.

32) 주희는 "전쟁은 여러 사람의 사생과 국가의 존망이 달려 있다〔衆之死生, 國之存亡系焉〕"고 하였으며, "질병은 또 내 몸이 사느냐 죽느냐 보존되느냐 없어지느냐가 달려 있는 것이니 모두 조심하지 않을 수 없다〔疾又吾身之所以死生存亡者, 皆不可以不謹也〕"고 하였다.

33) 이 문장은《사기》의 〈공자세가〉에도 상당히 유사하게 실려 있다. 사마천에 따르면 당시 상황은 이러했다. "공자 나이 서른다섯 때의 일이다. 계평자는 후소백侯昭伯과 닭을 싸우게 하여 노나라 소공에게 죄를 지었다. 소공이 군대를 거느리고 평자를 공격하자 평자는 맹손씨, 숙손씨와 함께 세 가家의 힘을 합쳐 소공을 공격하니 소공의 군대는 패하여 제나라로 달아났고, 제나라는 소공을 간후乾侯에 살도록 했다. 그후 얼마 안 되어 노나라에 난이 발생했다. 공자가 제나라로 가 고소자高昭子의 가신이 되어 경공景公과 접촉하려고 했다. [공자는] 제나라 태사太師와 음악을 두고 얘기했는데 〈소韶〉 음악을 듣고는 그것을 배우느라〔學之〕 석 달 동안 고기 맛을 알지 못하셨다"고 했다. 여기에는 '학지學之'라는 두 글자가 더 있어 의미가 전혀 다르게 해석된다. 이 시기에 경공은 이계尼谿라는 밭을 주어 공자를 봉하려고 했으나, 공교롭게도 공자가 평소 존경했던 재상 안영이 반대하는 바람에 실현되지는 않았다.

"음악을 지은 것이 이런 경지까지 이를 줄은 생각지도 못했다."[34)]

子在齊聞韶, 三月不知肉味, 曰: "不圖爲樂之至於斯也."

인을 추구하여 인을 얻은 백이와 숙제 7.14

염유가 말했다.

"선생님께서 위나라 임금[35)]을 위해 [벼슬을] 하실까요?"

자공이 말했다.

"좋습니다, 내가 여쭤보도록 하지요."

그는 들어가서 여쭈었다.

"백이와 숙제는 어떤 사람입니까?"

[공자께서] 말씀하셨다.

"옛날의 현인이시다."

34) 이 문장에서 "위爲"는 '만들다'는 의미이고 "사斯"는 상당한 수준의 경지를 의미하는데 주희의 견해에 따른 것이다. 즉 내용과 형식이 완벽하게 잘 갖추어져 있다는 말이다. 한편 황간은 이 "사斯"를 '제나라'라고 해석하여 천자의 음악인 〈소韶〉가 제후의 나라인 제나라에서 연주되는 것을 공자가 슬퍼하였다고 하였다.

35) 출공出公을 가리키며 이름은 첩輒이다. 위나라 영공靈公의 손자이고 태자 괴외蒯聵의 아들이다. 태자 괴외가 영공의 부인인 남자南子에게 죄를 지어 진晉나라로 도망갔는데, 영공이 죽자 출공이 임금이 되었다. 진晉나라의 조간자趙簡子 또한 괴외를 돌려보내는 일을 빌미로 위나라를 침략했다. 위나라는 진나라 군대를 방어하기 위해 괴외의 귀국을 막게 된다. 결국 괴외와 첩이 부자 관계인데도 왕위를 두고 싸우고 있으니 백이와 숙제가 왕위 자리를 포기하고 수양산에 들어간 상황과는 대조가 되는 것이다. 그러므로 자공은 공자의 관점이 어떤지 여쭈어본 것인데, 공자는 당연히 백이와 숙제를 찬미했으니 출공을 인정할 리 없었던 것이다.

"원망했습니까?"

[공자께서] 말씀하셨다.

"인을 추구하여 인을 얻었는데, 또 무엇을 원망했겠느냐?"

[자공이] 나와서 말했다.

"선생님께서는 [위나라 임금을 위해 벼슬]하지 않으실 겁니다."

冉有曰: "夫子爲衛君乎?" 子貢曰: "諾. 吾將問之." 入, 曰: "伯夷叔齊何人也?" 曰: "古之賢人也." 曰: "怨乎?" 曰: "求仁而得仁, 又何怨?" 出, 曰: "夫子不爲也."

뜬구름과 같은 것 7.15

공자께서 말씀하셨다.

"거친 밥[36]을 먹고 [차가운] 물을 마시며, 팔을 굽혀 그것을 베개로 삼으면 즐거움도 그 속에 있다. 의롭지 못하고 잘살고 귀하게 되는 것은 나에게는 뜬구름만 같은 것이다.[37]"

---

36) 원문의 "소사疏食"에는 '잡곡'이란 의미와 주희의 풀이처럼 '거친 밥(麤飯)'이란 두 가지 의미가 있는데, 역자는 후자를 택한다. 정이천은 "거친 밥을 먹고 물을 마심을 즐거워한 것이 아니라, 비록 거친 밥을 먹고 물을 마시더라도 그 즐거움을 고칠 수 없는 것이다(非樂疏食飮水也, 雖疏食飮水, 不能改其樂也)"라고 하였다.

37) 주희는 "성인의 마음은 천리에 합치되어 비록 지극히 곤궁함에 처하더라도 낙樂이 또한 있지 않음이 없다. 그 의롭지 못한 부귀 보기를 마치 뜬구름이 있고 없는 것처럼 여겨 막연해서 그 마음에 동요됨이 없는 것이다(聖人之心, 渾然天理, 雖處困極, 而樂亦無不在焉. 其視不義之富貴, 如浮雲之無有, 漠然無所動於其中也)"라고 해석하였다.

子曰: "飯疏食, 飮水, 曲肱而枕之, 樂亦在其中矣, 不義而富且貴, 於我如浮雲."

《역》을 배운다면 7.16

공자께서 말씀하셨다.

"나에게 몇 년을 더 보태주어 50세가 될 때까지 《역》[38]을 배우게 된다면 [천명을 알아] 큰 허물을 없게 할 것이다."

子曰: "加我數年, 五十以學易, 可以無大過矣."[39]

---

38) 원문에서 핵심 단어인 "역易"이 '역亦'으로 되어 있어 이 문장을 "50세가 될 때까지 공부한다면"으로 해석해야 한다는 완원阮元의 견해가 있었다. 역자는 여기서 주희의 해석에 따라 원문 그대로 해석했다. 김학주는 완원의 해석도 타당하다고 보았는데, 역자는 공자가 《역易》에 능했고 열심히 읽었다는 사실을 주목해야 할 필요가 있다고 본다. 공자가 나이 50세에 《역》을 배웠을 뿐만 아니라 천명을 알았다는 것은 결코 우연의 일치가 아니다. 《사기》의 〈중니제자열전〉에 나오는 다음과 같은 대목을 참고해보자. "상구商瞿는 노나라 사람으로 자는 자목子木이고 공자보다 스물아홉 살 아래이다. 공자는 《역》을 상구에게 전수하였고, 상구는 그것을 초나라 사람 한비자홍韓臂子弘에게 전수하였으며, 한비자홍은 강동江東 사람 교자용자矯子庸疵에게 전수하였고, 교자용자는 연나라 사람 주자가수周子家豎에게 전수하였으며, 주자가수는 순우淳于 사람 광자승우光子乘羽에게 전수하였고, 광자승우는 제나라 사람 전자장하田子莊何에게 전수하였으며, 전자장하는 동무東武 사람 왕자중동王子中同에게 전수하였고, 왕자중동은 치천菑川 사람 양하楊何에게 전수하였으며, 양하는 원삭元朔 연간에 《역》에 능통하다 하여 중대부中大夫에 임명되었다." 이렇게 본다면 이 문장에서 "역易" 자는 결코 빠뜨려서는 안 될 중요한 글자임을 알 수 있다.

39) 원문의 "가加"를 '가假'로 보아 "몇 년의 수명을 빌려주어 이와 같이 하면 내가 역에 빈빈할 것이다(假我數年, 若是我於易則彬彬矣)"라고 해석하기도 하고, 주희는 "오십五十"을 '졸卒'로 보아 '마침내'로 해석하기도 한다. 이 구절은 역을 배워 천명을 알고 진퇴의 고리를 터득하고 순리대로 살며 무리수를 두지 않으니 큰 허물이 없다는 것이다.

표준말을 쓴 공자 7.17

공자께서 표준말[40]로 삼으신 것은 《시경》과 《서경》이었다. 예를 집행하실 때는 모두 표준말을 쓰셨다.

子所雅言, 詩書. 執禮, 皆雅言也.

자로의 묵묵부답에 화를 내다 7.18

섭공[41]이 자로에게 공자에 대해 물었는데, 자로는 대답하지 않았다. [이 사실을 알고] 공자께서 말씀하셨다.

"너는 어찌하여 '그분은 사람됨이 분이 일어나면 먹는 것도 잊어버리고 [도를] 즐거워하며 근심을 잊어[42], 늙음이 장차 다가오는 것마저 알지 못한다'라고 말하지 않았느냐?"

葉公問孔子於子路, 子路不對. 子曰: "女奚不曰 '其爲人也, 發憤忘食, 樂以忘憂, 不知老之將至云爾?'"

---

40) 원문의 "아언雅言"을 번역한 것인데, '평소에 말씀하시는 것'이라고 번역하기도 한다(주희 설). 이렇게 되면 오히려 표준말이 아니고 방언의 의미로 해석되어 타당성이 떨어진다. 보충하면 여기서 "아언"은 '정언正言'의 의미로 바로 '하언夏言'이고 하언은 고대의 표준어다. 공자가 예를 집행할 때 쓰는 말은 모두 당시의 표준어였을 것이고, 《시》와 《서》를 낭송할 때도 표준어로 했을 것이다.

41) 초나라 대부로 자는 자고子高이고 이름은 심제량沈諸梁이다. 섭 땅에 봉해졌기 때문에 이렇게 불렸다. 그가 공자를 만난 시기는 공자 나이 60세가 좀 넘은 때로 보인다.

42) 원문의 "발분망식發憤忘食, 낙이망우樂以忘憂"를 번역한 것으로, '진리를 터득하지 못하면 분발하여 먹는 것도 잊는다〔未得, 則發憤而忘食〕'는 뜻이고, '이미 터득하면 즐거워하여 근심을 잊는다〔已得, 則樂之而忘憂〕'는 말이다(주희 설).

공자의 자부심 7.19

공자께서 말씀하셨다.

"나는 태어나면서부터 [세상의 이치를] 아는 사람이 아니라, 옛것을 좋아하고 부지런히 아는 것을 추구한 사람이다."

子曰: "我非生而知之者,[43] 好古敏以求之者也."[44]

입에 올리지 않은 네 가지 7.20

공자께서는 괴이한 일, 위세 부리는 일, 어지럽히는 일, 귀신에 관한 일에 대해서는 말씀하시지 않았다.[45]

子不語怪力亂神.

---

43) 주희는 이 말의 의미를 풀이하여 "기질이 맑고 밝으며 의리義理가 밝게 드러나 굳이 배우지 않아도 저절로 아는 것〔氣質清明義理昭著不待學而知〕"이라고 했다. 한편, 이 문장은 한유의 "사람이 나면서 그것(도)을 알 수는 없는데, 어찌 미혹이 없겠는가?〔人非生而知之者, 孰能無惑?〕"(《한창려문집韓昌黎文集》〈사설師說〉)라는 글에도 나온다. 정약용은 "대개 어려서부터 장성할 때까지 그 몸을 닦고 행실을 단속하는 것이 하나하나가 모두 예법에 맞아 배우지 않아도 능한 자임을 말한다〔蓋謂自幼至長, 其修身飭行, 動中禮法, 不學而能者也〕"고 하였다.

44) 〈계씨〉 16.9와 비교해서 읽어보아야 한다. 사실 공자는 배우기 좋아하는 것과 배우기 좋아하지 않는 것을 기준으로 하여 사람의 지력을 네 가지 등급으로 나누었다. "나면서부터 아는 자〔生而知之者〕"가 상급이고, "배워서 아는 자〔學而知之者〕"가 중상급이고, "곤란을 겪고 나서 배우는 자〔困而學之者〕"가 중하급이고, "곤란을 겪고 나서도 배우지 않는 자〔困而不學者〕"가 하급이다. 공자는 자신이 상급이 아니라고 했으며, 다만 배우기를 좋아한다는 점을 인정했다.

45) 공자는 귀신과 같은 불가사의한 존재에 의지하기를 싫어했다. 현실 세계에서의 도덕적 성숙과 인간성을 갖추는 것을 중시했다. 공자는 평생 군신君臣, 부자父子, 부부夫婦 등을 중심으로 한 윤리 도덕을 역설했다.

누구나 스승이 될 수 있다 7.21

공자께서 말씀하셨다.

"세 사람이 길을 가면, [그 가운데] 반드시 나의 스승이 있다. 그 가운데 좋은 것을 가려서 그 점을 따르고 그 가운데 좋지 않은 점[46]을 [가려서] 그 점을 고친다."

子曰: "三人行, 必有我師焉. 擇其善者而從之, 其不善者而改之."

덕이 있기에 두렵지 않다 7.22

공자께서 말씀하셨다.

"하늘이 나에게 덕을 주었는데, 환퇴[47] 같은 자가 나를 어떻게 하겠느냐?"[48]

子曰: "天生德於予, 桓魋其如予何?"

46) 원문의 "선자善者"와 "불선자不善者"를 번역한 것으로, '장점과 단점'으로 보기도 하고, '좋은 일과 나쁜 일', '착한 사람과 악한 사람'으로 해석하기도 한다.

47) 송나라 사마司馬인 환퇴를 말한다. 사마환퇴가 못된 짓을 한 것은 기원전 492년 공자 나이 60세에 송나라를 지나갔을 때이다. 공자가 커다란 나무 아래서 강의하고 있을 때 사마환퇴가 사람을 보내 강의하고 있던 곳을 휘저어놓고 사람들에게 나무를 넘어뜨리도록 했다. 사마환퇴는 사마우의 형제였는데, 공교롭게도 사마우는 공자의 제자이기도 했다. 물론 사마우는 사마환퇴의 난(기원전 481)에 가담하지 않았으며 〈안연〉 12.5에서 자신만이 형제가 없다고 했는데 그런 맥락에서 나온 말이다.

숨기는 게 없다 7.23

공자께서 말씀하셨다.

"너희는 내가 숨기는 게 있다고 생각하느냐? 나는 너희에게 숨기는 게 없다. 나는 [어떤 일을] 행하면서 너희와 함께하지 않는 것이 없으니, 이것이 바로 나 구丘다.[49]"

子曰: "二三子以我爲隱乎? 吾無隱乎爾. 吾無行而不與二三子者, 是丘也."

네 가지 가르침 7.24

선생님께서는 네 가지를 가르치셨으니 문헌, 덕행, 충심, 신의였다.[50]

子以四敎, 文行忠信.

48) 〈자한〉 9.5의 "공자께서 광 땅에서 두려움을 갖게 되자[子畏於匡]"와 맥락이 연관된다. 공자의 목숨을 노리는 자들이 많았는데, 본문에서처럼 강하게 자신을 어필하고 있는 것을 보면 공자 자신도 충격이 컸음을 알 수 있고, 공자의 자부심 또한 대단했음을 볼 수 있다.

49) 정약용은 "공자 스스로 자신을 실증하여 한 말이다. 자신의 이름을 말함으로써 자신이 한 일이 명백함을 나타낸 것이다[自證自明之辭, 說其名, 以著己事之明白]"라고 하였다.

50) 원문의 "문행충신文行忠信"을 번역한 것으로, "문文"은 선왕이 남긴 문헌이고, "행行"은 마음에 있으면 덕이 되어 시행하면 행동이 되는 것이고, "충忠"은 자신을 속이지 않는 것이며, "신信"은 사람의 말에 속임이 없는 것을 말한다.

한결같은 사람 7.25

공자께서 말씀하셨다.

"성인은, 내가 만나보지 못하는구나. 군자라도 만나볼 수 있다면, 그것만으로 좋겠다."

공자께서 말씀하셨다.

"선한 사람은 내가 만나보지 못하는구나. 한결같은 사람[51]을 만나볼 수 있다면, 그것으로 좋겠다. 없으면서 있는 척하고, 비었으면서도 가득 차 있는 척하며, 곤궁하면서도 부자인 척하니, 어렵구나, 한결같음을 지닌다는 것이!"

子曰: "聖人, 吾不得而見之矣. 得見君子者, 斯可矣." 子曰: "善人,[52] 吾不得而見之矣. 得見有恆者, 斯可矣. 亡而爲有, 虛而爲盈, 約而爲泰, 難乎有恆矣!"

---

51) 원문의 "유항자有恆者"를 번역한 것으로, 그 덕은 선인에 비해 떨어지지만 헛된 망상을 갖고 있지 않고, 교묘함이나 거짓이 없이 떳떳함을 지키고 변함없는 마음을 지닌 자를 말한다.

52) "선인善人"이란 단어는《논어》에 다섯 번 나오니, 이곳 외에 〈선진〉 11.19, 〈자로〉 13.11, 〈자로〉 13.29, 〈요왈〉 20.1 등에서 찾아볼 수 있다. 모두 "선한 사람"으로 번역한다.

낚시와 사냥의 도 7.26

공자께서는 낚시질은 하셔도 그물질은 하지 않으셨고, 주살질은 하셔도 [둥지에] 잠든 새는 쏘아 맞추지 않으셨다.[53)]

子釣而不綱, 弋不射宿.

아는 것에 버금가는 것 7.27

공자께서 말씀하셨다.

"아마도 알지 못하면서도 창작하는 자가 있겠지만, 나는 그런 적이 없다. 많이 듣고 그 가운데 좋은 것을 선택하여 따르고, 많이 보고 그것을 [마음에] 새기면, [이것이] 아는 것에 버금가는 일이다."

子曰: "蓋有不知而作之者, 我無是也. 多聞, 擇其善者而從之. 多見而識之, 知之次也."

53) 형병은 "공자는 비록 주살로 쏘았으나, 다만 낮에만 쏘고 밤에 쏘지 않은 것은 잠자러 둥지로 돌아온 새들을 속여서 몰래 맞추고, 또 뭇새를 놀라게 하기 때문〔夫子雖爲弋射, 但晝日爲之, 不夜射栖鳥也, 爲其欺暗必中, 且驚衆也〕"이라 하였다. 미물微物을 대하는 것이 이와 같으니 공자의 인성을 알 수 있는 대목이다.

공자를 찾아온 아이 7.28

호향[54] 사람들은 더불어 말하기 어려웠는데, [그곳의] 어린아이가 [공자를] 뵈러 오자, 문하생들이 의아하게 생각했다.

공자께서 말씀하셨다.

"진보하려는 자와는 함께하고 퇴보하려는 자와는 함께하지 않는 것이 무엇이 지나친가![55] 사람이 자신을 깨끗이 하여 나아가면 [우리는] 그의 깨끗함과 함께하면 되지, 그의 지난 일을 물고 늘어질 수는 없다[56]."

互鄕難與言, 童子見, 門人惑. 子曰: "與其進也, 不與其退也, 唯何甚. 人潔己以進, 與其潔也, 不保其往也."

인은 가까운 데 있거늘 7.29

공자께서 말씀하셨다.

"인仁이 멀리 있는가? 내가 인을 행하려 하면 인은 바로 [나에게] 다가온다."[57]

---

54) "호향互鄕"은 마을 이름으로 이 마을의 분위기가 좋지 않았다고 한다.

55) 원문의 "유하심唯何甚"을 번역한 것으로, '내 행동이 무엇이 지나친 것인가' 또는 '내게 너희들이 무엇을 그리 심하게 따지는가' 의 두 가지 해석이 가능하다.

56) 원문의 "불보기왕야不保其往也"를 번역한 것으로, 어린아이의 지난 날이든 공자가 그 아이를 만난 일이든 그 자체에 집착하지 않는다는 뜻이다. 아이 스스로는 괴팍한 호향 사람들과의 관계를 끊고 공자의 가르침을 선택한 것이고, 공자는 출신 성분을 따지지 않고 제자를 받아들이는 너른 관용을 보여주는 구절이다.

子曰: "仁遠乎哉. 我欲仁, 斯仁至矣."

노나라 군주를 위하다 7.30

진陳나라의 사패(법을 관장하는 벼슬이라고 알려져 있다)가 물었다.

"[노나라 임금] 소공은 예를 아시는 분입니까?"

공자께서 말씀하셨다.

"예를 아시는 분입니다."

공자께서 물러나시자, 무마기[58]에게 예를 표하며 들어오게 하고는 말했다.

"나는 군자는 편을 가르지 않는다고 들었는데, 군자도 편을 가릅니까?[59] [노나라] 임금(소공)은 오吳씨를 아내로 맞이했는데[60] 성이 같기 때문에 그녀를 오맹자라고 하였습니다. 이런 임금이 예를 안다면 누가 예를 모르겠습니까?"

무마기가 그 말을 알려주자, 공자께서 말씀하셨다.

"나는 운이 있구나. 만약 [나에게] 허물이 있어도 남이 그러한 점을 반드시 알려준다."

---

57) 이 문장은 '인은 나에게 달려 있다(爲仁由己)'는 뜻으로, 공자의 자부심인 동시에 제자들에게 하는 당부이자 다짐의 말이기도 하다.

58) 공자보다 30세 연하의 제자이며 무의巫醫로 보인다.

59) 여기서 사패는 공자가 노군을 위해 주군의 치부를 숨겼다고 비판한 것이다. 그는 공자의 이런 태도가 '당동벌이黨同伐異'(같은 무리끼리 한패가 되어 다른 무리를 배척하는 것)라고 보았다. 자기 편 사람이면 비록 허물이 있어도 다 좋게 보는 패거리 문화의 악습이라고 생각한 것이다. 〈위령공〉 15.21의 "무리를 이루지만 파벌을 만들지는 않는다"는 문장과 같은 맥락이다. 하지만 공자는 허물을 무릅쓰고서라도 신하된 자로서 당연히 주군을 보호해야 한다고 생각했다.

陳司敗問: "昭公知禮乎?" 孔子曰: "知禮." 孔子退, 揖巫馬期而進之,

曰: "吾聞君子不黨, 君子亦黨乎? 君取於吳, 爲同姓, 謂之吳孟子.

君而知禮, 孰不知禮?" 巫馬期以告.

子曰: "丘也幸. 苟有過, 人必知之."

공자의 노래 부르기 7.31

공자께서는 다른 사람과 노래를 함께 하시다가 [그 사람이] 잘하면, 반드시 반복하도록 하시고 그런 다음에 따라 부르셨다.

子與人歌而善, 必使反之, 而後和之.[61]

---

60) 원문의 "취取"는 곧 '취娶'로서 '아내로 맞이하다'라는 뜻이다. 노나라는 주공의 후예가 세운 나라이고, 오나라는 태백의 후예가 세운 나라로서 그들이 모두 희씨성姬氏姓이었기 때문에 통혼해서는 안 되었다. 이런 금기가 춘추 시대에 들어서면서 다소 느슨해져 진晉나라에서는 융녀戎女를 아내로 맞이했고, 노나라에서는 오녀吳女를 아내로 맞이했다. 이런 일은 여전히 그렇게 영예로운 것이 아니었다. 그래서 노나라 소공은 자기 부인을 오희吳姬라고 부르기를 원치 않았기 때문에 오맹자吳孟子라고 불렀고 이에 대해 사패는 오나라에서 오희를 아내로 맞이한 것이 바로 예를 몰라도 한참 모르는 행위라고 한 것이다. 공자가 소공을 위해 이런 사실을 은폐한 것은 사리에 맞지 않는다고 생각하여 이렇게 말한 것이다.

61) 원문의 "반反"은 '반복하다, 복창하다'의 뜻이다. '잘한 부분을 다시 부르게 하여 잘한 점을 취한 것〔欲得其詳而取其善也〕'이다. 원문의 "화和"는 '그 자세한 것의 묘미를 터득하고자〔喜得其詳而與其善也〕' 하는 행동이다. 이는 공자가 상대방의 훌륭한 점을 인정했기에 가능한 것으로 공자의 마음 씀씀이와 공부에 대한 열정이 드러난 구절이다.

공자가 터득하지 못한 것 7.32

공자께서 말씀하셨다.

"문장은 나는 다른 사람과 같지는 않을 것이다.[62] [그러나] 몸소 군자의 도를 실천하는 것은 내가 아직 터득하지 못했다."

子曰: "文莫,[63] 吾猶人也. 躬行君子, 則吾未之有得."

성스러움과 인仁 7.33

공자께서 말씀하셨다.

"성스러움과 인 같은 것을 내가 어떻게 감당할 수 있겠느냐?[64] 하지만 그런 것들을 [추구]하는 데 싫증내지 않고, 다른 사람 가르치는 것을 게을리하지 않는다고 말할 수 있을 뿐이다."

공서화가 말씀드렸다.

"[그 점이] 바로 [저희] 제자들로서는 배울 수 없는 것입니다."[65]

62) 원문의 "문막文莫, 오유인야吾猶人也"를 번역한 것인데, 남보다 뛰어나지는 못해도 남들과 비슷한 수준은 되거나 남들보다 못하지는 않은 수준을 말한다.

63) "문막文莫"이란 단어 역시 다양한 해석이 있다. 하안은 "문장은 [남보다] 못하다"고 해석했고, 주희는 "막莫"을 의문사로 보아서 "문장은 [남과 같은 수준이] 안 되는가"라는 의미로 풀이했으며, 왕인지도 동의하여 "문장은 [남과] 같은 수준이다"라고 해석했다. 유보남은 "노력하는 것은 남과 같다"라고 해석하면서 독음도 "민막忞饃"으로 읽어야 한다고 했고 리링 역시 이 견해에 동의하고 있다. 역자는 주희 설에 동의한다. 한편 이을호는 "학문쯤이야 나도 왜 남만 못할까마는"이라고 번역하기도 했다.

64) 원문의 "성聖"과 "인仁"은 대인大人으로 변한 경지를 이른다. 북송의 조설지는 "사람들이 공자를 인자로 떠받드니 공자가 겸손하게 대답하는 말(當時有稱夫子聖且仁者, 以故夫子辭之)"이라고 하였다.

子曰: "若聖與仁, 則吾豈敢? 抑爲之不厭, 誨人不倦,[66) 則可謂云爾已矣." 公西華曰: "正唯弟子不能學也."

자로의 기도 7.34

공자께서 중병[67)]이 나시자 자로가 기도할 것을 청했다.

공자께서 말씀하셨다.

"[그런 적이] 있느냐?"[68)]

자로가 대답했다.

"있습니다. 추모하는 글에 '너를 위해 하늘과 땅의 신에게 기도하노라'[69)]라고 했습니다."

65) 공서화는 언변이 뛰어난 공자의 제자이다. 여기서도 공자님의 경지를 제자로서 따라가 미칠 수 없으며 배울 엄두조차 낼 수 없다는 아부성 발언을 하고 있다. 그러나 공자의 이러한 실천력은 오늘날의 우리에게도 좋은 귀감이 되는 것은 분명하다.

66) 이 문장의 "위지불염爲之不厭, 회인불권誨人不倦" 두 구절은 이미 〈술이〉 7.2에서 "배우는 데 싫증 내지 않고, 남을 가르치는 데 게을리하지 않는 것〔學而不厭, 誨人不倦〕"이라는 문장으로 나온 바 있다. 비슷한 문장이 《맹자》〈공손추상〉에도 나와 있으니 다음과 같다. "옛날에 자공이 공자에게 여쭈었다. '선생님께서는 성인이십니까?' 공자께서 말씀하셨다. '성인이란 내가 할 수 있는 것이 아니니, 나는 배우기를 싫어하지 않고 가르치기를 피곤해하지 않는다〔昔者子貢問於孔子曰, 夫子聖矣乎. 孔子曰, 聖則吾不能, 我學不厭而教不倦也〕'".

67) 원문의 "질병疾病"은 오늘날의 한자어와는 다르게 중병을 의미한다. 흔한 잔병을 '질疾'이라 하고, 중병을 '병病'이라 했으며 이 두 글자를 합하면 중병을 의미했다.

68) 원문의 "저諸"는 '지호之乎'의 약자로 "유저有諸"는 '그런 일이 있었는가'의 뜻으로, 공자는 병을 운명으로 생각하고 있으며 잘못한 일이 없으니, 굳이 기도하여 빌 것이 없다며 부정적인 반응을 보이고 있는 것이다.

69) 원문의 "뢰誄"는 사람이 죽고 나서 그의 공적을 열거한 문장이다. "상하신기上下神祇"는 '위의 하늘 신〔神〕과 아래 땅의 신〔祇〕'이라는 뜻이다.

공자께서 말씀하셨다.

"나도 [그런] 기도를 드린 지 오래되었구나."[70]

子疾病, 子路請禱. 子曰: "有諸?" 子路對曰: "有之. 誄曰 '禱爾于上下神祇.'" 子曰: "丘之禱久矣."

사치보다는 검소 7.35

공자께서 말씀하셨다.

"사치스러우면 불손해지고[71], 검소하게 되면 고루해진다. 불손하기보다는 차라리 고루하라."

子曰: "奢則不孫, 儉則固. 與其不孫也, 寧固."[72]

70) 이 문장은 〈팔일〉 3.13의 "하늘에 죄를 지으면 빌 곳이 없습니다(獲罪於天, 無所禱也)"라는 문장과 함께 읽으면 의미가 분명히 다가온다. 공자에게 하늘이란 절대적 가치를 지닌 신성불가침의 영역이었다. 주희는 "기도는 잘못을 뉘우치고 선善에 옮겨가(遷善) 신神의 도움을 받으려고 비는 것으로 평소의 행실이 진실로 이미 신명神明에 합한다면 기도를 일삼을 일이 없다(其素行, 固已合於神明)"고 하였다. 공자가 기도하지 않고 훌훌 털고 일어났다고는 하지만 스승을 걱정하는 자로의 마음에 공감해주는 공자의 인품이 느껴지며, 공자가 기도 대상을 찾고 있는 솔직한 심경으로도 보여진다.

71) 원문의 "불손不孫"은 '불손不遜'과 같은 의미로 겸손하지 않다는 말이다.

72) 원문의 "고固"는 '고루固陋하다'는 뜻으로 고집이 세고 새로운 것을 잘 받아들이지 않는 것을 말한다. 원문의 "여기與其~녕寧~"은 '~라기보다는 차라리~하다'라는 구문이다.

군자와 소인의 차이 7.36

공자께서 말씀하셨다.

"군자는 평탄하여 여유가 있고[73], 소인은 늘 걱정에 휩싸여 있다.[74]"

子曰: "君子坦蕩蕩, 小人長戚戚."

73) 원문의 "탄탕탕坦蕩蕩"을 번역한 것으로, "탄坦"은 '평탄하다'는 뜻으로 마음이 고요하고 편안하다는 것이다. "탕蕩"은 '넓다'는 뜻으로 여유롭고 관대한 모습이다. 군자는 스스로 천명을 거스르지 않고 이치를 따르므로 항상 편안하고 태평하며〔君子循理, 故常舒泰〕 매사에 열린 자세로 여유가 있다. 증자의 "마음이 넓고 몸이 너그러운 모양〔心廣體仹〕"과 통한다.

74) 원문의 "장척척長戚戚"을 번역한 것으로, "장長"은 '늘, 항상, 길게'의 뜻이다. "척척戚戚"은 근심과 두려움이 많은 모습이다. 소인은 사물에 의해 부림을 당하므로 항상 근심이 많다. 군자는 자신을 위해서 주체적으로 사는데 소인은 외부의 시선에 집중되어 있어 안타깝다는 것이다.

공자의 풍도 7.37

공자께서는 온화하면서도 엄숙하셨고[75], 위엄이 있으면서도 사납지 않으셨으며, 공손하면서도 편안하셨다.[76]

子溫而厲, 威而不猛, 恭而安.

75) 원문의 "려厲"는 사납다는 뜻으로 《역易》에서는 '위태롭다〔危〕'로 본다. 높고 험준한 것, 위엄 있고 엄준한 위상을 말한다. 〈자장〉 19.9에 군자의 세 모습을 "그를 멀리서 보면 근엄한 모습이고, 그를 가까이에서 보면 온화하며 그의 말을 들으면 엄정하다〔望之儼然, 卽之也溫, 聽其言也厲〕"고 한 것과 통한다. "온溫"은 안색이 온화한 것이고, "려厲"는 음성이 엄한 것이다.

76) 이처럼 공자는 여유가 있었다. 자신감이 있는 사람은 여유가 있다. 또한 외유내강해야 한다. 사람은 온화하면서도 엄격할 땐 엄격해야 하며 위엄이 있으되 지나치지 말아야 하며 항상 거만하지 말고 공손해야 한다는 뜻이며 이는 엄격한 자기관리를 통해 터득하는 것이다. 원문에서 "온溫, 려厲", "위威, 맹猛", "공恭, 안安"이라는 상반된 의미를 두어서 공자의 균형과 중용을 지향하는 풍도를 알 수 있으며, 그의 학문이 '위기지학爲己之學'임을 입증하고 있다. '널리 알 뿐만 아니라 깊게도 알고〔博而精〕' 세심하면서도 대범하며 이성적이면서 감성적인 것처럼 대립적 가치가 혼연일체하는 공자의 총체적 이미지를 볼 수 있다.

제8편

태백泰伯

–성현의 덕행과 공자의 정치관

【해설】

〈태백〉 편은 21장이며, 예악이나 효, 인, 덕행, 군자의 품격 등 성현의 덕행과 관련된 공자의 어록이 많다. 증자의 문인들이 기록했다는 설이 있을 정도로 증자와 관련된 언행도 상세히 기록되어 있다. 후반부에는 고대의 이상적 군주인 요·순·우 임금에 대한 공자의 정치적 평가가 여러 차례 나와, 공자가 추구하는 이상 정치의 지향점이 바로 주나라에 있음을 되새기게 된다.

첫머리부터 공자는 세 번이나 천하를 양보한 태백의 덕을 칭송하면서, 용감하든 정직하든 모든 것의 중심에 예가 있어야 한다는 점을 강조하고 있다. 3장의 "전전긍긍戰戰兢兢"도 증자에 의해 널리 알려진 말이다. 증자가 인정한 안회의 덕은 남들 앞에 나서지 않고 묵묵히 자신의 일을 하면서 어딘지 좀 모자라 보이는 매력이 있었기 때문이라는 사실을 강조하고 있다.

이 편에서 가장 주의해 볼 말은 9장에서 "백성은 [도리를] 따르게 할 수는 있지만, 그것(도리)을 [백성들로 하여금] 알게 할 수는 없다"는 구절로, 백성들의 참정권을 부정한 대목이다. 이는 당시의 상황을 고려해 본다면 크게 이상할 것도 없지만 공자 사상에 엘리트주의가 깃들어 있음을 나타낸다는 논의가 있다.

"그 직위에 있지 않으면 그 [해당되는] 정무를 논의하지 않는다"(14장)는 말도 한번 생각해볼 만한 명구다. 후반부의 요임금을 평가한 말이라든지, 순임금과 무왕의 존재 이유가 훌륭한 신하들 덕분이라는 언급은 오늘날 읽어보아도 새롭다.

세 번이나 양보한 태백 8.1

공자께서 말씀하셨다.

"태백[1]은 아마 지극한 덕을 지녔을 것이라고 할 만하다! 세 번이나 천하[2]를 [동생에게] 양보했는데[3], 백성들은 [그 덕을 무슨 말로] 칭송할 방법이 없었다."

子曰: "泰伯, 其可謂至德也已矣! 三以天下讓, 民無得而稱焉."[4]

---

1) 주나라 태왕太王의 맏아들로, 왕위를 셋째 아들에게 물려주려는 아버지의 뜻에 따르고 오나라로 갔기 때문에 '오태백吳泰伯(혹은 吳太伯)'이라고 부른다. 《사기》〈오태백세가〉에 이렇게 기록되어 있다. "오태백과 태백의 동생 중옹仲雍은 모두 주周나라 태왕太王의 아들이며, 주나라 왕 계력季歷의 형이다. 계력은 어질었으며 [그에게는] 성스러운 아들 창昌(주나라 문왕文王이 됨)이 있었다. 태왕이 계력과 창에게 임금의 자리를 물려주려 하자, 태백과 중옹 두 사람은 곧 형만荊蠻, 즉 오랑캐 땅으로 달아나 몸에 문신을 새기고 머리카락을 잘라 왕이 될 수 없음을 보여주면서 계력을 피했다. 결국 계력이 임금의 자리에 올랐으니 이 사람이 왕 계季이고, 창은 문왕文王이 된다. 태백은 형만으로 달아나 스스로 구오句吳라고 일컬었다. 형만 사람들은 그를 정의로운 사람으로 여겼고, 그를 좇아 귀의한 자가 1천여 가구나 되었으며 그를 임금으로 세워 오태백이라고 했다."

2) 원문의 "천하天下"를 번역한 것으로, 당시 주 왕실은 작은 부락 정도에 불과했으므로, 천하라는 말은 분명 과장된 표현이다. 물론 나중에 중원을 주周 왕실이 통일했으니 이를 염두에 둔 말이라고 볼 수 있다는 견해도 있다(양보쥔 설).

3) "양보했다[讓]"는 이유로 오태백은 사마천의《사기세가》첫머리에 등장하게 된다. "태백이 계력에게 양위한 것을 아름답게 여겨"〈태사공자서〉를 지었다고 했듯 사마천은 '양보'라는 단어를 핵심으로 하여 오태백과 그가 창건한 오나라에 관해 이야기하고자 한 것이다. 태왕이 병들었을 때 태백은 병에 쓰려고 오·월에 약초를 캐러 가서 태왕이 죽어도 돌아오지 않아 계력季歷이 상주가 되었던 것이 그 첫 번째 사양이고, 계력은 부음訃音을 받고 달려왔는데 태백은 분상奔喪하지 않았던 것이 그 두 번째 사양이며, 면상免喪한 뒤에 드디어 머리를 자르고 몸에 문신한 것이 그 세 번째 사양이다(정현 설).

4) "민무득이칭언民無得而稱焉"이란 문장을 주의 깊게 살펴볼 필요가 있다.《석문》에는 "득得"이 '덕德'이라고 적혀 있는데 옛날 책에서 '득'과 '덕'은 자주 가

예가 우선이다 8.2

공자께서 말씀하셨다.

"공손하면서도 예가 없으면 수고롭고, 신중하면서도 예가 없으면 [담력이 작아] 두려워하며, 용감하면서도 예가 없으면 문란해지고, 정직하면서도 예가 없으면 박절하게 된다.[5] 군자가 친족들에게 돈독한 감정을 가지면 백성들 사이에 인이 유행할 것이다. 옛 친구를 버리지 않으면, 백성들이 각박해지지 않을 것이다."

子曰: "恭而無禮則勞, 愼而無禮則葸, 勇而無禮則亂, 直而無禮則絞. 君子篤於親, 則民興於仁. 故舊不遺, 則民不偸."

전전긍긍, 여리박빙 8.3

증자가 병이 들어 문하의 제자를 불러 말했다.

"[이불을 걷고] 나의 발을 펴보거라, 나의 손을 펴보거라.[6] 《시경》에 '두려워하고 삼가기를, 깊은 연못가에 있는 것처럼, 살얼음 위를 걷

차자로 통용되었다. 〈계씨〉 16.12에 나오는 "민무덕이칭언民無德而稱焉" 역시 '민무득이칭언'으로 읽어야 한다. 그러나 여기서는 말로 표현할 수 없을 만큼 좋은 것을 나타내고, 〈계씨〉에서는 말로 표현할 수 없을 만큼 나쁜 것을 나타낸다는 점이 다르다.

5) "예禮"는 남과 조화를 이룰 수 있는 객관적 기준이 된다. 상대방의 수고로움을 한없이 대신하게 할 수 없고, 하극상을 조장하지 않아야 하며, 억지스럽고 고집스러워 융통성이 없는 행위는 조화를 깨뜨리는 무례함이다.

6) 이 말은 효행으로 널리 알려진 증자가 자신의 수족에 손상이 없는지 살펴보라고 한 말이다. 옛날에는 효의 기본이 부모로부터 물려받은 몸을 잘 간수하는 것이었기 때문이다.

는 것처럼 하라'고 했는데, 지금부터는 내가 [죽음의 근심에서] 벗어나게 되었음을 알겠노라. 제자들아."

曾子有疾, 召門弟子曰: "啓予足. 啓予手. 詩云, '戰戰兢兢, 如臨深淵, 如履薄氷.' 而今而後, 吾知免夫. 小子."

죽으려 할 때 그 말이 착하다 8.4

증자가 병이 들어 맹경자(노나라 대부 중손첩仲孫捷)가 문병하러 갔다. 증자는 말했다.

"새가 죽으려 할 때는 그 울음소리가 구슬프고, 사람이 죽으려 할 때는 그 말이 착하다.[7] 군자는 도道에서 귀하게 여기는 것이 세 가지 있다. 몸을 움직일 때는 조급함과 게으름을 멀리하고, 얼굴빛을 바로잡을 때는 믿음에 가까이하도록 하며, 말을 내뱉을 때는 비속하거나 도리에 들어맞지 않는 것을 멀리한다. 제기를 다루는 일 따위의 소소한 일[8]은 유사(그 일을 주관하는 낮은 벼슬아치)가 맡으면 된다."

---

7) 사마천의 《사기》 〈이사열전李斯列傳〉에서도 이사李斯가 죽으면서, "내 너와 함께 다시 한 번 누런 개를 이끌고 고향 상채 동문에 나가서 토끼사냥이나 했을 텐데 이제는 그렇게 할 수 없겠구나(吾欲與若復牽黃犬俱出上蔡東門逐狡兔, 豈可得乎)" 하고 탄식하는 장면이 나오는데 이 구절과 오버랩된다.

8) 원문의 "변두지사籩豆之事"를 번역한 것으로. "변籩"이란 대나무로 만든 그릇인데 긴 다리가 있고 사발처럼 생긴 제사용 그릇이다. "두豆"는 덮개가 있고 주로 국물이 있는 음식을 담는 그릇이다. 그러니 "변두지사"란 이런 제사용 그릇을 쓰는 일과 같은 자잘한 일을 가리킨다.

曾子有疾, 孟敬子問之. 曾子言曰: "鳥之將死, 其鳴也哀. 人之將死, 其言也善. 君子所貴乎道者三: 動容貌, 斯遠暴慢矣. 正顏色, 斯近信矣. 出辭氣, 斯遠鄙倍矣. 籩豆之事, 則有司存."

증자가 인정한 벗 8.5

증자가 말했다.

"능력이 있으면서도 능력 없는 사람에게 묻고, 많이 알고 있으면서도 적게 아는 사람에게 물으며, 있으면서도 없는 듯이 행동하고, 가득 차 있으면서도 빈 듯이 처신하고,[9] [다른 사람이] 나를 속일지라도 [잘잘못을] 따지지[10] 않았으니 예전에 나의 벗[11]이 일찍이 이렇게 실천했다."[12]

曾子曰: "以能問於不能, 以多問於寡, 有若無, 實若虛, 犯而不校, 昔者吾友嘗從事於斯矣."

---

9) 이 말은 〈술이〉 7.25의 "없으면서 있는 척하고, 비었으면서도 가득 차 있는 척하며, 곤궁하면서도 부자인 척하니〔亡而爲有, 虛而爲盈, 約而爲泰〕"라는 말과 비교해서 읽으면 의미가 분명히 전해질 것이다.

10) 원문의 "교校"는 '비교할 교較' 자와 통하며 따지거나 다툰다는 의미다. 주희도 '따져서 비교하다〔計校〕'라고 풀이했다.

11) 원문의 "오우吾友"에 대해 마융이나 주희는 모두 안회를 지칭한다고 보았으며, 역자 역시 이에 일리가 있다고 본다.

12) 《사기》〈회음후열전〉에서 한신에게 이좌거가 계책을 말하는 대목에, "제가 듣건대 지혜로운 사람도 천 번 생각하면 한 번 실수가 있고, 어리석은 사람도 천 번 생각하면 한 번은 얻는 경우가 있다고 합니다〔臣聞智者千慮, 必有一失, 愚者千慮, 必有一得〕" 하는 구절이 나온다. 모든 것을 갖춘 자는 없다. 누구든지 빈틈과 허점이 있으므로 겸허히 처신해야 하는 것이다.

군자다운 사람 8.6

증자가 말했다.

"키가 여섯 자인 어린 임금[13]을 맡길 수 있고, 백 리 정도 되는 작은 나라의 운명을 맡길 수 있으며, 나라의 중대한 일을 처리할 때는 그 뜻을 빼앗을 수 없다면[14], 군자다운 사람일 것인저! 군자다운 사람이다."

曾子曰: "可以託六尺之孤, 可以寄百里之命, 臨大節而不可奪也, 君子人與! 君子人也."

임무는 무겁고 길은 멀다 8.7

증자가 말했다.

"선비란 뜻이 크고 강인하지 않으면 안 되니[15], 임무는 무겁고 길은 멀기 때문이다. 인을 자기의 임무로 삼고 있으니 또한 [책임이] 무겁지 않은가? 죽고 나서야 그만둘 뿐이니 [갈 길이] 또한 멀지 않은가?"

---

13) 원문의 "고孤"를 '고아'라고 해석하는 이도 있는데(양보쥔), 앞뒤 문맥을 보더라도 여기서는 "임금"으로 해석해야 한다.

14) 원문의 "불가탈야不可奪也"를 번역한 것으로, 국가의 안위가 걸린 큰일을 처리할 때 군자가 설령 시련을 겪더라도 자신의 지조를 훼손해서는 안된다는 말이다.

15) 원문의 "사불가이불홍의士不可以不弘毅"를 번역한 것으로, 넓은 마음이 아니면 무거운 임무를 감당하지 못하고, 굳센 의지가 아니면 먼 곳에 이를 수 없다고 하였다(주희 설).

曾子曰: "士不可以不弘毅, 任重而道遠. 仁以爲己任, 不亦重乎? 死而後已, 不亦遠乎?"

시, 예, 악 8.8

공자께서 말씀하셨다.

"시[16]에서 [감흥을] 일으키고, 예에서 [행동의 근간을] 세우고, 악樂에서 [성정을] 완성한다."[17]

子曰: "興於詩, 立於禮, 成於樂."

따르게 할 수는 있어도 8.9

공자께서 말씀하셨다.

"백성은 [도리를] 따르게 할 수는 있지만, 그것(도리)을 [백성들로 하여금] 알게 할 수는 없다."[18]

子曰: "民可使由之, 不可使知之."

---

16) 주희는 "시는 성정에 근본하여 사邪도 있고 정正도 있어서, 그 말한 것이 이미 알기 쉽고 읊는 사이에 억양하고 반복하여 사람을 감동시킴이 또 들어가기 쉽다(詩本性情, 有邪有正, 其為言既易知, 而吟詠之間, 抑揚反覆, 其感人又易入)"고 하였다.

17) 이 문장의 핵심은 "예"와 "악"의 상호불가분성이다. 공자는 이 둘이 서로 떨어질 수 없다고 보았으니, 양자가 상호 보완 관계에 있음을 나타내는 '예악禮樂'이란 말이 나온 것도 이런 관점에서 볼 수 있다.

어지러움의 근본 8.10

공자께서 말씀하셨다.

"용맹을 좋아하고 가난을 싫어하면 난을 일으키게 된다.[19] 사람으로서 인仁하지 못한 것을 [사람들이] 너무 지나치게 미워해도 난을 일으키게 된다.[20]"

子曰: "好勇疾貧, 亂也. 人而不仁, 疾之已甚, 亂也."

교만하고 인색하다면 8.11

공자께서 말씀하셨다.

"만일 주공(단旦)과 같은 훌륭한 재주를 가졌다 하더라도, 만약 교만하고 인색하다면[21] 그 나머지는 볼 필요도 없다."

子曰: "如有周公之才之美, 使驕且吝, 其餘不足觀也已."

---

18) 이 해석을 두고도 많은 논란이 있는데, 백성을 어떤 시각에서 볼 것인가 하는 문제가 쟁점이었다. 즉 백성을 어리석다는 개념과 연관지어 해석할 경우, 이들이 이치를 이해하게 할 수는 없다는 의미다. 대체로 정현과 주희의 관점도 크게 벗어나지 않으니 백성들이 정책이나 도리를 따르게 할 수는 있어도 그런 원리를 이해하게 할 수는 없다는 식으로 풀면 무난하다. 하지만 유보남 같은 주석가는 백성을 '제자弟子'라고 해석하기도 한다.

19) 원문의 "호용질빈好勇疾貧, 란야亂也"를 번역한 것으로, 〈태백〉 8.2에 "용감하면서도 예가 없으면 문란해지고〔勇而無禮則亂〕"라는 문장과 〈양화〉 17.8에 "용기를 좋아하고 배우기를 좋아하지 않으면 병폐가 있으니 혼란하게 된다〔好勇不好學, 其蔽也亂〕"는 문장과 의미가 상통한다.

20) 주희는 "이 두 가지의 마음은 선악이 비록 다르나 난을 일으키는 것은 똑같다〔二者之心, 善惡雖殊, 然其生亂則一也〕"고 하였다.

배움과 관직 8.12

공자께서 말씀하셨다.

"3년 동안 배우고도 녹봉에 뜻을 두지 않는 사람은 쉽게 찾을 수 없다."

子曰: "三年學, 不至於穀[22], 不易得也."

그것은 부끄러운 일 8.13

공자께서 말씀하셨다.

"신념을 독실히 하고 배우기를 좋아하고 죽음으로써 선한 도道를 지킨다. 위태로운 나라에는 들어가지 않고, 어지러운 나라에는 살지 않는다.[23] 천하에 도가 있으면 나타나고, 도가 없으면 숨는다. 나

---

21) 원문의 "사교차인使驕且吝"을 번역한 것으로, "교驕"는 자신을 뽐내는 것으로 군자의 흠결이고, "인吝"은 비루하고 인색한 것으로 소인의 흠결을 뜻한다. 교만하면 군자가 오지 않고 인색하면 소인이 붙지 않는다(驕亢則君子不至, 吝嗇則小人不附)(태재순 설). 천하를 다스리려면 교만과 인색을 경계하여 민심을 획득하는 것이 중요하다 하겠다.

22) "곡穀"은 녹봉을 의미하는 '록祿'으로 풀이하는 것이 옳다. 주희는 원문의 "지至"를 '지志'로 교정하여 '뜻을 두다'라고 풀이해야 한다고 주장했는데 일리가 있다. 말하자면 관직에 나아가 녹봉을 얻으려는 것을 의미한다.

23) 원문에 나오는 "위危"와 "난亂"에 대한 설명이 필요한데, 후한의 경학가 포함包咸은 "신하가 임금을 시해하고 아들이 아버지를 시해하는 것이 '난'이고, 장차 난이 일어날 조짐이 '위'이다(臣弑君, 子弑父, 亂也, 危者, 將亂之兆也)"라고 주석을 달았다. 정약용은 "위危"란 장차 망하려고 하는 것이고, "난亂"이란 다스리지 못하는 것, "불입不入"은 처음에 들어가고 싶었던 곳이고, "불거不居"는 이제 떠나고 싶은 곳이라 하였다.

라에 도가 있는데도 가난하고 천한 것은 부끄러운 일이고, 나라에 도가 없는데도 부유하고 귀한 것은 부끄러운 일이다."[24]

子曰: "篤信好學, 守死善道. 危邦不入, 亂邦不居. 天下有道則見, 無道則隱. 邦有道, 貧且賤焉, 恥也. 邦無道, 富且貴焉, 恥也."

그 지위에서 논하라 8.14

공자께서 말씀하셨다.
"그 직위에 있지 않으면 그 [해당되는] 정무를 논의하지 않는다."[25]

子曰: "不在其位, 不謀其政."

음악을 말하다 8.15

공자께서 말씀하셨다.
"태사大師(고대 악관의 우두머리) 지摯가 처음 연주했던 〈관저〉의 마지막 악절 소리[26]는 아름다움이 넘쳐 귀에 가득 차는구나."[27]

子曰: "師摯之始, 關雎之亂, 洋洋乎盈耳哉."

---

24) 〈헌문〉 14.1의 "나라에 도가 있을 때에 [자리를 차지하며] 녹봉을 받는 것이니, 나라에 도가 없는데도 [물러나지 않고] 녹봉을 받는 것이 부끄러운 것이다(邦有道穀, 邦無道穀, 恥也)"와 맥락이 연관된다.

25) 정이천은 "그 지위에 있지 않음은 그 일을 맡지 않은 것이다. 만일 군주와 대부가 물으면 대답하는 경우는 있다(則不任其事也, 若君大夫問而告者則有矣)"라고 하였다.

상대하기 힘든 상대 8.16

공자께서 말씀하셨다.

"뜻이 크면서도 정직하지 못하고, 미련하면서도 삼가지 못하며, 무능한데도 신의가 없으면, 나는 그런 사람을 [어떻게 해야 할지] 모르겠다."

子曰: "狂而不直, 侗而不愿, 悾悾而不信[28], 吾不知之矣."

---

26) 리링의 고증에 의하면 고대에 음악은 대개 4악절로 이루어져 있었다. '승가삼종升歌三終'이 제1절이고, '생입삼종笙入三終'이 제2절이며, '간가삼종間歌三終'이 제3절이고, '합악삼종合樂三終'이 제4절이다. 공자가 말한 원문의 "시始"는 악곡의 제1절, 즉 시작을 말하고, "란亂"은 제4절, 즉 악곡의 종결을 말하며 여기서는《시경》주남周南의 〈관저關雎〉·〈갈담葛覃〉·〈권이卷耳〉, 소남召南의 〈작소鵲巢〉·〈채번采蘩〉·〈채평采苹〉 등을 뜻한다. 공자가 말한 〈관저〉는《시경》에 들어 있는 시 여섯 편에 대한 약칭이다. 참고로 사辭나 부賦의 결미에 붙이는 말도 '란亂'이라고 불렀다.

27) 이와 비슷한 심리적 쾌감은 자공이 사을師乙(악관 이름)로부터《시경》각 부분의 음악적 특징을 듣고 난 뒤 토로한 바를 떠올리게 한다. "그러므로 노래라는 것은 [소리가] 위로 올라갈 때에는 솟는 것 같고, 아래로 내려갈 때에는 떨어지는 것 같고, 굽을 때에는 꺾이는 듯하며, 그칠 때에는 마른 나무 같고, 작게 감돌면 곱자에 들어맞고, 크게 감돌면 그림쇠에 맞으니, 끊임없이 이어져 마치 구슬을 꿴 것 같습니다. 그러므로 노래가 언어가 되려면 소리를 길게 늘여 빼야 하는 것입니다. [사람의 마음이] 기쁘게 되면 언어로 말하게 되고, 말로는 다 할 수가 없으면 [소리를] 길게 하여 말하게 되고, 길게 말해도 부족하면 읊조리게 되고, 읊조려서도 부족하면 손이 춤을 추고 발로 뛰는 것도 알지 못하게 되는 것입니다"(《사기》〈악서樂書〉).

28) 원문의 "광狂"은 '뜻이 크다, 방자하다〔肆〕, 자유분방하다'는 다양한 뜻이다. "동侗"은 '알지 못하는 모양〔無知貌〕, 미련하고 멍청하다'는 뜻이다. "원愿"은 '삼감이 두텁다〔謹厚〕, 삼가다'는 뜻이다. "공공悾悾"은 '질박하여 꾸밈이 없는 것, 촌스럽다'는 뜻이다.

배움의 앞과 뒤 8.17

공자께서 말씀하셨다.

"배울 때는 미치지 못할 것처럼 하며[29], 그것을 잃어버릴까봐 두려워하듯이 한다.[30]"

子曰: "學如不及, 猶恐失之."

순임금과 우임금의 덕 8.18

공자께서 말씀하셨다.

"높고도 높구나! 순임금과 우임금께서는 천하를 가지고서도 [그것을] 누리지[31] 않으셨다."

子曰: "巍巍乎舜禹之有天下也, 而不與焉."

---

29) 원문의 "학여불급學如不及"을 번역한 것으로, 하안何晏은 "배움은 밖으로부터 들어오니, 지극히 익숙해져야만 오래갈 수 있다〔學自外入, 至熟乃可長久〕"고 하였다.

30) 원문의 "유공실지猶恐失之"를 번역한 것으로, 이미 얻은 것을 잃을까 걱정한다는 뜻이다. 정약용은 "도를 향해 갈 때 귀중한 보배가 앞에 있는데 다른 사람이 먼저 얻으면 어쩌나 하고 두려워하는 것과 같다〔嚮道而行, 如有重寶在前, 爲他人所先獲〕"고 하였다.

31) 원문의 "여與"로서 '참여하다', '관여하다'는 의미도 있으나 '누리다'라는 풀이가 더 적절하여 이것을 취한다. 형병은 '구求' 자와 같다고 보아 '구하다'는 의미로 풀었는데, 역자는 주희의 풀이대로 '상관하다'라는 의미를 좀더 확장하여 그 지위를 즐기지 않았다고 해석하여 이렇게 번역한 것이다.

높디높은 요임금의 덕 8.19

공자께서 말씀하셨다.

"위대하도다, 요의 군주 됨됨이여. 높고도 높도다! 오직 하늘이 위대한데, 요임금만이 그것을 본받았다.[32] 넓고 넓음이여![33] 백성들이 뭐라고 이름 붙일 수도 없었다.[34] 높고도 높도다! 그가 이룬 공적이여. 빛나는구나, 그 문장文章(예악과 전장법도典章法度를 포괄적으로 가리킴)이여."

子曰: "大哉, 堯之爲君也. 巍巍乎唯天爲大, 唯堯則之. 蕩蕩乎民無能名焉. 巍巍乎其有成功也. 煥乎, 其有文章."

32) 원문의 "유천위대唯天爲大, 유요칙지唯堯則之"를 번역한 것으로, "유唯"는 '오직〔獨〕'의 뜻으로 쓰였고 "칙則"은 '받들다〔準〕, 본받는다〔法〕'는 뜻이다. 요임금이 하늘의 위대함을 본받았다는 것은 일월성신의 운행 법칙을 계산하여 역법을 만들고 시령을 사람들에게 알려주었기 때문이다. 원문의 "성공成功"은 '사업〔事業〕'의 뜻이고, 원문의 "문장文章"은 '예악禮樂과 법도法度'의 뜻으로 천도의 위대함을 본받아 천하를 다스렸다는 것이다.

33) 원문의 "탕탕호蕩蕩乎"를 번역한 것으로, '넓고도 넓은 모양〔廣遠之稱〕'을 뜻한다. 이 구절에는 이외에도 "대재大哉, 외외호巍巍乎, 환호煥乎" 등의 감탄사가 많은데 요임금의 덕을 칭송하는 것이다.

34) 원문의 "민무능명언民無能名焉"에서 "명名"은 '일컫다〔稱〕, 형용하다'의 뜻으로 요임금의 덕을 어떤 말로 형용해도 부족하다는 뜻이다. 한유韓愈는 《논어필해論語筆解》에서 "요임금의 어짊은 하늘과 같아서 높고 먼 바를 형용할 말이 없다〔不可名〕"고 하였다.

신하들의 존재 이유 8.20

순임금은 신하 다섯 명[35]이 있었기에 천하를 다스렸다. 무왕은 "나에게는 다스리는[36] 신하 열 명이 있다"고 말했다. 공자께서 말씀하셨다.

"인재란 구하기가 어려운 것이니 아마도 그렇지 않은가? [요임금의] 당나라와 [순임금의] 우나라 시기에 인재가 풍성했다.[37] [그중에는] 부인이 한 명 있어, [신하는] 아홉 명이었을 뿐이다. 천하의 3분의 2를 차지하고 있으면서도 은나라를 섬겼으니, 주나라의 덕은 아마도 지극한 덕이라고 할 수 있을 것이다.[38]"

舜有臣五人而天下治. 武王曰: "予有亂臣十人."

孔子曰: "才難, 不其然乎? 唐虞之際, 於斯爲盛. 有婦人焉, 九人而已. 三分天下有其二, 以服事殷. 周之德, 其可謂至德也已矣."

35) 우禹(사공司工)·기棄(후직后稷)·설契(사도司徒)·고요皐陶(리李)·백익伯益(우虞)를 말한다.

36) 원문의 "란亂"을 번역한 것인데 마융의 풀이에 따라 '다스리다'라는 의미의 '치治'로 보았다. '유능하다'라는 의미를 함축하고 있다.

37) 앞 구절과의 연결이 매끄럽지 않다고 판단하여, 당우 시대보다 주나라 무왕 때 인재가 더 풍성했다는 의미로 해석하는 학자도 있다.

38) 주나라의 문왕이 9국의 제후를 규합하여 상商을 모시는 데 여섯 주를 얻었으니 천하의 3분의 2를 차지한 셈이다. 패권의 시기에 문왕은 강자이면서도 자신을 낮추고 다른 사람을 높이는 양보의 미덕을 갖추었으니 그 지극한 덕을 칭송한 것이다.

완전무결한 우임금 8.21

공자께서 말씀하셨다.

"우임금에 대해 나는 흠잡을[39] 것이 없다. [그는] 형편없는 식사를 하면서도 귀신에게 정성을 다했고, 나쁜 옷을 입으면서 예복禮服과 예관禮冠에 대해서는 지극한 아름다움을 취했으며, 허름한 집에 살면서도 물길을 트는 데는 힘을 다 쏟았다. 우임금에 대해 나는 흠잡을 것이 없다."

子曰: "禹, 吾無間然矣. 菲飮食而致孝乎鬼神, 惡衣服而致美乎黻冕, 卑宮室而盡力乎溝洫.[40] 禹, 吾無間然矣."

---

39) 원문의 "간間"은 '틈이나 흠(罅隙)을 잡는 것'을 뜻한다. 그 틈을 지적하여 비난하는 것이다. 우임금은 9년 동안 집 앞을 지나면서도 들어가지 못했고, 정강이 털이 남아 있지 않을 정도로 나랏일을 하였다고 한다. 선조와 성인과 백성을 공경하는 데에 이와 같이 정성을 다하여 흠잡을 바가 없다고 칭송하였다.

40) "구혁溝洫"은 전답 사이의 물길이니 경계를 바르게 하고 가뭄과 장마를 대비한 것이다. 특히 우임금은 치수사업에 성공하였기 때문에 그 덕을 칭송하는 것이다. 포함은 "사방 1리里가 정井이 되고, 정井과 정井 사이에 구溝가 있으며, 구溝의 너비와 깊이는 모두 4척尺이다. 10리里를 1성成이라 하는데, 1성成 사이에는 혁洫이 있으며, 혁洫의 너비와 깊이는 모두 8척尺이다"라고 하였다.

제9편

자한子罕

－제자들이 공자의 덕행을 우러러 말하다

【해설】

〈자한〉 편은 주로 공자의 덕행에 관한 내용이 많은데 〈태백〉 편과 연계되는 내용도 적지 않다. 1장부터 이익과 천명 그리고 인仁의 문제가 거론된다. 이룬 것이 없다는 다른 사람의 냉소에 공자가 "수레 고삐라도 잡을 수 있다"고 답한 문장에는 풍자와 겸손이 함께 배어 있다.

공자가 하지 말아야 할 네 가지 일로 내세운 구절도 음미해볼 만하다. 하지만 "젊어서 비천했으므로 다방면에 걸쳐 비루한 일에 능하다"고 한 말은 겸손이 아니고 공자가 자신의 출신, 젊은 시절의 경험을 진솔하게 털어놓은 것으로 보아야 한다. 6장에서 "[관직에] 등용되지 않았으므로 다양한 재능이 있지"라고 한 말에는 '당대에 탄탄한 벼슬길을 가지 못했다', 또 '벼슬을 하지 않았기 때문에 다방면으로 능력을 길러 살아갈 수밖에 없었다'는 식의 자기 운명에 대한 냉소가 깃들어 있다. 아울러 자신을 위해 가신을 배치한 제자 자로의 행동에 과한 면이 있다고 비판하면서 "내가 길바닥에서 죽겠느냐?"라고 말한 대목(11장)에서도 역시 공자의 삶이 얼마나 팍팍했는지를 짐작할 수 있다. 그러면서도 공자는 자신의 처지를 결코 비관하지 않았다.

이 편에서도 안회를 끊임없이 칭찬하고 있는데(18장~21장), 후생가외後生可畏라는 말로 젊은이의 무한한 가능성을 언급한 점도 살펴볼 대목이다. 그러면서도 인생이란 40세나 50세 이전에 무엇인가 성취해야 한다고 강조했으며, 젊은이들 중에서도 싹이 보이는 이들을 키워야 한다는 소신을 피력했다. 27장에서 소나무와 잣나무의 진면목은 추운 겨울이 되고 난 이후에 알아본다는 말이라든지, 지자와 인자와 용자의 차이를 명쾌하게 요약한 28장의 대목도 오늘날까지 널리 인용되고 있다.

이익과 천명 9.1

공자께서는 이익과 천명에 대해서는 드물게 말씀하셨으나, 인仁과 더불어 하셨다.

子罕言利與命, 與仁.[1]

수레 고삐라도 잡아야 하나 9.2

달항 고을의 사람이 말했다.

---

1) 이 문장은 역대로 해석이 분분했는데 크게 "한罕"과 "언言", "이利"와 "여與" 등에 대한 해석이 서로 다르며 이 문장의 구두점을 어디에 찍어야 하는가를 두고도 여러 논의가 있다. 즉 역자처럼 두 부분으로 나누는 방식과 통째로 한 문장으로 보는 경우, 그리고 "이利" 뒤에 쉼표를 찍어 "子罕言利, 與命與仁"으로 읽는 방식 등이다. 우선 "한罕"에 대해 어떤 학자는 '분명하게'라고 해석하기도 했으나 대체로 "드물게"라고 번역하는 데 동의하고 있다. "언言"은 '스스로 말하다'라는 식으로 풀이하고 있는 학자가 많은데 이는 큰 논란거리는 아니다. 《논어》 전체에서 "이利"를 말한 곳은 여섯 곳이다. '예리하다'는 의미로 쓰인 것과 '이구利口'라고 하여 말재주란 의미로 쓰인 경우를 포함하면 여덟 곳이다. "여與"의 경우 '~와'라고 풀기도 하며 '함께하다' '허락하다' 등으로 다양하게 해석한다. 분명한 점은 "이利"라는 글자와 비슷하게 "명命" 역시 일곱 곳에서 거론되고 있어 역자는 현재 띄어 쓴 것처럼 끊어서 읽어야 한다고 본다. 그런데, 양보쥔은 이런 해설에 반론을 제기하면서 《논어》에서 "인仁"을 언급한 곳이 많다고는 하나 다른 사람과 대화하는 가운데 언급한 것이며, 또 공자가 평생 한 말 중에서 이 글자가 차지하는 비중이 비교적 적다는 이유를 들어 기존 학자들의 상당수가 《논어》라는 책에 구애되어 공자의 취지를 왜곡했다고 주장했다. 그는 이 문장을 "공자께서는 [주도적으로] 매우 드물게 이익과 운명과 인덕을 말씀하셨다(孔子很少 [主動] 談到功·命運和仁德)"라고 해석했다. 하지만 《논어》라는 책에 의거하지 않은 양보쥔의 설은 설득력이 더 떨어진다. 리쩌허우는 "子罕言利, 與命, 與仁"이라고 끊어서 읽고 "공자는 이익을 드물게 말했다. 명을 인정하고 인을 인정했다"라고도 해석했다.

"위대하도다, 공자여! 널리 배웠으나 명성을 이룬 곳은 [어디에도] 없구나."

공자께서 들으시고 문하의 제자들에게 말씀하셨다.

"내가 무엇을 잡아야 하나? 말 고삐를 잡아야 할까, [아니면] 활을 잡을까, 나는 말 고삐를 잡을 것이다."[2)]

達巷黨[3)]人曰: "大哉, 孔子! 博學而無所成名." 子聞之, 謂門弟子曰: "吾何執? 執御乎, 執射乎, 吾執御矣."

검소한 것이 예다 9.3

공자께서 말씀하셨다.

"[검은] 삼베로 짠 예모禮帽를 사용하는 것이 [전통적인] 예법에 들어맞지만, 오늘날에는 검정 명주로 짠 예모를 쓰는 것이 검소하니[4)], 나는 대중의 방식을 따르겠다. [신하가 임금을 뵙는 데에는 당堂] 아래쪽에서 절하는 것이 [전통적인] 예법인데, 오늘날은 [당] 위에서 절을 하니 교만한 것이다. 비록 대중의 경우와는 어긋나지만[5)] 나는 [당]

2) 평생 별다른 벼슬을 하지 않은 공자를 비웃은 것에 대한 답으로 걸작이 아닌가? 이익과 명예에 초연했다는 점이 성인 공자의 마음일 것이다. 뒤(〈미자〉 18.6)에도 나오지만, 장저長沮와 걸익桀溺이라는 은자를 만날 때도 공자는 수레 고삐를 잡고 있었을 정도로 말과 행동이 늘 일치했다.

3) 《주례》 〈지관地官·대사도大司徒〉에는 5백 가구를 하나의 당黨이라 하였는데, 당은 주州나 향鄕보다는 아래고, 여閭나 리里보다는 위에 속하는 행정 단위다.

4) 원문의 "마면麻冕"을 번역한 것으로, 거친 검정삼으로 짠 예모〔치포관緇布冠〕다. 거친 삼을 조밀하고 부드럽게 짜기 위해서는 생삼도 많이 들고 노동력도 많이 들어 검소한 것이 아니라 사치스러운 것이다. "순純"은 검정 명주비단으로 짠 예모다. 공력을 들이지 않고도 저렴하게 만들고 쓸 수 있다.

아래에서 [절]하는 쪽을 따르겠다."

子曰: "麻冕, 禮也, 今也純儉, 吾從衆. 拜下, 禮也, 今拜乎上, 泰也. 雖違衆, 吾從下."

하지 않은 네 가지 9.4

공자께서는 네 가지를 절대 하지 않으셨다. [근거 없는] 억측을 하지 않으셨고, 반드시 하겠다는 게 없으셨으며, 고집을 부리지 않으셨고, 나만이 옳다고 하지도 않으셨다.

子絶四. 毋意, 毋必, 毋固, 毋我[6].

---

5) 신하가 임금을 뵙는 데에는 당 아래에서 절하는 것이 예법이니 대중을 따르지 않는다고 하였다. 앞에서 공자는 예모를 쓰는 일에서 검소하게 대중을 따랐다고 하였다. 이 두 구절에서 공자의 부화뇌동하지 않고 중용의 도(時中)를 지키는 소신 있는 태도가 돋보인다.

6) 원문의 "무毋"는 '없다(無)'는 뜻이다. "의意"는 '사사로운 뜻(私意)'으로 "무의毋意"는 추측하거나 상상하거나 근거 없는 것은 말하지 않고 공공성을 염두에 두는 자세이다. "필必"은 독단적이고 단호한 결론을 내리며 여지를 두지 않고 융통성이 없는 것을 말한다. "고固"는 고집부려 엉켜 있고(執滯) 타협하지 않으며 불가능한 일에 기를 쓰고 매달리는 것을 말한다. "아我"는 자신을 사사롭게 하는 것(私己)으로 아집과 주관적 편견을 말한다.

두려워하지 않은 이유 9.5

공자께서 광匡 땅에서 두려움을 품게 되자,[7] 말씀하셨다.

"문왕[8]께서 이미 돌아가셨지만, 문文(예악제도를 가리킴)이 이 몸(공자를 지칭)에 있지 않은가? 하늘이 앞으로 이 문을 없애려 했다면, 뒤에 죽을 사람(공자를 비유)은 이 문에 참여할 수 없었을 것이다. 하늘이 아직 이 문을 버리지 않았으니 광 지역 사람들이 나를 어떻게 하겠느냐?"

子畏於匡, 曰: "文王旣沒, 文不在玆乎? 天之將喪斯文[9]也, 後死者不得與於斯文也. 天之未喪斯文也, 匡人其如予何?"

---

7) 역자와 달리 주희의 풀이에 의하면 "경계하는 마음을 품고 있다(有戒心之)"라는 뜻도 있다. 당시 상황을 이렇게 해석하기도 한다. 공자의 얼굴이 일찍이 광이라는 곳에서 포악한 정치를 펼쳐 백성의 원성을 샀던 장군 양호陽虎와 비슷했다. 그래서 공자가 천하를 주유하며 광 지방을 지나갈 때 그곳 주민들이 양호로 오해하고 주변을 포위해 앞으로 나아갈 수가 없었다는 것이다. 〈선진〉 11.22에도 나온다.

8) 은殷나라 때의 제후로 서백西伯이라 불렸다. 은나라의 마지막 왕인 폭군 주왕紂王을 설득하여 유리羑里라는 곳에 감금되었다 풀려났다. 덕으로 정치를 하여 살아 있을 때 이미 천하의 3분의 2가 그에게 복종했다. 뒤에 은나라를 멸망시킨 무왕武王의 아버지로, 주周나라의 정신적인 시조로 존경받는 왕이다.

9) "사斯"는 절대, 보편, 유일의 의미를 가지며, "문文"은 공자가 문왕이 남긴 주나라의 문화, 문물, 제도를 따르겠다(吾從周)는 것이다. "사문斯文"은 문왕이 남긴 주나라의 정신과 문화를 후계자로서 이어가겠다는 절대선에 대한 믿음과 자부심을 드러낸다. 〈옹야〉 6.15 "어찌 [내가 추구하는] 이 도를 따르지 않는가(何莫由斯道也)"의 "사도斯道"와 상통된다.

너무 많은 재능은 9.6

태재[10]가 자공에게 물었다.

"선생님은 성인이신가? 어찌 그렇게 다방면에 재능이 있으신가?"

자공이 대답했다.

"진실로 하늘이 [한계를 두지 않은] 내려주신 거의 성인에 가까우시고 또 다방면에 재능이 있으십니다."

공자께서 그 말을 듣고 말씀하셨다.

"태재가 나를 알겠는가? 나는 젊어서 비천하였으므로 다방면의 비루한 일에 능한 것이다.[11] 군자는 [재능이] 많을 필요가 있겠는가? 많을 필요가 없다."

금뢰琴牢가 말했다.

"공자께서 이르시기를 '나는 [관직에] 등용되지[12] 않았으므로 다양한 재능이 있지'라고 하셨지."

10) 태재太宰란 관직 이름으로 훗날의 재상에 상당한다. 이 사람이 누구인지는 확실하지 않은데 혹자는 오나라의 백비伯嚭라고 한다(정현 설). 노나라 애공 7년에 자공이 노나라 사신의 자격으로 오나라에 간 적이 있다는 점을 근거로 드는데 일리가 있다. 사마천의 〈오태백세가〉에 따르면, 백비는 원래 초나라 사람이었으나 조부 백주리伯州犁가 주살되자 오나라로 도망쳐 태재가 되었다. 부차의 총애를 받았으나 영합에 뛰어난 인물이다. 나중에 오나라의 멸망과 함께 살해된다.

11) 원문의 "오소야천吾少也賤, 고다능비사故多能鄙事"를 번역한 것으로, "비사鄙事"는 일상생활에 도움이 되는 자질구레한 기술을 말한다. 공자의 겸손한 표현이기도 하지만 자신의 과거를 솔직하게 말하는 소탈하고 허세 없는 모습을 볼 수 있다.

12) 원문의 "시試"는 '용用'과 통하며 '[관직에] 나아가다, 등용되다'라는 뜻이다. 뒤에서 말하듯, 재야에 있으면서 여러 가지 경험을 하게 되어 다양한 재능을 갖게 되었다는 것이다.

太宰問於子貢曰: "夫子聖者與? 何其多能也?" 子貢曰: "固天縱之將聖, 又多能也." 子聞之, 曰: "太宰知我乎? 吾少也賤, 故多能鄙事. 君子多乎哉? 不多也." 牢曰: "子云, 吾不試, 故藝."

아는 것이 없지만 9.7

공자께서 말씀하셨다.

"내가 아는 것이 있는가? 아는 것이 없구나. 어떤 비천한 사람이 나에게 물어보면 [나는 머릿속이] 텅 빈 것 같다. [비록 그럴지라도] 나는 [내 지식의] 처음과 끝[13]을 두드려 온 힘을 다하고자 한다.[14]"

子曰: "吾有知乎哉? 無知也. 有鄙夫問於我, 空空如也. 我叩其兩端而竭焉."

13) 원문의 "양단兩端"이란 말은 양쪽 머리라는 말과 같으니 일의 처음과 끝, 근본과 말단, 위와 아래 등을 포괄하는 말이다. 이를 통해 문장을 해석하면 '어떤 문제의 처음과 끝 양쪽으로부터 캐물어 들어가서 의미의 본질을 알아내어 모든 것을 다 알려준다'는 말이다. 원문의 "비부鄙夫"는 선비나 지식인이 아닌 사안을 잘 모르는 사람이다. 모르는 사람에게 설명하는 것이 더 어려운 일이라 "공공空空"하다고 했을 수도 있다. 그가 모르는 내용과 그가 알 수 있는 내용을 다 알려줄 용의가 있는 것이 "양단兩端"이다.

14) 공자가 자신이 파악한 정보를 낱낱이 정성껏 가르쳐 주겠다는 의미다. 이 구절의 맨 앞에 "내가 아는 것이 있는가, 아는 것이 없다(吾有知乎哉, 無知也)"라고 한 것은 공자가 생각하는 지식이 백과전서식 지식이 아니라 논리적, 맥락적 지식이라는 점을 정확히 짚은 대목으로 자신은 사전적 지식보다 지식의 논리와 맥락을 제공하겠다는 것이다.

한탄 9.8

공자께서 말씀하셨다.

"봉황새는 오지 않고, 황하에서도 [상서로운] 그림이 나오지 않으니[15], 나는 끝났구나.[16]"

子曰: "鳳鳥不至, 河不出圖, 吾已矣夫."

공자의 예의범절 9.9

공자께서는 [베로 만든] 상복을 입은 사람이나 면류관과 저고리와 하의를 입은 사람과 장님 등을 만나게 되시면 비록 [그들이] 젊어도 반드시 [예를 표하려] 일어나셨고, 그들을 [스쳐] 지나가실 때에는 반드시 종종걸음을 하셨다.

子見齊衰者 冕衣裳者與瞽者, 見之, 雖少必作, 過之必趨.[17]

15) 봉황은 신령스러운 새로 순임금 때 나타나 춤을 추었으며, 문왕 때에는 기산岐山에서 울었다. 하도河圖는 복희씨 때 용마龍馬의 등에 그려진 그림으로 황하에서 나왔으며 이 모두가 성왕의 서단이 된다는 의미다.

16) 왕충은 "공자가 스스로 왕자王者가 될 수 없음을 슬퍼한 것이다"라고 하였고, 정약용은 이를 반박하여 《예기禮記》〈단궁檀弓〉을 인용하여 "밝은 임금이 나오지 않으니 천하에 그 누가 나를 높일 수 있겠는가(若王不興, 天下其孰能宗予) 공자의 평소 뜻을 여기에서 볼 수 있다"고 하였다. 도를 세상에 구현하기 위해 천하를 주유하였으나 만족스러운 결과를 얻지 못한 한계를 탄식한 것으로 보인다. 공자는 현실을 여실히 목도한 후에 정치적 꿈을 접고 학문을 집대성하고 제자를 교육하는 일에 몰두하였다.

안연이 탄식한 이유 9.10

안연이 크게 탄식하면서 말했다.

"우러러볼수록 더욱 높으시고, 파고들어가 보려고 하면 더욱 견고하시구나. 바라보면 앞에 계시다가 어느새 뒤에 계신다. 선생님께서는 차근차근 사람들을 이끌어주시고, 문헌으로써 나를 넓혀주시고, 예禮로써 나를 단속해주시니 그만두고자 해도 그만둘 수가 없다. 이미 나의 재주를 다하면 [어떨 때는 이제] 자립할 수 있다는 생각도 들지만, [그럴 때마다 선생님의 가르침이] 우뚝 서 있으니, 비록 따르고 싶어도 어떻게 따라야 할지 모르겠구나."

顏淵喟然歎曰: "仰之彌高, 鑽之彌堅. 瞻之在前, 忽焉在後[18]. 夫子循循然善誘人, 博我以文, 約我以禮,[19] 欲罷不能. 既竭吾才, 如有所立, 卓爾, 雖欲從之, 末由也已."

17) 원문의 "자최齊衰"는 상복이란 의미다. "의상衣裳"은 조회 때와 제사 때 입는 공복이다. "작作"은 '일어난다(起)'는 뜻이고, "추趨"는 '빨리 걸어간다(疾行)'는 뜻이다. 공자는 슬픔에 차 있는 자, 공직자, 긍휼히 여길 자를 특히 배려하였다는 것을 알 수 있다.

18) "위喟"는 '한숨으로 탄식한다'는 뜻이다. "첨지재전瞻之在前, 홀언재후忽焉在後"에서 '앞에 있다가 홀연히 뒤에 있다'는 것은 공자의 형상이 잡히지 않아 황홀한 것(在前在後, 恍惚不可為象)이다. 이는 안연이 부자夫子의 도가 무궁무진하고 또 방소와 형체가 없음을 깊이 알고 감탄한 것이다(深知夫子之道, 無窮盡無方體, 而歎之也).

19) 원문의 "순순循循"은 '차례를 있게 하는 모양(有次序貌)'을 뜻한다. "유誘"는 '앞으로 나아갈 수 있도록 도와주는 것(引進)'이다. "박博"은 '확 넓혀주는 것'이고 "약約"은 '묶는다'는 뜻이다.

제자의 손에서 죽겠다 9.11

공자께서 병이 나시자, 자로가 문하의 제자를 [장례를 치를] 가신[20]으로 삼았다.

병이 조금 차도가 있자,[21] [공자께서] 말씀하셨다.

"오래되었구나! 유(자로)가 거짓을 행한 지가. 가신이 없으면서도 가신이 있는 것처럼 하다니. 내가 누구를 속이겠느냐? 하늘을 속이겠느냐?[22] 또한 나는 가신의 손에서 죽는 것보다는 차라리[23] 너희 손에서 죽는 것[24]이 낫지 않겠느냐? 또 나의 장례를 성대하게 치르지 못하게 된다 하더라도 내가 길바닥에서야 죽겠느냐?"

---

20) 원문의 "위신爲臣"이란 사람이 죽었을 때 장례를 치르는 사람이 된다는 의미다. 가신은 아무나 둘 수 없었고 제후가 되어야만 '신臣'을 둘 수 있었는데, 공자가 살던 때에는 경대부만 되어도 분수를 지키지 않고 '가신'을 두었다. 제후들과 다른 점은 사람이 죽고 나서야 가신을 둔다는 것이다. 이는 죽을 때라도 한번 제후가 되어보겠다는 속내를 드러낸 것인데, 공자는 이런 허례의식이야말로 하늘을 속이는 짓이라고 보았다.

21) 원문의 "병간病間"을 번역한 것으로 병이 조금 차도가 있다는 뜻이다(주희 설).

22) 원문의 "오수기吾誰欺, 기천호欺天乎"를 번역한 것으로 이 말은 '왜 그런 부질없는 짓을 하느냐' 하고 자로를 꾸짖는 말이다.

23) 원문의 "무녕無寧"을 번역한 것으로, 여기서 "무無"는 발어사로서 아무런 의미가 없으며 "녕寧"에 의미가 담겨 있다.

24) 공자 자신의 말처럼 그는 제자의 품에서 죽음을 맞이했다. 그가 죽기 직전에 온 제자는 자공이었다. 자공에게 왜 늦게 왔느냐고 힐책한 뒤 공자는 "태산이 무너지는가! 들보와 기둥이 무너지는가! 철인哲人이 시드는가!"라고 한탄했다. 그러고는 자공에게 일러 말했다. "천하에 도가 없어진 지 오래되었다! 아무도 나의 주장을 믿지 않는다. 하나라 사람들은 장사를 치를 때 유해를 동쪽 계단에 모셨고, 주 왕실 사람들은 서쪽 계단에 모셨고, 은나라 사람들은 두 기둥 사이에 모셨다. 어젯밤에 나는 두 기둥 사이에 놓여 사람들의 제사를 받는 꿈을 꾸었다. 나의 조상은 원래 은나라 사람이었다." 그 뒤 이레 만에 세상을 떠났다. 때는 공자의 나이 73세로 노애공 16년 4월 기축일己丑日이다. 애공이

子疾病, 子路使門人爲臣. 病間, 曰: "久矣哉! 由之行詐也. 無臣而爲有臣. 吾誰欺? 欺天乎? 且予與其死於臣之手也, 無寧死於二三子之手乎? 且予縱不得大葬, 予死於道路乎?"

아름다운 옥은 팔아야 9.12

자공이 여쭈었다.

"여기에 아름다운 옥이 있다면 궤에 넣어 보관하시겠습니까? 좋은 상인[25]을 구하여 파시겠습니까?"

공자께서 말씀하셨다.

"그것을 팔아야지! 그것을 팔아야지! 나는 [값을 쳐줄] 상인을 기다릴 것이다."

子貢曰: "有美玉於斯, 韞匵而藏諸? 求善賈而沽諸?"

子曰: "沽之哉! 沽之哉! 我待賈者也."

그를 애도하는 글을 지어 말했다. "하늘도 무심하여 이 한 노인을 남겨놓지도 아니하고, 나 한 사람만 자리에 남게 하여 버려두고 나를 근심 속에서 외롭게 하는구나! 아, 슬프구나! 니보尼父여, 스스로 규율에 얽매이지 말지니!"(《사기》〈공자세가〉)라고 했다.

25) 원문의 "고賈"를 번역한 것으로 '상인'이라는 의미다. 어떤 사람은 이 글자를 값을 뜻하는 '가價'로 보아 '선고善賈'를 '좋은 가격'이라고 해석하는데, 이럴 경우 공자가 곧 장사치가 되기 때문에 동의하기 힘든 설이다. 《맹자孟子》〈등문공 하滕文公下〉에 보면, "부모의 명령과 중매쟁이의 말을 기다리지 않고, 담에 구멍을 뚫어 서로 엿보고 담장으로 넘어가 서로 따르면 부모와 천하 사람들이 천하게 여긴다(不待父母之命 媒妁之言, 鑽穴隙相窺, 踰牆相從, 則父母國人皆賤之)"고 한 부분을 같이 볼 수 있다. 공자는 스스로 벼슬하지 않으려는 게 아니라, 자신의 도를 따르고 예우해 줄 명분을 기다리고 있는 것이다.

구이에서도 살 수 있다 9.13

공자께서 구이[26]에 살고 싶어 하셨다. 어떤 사람이 말했다.

"누추할 텐데[27] 어찌 사시겠습니까?"

공자께서 대답하셨다.

"군자가 사는데, 무슨 누추할 것이 있겠는가?"

子欲居九夷. 或曰: "陋如之何?" 子曰: "君子居之, 何陋之有?"

---

26) "구이九夷"는 본래 노나라가 차지했던 땅으로 주공周公 단旦이 무력으로 항복시킨 적이 있다.《한비자》〈설림 상說林上〉에 이런 내용이 있다. "주공 단은 은殷나라를 이기고 나서 곧 이어 상개商蓋를 공격하려고 했다. 이때 신공갑辛公甲이 말했다. '큰 나라는 공격하기 어렵지만 작은 나라는 복종시키기 쉽습니다. 그러므로 작은 나라를 많이 복종시켜 큰 나라를 겁주는 방법이 좋습니다.' 그래서 구이九夷를 공격하여 상개를 복종시켰다." 여기서 말하는 구이는 회이淮夷, 즉 회수淮水와 사수泗水 사이에 흩어져 있는 이족이다. 이들은 제나라, 노나라에 인접해서 살고 있었다. 구이를 초나라와 구분되는 이족夷族, 즉 초나라 주변 지역에 살던 이족을 가리킨다고도 보는 시각도 있다.《사기》〈이사열전李斯列傳〉에 나오는 "[장군 위장魏章이] 한중漢中을 공략하고 구이를 포섭하여 언鄢과 영潁을 제압하고, 동쪽으로 성고成皐의 험준한 땅을 발판으로…"라는 문장을 근거 삼은 주장이다. 종합하면 초나라와 제나라 사이의 이족이 바로 구이이다. 반고는《후한서後漢書》〈동이열전東夷列傳〉에서 공자가 가고 싶어 했던 '구이'가 "견이畎夷·우이于夷·방이方夷·황이黃夷·백이白夷·적이赤夷·현이玄夷·풍이風夷·양이陽夷" 등이라고 확대 해석하기도 했는데, 설득력이 부족하다.

27) 원문의 "누陋"를 번역한 것이다. 첸무錢穆는 "문화가 뒤떨어진 곳"이라고 해석했는데, '누추한'이란 말의 이면에는 기본적으로 문명화되지 못한 낙후 지역이란 의미가 배어 있다.

음악을 제자리에 놓다 9.14

공자께서 말씀하셨다.

"내가 위나라에서 노나라로 돌아오고 나서야 음악이 바르게 되었으며, 〈아〉와 〈송〉이 각각 제자리를 찾았다.[28)]"

子曰: "吾自衛反魯, 然後樂正, 雅頌各得其所."

스스로 다짐한 네 가지 9.15

공자께서 말씀하셨다.

"밖에 나가면 공경(벼슬이 높은 사람)을 섬기고, [집에] 들어오면 부형[29)]을 섬기며, 장례에 임해서는 감히 [정성을 다해] 힘써야만 하고, 술에 휘둘림이 없어야 한다.[30)] 내가 이런 일을 하는 데 무슨 어려움이 있겠는가?"

---

28) 노나라 애공 11년 겨울 공자가 위나라에서 노나라로 돌아오시니, 이때에 주나라의 예가 노나라에 남아 있었다. 그러나 시와 악이 많이 훼손되어 있었다. 공자가 사방의 나라를 주유하여 상고하고 바로잡아 그 내용을 알았는데 도를 끝내 행할 수가 없어서 노나라로 돌아와 음악을 바로잡으신 것이다(魯哀公十一年冬, 孔子自衛反魯, 是時周禮在魯, 然詩樂亦頗殘闕失次, 孔子周流四方, 參互考訂, 以知其說. 晚知道終不行, 故歸而正之). 공자가 펼치고자 했던 정치적 이상에 가는 곳마다 정치와 민심을 음악으로 파악하고 이를 구현하는 것을 차선책으로 하였다.

29) 양보쥔은 원문의 "부형父兄"이란 말을 두고 공자의 아버지는 이미 세상을 떠난 지 오래되었으며, 형 맹피孟皮가 살아 있어 이를 염두에 두고 한 말이라 하고는, "부형"에 아버지의 의미는 없고, 형의 의미만 있다고 보았다. 그러나 문맥으로 보아 연장자로 해석하는 것이 무방하다.

30) 원문의 "불이주곤不為酒困"을 번역한 것으로, "곤困"은 '과도하게 취해서 크게 어그러지는 것'을 말한다.

子曰: "出則事公卿, 入則事父兄, 喪事不敢不勉, 不爲酒困, 何有於我哉?"

세월은 강물처럼 9.16

공자께서 강가에서 말씀하셨다.
"흘러가는 것이 이와 같구나. 밤낮을 그치지 않는구나."[31)]

子在川上曰: "逝者如斯夫, 不舍晝夜."

덕을 여자처럼 9.17

공자께서 말씀하셨다.
"나는 덕을 좋아하는 것을 마치 색을 좋아하는 것처럼 하는 사람을 보지 못했다."[32)]

子曰: "吾未見好德如好色者也."

31) 공자가 단순히 푸념조로 이렇게 읊조린 것은 아닐진대, 여기엔 대자연의 변화 속에서 전통 회복을 주창한 통변通變 의식이 스며 있으리라 본다. 주희는 "천지의 조화가 가는 것은 지나가고 오는 것이 이어져서 한 순간의 그침이 없으니, 바로 도체道體의 본연이다〔天地之化, 往者過, 來者續, 無一息之停, 乃道體之本然也〕"라고 하였다. 정이천은 이를 본받아 학문에 정진하기를 면려하는 것이라고 보았다. 이 구절은 《역易》의 건괘乾卦에 "자강불식自強不息"과도 통한다.

32) 공자가 이렇게 말한 이유가 있다. 《사기》〈공자세가〉에 이렇게 기록되어 있다. "위衛나라에 머문 지 한 달 남짓 되었을 때, 영공은 부인과 함께 수레를 타고, 환관인 옹거雍渠를 참승으로 옆에 태워 궁문을 나섰다. 그때 공자는 뒤에

한 삼태기의 의미 9.18

공자께서 말씀하셨다.

“[학문하는 것은] 비유하자면 산을 쌓는 것과 같으니, 한 삼태기의 흙을 붓지 못하고 그만두어도 내가 그만둔 것이다. 비유하자면 땅을 고르는 것과 같으니, 한 삼태기의 흙을 부어서 나아갈지라도 내가 [나아]가는 것이다.”[33)]

子曰: “譬如爲山, 未成一簣, 止, 吾止也. 譬如平地, 雖覆一簣, 進, 吾往也.”

수레를 타고 따라오게 하면서 거드름을 피우면서 저잣거리를 지나갔다.” 그래서 이렇게 말한 것이다. 본문에 인용된 공자의 이 말은 〈위령공〉 15.12에도 보인다. 서분붕徐奮鵬은 원문의 “호덕好德”과 “호색好色”을 두고 “덕을 좋아하는 것도 도심道心이고, 여색을 좋아하는 것은 인심人心이다. 그런데 인심에는 도리어 진절眞切하고, 도심에는 도리어 냉담하다〔好德者, 道心也, 好色者, 人心也, 人心反眞切, 道心反冷淡〕”고 하였다.

33) 학문이란 사소한 방심으로도 쉽게 무너질 수 있음을 비유한 말이다. 아울러 공자는 남이 아니라 바로 자신을 위해서 하는 일이므로 학문을 하지 못함으로써 나타나는 고통도 자신의 몫이라고 강조하고 있다. 이 구절은《전국책戰國策》〈진삼秦三〉의 “백리를 가는 사람은 구십리를 반으로 여겨야 한다〔行百里者, 半於九十〕”는 말과 통한다. 진시황이 천하를 통일할 때 마지막 제나라를 두고 심기일전하는 일화도 마찬가지로 유종의 미를 강조하고 있는 것이다. 이 구절의 뒷부분은 반대로 일의 시작이 힘들 수도 있음을 말하고 있다.

게으르지 않은 안회 9.19

공자께서 말씀하셨다.

"일러주면 [그것을 실천하는 데] 게으르지 않는[34] 자는 아마도 안회일 것인저!"

子曰: "語之而不惰者, 其回也與."

멈추지 않았던 안회 9.20

공자께서 [죽은] 안연에 대하여 말씀하셨다.

"애석하구나. 나는 그가 나아가는 것은 보았어도, 그가 멈춘 것은 보지 못했다."

子謂顏淵曰: "惜乎. 吾見其進也, 未見其止也.[35]"

34) 원문의 "불타不惰"라는 말을 정약용은 "안자가 공자의 말을 들으면 기쁘고 부지런해져서 게을리하지 않는다〔謂顏子聽夫子之言, 而欣勤不怠也〕"라고 하였고, 범조우范祖禹는 "안자가 부자의 말씀을 듣고는 마음에 이해되고 힘써 행하여 경황 중이거나 위급한 상황이라도 일찍이 어긴 적이 없었다. 마치 만물이 단비를 만나 꽃을 피우고 자라는 것과 같으니, 어찌 태만함이 있겠는가〔心解力行, 造次顛沛未嘗違之, 如萬物得時雨之潤, 發榮滋長, 何有於惰〕"라고 하였다. 하안은 "안연은 공자의 말을 들으면 이해하기 때문에 말해 주면 게을리하지 않았으나, 나머지 제자들은 이해하지 못하기 때문에 말해 주는 것에 대해 게을리할 때가 있었다〔顏淵解故語之而不惰, 餘人不解, 故有惰語之時〕"라고 하는데, '문일지십聞一知十'하는 안연으로 볼 때 일리가 있다고 본다.

35) 원문의 "위謂"는 '논평하다〔論〕'라는 뜻이다. 이 장에 대해 형병은 "안회가 일찍 죽었으므로 공자가 훗날 그를 탄식한 것〔顏回早死, 孔子於後歎惜之也〕"이라 하였고 주희도 그 설에 따랐다.

싹, 이삭, 열매 9.21

공자께서 말씀하셨다.

"싹이 났어도 이삭을 피우지 못하는 것이 있구나! 이삭이 피어도 열매를 맺지 못하는 것이 있구나!"[36]

子曰: "苗而不秀者有矣夫! 秀而不實者有矣夫!"

뒤에 태어난 자들이 두렵다 9.22

공자께서 말씀하셨다.

"뒤에 태어난 자들이 두렵다.[37] [뒤따라]오는 자들이 지금 사람만

36) 이는 한나라와 당나라의 주석가들이 밝혔듯이 안회의 단명을 염두에 두고 한 말이다. 물론 더 넓게 보면 꼭 안회라기보다 바로 자신을 염두에 두고 한 말일 수도 있다. 원문의 "묘苗"는 '곡식이 처음 난 것(穀之始生)'이고, "수秀"는 '꽃을 피운 것(吐華)'이고, "실實"은 '곡식이 영근 것(成穀)'이다. 공안국은 "만물이 나기는 하여도 육성되지 못하는 것이 있는데, 이는 사람도 또한 그러하다는 것을 비유한 것(言萬物有生而不育成者, 喩人亦然)"이라 하였다. 형병은 "이 장도 앞 장과 마찬가지로 안회가 일찍 죽어 공자가 통석해 하는 것을 비유한 것"이라고 하였다. 이에 대해 정약용은 반박하여 말하기를, "안자는 비록 요절하였으나 그 덕은 성숙하였으니, 만약 이 장을 가지고 안자를 애석해 한 것으로 만들면 덕을 이룰 수 없었다는 혐의를 받게 되기 때문이다"라고 하면서 "공자가 여기에 말한 바는 천지 생물의 이치로써 말한 것(天地生物之理)"이라고 하였다.

37) 여기서 "두렵다(畏)"란 좋은 뜻으로 '주목할 만하다'는 말이다. 즉 후배들에 대한 무한한 기대가 내포되어 있고, 자신에 대한 다짐도 담겨 있다. 즉 스승과 제자는 한쪽은 가르치기만 하고 다른 한쪽은 배우기만 하는 상하관계가 아니라, 스승은 제자를 가르침으로써 성장하고 제자 역시 배움으로써 나아진다는 말이다. 물론 노력하는 제자는 스승이 두려워할 만큼 성장 가능성이 높다는 의미가 담겨 있다. 그러면서도 공자는 '이름이 알려지는 것(聞)'의 중요성을 언

못할 거라는 사실을 어찌 알겠는가? [그러나] 40세나 50세가 되어도 [이름이] 알려지지 않으면[38] 이 또한 두려워할 만한 사람이 못 된다."

子曰: "後生可畏, 焉知來者之不如今也? 四十五十而無聞焉, 斯亦不足畏也已."

엄정한 말과 공손한 말 9.23

공자께서 말씀하셨다.

"엄정한 말[39]을 따르지 않을 수 있겠는가? 그 말에 따라 고치는 것이 귀한 것이다. 공손하고 완곡한 말[40]을 기뻐하지 않을 수 있겠

급하면서 나이 40세까지 학문적 명성이 나야 한다고 강조했다. 그 나이가 넘어서도 이루지 못하면 아무래도 발전 가능성이 없다는 뜻이다. 형병은 "연소한 사람은 배움을 쌓아서 덕을 이룰 수 있으니, 진실로 두려워할 만하다(年少之人, 足以積學成德, 誠可畏也)"라고 하였고, 주희도 "후생은 나이가 젊고 힘이 강하여 충분히 학문을 쌓아 기대할 수 있으니, 그 세가 두려워할 만하다(後生年富力強, 足以積學而有待, 其勢可畏)"라고 하였다.

38) 주희는 "늙어도 알려짐이 없음에 이르면 (至於老而無聞)"이라고 하였다. 당시 평균 수명을 고려하여 늙었다고 해석한 것이므로 오늘날에는 60, 70세로 해석해도 무방하리라 본다. 원문의 "문聞"을 역자는 '알려지다, 소문이 들려오다'의 뜻으로 번역하였으나 왕양명은 "무문無聞은 도를 듣지 못함이지 명성이 알려짐이 없는 것이 아니다(無聞, 是不聞道, 非無聲聞也)"라고 하였는데 정약용은 《대대례大戴禮》의 내용을 인용하며 반박하였다. "증자가 이르기를, 나이 삼사십 사이에 이르도록 학문적 재예가 없으면 영영 재예가 없을 것이며, 쉰이 되어도 명성이 알려지지 않으면 영영 명성이 알려지지 않을 것이며, 일흔이 되어도 도덕이 무너지지 않으면 비록 그 뒤에 허물이 있더라도 또한 면할 수 있을 것이다(曾子曰年三十四十之間而無藝則無藝矣, 五十而不以善聞則不聞矣, 七十而未壞, 雖有後過, 亦可以免矣)".

39) 원문의 "법어지언法語之言"을 번역한 것으로, '바르고 엄숙하며 원칙에 맞는 말'이라는 뜻이다. 주희도 "법어"를 '정언正言'의 개념으로 보았다.

40) 원문의 "손여지언巽與之言"을 번역한 것으로, '완곡하게 인도하는 말'이라는 뜻이다.

는가? [그 말에 따라] 자세히 살피는[41] 것이 귀한 것이다. 기뻐하기만 하고 자세히 살피지 않으며, 따르기만 하고 고치지 않는다면, 나는 [그런 사람에 대하여] 어쩔 도리가 없다."

子曰: "法語之言, 能無從乎? 改之爲貴. 巽與之言, 能無說乎? 繹之爲貴. 說而不繹, 從而不改, 吾末如之何也已矣."

사귐의 원칙 9.24

공자께서 말씀하셨다.

"충심과 신의를 주로 하고[42] 자기보다 못한 자를 벗하지 말며 잘못이 있으면 고치는 것을 꺼리지 말아야 한다."[43]

子曰: "主忠信, 毋友不如己者, 過者勿憚改."

---

41) 원문의 "역繹"을 번역한 것으로, '자세히 살핀다' 혹은 '실마리를 풀어낸다'는 의미다. 즉, '[누에고치의] 실마리를 찾는 것이고, 그 공을 이어나가는 것(繼其功也)'을 뜻한다. 원문의 "열이불역說而不繹"에서 기뻐하기만 하고 그 실마리를 자세히 찾지 않는다면 '은미한 뜻의 소재를 알 수 없는 것(不足以知其微意之所在也)'을 말한다.

42) 해석상 큰 문제는 없는 듯하나 원문의 "주충신主忠信"에서 '주主'를 어떻게 해석하는가의 문제가 제기된다. 정현은 '친한 사이로 여기다'라고 해석하면서 자기보다 뛰어난 사람과 친하게 지낸다는 의미로 확장했다. 역자는 주희의 견해에 따랐는데, '충과 신을 위주로 행동한다'라고 해석했다. 한편 '주인으로 삼으라'라고 해석하는 견해도 있다(유월兪樾 설).

43) 이 구절은 〈학이〉 1.8의 구절과 중복된다.

필부의 뜻을 빼앗을 수는 없다 9.25

공자께서 말씀하셨다.

"3군三軍에게서 장수를 빼앗을 수는 있지만, 필부에게서 그 뜻을 빼앗을 수는 없다.[44]"

子曰: "三軍可奪帥也, 匹夫不可奪志也."

오랜만에 들은 반쪽 칭찬 9.26

공자께서 말씀하셨다.

"해진 솜옷을 입고서[45] 여우나 담비 가죽 옷을 입은 사람과 나란히 서 있어도 부끄러워하지 않을 사람은 아마도 유(자로)일 것이다."

[그러나] '원망하지도 않고 탐을 내지도 않으니, 어찌 훌륭하지 않은가'란 시구를 자로가 죽을 때까지 외우고 다니자, 공자께서 말씀하셨다.

"그 정도의 도를 어찌 훌륭하다고까지 말할 수 있겠느냐?"

44) 후중량侯仲良은 "3군의 용맹은 남에게 달려 있고, 필부의 뜻은 자기에게 달려 있다〔三軍之勇在人, 匹夫之志在己〕"고 하였고, 정약용은 "불가탈지不可奪志는 아무리 부귀한 처지에 있어도 부귀가 그 마음을 방탕하게 하지 못하며, 아무리 빈천해도 빈천이 그 절개를 옮겨 놓지 못하며, 어떠한 위악스러운 상황도 그 뜻을 바꿔놓을 수는 없다〔不可奪志, 謂富貴不能淫, 貧賤不能移, 威武不能屈〕"고 하였다.

45) 원문의 "의폐온포衣敝縕袍"를 번역한 것으로, "폐敝"는 몽둥이로 수건에 묻은 먼지를 때리는 것을 형상한 글자로 '해지다'는 뜻이다. "온포縕袍"는 삼베솜을 넣은 옷으로 비교적 싼 값의 후대 면포를 가리킨다.

子曰: "衣敝縕袍, 與衣狐貉者立, 而不恥者, 其由也與." '不忮不求, 何用不臧.' 子路終身誦之. 子曰: "是道也, 何足以臧?"

소나무와 잣나무처럼 9.27

공자께서 말씀하셨다.

"한 해의 추위가 찾아온 다음에야 소나무와 잣나무가 늦게 시든다[46]는 것을 안다."[47]

子曰: "歲寒[48]然後知松柏之後彫也."

지자, 인자, 용자 9.28

공자께서 말씀하셨다.

46) 원문의 "새길 조彫"는 '시들 조凋'의 의미로 쓰였다.

47) 직접 경험하거나 대해보지 않은 채로 상대를 논하지 말라는 뜻이다. 함부로 남을 비평하지 말고 그 사람과 더불어 경험하고 세월을 보내야만 진면목을 알 수 있다는 말이다. 사람의 참모습이란 역경을 겪으면서 드러나게 되는 법이다.

48) "세한歲寒"은 24절기에서 가장 뒤에 속하는 두 절기, 즉 '소한'과 '대한'이고, 1년 중에서 날씨가 가장 추운 시기인데 여기서는 "한 해의 추위가 찾아온"이라고 번역했다. 하안은 "크게 추운 해에 보통 나무들은 모두 죽는다. 그렇게 된 뒤에라야 송백은 조금만 시들어 상한 것을 안다"고 하였다. 사량좌謝良佐는 "선비가 궁함에 절의를 볼 수 있고 세상이 어지러움에 충신을 알 수 있다(士窮見節義, 世亂識忠臣)"고 하였다. 범조우范祖禹는 "소인이 치세에 있어서는 혹 군자와 다름이 없고, 오직 이해利害를 당하고 사변事變을 만난 뒤에야 군자의 지킴을 볼 수 있는 것이다(小人之在治世, 或與君子無異. 惟臨利害遇事變, 然後君子之所守可見也)"라고 하였다.

"지혜로운 사람은 미혹되지 않고, 인한 사람은 근심하지 않으며 용기 있는 사람은 두려워하지 않는다."

子曰: "知者不惑, 仁者不憂, 勇者不懼."[49]

학습의 네 단계 9.29

공자께서 말씀하셨다.

"더불어 함께 배울 수는 있지만 함께 도에 나아갈 수 있는 것은 아니고,[50] 더불어 함께 도에 나아갈 수 있다고 해서 함께 지킬 수 있는 것은 아니고, 더불어 함께 지킬 수 있다고 해도 권도權道[51]를 행할 수 있는 것은 아니다."

子曰: "可與共學, 未可與適道. 可與適道, 未可與立. 可與立, 未可與權."

---

49) 원문의 "지자知者"는 '이치에 밝아 일머리가 분명한 사람(明足以燭理)'을 뜻한다. 원문의 "인자仁者"는 '자기 명을 알아 사사로움을 극복할 수 있는 사람(理足以勝私)'을 말하고, 원문의 "용자勇者"는 '도와 의를 짝하고 있는 사람(氣足以配道義)'을 말한다. 이를 학문의 순서라고 하였다(주희 설).

50) 비록 배웠더라도 혹 이단을 얻었다면 반드시 능히 도에 나아가지 못한다(하안 설).

51) 원문의 "권權"은 한대 유학자들의 주석대로 "경전을 거슬러 도에 합치되는(反經合道)" 것으로 권변權變과 권술權術의 논점을 의미한다고 보아야 한다. 좀 더 부연하면 상황에 따라 경중을 헤아린다는 의미를 담고 있다. 처리하기 어려운 일에 정도는 아니지만, 사리를 저울질하여 시의적절하게 처리하는 것을 말한다. 임기응변으로 상황을 판단하고 대처하는 일 등을 말한다.

그리워한다는 그 말 9.30

"산앵두나무 꽃이 나부끼다가 뒤집히고 있네. 어찌 그대를 그리워하지 않으리. 그대의 집이 멀 뿐이다."

공자께서 말씀하셨다.

"그리워하지 않는 것일 테지, 무엇이 멀리 있다는 것인가?"

"唐棣之華, 偏其反而. 豈不爾思. 室是遠而."

子曰: "未之思也, 夫何遠之有?"[52)]

52) "미지사야, 부하원지유未之思也, 夫何遠之有"라는 원문은 두 가지 구두법이 있으니 "부夫"를 앞 구절의 "야也" 뒤에 붙여서 "미지사야부, 하원지유未之思也夫, 何遠之有"라고 끊어 읽기도 하지만, 앞의 것이 더 설득력이 있다. 정이천은 "성인은 일찍이 쉬움을 말씀하여 사람들의 마음을 교만하게 하지 않고, 또한 어려움을 말씀하여 사람들의 진보를 가로막지 않기 위해 이 말을 한 것〔聖人未嘗言易以驕人之志, 亦未嘗言難以阻人之進〕"이라고 하였다.

제10편

향당鄕黨

-공자의 예법과 일상의 모든 것

【해설】

체제가 상당히 독특한 〈향당〉 편은 17장이며, 어록집인 《논어》의 체제와 어울리지 않게 호흡이 긴 문장이 많고 문체도 서술형으로 이루어져 있다. 주로 향당·종묘·조정에서 공자의 언행이나 처신, 빈객 접대법이나 입궐의 예절 등을 다뤘는데 옷감과 차림새를 상세히 묘사한 대목도 있다.

다른 편에는 등장인물이 많은데, 여기서는 공자와 계강자를 제외하고는 어떤 인물도 나오지 않는다.

한편으로 공자의 식성도 묘사돼 있는데 "밥은 잘 찧은 쌀이라야 싫어하지 않으셨고, 회는 가늘게 썬 것이어야 싫어하지 않으셨다. (…) 사온 술과 저잣거리의 육포는 드시지 않았다"(8장)라는 구절이 그것이다. 호사롭다고 볼 수는 없지만 까다롭고 고급스러운 공자의 식생활은 서민적이라기보다는 귀족적이다. 이 때문에 후대의 학자들은 이 글들이 공자의 진면목을 그렸는지 의심하기에 이르렀고 어떤 이들은 이 편의 일부가 후대의 조작이라고 주장하기도 했다.

역자는 이런 일부의 주장에 동의하지 않는다. 단지 우리가 생각해볼 점은 공자가 식사를 할 때나 잠을 잘 때도 스스로 정해놓은 규범과 금기 사항들이 있었다는 점이다. 우리는 공자가 펼치는 이상국가론이 가장 기본적으로 '나 자신에서 비롯된다'는 수신의 문제와 직결된다는 점을 다시 한번 상기해야 할 것이다.

앞부분에 무미건조하고 난해한 부분이 많은데 뒤로 가면 좀 덜하지만, 전체적으로 보면 《논어》 전체에서 어려운 문장이 가장 많다. 다른 편들에 비해 어려운 한자어도 많고 개념상 이해하기 어려운 말이 적지 않기 때문이다. 그래서 자의적 의미를 좀 더 세밀하게 각주로 달아 독자들의 이해를 돕고자 했으니 천천히 곱씹어가며 읽기를 바란다.

화법도 장소에 따라 10.1

공자께서는 향당[1]에 계실 때는 신실信實한 듯[2]하신데 마치 말을 못하는 사람 같으셨다. [그러나] 종묘나 조정에 계실 때는 물 흐르듯 유창하게 말하셨으나 오로지 삼가실 뿐이었다.[3]

孔子於鄉黨, 恂恂如也, 似不能言者. 其在宗廟朝廷, 便便[4]言, 唯謹爾.

조정에서의 모습 10.2

조정에서 [임금이 오시지 않았을 때] 하대부들과 말씀하실 때는 강직한 듯[5]하셨고, 상대부들과 말씀하실 때는 부드러운 듯하면서도 엄

1) 고대에는 2백 가구를 당黨이라 했고, 2만 5천 가구를 향鄉이라 했다. 향당鄉黨은 주희에 의하면, "부형과 종족宗族이 있는 곳〔父兄宗族之所在〕"의 의미이기도 한데, 여기서는 보통 큰 고을을 뜻한다.

2) 원문의 "순순여恂恂如"를 번역한 것으로, 하안은 '온순하고 공손한 모양〔溫恭之貌〕'으로 풀이했다. 주희도 하안의 견해를 이어받아 '신실한 모양〔信實之貌〕'이라고 하였다. 반면 여기서 '순순恂恂'은《사기》〈이장군열전〉에서의 "전전悛悛"과 연관하여 '시골 사람처럼 순진하여 말을 잘하지 못하는 모양'으로 볼 수도 있다. 즉, 신중하고 중후하면서도 말을 잘하지 못하는 모습을 두루 포괄하는 의미로 보면 된다.

3) 향당에는 어른이 많이 계셔서 공자는 조심하여 공손하게 이야기했다. 공자는 잘 아는 이들이 모인 곳에서는 자기 의견을 정확하고도 당당하게 말하였으나, 자신보다 식견과 연륜이 높은 어른들이 계실 때에는 조심하며 이야기했다. 공자는 말하는 방법을 알았다.

4) 이 문장에서 "변便"은 '말 잘할 변辯'과 같다.《사기》〈공자세가〉에 '변변辯辯'으로 쓰여 있다. 정현은 '변辨'으로 보아 '분명하게 말하는 것'이라고 하였다.

5) 원문의 "간간여侃侃如"를 번역한 것으로, 역자는 주희의 설을 따랐으나 주희의 해석과 달리《광아廣雅》〈석훈釋訓〉에는 "간간侃侃"의 "간侃"은 '화和'로 '부드럽게 화합하다'의 의미가 있다고 하였다.

숙한 듯하셨다. 임금님이 계실 때는 공경하면서 삼가는 듯하시면서도 절도를 갖추시고 있는 듯하셨다.

朝, 與下大夫言, 侃侃如也. 與上大夫言, 誾誾如也.[6] 君在, 踧踖如也, 與與如也.[7]

손님 접대법 10.3

[노나라] 임금이 불러 귀빈을 접대하실 때는 안색이 [긍지로] 금방 바로잡혀 바뀐 듯했고[8], 발걸음은 종종걸음 하는[9] 듯하셨다. 함께 서 있는 사람에게 읍하실 때는, [마주 잡은 손을] 왼쪽으로 돌리고 오른쪽 사람에게 인사할 때는 오른쪽을 돌리셨는데, [읍하실 때마다] 옷

6) 원문의 "하대부下大夫"는 관직 이름으로 경卿, 대부大夫, 사士로 구분되었으며 각 벼슬마다 세 등급으로 나뉘어 있었다. 공자는 노나라에서 사구와 사공 등을 역임한 적이 있으므로 하대부란 공자와 비슷한 직급의 관원으로 보면 된다. 그리고 "강직한"이라고 옮긴 "간간侃侃"은 주희의 주석에 나오는 '강직剛直'을 따른 것인데, 이 단어를 '화목하고 즐거운 모습(和樂)'으로 풀이하는 이도 있다(공안국 설). 하지만 전후 문맥에 들어맞지 않는다. "은은誾誾"이란 단어는 '부드럽고도 시비를 가리는 엄숙한 모습(和悅易諍)'을 가리킨다(주희 설).

7) "축踧"은 '조심하여 걷다'라는 의미이고 "적踖"도 '조심하여 걷다'라는 의미이니 원문의 "축적踧踖"은 공경하면서도 긴장하고 불안해하는 모습을, "여여與與"는 엄숙하고 장중하다는 의미로서 위의威儀가 해이하지 않아 절도에 맞는 것을 의미한다.

8) 원문의 "사빈使擯"은 주인된 나라의 군주가 신하(공자)로 하여금 나아가서 손님을 접대하게 하는 것이다. "색발여色勃如"의 "색色"은 안색이고, "발勃"은 안색이 변하는 모양(變色貌)이다(공영달 설).

9) 원문의 "확躩"을 번역한 것으로, 황간皇侃은 《의소義疏》에서 "한가롭게 걷지 않는 것을 '확'이라 하며 발걸음을 빠르게 움직이는 모양이다(不暇閒步, 躩, 速貌也)"라고 설명했다.

깃이 앞뒤로 펄럭이는 듯[10]하셨다. 종종걸음으로 달려 나가실 때는 [움직이는 손이 단정하여] 날개를 편 듯하셨다. 손님이 물러나면 반드시 "손님께서 뒤를 돌아보지 않으셨습니다"[11]라고 반복하여 보고 하셨다.

君召使擯, 色勃如也, 足躩如也. 揖所與立, 左右手, 衣前後, 襜如也. 趨進, 翼如也. 賓退, 必復命曰: "賓不顧矣."

입궐의 예절 10.4

[공자께서는] 궁궐 문[12]에 들어가실 때는 삼가고 공손한 듯[13], 마치 [문이 자신을] 수용할 수 없을 것처럼 하셨다. 문 가운데 서시지 않았고, 다니실 때에는 문지방[14]을 밟지 않으셨다. [임금이 있는] 자리(대청 아래 뜰의 좌우측)를 지나가실[15] 때는 금방 표정을 바꾸셨고, 발걸음을 빨리 하셨고 말을 잘할 수 없는 것처럼 하셨다. 옷자락을 걷어

10) 원문의 "첨여襜如"를 번역한 것으로, "첨襜"은 '가지런하다'는 뜻이다. 무릎을 덮는 정도 길이의 앞치마가 가지런한 모습이다. "첨여襜如"란 이처럼 옷이 살랑살랑 펄럭이는 모양을 말한다.

11) 손님이 완전히 떠나버린 것을 의미한다. 손님을 잘 접대하였음을 알림으로써 손님을 맞이함에 있어 공경스런 태도를 내보였다는 의미이다.

12) 원문의 "공문公門"을 번역한 것으로, 궁궐의 가장 바깥에 있는 문을 말한다. 당시《예서禮書》에 제후의 공문公門을 고문庫門, 치문雉門, 노문路門으로 구분하였다. 즉, 임금이 머물고 있는 중요한 문을 말한다.

13) 원문의 "국궁여鞠躬如"를 번역한 것이다. "국궁鞠躬"은 '곡신曲身'과 같은 의미로 '몸을 굽힌다'는 뜻이다. 몸을 약간 앞쪽으로 기울이고 두 손을 위로 받쳐 올려서 상대편에게 예를 갖춰 고개를 숙이는 것이다.

14) 원문의 "역閾"을 번역한 것이다.

서[16] 당堂(대청)으로 오르실 때는 머리를 숙이고 허리를 굽힌 듯하셨고, 마치 숨소리를 죽여 숨을 쉬지 않는 것같이 하셨다. 나오셔서 한 계단을 내려오시고 나서 안색을 느슨하게 하셨으며 기쁘고 만족하신 모습이었다. 계단을 다 내려오시고 나서야 [존경하듯] 종종걸음으로 달려가시는데 새가 날갯짓하는 듯[17]하셨다. 원래 있던 자리로 돌아와서는 공손하면서도 조심스러워 하는 모습이셨다.

入公門, 鞠躬如也, 如不容. 立不中門, 行不履閾. 過位, 色勃如也, 足躩如也, 其言似不足者. 攝齊升堂, 鞠躬如也, 屛氣似不息者. 出, 降一等, 逞顔色, 怡怡如也. 沒階, 趨進, 翼如也. 復其位, 踧踖如也.

15) 원문의 "과위過位"는 '[군주가 있는] 자리를 지나간다'는 의미인데 군주가 직접 자리에 있는 것이 아닌 '허위虛位이니, 문과 병풍 사이를 말하는 것으로 군주가 우두커니 서 있는 곳〔君之虛位, 謂門屛之間, 人君宁立之處〕'이란 의미다. 그러니 이 말의 의미는 군주의 자리라고 생각하면서 마치 계신 것처럼 공경하여 행동하는 것이다.

16) 원문의 "섭자攝齊"는 '옷자락을 잡는다'는 뜻으로 "섭攝"은 '잡을 섭'이고, "자齊"는 '옷자락 자'로 읽는다. 즉, 의상의 앞자락을 추켜들고 계단을 따라서 대청으로 올라가는 것이다.

17) 원문의 "익여翼如"를 번역한 것으로, 공자가 달려가는 모습이 경쾌하고 아름다워 새가 날개를 펴는 듯했다는 뜻이다. 어떤 이는 "익여"라는 말이 공경하고 단정한 모습이라고 해석하며, 몸가짐에 흐트러짐이 없는 모습을 뜻한다고도 한다.

집규와 향례의 예법 10.5

홀[18]을 잡으실 때에는 몸을 숙이고 허리를 굽히시고, 마치 [그 무게를] 이기지 못하는 듯하셨다.[19] [홀을 잡는 법은] 위로는 읍을 하듯 [두 손을 마주잡는 듯] 하셨고, 아래로는 물건을 줄 때 [손을 내리는 듯] 하셨다. 안색은 두려워하는 듯한 표정으로 바꾸셨고, 발걸음은 좁게 떼면서 마치 [앞사람을] 따르는 듯하셨다.[20] 향례享禮[21] 때엔 부드러운 낯빛을 하셨으며 개인적으로 만나실[22] 때는 경쾌하고 즐거운 듯하셨다.

執圭, 鞠躬如也, 如不勝. 上如揖, 下如授. 勃如戰色, 足蹜蹜如有循. 享禮, 有容色. 私覿, 愉愉如也.

18) 원문의 "규圭"를 번역한 것이다. 임금이 사신으로 보내는 사람에게 주는 일종의 신임장으로 윗부분은 둥글거나 머리가 칼 모양 같기도 하고, 아랫부분은 방형이다. 장신용 옥으로 되어 있다.

19) 원문의 "여불승如不勝"을 번역한 것으로, 홀이 본래 무겁지는 않지만 사신들은 무거워 들지 못하는 척하면서 임금에 대한 존경을 표했다.

20) 원문의 "축축여蹜蹜如"는 발걸음을 좁게 떼는 모양이다. "순循"은 발뒤꿈치를 드는 것이다. 발뒤꿈치를 들고 종종걸음으로 따라가는 것을 말한다.

21) 다른 나라에 사신으로 가서 가져온 헌상품을 임금에게 올리는 일종의 방문 의식을 말한다.

22) 원문의 "적覿"은 '보다', '사사로운 예禮로 만나다'라는 의미다.

옷을 잘 입는 예법 10.6

군자[23]는 감색과 검붉은 천[24]으로 옷깃을 장식하지 않고, 붉은색과 자주색으로 평상복을 만드시지 않았다. 더운 여름에는 올이 가는 칡베와 거친 칡베로 만든 홑옷을 걸치고[25] 반드시 겉옷을 입어 감싸셨다.[26] 검은 옷에는 양 가죽으로 만든 갖옷을 입으셨고, 흰옷에는 어린 사슴 가죽으로 만든 갖옷을 입으셨으며, 누런 옷에는 여우 가죽으로 만든 갖옷을 입으셨다.[27] 평상시에 입는 갖옷은 길고, 오른쪽 소매는 짧게 하셨다.[28] 반드시 잠옷은 길이를 키의 한 배 반

23) 여기서 "군자君子"는 공자를 지칭하는 것으로 보는 것이 타당한데, 뒤편의 내용도 공자의 생활 예절에 관한 내용이다.

24) 좀 더 구체적으로 보면 감색은 깊은 청색에 붉은색이 감도는 색이고 추색은 감색보다 더 어두운 색이다. 주희는 진홍색으로 보았고, 정약용은 흑색이 다소 감도는 짙은 붉은색으로 풀이했다. 여하튼 옛날에 흑색은 정식 예복의 색이었으니 이 둘은 흑색에 가깝지만 정색正色이 아니므로 써서는 안 된다는 의미다.

25) 원문의 "진치격袗絺綌"을 번역한 것이다. "진"은 홑겹이란 뜻으로 동사로 쓰였으며, "치격"에서 "치絺"는 '가는 칡베'이고 "격綌"은 '거친 칡베'라는 뜻이다.

26) 원문의 "필표이출지必表而出之"를 번역한 것인데, 황간의 《의소》에는 "지之"자가 없어 적지 않은 해석의 여지가 남았다. 공안국은 이 구를 "웃옷을 더하는 것이다"라고 설명했는데, 베옷 위에 웃옷을 더 입는다는 뜻인지를 알 수 있는 명확한 주석은 붙이지 않았다. 주희는 "속옷을 입고 겉에 고운 베나 거친 베로 만든 옷을 입어 겉으로 드러나게 한다"는 식으로 풀이했고 양보쥔은 "그것으로 하여금 밖으로 드러나게 하다〔使它露在外面〕"는 백화 번역으로 주희의 견해를 지지했다. 역자도 이를 따르되 문맥에 맞게 약간의 의역을 했다. 그러나 "출지出之"란 단어를 유월은 '외출하여 나가다'라는 의미로 풀이하기도 했다.

27) 이 세 구절에서 말하고자 하는 바는 옷이란 겉옷과 속옷을 서로 잘 어울리게 입어야 한다는 것이다. "고구羔裘"는 검은색의 양털 갖옷이다. "예麑"는 어린 사슴이다.

28) 이 번역의 원문 "단우결短右袂" 역시 논란의 여지가 많은데, 공안국은 '오른쪽 소매를 짧게 하는 것'이라고 보았으며 주희의 견해도 동일하여 역자도 그들의 견해에 따른다.

으로 하셨다. [방에서는] 여우나 담비의 두터운 가죽을 깔고 앉으셨다. 탈상을 한 뒤에는 패물을 착용하시지 않은 적이 없으셨다.

유상帷裳[29]이 아니면 반드시 천을 줄이셨다.[30] 양 가죽으로 만든 갖옷을 입거나 검은 관을 쓰고서는 조문하시지 않았다. 길월吉月(음력 매월 초하루)에는 반드시 조복을 입고 조회하셨다.

君子不以紺緅飾, 紅紫不以爲褻服. 當署, 袗絺綌, 必表而出之. 緇衣羔裘. 素衣麑裘. 黃衣狐裘. 褻裘長, 短右袂. 必有寢衣, 長一身有半. 狐貉之厚以居. 去喪, 無所不佩. 非帷裳, 必殺之. 羔裘玄冠不以弔. 吉月, 必朝服而朝.

재계할 때 10.7

재계할 때는 반드시 명의(목욕 후 입는 깨끗한 옷)를 입으셨는데, 삼베로 만든 것이었다. 재계할 때는 반드시 [평소에 드시던] 음식을 바꾸셨으며[31], 거처할 때에도 반드시 자리를 바꾸셨다.[32]

齊必有明衣, 布. 齊必變食, 居必遷坐.

---

29) 공안국의 풀이대로 조복朝服과 제복祭服을 가리키니, 예복의 일종으로 주로 조례 때 입었는데, 재단하지 않고 남는 부위를 주름치마처럼 접어서 입었다.

30) 원문의 "쇄殺"를 번역한 것으로, 주름 잡지 않고 남는 천을 마름질해서 줄여 입는다는 의미다.

31) 원문의 "변식變食"을 번역한 것으로, 평소에 드시던 음식을 바꾸셨다는 의미이다. 주희는 "술을 마시지 않고 마늘을 먹지 않는 것〔不飮酒, 不茹葷〕"이라고 하였다. 즉, 정신을 혼란하게 하는 술과 강하고 자극적인 마늘을 먹지 않는 것이 "변식"의 개념이다.

식사와 제육, 취침, 음식 대할 때 10.8

밥은 잘 찧은 쌀이라야 싫어하지 않으셨고, 회는 가늘게 썬 것이어야 싫어하지 않으셨다. 밥이 쉬어 냄새가 나거나 생선이 상한 것이나 고기가 부패하면 드시지 않았다. [음식의] 색깔이 나쁜 것은 드시지 않았다. 냄새가 고약한 것도 드시지 않았다. 제대로 익히지 않으면 드시지 않았다. [정해진] 때가 아니면 드시지 않았다. 자른 것이 바르지 않으면 드시지 않았다. 요리에 맞는 장(간)이 없어도 드시지 않았다. [상 위에] 고기가 비록 많더라도 주식主食[33]을 능가할 만큼 드시지는 않았다. 술만은 양을 한정하지 않으셨으나 [마음을] 어지럽힐 정도까지는 이르지 않으셨다. 사온 술과 저잣거리의 육포는 드시지 않았다. 생강은 [상에서] 물리치지 않고 드셨으나, 많이 드시지는 않았다.[34]

나라에서 제사 지내고 받은 고기는 밤을 넘기지 않고 [드셨다.][35] [다른] 제삿상에 올린 고기[36]는 사흘을 넘기지 않았으며 사흘을 넘기면 드시지 않았다.[37]

---

32) 원문의 "천좌遷坐"를 옮긴 것으로, 평상시에는 부인과 한 방을 썼으나 재계할 때에는 몸과 마음을 정결히 하기 위해 거처를 옮겼다는 의미다.

33) 원문에서 "사기食氣"란 주식을 말하는데, 고기와 야채가 부식이고 오곡이 주식이다. 부식이 많아도 이것을 주식보다 많이 먹지는 않았다는 의미다.

34) 이를 "칠불식七不食"이라고 하여 공자가 '먹지 않은 일곱 가지 음식'이다.

35) 원문의 "불숙육不宿肉"은 '제사 지낸 고기를 하룻밤을 재우지 않는 것'이다. 왜냐하면, 임금께서 제사를 거행하였는데 남은 제사 고기는 하룻밤을 넘기면 조정에 대한 예의가 아니고, 또한 고기는 하루가 지나면 맛이 변하기 때문이다.

36) 이 "제육祭肉"은 앞의 "육肉"과 다른 고기를 말하며, 공자 자신의 집에 있는 고기다.

식사하실 때는 말씀을 하시지 않았고, 주무실 때에는 말씀을 하시지 않았다. 비록 거친 밥과 나물국이라도 고수레[38]를 지냈으며, 반드시 엄숙하고 가지런한 태도로 임하셨다.

食不厭精, 膾不厭細. 食饐而餲, 魚餒而肉敗, 不食. 色惡不食. 臭惡不食. 失飪不食. 不時不食. 割不正, 不食. 不得其醬, 不食. 肉雖多, 不使勝食氣. 唯酒無量, 不及亂. 沽酒市脯不食. 不撤薑食, 不多食. 祭於公, 不宿肉. 祭肉不出三日. 出三日, 不食之矣. 食不語, 寢不言. 雖疏食菜羹, 瓜祭, 必齊如也.

자리에 앉는 원칙 10.9

자리가 바르지 않으면 앉지 않으셨다.[39]

席不正, 不坐.

---

37) 사흘을 넘기게 되면 고기가 부패하고, 그 당시의 유사가 사흘째 될 때 제사 고기를 받았기 때문이다.

38) 원문의 "과제瓜祭"를 번역한 것으로, 어떤 판본에는 "필제必祭"라고 적혀 있어 '과瓜'의 오기로 추정된다(양보쥔 설). 어쨌든 과제란 식사하기 전에 음식물을 조금씩 덜어내어 식기 사이에 놓고 음식을 발명한 사람에게 제사 지내는 것으로, 《춘추좌씨전》에서는 "범제氾祭"라고 했다.

39) 공자가 싫어한 것이 바르지 않은 자리이다. 각지거나 모난 자리에는 절대 앉지 않았다. 즉 명분이 중요하다는 의미로 볼 수 있는데 명분이란 정도이자 떳떳함을 의미한다. 정도를 걷는다는 것은 바른길로 간다는 뜻이고 이는 곧 명분이 있다는 것이다.

나례를 행할 때 10.10

마을 사람들이 주례酒禮를 거행할 때는[40], 지팡이를 짚은 어른[41]이 나가시면 그제야 나가셨다. 마을 사람들이 [잡귀를 쫓는] 굿[42]을 하면 조복을 입고 [주인 자리인] 동쪽 섬돌에 서 계셨다.

鄕人飮酒, 杖者出, 斯出矣. 鄕人儺, 朝服而立於阼階.

전송법 10.11

사람[43]을 다른 나라에 빙문聘問 보낼 때에는, [그에게] 두 번 절하고 나서 보내셨다. 강자(계강자)가 약을 보내오자, 절을 하고 그것을 받고는 말했다.

"제가 아직 알지 못해서 감히 맛보지[44] 못하겠습니다."

---

40) 원문의 "향인음주鄕人飮酒"를 번역한 것으로, 《의례》〈향음주례〉에 보면 마을 사람들과 함께 예를 갖추면서 술을 마시는 것을 의미한다.

41) 원문의 "장자杖者"는 '노인'을 말한다. 옛날 고을에서 나이 60세가 되면 지팡이를 짚었다. 《예기》〈왕제王制〉에 보면, "쉰 살에 집안에서 지팡이를 짚었고, 예순 살에는 향당에서 지팡이를 짚었으며, 칠십 살에는 나라에서 지팡이를 짚었고, 팔십 살 때는 조정에서 지팡이를 짚었다〔五十杖於家, 六十杖於鄕, 七十杖於國, 八十杖於朝〕"고 하였다.

42) 원문의 "나儺"를 번역한 것으로 역귀를 쫓는 의식, 즉 돌림병을 막기 위한 의식으로 보면 무난하다.

43) 원문의 "인人"을 번역한 것으로 다른 나라 제후에게 문안, 즉 빙문을 가는 사절을 의미하며, 일반 사람이 아니다.

44) 윗사람이 약(여기서는 보약)을 선물로 보내오면 예의상 즉시 맛보아야 하지만 공자는 이 약의 성질을 잘 알지 못하여 먹기가 다소 꺼림칙하여 이렇게 말한 것이다.

問人於他邦, 再拜而送之. 康子饋藥, 拜而受之. 曰: "丘未達, 不敢嘗."

사람이 중요하다 10.12

마구간[45]에 불이 났다.
공자께서 조정에서 물러나와 말씀하셨다.
"사람이 다쳤느냐?"
[그러고는] 말에 대해서는 묻지 않으셨다.[46]

廏焚. 子退朝, 曰: "傷人乎? 不問馬."

임금이 내려주신 음식, 문병 방식 10.13

임금이 음식을 내려주시면 반드시 자리를 바르게 하고[47] 먼저 맛을 보셨다. 임금이 날고기를 내려주시면 반드시 익혀서 조상에게 올리셨다. 임금이 살아 있는 짐승을 내려주시면 반드시 키우셨다.

45) 원문의 "구廏"는 마구간을 뜻하는데 조정 안의 공실인 '공구公廏'와 공자 집안의 '사구私廏'로 구분할 수 있다. 여기에서는 공자의 집에 있는 개인 마구간으로 보아야 한다.

46) 원문의 "상인호傷人乎, 불문마不問馬"를 번역한 것인데, 원문을 어떻게 끊어 읽는가에 따라 의미가 전혀 달라진다. 역자처럼 읽는 것이 전통적인 방식이나, "傷人乎不, 問馬"라든지 "傷人乎, 不, 問馬"처럼 읽기도 한다. 예를 들어 "傷人乎, 不, 問馬"로 끊어 읽으면 "사람은 다쳤는가. 아니구나. [그리고] 말에 대해 물어보셨다"라고 전혀 다른 의미로 번역된다. "사람을 중시하고 가축을 천시한 것이다(重人賤畜)"라는 정현의 설이 합리적이다.

47) 원문의 "정석正席"을 번역한 것으로, 임금을 대하는 자세를 말한 것이다. 즉, 임금께서 나에게 베풀어 주신 것을 공경하는 마음을 뜻한다.

임금을 모시고 식사를 하실 때는 임금이 제례를 올리면 먼저 [반찬은 드시지 않고] 밥을 드셨다.

[공자께서] 병이 들어 임금께서 방문하셨는데, 머리를 동쪽으로 하고[48] 누워 조복을 몸에 걸치고 띠를 펼쳐놓으셨다.

임금이 명령하여 부르시면 수레에 멍에를 얹는 것을 기다리지 않고 가셨다.

태묘에 들어가서는 매사를 물으셨다.[49]

君賜食, 必正席先嘗之. 君賜腥, 必熟而薦之. 君賜生, 必畜之. 侍食於君, 君祭, 先飯. 疾, 君視之, 東首, 加朝服, 拖紳. 君命召, 不俟駕行矣[50]. 入太廟, 每事問.

벗의 죽음, 벗의 선물 10.14

벗이 죽었을 때 돌아갈 곳이 없으면[51] 말씀하셨다. "내 집에 빈소를 차려라."[52]

벗이 주는 선물은 비록 수레나 말이라 하더라도, 제사 지낸 고기

48) 이 말은 공자는 병중이므로 침상에 누워 있고, 임금은 동쪽 계단을 통해 입실하여 군주를 맞이하러 걸어오기 때문에 공자는 동쪽을 향했다는 의미다. 황간 같은 학자는 동쪽의 양기를 받아들이기 위한 것이라고 했으나 이는 무리가 있는 풀이이다.

49) 〈팔일〉 3.15와 중복된다.

50) 〈팔일〉 3.18의 "임금을 섬기는 일에 예를 다하는데 사람들은 아첨한다고 생각한다(事君盡禮, 人以爲諂也)"와 맥락이 연관된다.

51) 원문의 "무소귀無所歸"를 번역한 것으로 '친가와 외가의 친지가 모두 없어서 주관할 수 있는 사람이 없는 경우에 시신이 방치되는 상황'을 의미한다(호인 설).

가 아니면 [받을 때] 절하지 않으셨다.

朋友死, 無所歸, 曰: “於我殯.” 朋友之饋, 雖車馬, 非祭肉, 不拜.

잠잘 때와 거처할 때, 상황에 따른 낯빛 10.15

주무실 때는 시체처럼 보이지 않게 하셨고, [댁에] 계실 때는 엄숙한 표정[53]을 짓지 않으셨다.

상복을 입은 사람을 보시면 비록 아주 친밀한 사이라도 반드시 [동정하는 낯빛으로] 바꾸셨다.[54] 예모를 쓴 사람과 장님을 보면 비록 가깝게 지내는 사이라도 반드시 예의를 차리셨다. 상복을 입은 사람에게는 수레의 횡목에 손을 짚고 예를 표하셨다. 나라의 도판圖版을 짊어진 사람[55]에 대해서도 수레의 횡목에 손을 짚고 예를 표하셨다. 성찬을 받으시면 반드시 낯빛을 바꾸면서 일어나셨다.[56] 천둥이 치고 바람이 거세게 불면 반드시 [낯빛을] 바꾸셨다.

---

52) 물론 단순히 빈소만 차리고 손을 놓겠다는 말이 아니고, 공자가 빈소를 제공하고 장례를 치러주겠다는 말이다. 한편, 빈소의 위치는 하나라 때는 동쪽 계단이었고 은나라 때는 양쪽 기둥 사이였으며 주나라 때는 서쪽 계단이었다. 바로 앞의 “무소귀無所歸”가 의미하는 것처럼 돌봐줄 친척이 없어서 가여운 마음에 그렇게 했다는 의미다.

53) 원문의 “용容”을 번역한 것인데, 양보쥔은 이 글자가 ‘객客’의 오기라고 하면서 “손님과 같은 표정을 하지 않으셨다”로 옮기기도 했다. 그러나 여기서는 전통적인 판본에 따라 번역했다.

54) 얼굴빛을 바로잡아 상대에게 예를 표했다는 말이다.

55) 나라의 지도나 호적 등을 짊어지고 가는 사람으로 공무를 행하고 있는 사람을 일컫는다.

56) 이는 음식물이 풍성한 데 대한 감사가 아니라 주인에 대한 예를 표하는 행동이다.

寢不尸[57], 居不容. 見齊衰者, 雖狎必變. 見冕者與瞽者, 雖褻[58]必以貌. 凶服者式[59]之. 式負版者. 有盛饌, 必變色而作. 迅雷風烈必變.

수레 타기의 예법 10.16

수레에 오르면 반드시 바르게 서서 손잡이 끈을 잡으셨다. 수레 안에서는 내부를 돌아보지 않으셨고,[60] 말씀을 빠르게 하시지 않았으며, 직접 손가락질을 하시지 않았다.[61]

升車, 必正立, 執綏. 車中不內顧, 不疾言, 不親指.

57) "시尸"는 '손과 발을 쭉 펼쳐 놓아서 마치 죽은 사람처럼 하는 것〔布展手足, 似死人〕(포함 설)'을 말한다. 말하자면 "불시不尸"란 왼쪽이든 오른쪽이든 옆으로 누워 자야 한다는 의미로 보면 된다.

58) "설褻"은 '사석私席에서 만나는 것'을 뜻한다. 말하자면 의복을 갖춰 입지 않고 만난다는 의미이다. 앞 문장의 "압狎"과 같은 의미로 보면 무방하다.

59) "식式"은 '수레 앞에 가로로 된 나무〔車前橫木〕'를 말한다. 여기에서는 공경하는 자세를 뜻한다고 보면 된다.

60) 원문의 "불내고不內顧"를 번역한 것인데, 《노논어魯論語》에서는 '불不' 자가 빠져 있고 이를 옳다고 보는 학자들도 있다. 그렇게 된다면 그냥 '내부를 돌아보다'로 번역되니 이 번역과는 정반대다.

61) 원문의 "불친지不親指"를 번역한 것이다. 위험하므로 두 손으로 꽉 잡고 있어야 한다는 의미이다.

산에서 만난 까투리 10.17

[까투리들이] 사람의 기색을 살피다가 곧 날아올라 빙빙 돌다가 모여 앉았다. [공자께서] 말씀하셨다.

"산속 다리 위의 까투리여, 때를 만났구나, 때를 만났구나!"[62)]

자로가 그것들을 [잡아] 바치자, [공자는] 세 번 냄새를 맡더니[63)] 일어나셨다.

色斯擧矣, 翔而後集[64)]. 曰: "山梁雌雉, 時哉時哉!" 子路共之, 三嗅而作."

---

62) 공자의 이 탄식은 글자 그대로 때를 만났다는 말이 아니고 때를 만나지 못한 자신이 제 먹을거리를 구하는 까투리만도 못한 현실을 서글퍼한 것이다.

63) '냄새 맡다'라는 의미의 "후嗅"를 번역한 것인데 이 '후' 대신 '칠 격狊'으로 적혀 있는 판본도 있다. 김학주도 "자로가 이 암꿩을 잡아서 바치자 공자께서 세 번 냄새 맡으시고는 일어나셨다"라고 해석했는데 주희의 견해를 따른 것이다. 역자 역시 기본적으로 동의한다. 해석상 논란의 여지가 있는 부분이다. 양보쥔도 이 단락의 문장이 너무 어려워 만족할 만한 해석은 어렵다고 했는데, 이유는 오자 혹은 누락된 글자가 있다고 보았기 때문이다. 황간은 이 단락이 공자의 태도와 행동을 비유하는 것이라고 보았는데, 이 점에 대해서는 이견이 없다. 여하튼 주희도 "이 장은 빠진 부분이 있어 이해되지 않는 부분은 후학을 기다리겠다"고 할 만큼 논란의 여지가 많은 장이다.

64) 정약용은 "색色"을 "놀라는 모양으로 안색이 변하는 것(色駭貌)"으로 보고, "상翔"은 "[새가 놀라서] 날아 빙빙 돌아다니는 것(翔者, 飛之盤廻也)"이라고 하였다.

제11편

선진先進

- 제자들의 일상적 물음에 시비를 일깨워주다

【해설】

〈선진〉 편은 앞의 〈옹야〉의 자매편이라고 할 만하다. 주로 제자들의 인물평을 하고 있는데, 다른 편보다 유독 공자 자신이 제자들을 주로 평가하고 있다. 공자의 교육 지침이 포함된 앞쪽의 두 장은 일반적인 논의로서 개요와 같고, 제자들에 대한 인물평은 3장에서 시작하여 적지 않은 분량을 차지하고 있으며, 거의 모든 편이 짧은 문장으로 구성되어 있다.

안회를 비롯하여 효자 민자건, 삶을 성찰하면서 살아가는 남용南容 등이 앞자리를 차지한다. 호학하였으나 단명한 안회에 대한 공자의 한마디 절규는 사랑하는 제자에 대한 스승의 애절한 마음의 표출일 것이다.

11장에서 삶과 죽음, 그리고 귀신 섬기는 문제에 대한 계로의 물음에 대해 공자는 현재의 삶이 중요하다고 답한다. 13장에서는 자로에 대해 제명대로 살지 못할 거라고 했는데, 자로가 전쟁에 휘말려 자살했음을 생각하면 제자들의 성향에 대한 공자의 분석이 얼마나 예리한지를 잘 알 수 있다.

"과유불급過猶不及"이라는 말도 이 편에 등장한다. 가르침에 어긋나게 실권자에게 빌붙어 세금을 수탈한 염구에게는 제자도 아니라며 분노하고, 안회와 단목사를 비교하면서 안회를 높이 평가한 대목도 촌철살인의 묘미가 있다. 염유와 자로의 상반된 성품을 날카롭게 짚어내는 공자의 안목도 눈여겨볼 대목이다.

맨 마지막 장은 편폭이 꽤 긴 편인데, 네 명의 제자가 공자를 모시고 앉아 각자의 포부를 말하자 공자가 의표를 찌르는 답을 내놓는다. 아무리 제후국을 돌아다니며 유세를 했다 하더라도 공자는 역시 천생 교육자라는 생각이 든다. 몇 번 벼슬에 나아가기는 했지만, 이렇게 제자들과 담소하면서 세상사와 자신의 문제를 두고 담화할 때가 가장 행복했을지도 모른다.

촌스러운 사람이냐 군자냐 11.1

공자께서 말씀하셨다.

"먼저 예악에 나아간 이[1]는 촌스러운 사람[2]이고, 나중에 예악에 나아가는 자들은 군자[3]다. 만약 [나에게] 이들을 등용하라고[4] 하면 나는 먼저 [예악에] 나아간 자들을 쓰겠다."

子曰: "先進於禮樂, 野人也. 後進於禮樂, 君子也. 如用之, 則吾從先進."

1) 논란의 소지가 많은 첫 문장이다. 원문의 "선진先進"을 번역한 것인데 뒤의 "후진後進"이란 말의 상대어로 쓴 것이다. 주희는 '선배'와 '후배'라고 보았는데, 황간은 오제五帝 이전을 선진이라고 보고 삼왕三王 이후를 후진으로 보았다. 한편 공안국은 벼슬을 함에 있어서 선후의 차원으로 보았다. 이 해석에 따르면 먼저 예악을 학습하고 나서 나중에 벼슬에 나아간다는 뜻이다.

2) 원문의 "야인野人"을 번역한 것으로, 벼슬한 적이 없는 일반 지식인, 즉 '선비士'를 가리킨다. 이는 바로 뒤 구절의 군자란 말과 상대되는데, 군자라는 말은 넓은 의미에서 보면 경대부 자제에 대한 총칭으로 일반적인 군자의 개념과는 다르다. 물론 이 문장에서 알 수 있듯이 공자는 이런 유형의 군자들, 즉 경대부의 자제들이 부모의 비호를 받으며 벼슬하는 것을 좋지 않게 보아 이렇게 말한 것이다.

3) 원문의 "군자君子"에 대하여 주희는 '어진 사대부〔賢士大夫〕'라고 하였다. 이 문장에서는 〈옹야〉 6.16의 "문질빈빈文質彬彬"과 연관하여 야인野人은 '질이 문을 이기는 사람〔質勝文者〕'이고, 군자君子는 '꾸미는 것(문文)이 질박한 것(질質)을 이기는 사람〔文勝質者〕'을 말한다.

4) 원문의 "용用" 자를 번역한 것이다. 황간은 이를 제자 교육에 사용한다는 개념이라고 보았으며 주희는 예악 자체를 사용한다는 개념으로 보아 "예악을 쓴다면"이라고 해석했다. 역자는 유보남의 견해에 따라 인재를 등용한다는 개념으로 해석하였는데, 뒷 구절의 "종從"도 같은 맥락에서 풀이한 것이다.

공자께서 말씀하셨다.

"진나라와 채나라에서 [재난을 당했을 때][5] 나를 따랐던 자는 모두 문하에 남아 있지 않다."[6]

덕행[7]에는 안연·민자건·염백우[8]·중궁이고,[9] 언어[10]에는 재아와

---

5) 공자가 진陳나라와 채蔡나라 사이에 있었을 때 이야기가 《사기》 〈공자세가〉에 자세히 기록되어 있다. 공자가 진나라에 있을 때 "오나라가 진나라를 쳤다. 이때 초나라가 진나라를 구하기 위해서 군사를 일으켰다. 초나라 소왕이 공자가 진채陳蔡 사이에 있다는 것을 듣고 공자를 초빙하려고 했으나 진나라와 채나라 대부들이 [공자를 가지 못하게] 계획을 세워 말하였다 (…) 이에 공자를 들에 포위하여 [일주일 동안 갇혀서] 식량도 떨어지고 곁에 문하들이 병이 들어 따르지를 못하였다〔吳伐陳, 楚救陳, 軍于城父, 聞孔子在陳蔡之閒, 楚使人聘孔子, 孔子將往拜禮, 陳蔡大夫謀曰 (…) 於是乃相與發徒役圍孔子於野, 不得行, 絕糧, 從者病, 莫能興〕".

6) 원문의 "불급문不及門"을 번역한 것으로, 공자의 곁을 다 떠났다는 의미로서 주희의 견해에 따른다(양보쥔도 주희의 설이 타당하다고 보았다). 한편 정현은 "벼슬에 나아가는 문〔士進之門〕에 이르지 못했다"고 번역했으며 유보남은 "공자의 제자들이 진나라와 채나라에서 벼슬한 자가 없다"는 식의 해석을 했는데, 다소 무리가 따르는 이러한 풀이도 일리가 없는 바는 아니다. 공자가 이 두 나라에서 고통을 당했을 때 도와줄 제자들이 없었다는 의미도 담겨 있다. 이 서글픈 탄식은 기원전 484년, 즉 공자가 68세가 되던 해에 한 말이거나, 안회와 자로가 죽은 공자 최후의 2년, 즉 기원전 480년 혹은 기원전 479년에 한 말로 추정된다.

7) "덕행德行"에서의 "덕德"은 윤리와 도덕적 개념과 함께 공자가 생각하는 이상적인 군자상과 연관이 되어 있다. 최상의 인격을 갖추고 있는 것을 말한다.

8) 염백우는 곧 염경冉耕이다. 공자보다 7세 적었다. 나병(문둥병)에 걸려 죽은 인물로서 공자가 문병을 가서 탄식한 이야기가 〈옹야〉 6.8에 나온다.

9) 이들은 모두 가난한 집안 출신으로 실은 염백우의 나이가 가장 많았고(공자보다 7세 아래), 민자건이 다음으로 많았고(공자보다 15세 아래), 중궁이 그다음으로 많았으며(공자보다 29세 아래), 공자보다 30세 아래인 안연이 가장 어리다. 그런데 안연은 공자가 가장 아꼈으므로 첫째에 두었다.

자공[11]이며, 정사[12]에는 염유와 계로[13]이고, 문학[14]에는 자유와 자하[15]였다.[16]

子曰: "從我於陳蔡者, 皆不及門也." 德行: 顔淵, 閔子騫, 冉伯牛, 仲弓. 言語: 宰我, 子貢. 政事: 冉有, 季路. 文學: 子游, 子夏.

---

10) 언어 구사와 화법뿐만 아니라 주빈主賓이 상대방과 주고 받는 외교적 언사를 가리키니, 외교 활동도 포괄하는 개념으로 봐야 한다(황간, 정약용 설).

11) 재아(재여)는 안연보다 1세 더 많았고, 자공(단목사)은 안연보다 1세 적었다.

12) "정사政事"는 〈태백〉 8.14의 "그 자리에 있지 않으면 그 정사를 도모하지 말라〔不在其位, 不謀其政〕"의 "정政"과 같다. 정치와 행정적 실무가 모두 포함되는 의미다.

13) 염유(염구)는 계씨의 가신을 지내면서 재산 불리기에 통달했고, 계로(중유, 즉 자로)는 계씨의 가신을 지냈고 위나라에서 포읍蒲邑의 대부(읍재)를 지냈는데, 치국과 용병에 능했다. 계로의 나이는 비교적 많았고(공자보다 9세 아래), 염유는 재아와 동갑이었다.

14) 황간은 문학을 고대 문헌을 포괄적으로 가리키는 것으로 보았는데, 한편으로는 공자가 전수한 《시》, 《서》, 《역》 등을 가리킨다고도 할 수 있다.

15) 자유(언언)와 자하(복상)는 공자 문하에서 나이가 가장 어렸고(자유는 공자보다 45세 아래, 자하는 공자보다 44세 아래) 유가 경전을 전수하는 데 큰 공을 세웠다.

16) "덕행德行·언어言語·정사政事·문학文學"은 '공문사과孔門四科'이며, 이 문장에 등장하는 10명의 제자는 '공문십철孔門十哲'로 핵심 문하라고 할 수 있다. 한편 이 장은 앞의 "자왈子曰: 종아어진채자從我於陳蔡者, 개불급문야皆不及門也"와 뒷부분의 문장이 괴리가 있기 때문에 공자가 한 말인지 아닌지를 두고 적지 않은 논쟁이 있었다. 《사기》 〈중니제자열전〉과 《신서新序》 〈잡사雜事〉 및 《후한서》 〈문원전文苑傳〉 등은 모두 이 장이 공자가 저술한 것이라고 말하고 있어 한나라 때부터 이 문장에 대한 쟁론이 있었음을 짐작할 수 있다. 성호 이익李瀷은 《논어질서論語疾書》에서 이 장의 공문십철에 관한 이야기는 공자가 한 말이 아닐 것으로 추측하였다.

안회에 대한 공자의 속내 11.3

공자께서 말씀하셨다.

"안회는 나를 돕는 자가 아니다. 내가 한 말에 대해 기뻐하지 않는 바[17]가 없구나.[18]"

子曰: "回也非助[19]我者也, 於吾言無所不說."

효자 민자건 11.4

공자께서 말씀하셨다.

"효성스럽구나, 민자건[20]이여![21] 그의 부모나 형제들의 이런 말

---

17) 공자의 가르침에 이의를 제기하거나 의문을 품지 않고 그대로 받아들여 자기 것으로 만들었다는 뜻이다. 성인의 겸손한 덕으로 깊이 안회를 칭찬한 것으로 보인다.

18) 주희는 이에 대하여 "성인의 말씀에 대하여 말없이 마음을 통하여서 의문 생기는 바가 없다(聖人之言, 默言心通, 無所疑問)"라고 하였다. 즉, 공자와 안회 사이는 '이심전심以心傳心'과도 같다. 원문의 "회야비조아자야回也非助我者也"에서 공자는 안회에게 유감을 표한 것은 분명하다. 그러나 깊이 기뻐한 것이다(深喜). 반면 공안국은 "안회는 말을 들으면 이해하는데, 나를 일으키거나 도움을 주는 제자는 아니다(孔曰回聞言卽解, 無發起增益於己)"라고 보았다. 이에 대하여 정약용은 "군주와 신하 사이는 간쟁諫諍하는 것을 귀하게 여기는데(君臣之際貴諫爭), 여기에서의 공자와 안회는 군신과의 관계가 아니므로 [그 관계가] 다르다는 관점이고, 안회가 공자의 말에 순종하고 어김이 없는 것은 바로 공자의 말씀이 귀에 들어가자마자 마음으로 통하는 것이다(顏子於孔子之言, 有順無違, 則聲入而心通)"라고 하여 공안국의 설을 반박하였다.

19) "조助"는 〈팔일〉 3.8의 "나를 일깨우는 자는 상商이로구나. 비로소 [너와] 더불어 《시》를 이야기할 수 있게 되었구나(起予者商也, 始可與言詩已矣)"에서 '일깨워주는 것(起)'과 같은 의미이고, '돕다'는 뜻의 '익益'으로 풀이하면 무방하다.

에 트집 잡는[22] 이가 없구나."

子曰: "孝哉閔子騫! 人不間於其父母昆弟之言."

성찰하는 남용 11.5

남용[23]이 백규(희고 맑은 옥)라는 시구[24]를 [매일] 세 번이나 반복하자,[25] 공자는 자기 형의 딸을 아내로 주었다.[26]

南容三復白圭, 孔子以其兄之子妻之.

---

20) 민자건은 효자였다. 어려서 어머니를 잃고 계모의 학대를 받았다고 한다. 엄동설한에 계모의 아이들은 따뜻한 옷을 입었지만, 그는 솜 대신 갈대꽃을 넣은 옷을 입고 있었는데, 이를 본 아버지가 계모를 친정으로 쫓아버리려고 하자 민자건은 그렇게 해서는 안 된다고 말렸다. 계모를 친정으로 쫓아버린다면 나뿐만 아니라 계모가 데려온 두 동생도 한겨울에 떨 것이라고 말했다. 그의 아버지는 무척 감동하였고, 계모도 이때부터 뉘우쳐 자애로운 어머니로 바뀌었다고 한다. 〈공야〉 편 6.7장에 보면 민자건의 소신을 보여주는 대목이 있다. 주희는 "부자께서 감탄하여 그를 찬미한 것이다(夫子嘆之美之)"라고 하였다.

21) 민자건에 대한 칭찬으로 다른 사람이 한 말인데, 공자가 이를 되풀이해서 인용했다.

22) 원문의 "간間"을 번역한 것으로 "간"은 달이 문틈으로 들어오는 것을 형상화한 글자다. "간"에는 '트집 잡다'는 의미 외에 '참소하다', '이간질하다', '비난하다', '중상하다'라는 의미가 두루 깃들어 있는데 뜻은 비슷하다.

23) 공자가 자기 형의 딸을 남용에게 시집보냈다는 것은 이미 〈공야장〉 5.1에서도 나왔다. 《논어》에서 남용은 오직 세 번 등장하는데 또 한 번은 〈헌문〉 14.5에 나온다.

24) 원문 "삼복백규三復白圭"는 '삼복백규지점三復白圭之玷'으로 적혀 있는 판본도 있다. 이 장의 출전은 바로 《시경》 〈대아·억抑〉의 맨 마지막 부분인데 여기 옮겨 적으면 "백규 위에 있는 흰 점은 오히려 갈아 없애버릴 수 있지만, 말의 점은 바로잡을 수 없다(白圭之玷, 尙可磨也. 斯言之玷, 不可爲也)"이다. 본래 〈억〉이라는 시는 위衛나라 무공武公이 주나라 여왕厲王을 풍자하고, 스스로 경계하기 위해 지은 것이다. 남용이 세심하고 조심스런 사람임을 알 수 있다.

호학단명한 안회 11.6

계강자가 물었다.

"제자들 중에서 누가 배우기를 좋아합니까?"[27]

공자께서 대답하셨다.

"안회라는 자가 있어 배우기를 좋아했으나 불행히도 명이 짧아 죽어, 지금은 [그런 사람이] 없습니다."

季康子問: "弟子孰爲好學?" 孔子對曰: "有顔回者好學, 不幸短命死矣, 今也則亡."

덧관을 마련하지 않다 11.7

안연이 죽자 안로(안연의 아버지로 공자의 제자였고 이름은 무요無繇)[28]가 선생님의 수레를 팔아 그에게 덧관[29]을 마련하자고 청했다. 공자께

---

25) 신중하게 말한다는 뜻이다. 삼복사언三復斯言, 사언삼복斯言三復이라고도 한다. 삼사이행三思而行과도 비슷한 말이다.

26) 남용이 가장 중시했던 것은 '언행言行'일 것이다. 언言이라는 것은 행동의 겉이고, 행行이라는 것은 말의 실질이다(言者, 行之表, 行者, 言之實)(범조우 설). 말하자면 말이라는 것은 행동의 표면이 드러나는 것이고 행동이라는 것은 말의 실체이다. 특히 남용이 말에 대해서 조심했던 것은 그의 사람됨을 잘 보여준다.

27) 노나라의 어리석은 군주 애공이 이렇게 물은 적이 있는데, 〈옹야〉 6.2에 "노여움을 [남에게] 옮기지 않고, [똑같은] 잘못을 거듭하지 않았습니다(不遷怒, 不貳過)"라고 한 구절이 나온다.

28) 안연의 아버지 안로는 공자보다 6세 적었다. 이 장은 뒤에 나오는 10장과 자매 편이라고 할 수 있는데, 공자는 안연을 자기 아들처럼 여겼다.

29) 고대의 대관들은 관을 두 가지 만들어 사용했으니 안쪽의 관을 관棺이라 하고 바깥쪽의 덧관을 곽槨이라 했다. 따라서 '관'과 '덧관'으로 구분한다.

서 말씀하셨다.

"재주가 있든 없든[30] 역시 저마다 자기 자식을 [염려하는] 말을 하게 마련이다. 이鯉(공자의 아들로 공자 나이 49세에 죽음)가 죽었을 때 관만 있었고 덧관은 없었다. 내가 걸어 다니고 그를 위해 덧관을 만들어주면 될 터인데 그러지 않은 것은, 나도 대부의 뒤를 따르는 사람[31]이어서 걸어서 다닐 수는 없었기 때문이다."

顔淵死, 顔路請子之車以爲之槨. 子曰: "才不才, 亦各言其子也. 鯉也死, 有棺而無槨. 吾不徒行以爲之槨. 以吾從大夫之後, 不可徒行也."

하늘이시여 11.8

안연이 죽자, 공자께서 말씀하셨다.

"아! 하늘이 나를 버리시는구나. 하늘이 나를 버리시는구나."[32]

顔淵死. 子曰: "噫![33] 天喪予. 天喪予."

---

30) 원문의 "재부재才不才"를 번역한 것으로 재주가 있는 것은 안연을 가리킨 것이고, 재주가 없는 것은 공자의 아들 리鯉를 말한 것이다.

31) 공자는 노나라에서 사구 벼슬을 지낸 적이 있었는데, 여기서 대부는 사구를 말한다. 현재 사직한 상황이므로 "내가 일찍이 대부를 지낸 적은 있지만"이란 식의 겸사로 쓴 말이다.

32) 이 말은 하늘이 내 목숨을 빼앗으려 한다는 의미다. 즉 안회는 공자에게 목숨과도 같은 제자였다. 주희는 "도가 전해지지 못하여 마치 하늘이 자신을 버린 것처럼 한 것을 애도한 것이다〔悼道無傳, 若天喪己也〕"라고 하였다.

33) "희噫"는 슬픔을 나타내는 감탄사이다. '상심하여 애통해하는 소리〔傷痛聲〕'이다.

통곡하다 11.9

안연이 죽자 공자께서 곡을 하며 비통해[34] 하셨다. 모시고 있던 사람이 말했다.

"선생님께서 비통해 하시는군요!"

[공자께서] 말씀하셨다.

"비통해 한다고? 이 사람으로 인해 비통해 하지 않으면 누구로 인해 그렇게 하겠느냐?"

顏淵死, 子哭之慟. 從者曰: "子慟矣!" 曰: "有慟乎?[35]
非夫人[36]之爲慟而誰爲?"

안회를 장사 지내다 11.10

안연이 죽자 제자들이 그를 성대하게 장사 지내려고[37] 했다. 공

---

34) 원문의 "통慟"은 '통곡하다'는 말로 옮기는 경우가 많았는데, 마융의 해설을 따라 '슬픔이 지나치다〔哀過〕'로 해석하였다. 그런데 〈팔일〉 3.20의 "슬퍼하되 마음을 상하게 하지 않는다〔哀而不傷〕"를 뛰어넘는 슬픔〔慟〕이다. 즉 '비통해 하다'라는 의미로 옮기는 게 더 좋다. 〈자한〉 9.5에서 공자는 자신의 존재를 높이 평가하고 존재감을 과시하였는데, 이 장에서는 자신의 제자임에도 "천상여天喪予, 천상여天喪予"라고 하여 명민했던 안회의 위상을 보여준다.

35) "유통호有慟乎"는 직역하자면 '비통해 하는 것이 있었다고?'와 같다. 즉, 공자가 곡을 심하게 하여 자신이 상심에 빠진 것을 자각하지 못한 것이다. 이에 대하여 주희는 "슬퍼서 상심하는 것이 지극하여 스스로 [그 상황을] 알지 못하였다〔哀傷之至, 不自知也〕"고 하였다.

36) "부인夫人"은 '저 사람'으로 풀이하며 안연을 가리킨다. 주희는 "그의 죽음이 가히 애석하여 곡함이 마땅히 비통하니 다른 사람과 비교할 것이 아니다〔其死可惜, 哭之宜慟, 非他人之比也〕"라고 하였다.

자께서 말씀하셨다.

"옳지 않다.[38)]"

제자들이 그를 성대하게 장사 지내자[39)], 공자께서 말씀하셨다.

"회는 나를 아버지처럼 대했지만, 나는 아들처럼 대하지 못했다.[40)] [이는] 내 탓이 아니라, 저 몇몇 제자 탓이다."[41)]

顔淵死, 門人欲厚葬之. 子曰: "不可." 門人厚葬之.

子曰: "回也視予猶父也, 予不得視猶子也. 非我也, 夫二三子也."

---

37) 원문의 "후장厚葬"을 번역한 것인데, 안연의 집 사정 등을 고려하면 당연히 머리와 발과 몸을 씻어 즉시 장사 지내면 되는데 제자들이 이런 기본 지침을 무시하고 후하게 장사 지낸 것이다. 즉 가난한 집안 사정을 고려하지 않고 장례를 치른 제자들을 공자가 비판한 것이다.《예기》〈단궁檀弓〉에 기록된 공자의 말에도 이런 내용이 나온다. "집의 [재산] 유무에 맞게 하는 것이다. 있더라도 예에 지나치게 하여서는 안 될 것이며, 진정 없다면 머리와 발과 형체를 염하여 즉시 장사 지내되 손으로 들어 내려 묻은들 남이 어찌 비난할 수 있겠는가?〔稱家之有亡, 有, 毋過禮. 苟亡矣, 斂首足形, 還葬, 縣棺而封, 人豈有非之者哉〕".

38) 원문의 "불가不可"를 번역한 것이다.《예기》〈단궁檀弓〉에도 "자유가 공자에게 상구喪具에 관하여 묻자 집안의 경제 상황에 맞게 하라〔子游問喪具, 夫子曰, 稱家之有亡〕"는 기록이 있다. 이 당시의 집안 형편에 따라 가난한데도 후장厚葬하는 것은 이치를 따르지 않는 것이기 때문이다.

39) 공자가 "불가不可"라고 답하였는데도, 안회의 장사를 후하게 치른 것에 대하여 앞의 7장에서 안회의 아버지 안로가 공자에게 수레를 팔아 장례를 치르기를 요구했었던 것으로 보아 제자들이 성대하게 장사지내자는 의견에 동의하여 안로가 이처럼 안회의 장사를 주도했을 것으로 추측하였다(주희 설).

40) 이 말의 의미를 잘 새겨보아야 한다. 공자는 아들 공리孔鯉의 장례를 치를 때 간소하게 치렀으며 안회의 장례도 간소하게 치르려고 했는데 문하생들은 생각이 달랐다. 그래서 공자의 푸념이 이어진다.

41) 이 문장을 이와는 달리 '나를 비난하겠구나, 두세 사람이'라는 식으로 해석하기도 한다. 오규 소라이는 원문의 "이삼자二三子"를 '문인 중에 다른 나라에 있는 사람'을 가리킨다고 해석한다.

삶과 죽음 11.11

계로(자로이며 '계'는 서열을 뜻함)가 귀신 섬기는 것에 대하여 여쭈었다.[42] 공자께서 말씀하셨다.

"사람을 섬기지도 못하면서, 어떻게 귀신을 섬길 수 있겠는가?"

[계로가] 여쭈었다.

"감히[43] 죽음에 대해 묻겠습니다."

[공자께서] 말씀하셨다.

"삶을 알지 못하는데, 어찌 죽음을 알겠느냐?"

季路問事鬼神. 子曰: "未能事人, 焉能事鬼?" 曰: "敢問死."

曰: "未知生, 焉知死?"

42) 원문의 "문사귀신問事鬼神"을 번역한 것으로 주희는 "제사를 받드는 것〔奉祭祀〕"이라고 하였다. 즉 자로가 공자에게 제사 지내는 것에 대해 묻는 상황이다. 〈술이〉 7.20에 "공자께서는 괴이한 일, 위세 부리는 일, 어지럽히는 일, 귀신에 관한 일에 대해서는 말씀하시지 않았다〔子不語怪力亂神〕"라고 하여 "귀신神"에 대해 언급한 적이 있다. 또한 〈술이〉 7.34에서 공자의 질병을 낫게 하려고 귀신에게 빌고자 했던 적이 있다. 즉, 자로는 평소에 귀신을 공경하던 자이다. 이에 공자는 "나도 [그런] 기도를 드린 지 오래되었구나〔丘之禱久矣〕"라고 답하였다.

43) 원문의 "감敢"을 번역한 것으로, 스승에 대한 존경의 표시다. 좀 더 자세히 음미하자면, 잘 알지도 못하는 제자가 스승에게 어떤 문제를 묻고자 할 때 쓰는 상투어로 보면 된다.

민자건, 염유, 자공을 비교하다 11.12

민자건[44]이 곁에서 [선생님을] 모실 때는 바르고 반듯했고,[45] 자로는 굳세고 강했으며, 염유와 자공은 자유롭고 편안했다.[46] 공자께서는 즐거워하셨다. [그러고는 말씀하셨다.]

"유(자로)와 같은 자는 제명대로 살지 못할 것[47]이다."

閔子侍側, 誾誾如也. 子路, 行行[48]如也. 冉有子貢, 侃侃如也. 子樂.

"若由也, 不得其死然."

---

44) 원문에 분명히 "민자閔子"라고 되어 있는데 고본古本에는 "자子" 뒤에 "건騫"을 붙여 쓴 경우가 많다. 《논어》 전체에서 공자와 유자와 증자를 제외한 제자들에 대해 선생님이라는 뜻의 존칭어인 '자'를 붙이지 않았으니 여기서도 고본에 의거해서 '건'을 덧붙여야 한다.

45) 원문의 "은은誾誾"의 번역인데 '중정中正한 모습'이라는 형병의 풀이에서 알 수 있듯이 바르고 반듯한 모습을 표현한 것이다. 주희는 "온화하고 기뻐하는 모습〔和悅而諍〕"이라고 하였다.

46) 원문의 "간간여侃侃如"에서 "간侃"은 '굳세다·강직하다'의 뜻이 있지만(주희 설), 외교와 언변에 뛰어난 자공의 특징을 설명할 때에는 "자유롭고 편안했다"고 하여야 큰 무리가 없다.

47) 글자 그대로 자로가 '천수를 다하지 못할까 걱정된다'는 의미다. 자로에 대한 공자의 악담은 사실 그의 성격 때문인 듯하다. 자로는 결국 위衛나라에서 비참하게 죽었다. 그가 죽었을 때 공자는 저민 고기를 내다버리고 먹지 않았다고 한다.

48) 이 글자들은 '굳세고 강한 모양'이란 뜻으로 "항항行行"이라고 읽어야 한다(정현 설).

옛것을 따르는 것이 좋다 11.13

노나라의 사람[49]이 장부長府[50]를 [고쳐] 지었다. 민자건이 말했다. "옛것을 그대로 따르는 것이 어떻겠는가? 어찌하여 반드시 고쳐 지어야 하는가?"

공자께서 말씀하셨다.

"그 사람은 [평소] 말이 없지만, 말을 하면 반드시 사리에 맞는 말을 한다.[51]"

魯人爲[52]長府[53]. 閔子騫曰: "仍舊貫, 如之何? 何必改作?"

子曰: "夫人不言, 言必有中."

49) 그냥 노나라의 일반 백성이 아니라 집정대신을 가리키는 말로 봐야 다음 문장의 맥락에 맞는다.

50) 이궁離宮의 별관 혹은 노나라 재물을 저장하는 관부의 창고이다. 소공 25년에 계씨가 난을 일으켰을 때 소공이 장부를 근거로 삼아 대항했기 때문에, 그곳을 개축해 방어력을 없앴다는 기록이 《춘추좌씨전》에 나와 있는데 이런 맥락에서 보면 정확히 이해된다.

51) 원문의 "부인불언夫人不言, 언필유중言必有中"을 번역한 것이다. 이에 주희는 "망발하지 않고, 말을 하면 이치에 맞아서 오직 군자가 할 수 있는 말만 한다〔言不妄發, 發必當理, 惟有德者能之〕"고 하였다. 민자건의 특징을 분명하게 드러낸 부분이다.

52) 주희는 "위爲"를 '고쳐 짓다〔改作〕'라고 하였다. 뒤에 나오는 "하필개작何必改作"에서의 "개작改作"과 통한다.

53) 정약용은 "장부長府"를 재물을 저장하는 창고가 아닌 화폐이름〔錢名〕으로 보고, 옛날의 화폐가 있는데 화폐 개혁을 하려고 하는가를 묻는 상황으로 해석하였다. 정약용은 이 장을 "노나라 사람이 화폐를 새로 바꾸려고 하였다. 민자건이 말하였다. 옛날 화폐로 하는 것이 어떻겠습니까? 어찌하여 화폐를 바꾸려고 하십니까?"라고 번역하였는데 여기서는 취하지 않는다.

승당이냐 입실이냐 11.14

공자께서 말씀하셨다.

"유(자로)가 거문고를 어찌하여 내 집 문 앞에서 타느냐?"[54]

[그 뒤로] 문인들이 자로를 공경하지 않았다. 공자께서 말씀하셨다.

"유는 당堂(대청)까지는 올라섰지만, 실室(방 안)까지는 들어오지 못했다."[55]

子曰: "由之瑟奚爲於丘之門?" 門人不敬子路. 子曰: "由也升堂矣, 未入於室也.[56]"

과유불급 11.15

자공이 여쭈었다.

"사(자장)와 상(자하) 중에서 누가 더 현명합니까?"

공자께서 말씀하셨다.

---

54) 성격이 거친 자로의 거문고 연주를 공자는 듣기조차 싫어했는데, 이유인즉 북쪽 변방의 살벌한 소리가 스며들어 있기 때문이라 한다(마융 설).

55) 학문을 하는 단계를 말한 것으로, 먼저 문으로 들어가 대청에 오르고 나서 방 안으로 들어가는 법이다. 그러니 '입실入室'이란 말은 학문의 최고 단계를 말한다.

56) "승당升堂"과 "입실入室"의 문제를 음악에 비유하였지만 실제로는 도道에 들어가는 단계를 말하고자 한 것으로, 승당의 경지는 '바르고 크며 높고 밝은 것(正大高明)'으로 보고, 입실의 단계는 '정밀하고 미묘한 오묘함(精微之奧)'이다. 말하자면 거친 정도의 승당에서 정밀한 경지로 들어가는 것이 입실이다.

"사는 지나치고[57], 상은 미치지 못한다.[58]"

[자공이] 여쭈었다.

"그렇다면 사가 더 낫습니까?"

공자께서 말씀하셨다.

"지나친 것은 미치지 못하는 것과 같다."[59]

子貢問: "師與商也孰賢." 子曰: "師也過, 商也不及."

曰: "然則師愈與." 子曰: "過猶不及."

염구는 제자도 아니다 11.16

계씨(계강자로 추정됨)가 주공[60]보다 부유한데도 구(염구)는 그를 위

57) 원문의 "사야과師也過"를 번역한 것으로, 주희는 "과過"에 대하여 "재주는 높고 뜻은 넓으나 구차스럽게 어려움에 처하게 하는 것을 좋아한다[才高意廣而好爲苟難]"라고 하였다. 즉, 자장은 재질은 있으나 두려움을 알지 못한다는 것을 의미한다.

58) 원문의 "상야불급商也不及"을 번역한 것으로, 주희는 "불급不及"을 "독실하게 믿고 삼가 지키지만 규모가 좁고 좁다[篤信謹守而規模狹隘]"라고 하였다. 말하자면 "과過"는 중도를 넘어서는 것이고 "불급"은 중도 안에 들어가 있는 것이다.

59) 자장과 자하에 대한 공자의 평가는, 유가에서 중시하는 이른바 중용中庸의 도道를 잃었다는 점에 집중된다. 흔히 자장처럼 매사에 지나칠 만큼 뛰어날 경우 우수하다고 평가하기 쉬운데, 공자는 지나침보다는 미치지 못함을 더 높이 평가한 것이다.

60) 원문의 "주공周公"은 주나라의 설립자인 주공 단旦을 가리킨다는 것이 일반적인 설이지만 주공 단은 그 당시 청렴했던 인물로 부유하지 않았다. 정약용은 '주나라 번성기에서 왕공王公 대신들을 의미하는 것'이라고 하였다. 즉, 주나라 공실의 지위를 갖추고 있는 총재로 해석하였다.

해 [수탈하듯] 세금을 거두어 [그의 부를] 더욱 늘려주었다.[61] [이를 보고] 공자께서 [화가 나서] 말씀하셨다.

"나의 무리(제자란 뜻)가 아니다. 너희들은 북을 울려 그를 성토해도 괜찮다."

季氏富於周公, 而求也爲之聚斂而附益之. 子曰[62]: "非吾徒也. 小子鳴鼓而攻之, 可也."

네 제자에 대한 단평 11.17

시(고시高柴, 자고子羔)는 어리석고,[63] 삼(증삼)은 노둔하고,[64] 사(자장)

---

61) 애공 11년과 12년 사이에 있었던 사건에서 비롯된 일인데, 이 말은 이후의 일을 가리킨 것으로 추정된다. 당시 계씨는 세금을 늘리기 위해 전부田賦 제도를 시행했으며 염구를 통해 공자에게 자문을 구했다. 물론 공자는 반대 입장을 분명히 했으나 염구는 계씨의 명에 따라 시행하였다. 그러자 공자는 염구가 백성들을 착취한다며 문하도 아니라고 혹평한 것이다.

62) 어법상 이 "자왈子曰"이란 단어가 여기에 배치된 것은 어딘지 어색하다.

63) 원문의 "우愚"를 번역한 것이다. '어리석다'는 것은 '우직하다·강직하다'의 의미를 내포하고 있다. 주희는 "지혜는 부족하고 후덕함이 남아 있는 것〔知不足而厚有餘〕"이라고 하였다. 사마천에 따르면 그는 "공자보다 서른 살 아래이다. 자고는 키가 다섯 자도 채 못 되었다. 공자에게 가르침을 받을 때 공자는 그를 어리석고 강직한 사람이라고 생각하였다"(《사기》 〈중니제자열전〉). 이 기록은 《논어》의 문장 맥락과 크게 어긋나지 않는다. 또 《공자가어孔子家語》에 자고를 평하기를 "그는 발로 남의 그림자도 밟지 않았고 봄이 되어 땅속에서 벌레가 나오면 그것을 죽이지 않았으며 피어나는 새싹을 꺾지 않았고, 부모의 상을 집행할 때는 3년 동안 피눈물 흘리며 밖에 나가 이를 드러내며 웃지 않고, 전쟁이 일어나면 지름길로 도망하지 않고 구멍을 통해서도 가지 않았다"고 하였다. 한편 이 장의 "시야우柴也愚" 앞에 '자왈子曰'이 빠져 있다. 주희는 이것을 착간錯簡으로 보고 뒤의 18장 원문의 "자왈子曰"이 17장 문장 앞에 나와야 한다고 하였다.

는 치우치고,[65] 유(중유)는 거칠다.[66]

柴也愚, 參也魯, 師也辟, 由也喭.

안회와 자공을 비교하다 11.18

공자께서 말씀하셨다.

"회(안회)는 거의 도를 터득했지만,[67] 자주 [쌀통이] 빌 정도였고, 사(자공)[68]는 운명을 받아들이지 않고[69] 재물을 불려나갔는데,[70] [그

64) 원문의 "로魯"를 번역한 것이다. 정명도程明道는 "노둔함으로써 도를 얻었다〔魯得之〕"고 하였다. 증자는 효성으로 지극한 인물인데 공자의 문하생 중에서 특히 질박하고 노둔했다〔質魯之人〕.

65) 원문의 "벽辟"을 번역한 것으로 '한쪽으로 치우치다'는 뜻이다. 주희는 "용모에만 신경을 쓰고 성실함은 부족했다〔習於容止, 少誠實也〕"라고 하였다. 즉 자장은 외모에만 치중하는 편벽함을 드러냈고 성실성이 부족함을 비판한 것이다.

66) 원문의 "언喭"을 번역한 것이다. 주희는 "거칠고 저속하다〔粗俗〕"로 풀이하였다. 말하자면 투박하고 속된 논의를 펼쳤다는 의미다.

67) 원문의 "기서호其庶乎"를 번역한 것이다. 직역하자면 '거의〔庶〕 [도道에] 가까웠지만'인데 주희는 "도에 가깝다〔近道〕"고 하였다.

68) 원래는 노나라의 상인이었다. 언어를 잘하기로 유명했으며, 공자보다 31세 어리다. 공자가 열국을 주유할 때도 늘 모시고 다녔으며 공자가 좌절을 거듭하고 나서 노나라로 돌아왔을 때 자공은 노나라에서 벼슬을 하며 외교 일에 종사하고 있었다. 공자가 사망한 후에는 문하의 책임자가 되었고 공자 말년의 핵심 인물이었으며 의리가 있었다. 그는《논어》에서 서른여덟 번이나 출현하는 인물이다.《논어》에 가장 많이 나오는 이는 중유(자로)다.

69) 원문의 "불수명不受命"을 번역한 것인데, 핵심은 "명命" 자를 어떻게 볼 것인가에 집약된다. 어떤 이는 '가르침'의 의미로 보아 '가르침을 따르지 않다'라고 해석하는데 이는 오류다. 왕필은 이를 '벼슬'로 보아 '벼슬을 하지 않다'라고 해석했는데 이 역시 자공에게는 맞지 않는 말이다. 왜냐하면 그는 노나라와 위나라에서 재상을 지낸 적이 있었기 때문이다.

가 시세를] 예측하면 자주 적중했다.[71)]"

子曰: "回也其庶乎屢空. 賜不受命而貨殖焉, 億則屢中."

선한 사람의 도 11.19

자장이 선한 사람의 도에 대해 여쭈었다. 공자께서 말씀하셨다. "[옛 성인의] 자취를 밟지 않으면,[72)] 역시 [성인의] 방 안(높은 경지를 비유한 말)에 들어갈 수 없다."

子張問善人之道. 子曰: "不踐迹, 亦不入於室."[73)]

---

70) 원문의 "화식언貨殖焉"을 번역한 것이다. "화貨"는 돈을 불리는 것이고, "식殖"은 동물이나 식물을 길러서 재산을 불리는 것을 말한다. 안회는 천명을 받아들였기 때문에 도를 터득하여 "누공屢空"에 대하여 상심하거나 비난하지 않았다. 그러나 자공은 끊임없이 재물을 불려갔다.

71) 원문의 "억億"은 '억측하다'의 뜻이다. 주희는 "뜻으로 헤아리는 것〔意度〕, 능히 일을 헤아리는 것〔能料事〕"이라고 하였다. 말하자면 사물을 판단하는 데 있어서 기민하게 작용하는 것을 말한다. 정약용은 이 문장에 대하여 사실은 "자공의 흠〔瑕疵〕"이라고 하였다. 즉, 자공은 화식貨殖의 행위와 예측을 잘하여 적중했지만 완전한 칭찬은 아니라고 한 것이다.

72) 원문의 "불천적不踐迹"을 번역한 것이다. "천踐"은 '길을 따라가는 것〔循途〕'이고, "적迹"은 '수레바퀴를 따라가는 것〔守轍〕'을 의미한다(주희 설). 말하자면 성인의 도를 따르고, 그 발자취를 좇는 것을 뜻한다. 정약용은 "자장은 상당히 호방한 사람이라서 그가 스스로 수양해 나가는데 기존의 법도를 따라서 밟아 나가지 않은 것을 공자가 지적한 것이다"라고 풀이하였다. 즉 공자가 "천적踐迹"이라고 말한 것은 자장의 성품을 빗댄 것이다.

73) 이 문장은 자세히 검토할 필요가 있다. 원문의 "선인善人"이란 《논어》 전체에서 〈술이〉 7.25와 〈자로〉 13.11에도 나오는데 주희는 "자질은 아름답지만 배움이 없는 자다〔質美而未學者〕"라고 풀었다. 선한 사람이 옛 성인의 자취를 밟지 않을 경우 악한 짓을 하지 않는 수준에 머물러 있을 뿐이어서 성인의 방안에 들어가는 경지에 이르기에는 근본적인 한계가 있다는 말이다.

말만으로는 안 된다 11.20

공자께서 말씀하셨다.

"미덥게 말하는 이를 인정한다면,[74] [살펴라] 군자다운 사람인지, 표정만 장중한 사람인지.[75]"

子曰: "論篤是與, 君子者乎. 色莊者乎."

다른 교수법 11.21

자로가 여쭈었다.

"정당한 일을 들은 것을 바로 실행해야 합니까?"

공자께서 말씀하셨다.

"부형이 계시면 어떻게 듣는 대로 곧바로 실행할 수 있겠느냐?[76]"

염유가 여쭈었다.

---

74) 원문의 "논독시여論篤是與"를 번역한 것인데, 이는 '여논독與論篤'을 도치시킨 구절로 "시是"는 특별한 의미 없이 도치를 돕는 글자다. "여與"는 '칭찬하다' 혹은 '인정하다'라는 의미다. 주희는 "여如" 자와 같은 뜻으로 풀었으니 동일한 맥락이다.

75) 원문의 "색장자호色莊者乎"를 번역한 것이다. '엄숙할 장莊'은 '사나울 려厲'와 뜻이 통하는데 〈양화〉 17.12에서 "얼굴빛은 엄하지만 마음이 나약한 것〔色厲而內荏〕"을 염두에 두어 해석해야 한다. 이 장에서는 아마도 재여宰予를 빗대어 말한 것으로 추측된다(〈공야장〉 5.9 참조).

76) 이 문장에서 자로의 질문에 주목할 필요가 있다. 〈공야장〉 5.13에서 "자로는 어떤 내용을 들으면 그것을 실행하지 못한 채로 [또 다른 것을] 듣게 될까 두려워했다〔子路有聞, 未之能行, 唯恐有聞〕"라고 하여 자로는 어떤 것을 들으면 바로 행동으로 옮기는 실천가였다. 그러므로 공자는 실행력이 탁월한 자로에게 곧바로 실행하는 것을 경계하도록 답변한 것이다.

"들은 것을 바로 실행해야 합니까?"

공자께서 말씀하셨다.

"들으면 바로 실행해야 한다."

공서화가 여쭈었다.

"유(자로)가 '들은 것을 바로 실행해야 합니까?'라고 여쭈었을 때는 선생님께서 말씀하시길 '부형이 계신다면'이라고 하셨고, 구(염유)가 '들은 것을 바로 실행해야 합니까?'라고 여쭈었을 때는 '들으면 바로 실행해야 한다'라고 말씀하셨습니다. 저는 의아하여 감히 여쭙습니다."

공자께서 말씀하셨다.

"구는 물러나므로(소극적이라는 뜻) [적극적으로] 나아가게 한 것이고, 유는 다른 사람을 이기려[77] 하므로 물러서도록 한 것이다."

子路問, 聞斯行諸? 子曰: "有父兄在, 如之何其聞斯行之?" 冉有問, "聞斯行諸?" 子曰: "聞斯行之." 公西華曰: "'由也問聞斯行諸?' 子曰: '有父兄在' '求也問聞斯行諸?' 子曰: '聞斯行之.' 赤也惑, 敢問." 子曰: "求也退, 故進之. 由也兼人, 故退之."

77) 원문 "겸인兼人"을 번역한 것으로, 공안국과 주희도 '남을 이기다(勝人)'라는 의미로 풀이했다. 반면 양보쥔은 자로가 용감하기는 했지만 다른 사람보다 능력이 나았던 것은 아니라고 하면서 "두 사람을 합한 것과 같은 용기를 겸하고 있다"라고 풀었는데, 역자는 전자가 낫다고 본다.

안회의 충심 11.22

공자께서 광匡 땅에서 두려움을 품었을 때[78] 안연이 나중에 뒤에 처졌다.[79] 공자께서 말씀하셨다.

"나는 네가 죽은 줄 알고 있었다."

[안연이] 말씀드렸다.

"선생님께서 살아 계신데, 제가 어찌 감히 죽겠습니까?"

子畏於匡, 顏淵後. 子曰: "吾以女爲死矣." 曰: "子在, 回何敢死[80]?"

두 제자의 자질 11.23

계자연[81]이 물었다.[82]

"중유와 염구는 대신大臣이라고 할 수 있습니까?"

공자께서 대답하셨다.

---

78) 원문의 "자외어광子畏於匡"을 번역한 것인데 〈자한〉 9.5에 나온 문장이다. 공자가 천하를 주유하다가 광匡 땅으로 갔을 때, 양화陽貨와 외모가 비슷하여 오해를 받고 죽을 뻔한 위기에 처한 때를 말한다.

79) 원문의 "안연후顏淵後"를 번역한 것이다. 주희는 "[안연은 공자에게 있어서] 은혜와 의로움이 모두 극진하여 다른 사람의 사제 관계와는 다르다(恩義兼盡, 又非他人之爲師弟子者而已)"라는 호인胡寅의 설을 인용하였다.

80) 한유는 "사死"를 '선先'의 오기로 보고 "선생님께서 살아 계시는데, 저 회回가 어찌 먼저 가겠습니까?"라는 독특한 해석을 내놓았다. 즉, 안연이 공자보다 뒤처져서 따르니까 안연의 입장에서는 스승보다 앞서갈 수 없는 경우를 의미한 것이다. 그러나 정약용은 이 설에 대하여 한유가 잘못 본 것이라고 지적하였고, 여불위의 《여씨춘추呂氏春秋》〈권학勸學〉 편에도 같은 내용이 나오는데, 이점을 유의하면 "사死"로 풀이해야 한다고 본다.

"나는 그대가 뭔가 특별한 질문[83]을 할 줄 알았는데, 결국 자로와 염유에 대해 물었군요. 이른바 대신이란 도道로써 임금을 섬기다가 안 되면 그만두는 것이니, 지금 유와 구는 자리만 채우는 신하[84]라고 할 만합니다."

[계자연이] 물었다.

"그렇다면 [계씨의 명에] 따르기만 하는 자들입니까?"

공자께서 대답하셨다.

"아버지와 임금을 시해하는 것과 같은 일은 [그들] 또한 따르지 않을 것입니다."

季子然問, 仲由冉求可謂大臣與? 子曰: "吾以子爲異之問, 曾由與求之問. 所謂大臣者, 以道事君, 不可則止. 今由與求也, 可謂具臣矣." 曰: "然則從之者與." 子曰: "弑父與君, 亦不從也."

81) 계자연은 계씨의 동족인 듯하고 계강자가 공자를 찾아가게 한 인물로서 중유와 염구를 조사하게 한 자이다. 사마천은 그를 '계씨'라고 했고(〈공자세가〉) 계손씨라고 하기도 했다(〈중니제자열전〉). 당시 계강자는 세력이 가장 커서 공자도 여러 차례 마음이 흔들릴 정도였다. 물론 공자가 이들에게 불만을 품지 않은 것은 결코 아니었다.

82) 다음 문장의 물음은 이미 〈옹야〉 6.6에 나와 있으니, 서로 비교해가며 읽으면 도움이 된다.

83) 원문 "위이지문爲異之問"을 번역한 것인데, "이異"를 '다른 일, 다른 사람, 특별한 것'으로 해석하기도 한다. 역자는 맨 마지막 것이 옳다고 본다.

84) 원문의 "구신具臣"을 번역한 것으로 앞 문장의 "대신大臣"과 상반되는 의미이다. 주희는 "신하의 숫자만 채우는 것〔備臣數〕"이라고 하였다. 말하자면 조정의 여러 신하 중에 숫자에 불과한 자들이라고 비판한 것이다.

자로, 욕을 먹다 11.24

[계씨의 가신이 된] 자로가 자고를 비읍의 수령으로 삼으려 하자[85], 공자께서 말씀하셨다.

"남의 집 자식을 해치려 하는구나!"

자로가 [말대꾸하듯] 말씀드렸다.

"백성들이 있고 사직도 있는데, 어찌하여 꼭 책을 읽은 뒤라야 배웠다고 하겠습니까?"

공자께서 말씀하셨다.

"이 때문에 말재주 있는 사람을 미워하는 것이다."

子路使子羔爲費宰. 子曰: "賊夫人之子!" 子路曰: "有民人焉, 有社稷焉, 何必讀書, 然後爲學?" 子曰: "是故惡夫佞者."

제자들과의 담소 11.25

자로·증석[86]·염유·공서화가 [공자를] 모시고 앉았다. 공자께서 말씀하셨다.

"내가 너희보다 나이가 조금 더 많지만 나를 그렇게 생각하지 말

---

85) 이때의 자로는 계씨의 가신이 되어 자고를 추천하려고 하는 상황이다. 공자는 앞의 17장에서 "자고는 어리석다(柴也愚)"고 하였는데, "우愚"는 세상 물정 모르는 우직함을 뜻한다. 이러한 자고를 노나라의 전략적 요충지인 비읍費邑의 책임자로 삼으려고 하였으므로 공자가 염려하는 내용이다.

86) 공자의 제자이자 증삼의 아버지로 이름은 점點이다. 나이가 확실하지는 않으나 자로보다는 젊고 공자보다 10세가량 적었다.

거라.[87] [흔히들] 평소에 '나를 알아주지 않는다'고 말하는데, 만약 누군가 너희를 알아주는 사람이 있다면 어떻게 하겠느냐?"

자로가 경솔하게 나서서 대답했다.

"천승의 나라(제후국)가 대국들 사이에 끼어 있어서 군대의 침략을 당하고 연이어 기근이 들더라도 제가 그 나라를 다스리면 3년이 될 무렵이면 [백성들이] 용감해지게 하고 또 [살아갈] 방법을 알도록 하겠습니다."

공자께서 비웃었다.[88]

"구(염유)야, 너는 어찌하겠느냐?"

[염유가] 대답했다.

"사방 60~70리 혹은 50~60리 되는 땅을 제가 다스린다면 3년이 될 무렵이면 백성들을 풍족하게 할 수 있습니다. 하지만 그곳의 예법이나 음악과 같은 것에 관해서는 손을 쓰지 않고 군자를 기다리겠습니다."

"적(공서화)아, 너는 어찌하겠느냐?"

[공서화가] 대답했다.

"[제가] 할 수 있다고는 말할 수 없습니다만, 배우기를 원합니다. 종묘의 일과 [제후들의] 회맹과 같은 일에 임할 때는 단장보[89]를 쓰고 소상小相[90]이 될 수 있기를 원합니다."

87) 제자들과 대화를 하면서 스스럼없이 이야기하려고 하는 공자의 모습이 드러나 있다.

88) 원문의 "신哂"에는 '미소 짓다'와 '조소하다'라는 뜻이 있는데, 역자는 전자를 택했다. 후자를 적용해 '기가 차서 웃으셨다'라 옮겨도 나름의 맛이 있다.

89) "단端"은 고대 예복의 이름이고 "장보章甫"는 고대 예모의 이름인데 합쳐서 "단장보端章甫"란 명사처럼 쓰였다.

"점(증석)아 너는 어찌하겠느냐?"

거문고 소리가 점차 잦아들더니 쿵 소리가[91] 나게 거문고를 밀어 놓고 일어나 대답했다.

"세 사람의 이야기와는 다릅니다."

공자께서 말씀하셨다.

"[그게] 무슨 상관이 있겠느냐? 또한 각자 자신의 뜻을 말한 것이다."

[증석이] 말했다.

"늦봄에 봄옷이 완성되고 나면, 관을 쓴 사람(어른을 가리킴) 대여섯 명과 동자(어린이를 가리킴) 예닐곱과 함께 기수에서 목욕하고, 무우舞雩[92]에서 바람을 쐬며, [노랫가락을] 읊조리다가 돌아오는 것입니다."

공자께서는 아! 하고 감탄하며 말씀하셨다.

"나는 점과 함께하겠다."

세 사람[93]이 나가고 나자 증석이 뒤에 남았다. 증석이 여쭈었다.

---

90) 임금이 제사를 지낼 때나 제후를 맞이할 때 의식을 진행하는 사람으로 공서화가 겸허한 마음을 담아 말한 것이다. 〈공야장〉 5.7에서 공자가 적(공서화)에 대하여 언급하였으니, 비교하여 읽으면 좋다.

91) 원문의 "고슬희鼓瑟希"에서 "희希"는 거문고 소리가 간헐적으로 들려왔다는 말이다. "갱鏗"은 쇳소리가 나는 것인데, 두 가지 설이 있다. 첫째는 거문고 소리가 잦아들다가 옆으로 밀어 넣으려고 하여 쿵 소리가 난다는 의미가 있고, 둘째는 연주를 마무리하면서 거문고의 줄을 훑어서 챙 소리가 난다는 것이다. 역자는 전자의 설을 따랐으나 어쨌든 연주를 마무리하는 단계로 보면 무방하다.

92) "무우舞雩"를 《수경주水經注》에서 "기수 북쪽에 직문稷門을 마주하고 있고, 일명 고문高門이라고도 하며 우문雩門이라고도 한다. 남쪽 강물을 사이에 두고 우단雩壇이 있는데 단의 높이가 3장丈으로 증점이 바람을 쐬려 한 곳이다"라고 하였으니 바로 정확하게 들어맞는다.

"저 세 사람의 말은 어떻습니까?"

공자께서 말씀하셨다.

"또한 각자 자신의 뜻을 말할 뿐이다."

[증석이] 여쭈었다.

"선생님께서는 어찌하여 자로의 말에 비웃으셨는지요?"

[공자께서] 말씀하셨다.

"나라를 다스리는 것은 예로써 해야 하는데, 그의 말이 겸손하지 않아서 비웃은 것이다."

"구(염유)가 말한 것은 나라를 다스리는 것이 아닙니까?"

"사방 60~70리 또는 50~60리라고 해서 어찌 나라가 아니겠느냐?"[94]

"적(공서화)이 말한 것은 나라 다스리는 것이 아닙니까?"

"종묘의 일과 회동이 제후의 일[95] 아니면 무엇이겠느냐? 적(공서화)이 하는 일이 작다 하면 누가 하는 무슨 일이 큰일이라고 하겠느냐?"[96]

子路曾晳冉有公西華侍坐.

子曰: "以吾一日長乎爾, 毋吾以也. 居則曰: '不吾知也.' 如或知爾,

---

93) 자로와 염유, 공서화를 말한다.

94) 핵심은 나라의 크기가 아니라 작든 크든 나라를 예로써 다스리는가, 그렇지 않은가에 있다는 말이다.

95) 나라를 다스리는 일을 말하는 것이다.

96) 공자는 자로가 나라를 다스릴 수 있느냐 없느냐 하는 문제를 두고 웃은 게 아니라, 그의 말에 겸허함이 부족하여 웃었고, 예의를 잘 아는 공서적은 그저 의식을 집행할 때 곁에서 돕는 정도의 사람이 되겠다고 하여 이렇게 말한 것이니, 자로를 비판하고 공서적을 칭찬한 것이다.

則何以哉?” 子路率爾而對曰: “千乘之國, 攝乎大國之間, 加之以師旅, 因之以饑饉. 由也爲之, 比及三年, 可使有勇, 且知方也.” 夫子哂之. “求. 爾何如?” 對曰: “方六七十, 如五六十, 求也爲之, 比及三年, 可使足民. 如其禮樂, 以俟君子.” “赤. 爾何如?” 對曰: “非曰能之, 願學焉. 宗廟之事, 如會同, 端章甫, 願爲小相焉.” “點. 爾何如?” 鼓瑟希, 鏗爾, 舍瑟而作, 對曰: “異乎三子者之撰.”
子曰: “何傷乎? 亦各言其志也.” 曰: “暮春者, 春服既成, 冠者五六人, 童子六七人, 浴乎沂, 風乎舞雩, 詠而歸.” 夫子喟然歎曰: “吾與點也.” 三子者出, 曾晳後. 曾晳曰: “夫三子者之言何如?” 子曰: “亦各言其志也已矣.” 曰: “夫子何哂由也?” 曰: “爲國以禮, 其言不讓, 是故哂之.” “唯求則非邦也與?” “安見方六七十如五六十而非邦也者?” “唯赤則非邦也與?” “宗廟會同, 非諸侯而何? 赤也爲之小, 孰能爲之大?”

제12편

안연顔淵

– 제자들의 일상적 고뇌에 대한 현명한 답변들

【해설】

〈안연〉 편은 모두 24장이며, 공자가 주로 제자들의 질문에 답을 하고, 다른 사람들이 가르침을 청한 삶의 문제에 해답을 내놓기도 한다.

공자 사상의 핵심인 '인仁'에 관한 내용이 많고 정치적인 문제도 적지 않게 거론되는 것이 이 편의 특징이다. 공자는 인간이 인간답게 사는 가장 구체적인 세목이 무엇인지를 하나하나 거론하면서 인을 인간관계론으로 확장하고 있다. 1장은 "자기를 이겨내고 예로 돌아가는 것이 인이다〔克己復禮爲仁〕"로 시작된다. 2장에서도 자신이 하고자 하지 않는 바를 남에게 요구하지 않는 것이 바로 인임을 강조하고 있다. 4장에서의 "군자는 근심하지도 않고, 두려워하지도 않는다"며 사마우에게 하는 말이라든지, 정치는 무엇보다도 백성의 신뢰가 중요하다는 말(7장), 그리고 바탕과 꾸밈이 모두 중요하다는 문질론文質論(8장)도 중요하게 살펴봐야 할 대목이고, "임금은 임금답고 신하는 신하다워야 한다〔君君, 臣臣〕"(11장)로 이어지는 유명한 문장에서는 당시에도 신분에 걸맞지 않게 자리만 차지한 자가 많음을 유추할 수 있다. 법이 해결해주길 바라는 송사 자체가 없어야 한다는 말(13장)에서는 유가가 내세우는 덕치의 기본 틀이 원만한 인간관계임을 다시금 깨닫게 된다.

"군자의 덕은 바람, 소인의 덕은 풀"(19장)이라는 대목에서는 상당한 사색에 빠져들게 된다. 통달과 소문의 차이에 대한 공자의 답변(20장)에는 허명 따위는 도외시했을 법한 공자도 이로부터 완전히 자유로울 수 없었던 역설적인 모습이 배어 있다. 공자 역시 한 사람의 인간이라는 생각이 든다. 그러나 공자는 늘 제자리로 돌아왔다. "글을 통해 벗을 모으〔以文會友〕"(24장)라는 말로 마무리되는데, 다시 인의 쓰임이 강조되고 있으며, 여기서 벗을 좋아하고 글을 좋아하는 백면서생 공자의 참모습을 거듭 볼 수 있다.

극기복례와 금기 사항 12.1

안연이 인仁에 대해 여쭈었다.

공자께서 말씀하셨다.

"자기를 이겨내고[1] 예로 돌아가는 것이 인이다. 하루라도 자기를 이겨내고 예로 돌아가면, 천하가 인에 돌아갈[2] 것이다. 인을 행하는 방법은 자기로부터 말미암는 것이다. [어찌] 다른 사람으로부터 말미암는 것이겠는가?"

안연이 [다시] 말했다.

"그 항목을 여쭙겠습니다."

공자께서 말씀하셨다.

"예가 아니면 보지 말고, 예가 아니면 듣지 말며, 예가 아니면 말하지 말고, 예가 아니면 움직이지 말거라.[3]"

안연이 말했다.

"제가 비록 영민하지는 못하지만, 청컨대 이 말씀을 받들겠습니다.[4]"

---

1) 원문의 "극기克己"를 번역한 것이다. 자신을 단속한다는 말로 욕망을 억제하는 철저한 자기관리를 말한다. 주희는 "기己"를 "자신의 사사로운 욕심〔身之私慾〕"이라고 풀이했으니, 이와 반대편에 있는 "인仁"을 '본심의 온전한 덕〔全德〕'으로, 사욕을 억제하기 위한 '천리天理의 공정함〔公〕'으로 보았다.

2) 원문의 "귀歸"를 번역한 것으로, 양보쥔은 '칭찬하다'는 의미로 풀었고 '인정하기를 허락하다'는 주희의 설이 맞다고도 했는데 역자는 글자 그대로 '돌아가다, 귀착하다'는 의미로 해석하는 것이 옳다고 본다.

3) 공자가 말한 이 네 가지 조목을 '사물잠四勿箴'이라고 한다. "예가 아니〔非禮〕"라는 것은 사욕과 같은 개념이다. 즉, 사욕을 좇는 일이라면 보지도, 듣지도, 말하지도, 행동하지도 말아야 하는 것이다. 사물잠의 비례부동에 대해서는 《중용》 19장에도 나오는데 "예가 아니면 움직이지 않는 것이 수신의 이유다〔非禮不動, 所以修身也〕"라고 하였다. 결국은 공자가 말하고자 하는 수신의 핵심은 예를 따르는 것이다.

顔淵問仁. 子曰: "克己復禮爲仁. 一日克己復禮[5], 天下歸仁焉. 爲仁由己, 而由人乎哉?" 顔淵曰: "請問其目." 子曰: "非禮勿視, 非禮勿聽, 非禮勿言, 非禮勿動." 顔淵曰: "回雖不敏, 請事斯語矣."

자기가 하고자 하지 않는 바는 12.2

중궁[6]이 인仁에 대해 여쭈었다. 공자께서 말씀하셨다.

"문을 나서면 귀중한 손님을 뵙듯이 하고, 백성을 부릴 때는 큰 제사를 받들듯이 [신중히] 하여라. 자기가 하고자 하지 않는 바를 다른 사람에게 베풀지 말아야[7] 한다. [이렇게 하면] 제후의 나라에서 원망하는 사람이 없고, [경대부들의] 집[8]에서도 원망하는 사람이 없을

4) 안연이 대답한 이 부분은 〈자한〉 9.10과 비교하여 읽을 필요가 있다. 안연이 공자의 인품에 대하여 감탄하며 한 말인 "우러러볼수록 더욱 높으시고, 파고 들어가 보려고 하면 더욱 견고하시구나. 바라보면 앞에 계시다가 어느새 뒤에 계신다. 선생님께서는 차근차근 사람들을 이끌어주시고, 문헌으로써 나를 넓혀주시고, 예로써 나를 단속해주시니 그만두고자 해도 그만둘 수가 없다〔仰之彌高, 鑽之彌堅, 瞻之在前, 忽焉在後. 夫子循循然善誘人, 博我以文, 約我以禮, 欲罷不能〕"라고 한 것은 스승에 대한 존경심이 압축된 것이다.

5) "일일극기복례一日克己復禮"에서 "일일一日"은 강조의 의미로 쓰였다. 말하자면 단 하루라도 사욕私慾에서 벗어나서 극기복례하기가 어렵다는 뜻이다. 공자의 관점은 유가儒家의 핵심을 인정仁政과 인치仁治라고 보며, 인치의 기본적인 것은 극기의 시발점이 된다.

6) 공자가 생각할 때 중궁은 임금(天子)의 직무를 시행할 만한 역량이 있다고 한 인물이다. 중궁(염옹)에 대해서는 〈옹야〉 6.1에 나오는데 "옹雍(염옹)은 임금을 시킬 만하다〔雍也可使南面〕"라고 하였다.

7) 원문의 "기소불욕己所不欲, 물시어인勿施於人"을 번역한 것인데, 〈위령공〉 15.23에도 같은 구절이 나온다. 중궁의 물음에 공자는 "서恕"라는 개념으로 답하는데, 인仁과 서恕는 거의 같은 개념으로 보면 된다. 즉 둘 다 '추기급인推己及人'에서 비롯하니, 남을 배려해주고 존중해주는 것으로 남의 입장에서 생각하는 데서 출발한다.

것이다."

중궁이 말했다.

"제가 비록 영민하지는 못하지만, 청컨대 이 말씀을 받들겠습니다."

仲弓問仁. 子曰: "出門如見大賓, 使民如承大祭. 己所不欲, 勿施於人. 在邦無怨, 在家無怨." 仲弓曰: "雍雖不敏, 請事斯語矣."

말을 어려운 듯이 하면 12.3

사마우[9]가 인仁에 대해 여쭈었다. 공자께서 말씀하셨다.

"인한 사람은 자신의 말을 어렵게 여겨야 한다."

[사마우가] 말했다.

"자신의 말하기를 어렵게 여긴다면,[10] 이 사람을 곧 인하다고 할

8) 원문의 "재가在家"를 번역한 것인데, '가家'는 대부를 가리키니, "재가"란 경대부의 집에서 벼슬하는 것이다. 양보쥔은 '직위에 있다'라는 식으로 의역했는데 너무 앞서 나간 번역이다.

9) 이름은 경耕이고 자는 자우子牛인데 성격이 다소 급하고 말이 많은 게 흠이었다. 송나라의 귀족으로 공자를 살해하려고 했던 사마환퇴의 동생이라고 하는 설이 지배적이다(이 설은 공안국이 처음 제기하였다). 사마우는 형과 달리 공자를 좋아했다. 기원전 481년에 사마환퇴가 난을 일으키자 사마우는 도망쳐서 제나라와 오나라로 갔다가 송나라로 돌아갔고, 마지막에는 노나라에서 죽었는데, 그의 곁에는 스승 공자가 있었다. 참고로 사마천은 《사기》〈중니제자열전〉에서 사마우를 "말이 많고 조급했다〔多言而躁〕"라고 평가하였으나 송나라 사람이라고 말하고 있지 않아 이 설의 신빙성 역시 확실하지 않다. 사마천은 사마환퇴와 사마우를 형제로 보지 않고 동명이인으로 보았다.

10) 원문의 "인訒"은 '참을 인忍'과 같다. 즉, '말을 참고 어려워한다'는 의미이고, '어눌하다〔訥〕'와도 연관이 있다. '어렵게 여기다〔難〕'라는 의미와 '어둔하다'는 의미도 있으니, 말을 참고 함부로 경솔하게 하지 않는다는 뜻이다. '조심성 있다'로 해석하기도 하는데 크게 어긋나는 것은 아니다. 양보쥔은 '어눌하다'라고 해석했는데, 이는 좀 다른 의미다.

수 있습니까?"

공자께서 말씀하셨다.

"그렇게 하는 것이 어렵다. [그러나] 말을 하면서 어렵게 여기지 않을 수 있겠느냐?[11)]"

司馬牛問仁. 子曰: "仁者, 其言也訒." 曰: "其言也訒, 斯謂之仁已乎?" 子曰: "爲之難, 言之得無訒乎?"

근심하지도 두려워하지도 12.4

사마우가 군자에 대해 여쭈었다. 공자께서 말씀하셨다.

"군자는 근심하지 않고, 두려워하지도 않는다.[12)]"

[사마우가] 여쭈었다.

"근심하지 않고 두려워하지 않으면, 이 사람을 군자라고 할 수 있습니까?"

---

11) 원문의 "언지득무인호言之得無訒乎"를 번역한 것이다. 말로써 인仁에 대해 묻는 사마우에게 그 말 자체도 어렵게 생각하고 말을 해야 함을 알려주는 공자의 답변이다. 이에 대하여 주희는 "공자가 봤을 때 사마우는 말이 많고 조급했기 때문에 이 말을 함으로써 그에게 알려준 것이다(夫子以牛多言而躁, 故告之以此)"라고 하였고, 황간은 "옛사람들이 말을 쉽게 내뱉지 않은 것은 실행이 말에 미치지 못할까 두려워서이다. 그래서 인한 사람은 바로 말을 함부로 내놓지 말아야 한다(侃曰古者言之不出, 恐行之不逮, 故仁者必不易出言)"라고 하였다.

12) 원문의 "군자불우불구君子不憂不懼"를 번역한 것으로 〈자한〉 9.28에 "지혜로운 사람은 미혹되지 않고, 인한 사람은 근심하지 않으며 용기 있는 사람은 두려워하지 않는다(知者不惑, 仁者不憂, 勇者不懼)"라고 하였는데 "불우不憂"는 인仁자의 자질이고, "불구不懼"는 용勇자의 자질을 말하는 것이다. 즉, 이 두 가지를 겸비하여야 군자라고 할 수 있는 것이다.

공자께서 말씀하셨다.

"안으로 반성하여 꺼림칙하지 않다면[13] 무엇을 근심하고 무엇을 두려워하겠느냐?"

司馬牛問君子. 子曰: "君子不憂不懼." 曰: "不憂不懼, 斯謂之君子矣乎?" 子曰: "內省不疚, 夫何憂何懼?"

마음먹기에 달렸다 12.5

사마우가 근심하면서 말했다.

"남들은 모두 형제가 있는데, 저만 홀로 없습니다."[14]

자하가 말했다.

"내가 듣건대 '죽고 사는 것은 운명에 달려 있고, 잘살고 귀하게 되는 것은 하늘에 달려 있다'고 합니다. 군자가 공경하는 마음을 가지고 실수가 없으며[15], 다른 사람을 공손하게 대하면서 예를 갖춘

---

13) 원문의 "내성불구內省不疚"를 번역한 것으로 "구疚"는 '병病'과 같다. 말하자면 문제의 원인을 스스로 안〔內〕에서 찾고 병통으로 여기지 않는다는 의미이다. 〈위령공〉 15.20에서 "군자는 [원인을] 자기에게서 찾고, 소인은 [원인을] 남에게서 찾는다〔君子求諸己, 小人求諸人〕"고 하였는데 이것은 "내성불구"의 원인이 된다.

14) 《춘추좌씨전》〈애공〉 14년에 보면, 자기만 형제가 없다고 했지만, 사실은 소巢, 퇴魋(사마환퇴), 자기子頎, 자거子車 등 네 형제가 있었다. 그럼에도 불구하고 이렇게 말한 것은 사마환퇴가 일으킨 난에 다른 형제들이 모두 가담했고 사마우는 가담하지 않아 그들을 형제로 여기지 않았기 때문이다.

15) 원문의 "군자경이무실君子敬而無失"을 번역한 것이다. 〈학이〉 1.5에서 "일을 경건하게 처리하고 믿으며〔敬事而信〕"를 연관하여 읽어야 한다. 이 부분은 일 처리의 자세를 의미한다.

다면[16], 사해 안이 다 형제입니다. 군자가 어찌 형제 없음을 근심하겠습니까?"

司馬牛憂曰: "人皆有兄弟, 我獨亡." 子夏曰: "商聞之矣. '死生有命, 富貴在天.'[17] 君子敬而無失, 與人恭而有禮. 四海之內, 皆兄弟也. 君子何患乎無兄弟也."

총명함의 의미 12.6

자장이 총명함[18]에 대해 여쭈었다. 공자께서 말씀하셨다.

"서서히 스며드는 참소와 피부에 와 닿는 하소연이 [너에게] 행해지지 않는다면 총명하다고 할 수 있을 것이다. 서서히 스며드는 참소와 피부에 와 닿는 하소연이 [너에게] 행해지지 않는다면 멀리 보는 것이라고 할 수 있을 것이다."[19]

---

16) 원문의 "여인공이유례與人恭而有禮"를 번역한 것으로 인간관계에 있어서 예의를 갖추는 것을 말한다. 〈태백〉 8.2의 "공손하면서도 예가 없으면 수고롭고〔恭而無禮則勞〕"와 반대의 개념이다. 말하자면 공손하면서 예가 있으면 수고롭지 않다는 것과 같다.

17) 자하가 들은 내용이 이 두 구절 여덟 글자가 아니고 아래에 이어지는 문장과 "개형제야皆兄弟也"까지를 가리킨다는 설(전대흔錢大昕)도 있는데, 그럴 가능성도 있다고 판단된다.

18) 원문의 "명明"을 번역한 것인데 '투명성', '공명성'과 같은 맥락으로 보면 된다.

19) 참소는 당하는 사람이 느끼지 못하게 천천히 옥죄는 덫과 같은 것이고, 무고는 그야말로 없는 죄를 지어내서 사람을 옴짝달싹 못하게 옭아매는 것이다. 참소와 무고는 소인이 사용하는 전형적인 무기이며 보통 군자를 겨냥하기 십상이다. 군자라면 마땅히 이를 예비하고 대응해야 한다는 의미로도 읽힌다. 권좌에 오른 자가 참소나 무고를 이겨내고 현명한 군주가 되기란 이토록 어렵다는 말이기도 하다.

子張問明. 子曰: "浸潤之譖, 膚受之愬, 不行焉, 可謂明也已矣.
浸潤之譖, 膚受之愬, 不行焉, 可謂遠也已矣."

정치는 백성의 신뢰다 12.7

자공이 정치에 대해 여쭈었다. 공자께서 말씀하셨다.

"식량을 충족시키는 것, 병기를 충분하게 하는 것[20], 백성들이 [군주를] 믿게 하는 것이다.[21]"

자공이 여쭈었다.

"반드시[22] 부득이하여 버려야 한다면, 이 세 가지 중에서 어떤 것을 먼저 버려야 하겠습니까?"

[공자께서] 말씀하셨다.

"병기를 버려야 한다."

자공이 여쭈었다.

"반드시 부득이하여 버려야 한다면, 이 두 가지 중에서 어떤 것을 먼저 버려야 하겠습니까?"

[공자께서] 말씀하셨다.

"식량을 버려야 한다. 옛날부터 [사람은] 누구나 죽게 되지만, 백성이 믿어주지 않으면 [나라는] 존립할 수 없다."

---

20) 원문의 "족병足兵"을 번역한 것인데, "병兵"은 《논어》뿐만 아니라 《맹자》에도 나오며, "병기兵器"로 해석하면 무난하다. 물론 좀더 확장하여 '군비軍備'로 해석해도 무난하다.

21) "식량을 충족시키는 것〔足食〕"은 '경제', "병기를 충분하게 하는 것〔足兵〕"은 '안보', "백성들이 믿게 하는 것〔民信〕"은 '신뢰'를 의미한다.

22) 원문의 "필必"은 '과果'와 같은 의미로서 '만일'이란 의미로 해석하는 학자도 있다. "반드시"라는 번역이 다소 어색하지만 문맥상 큰 무리가 없다.

子貢問政. 子曰: "足食足兵, 民信之矣." 子貢曰: "必不得已而去, 於斯三者何先?" 曰: "去兵." 子貢曰: "必不得已而去, 於斯二者何先?" 曰: "去食. 自古皆有死, 民無信不立."

꾸밈도 중요하다 12.8

극자성[23]이 말했다.

"군자는 바탕만 갖추고 있으면 그만이지 무엇 때문에 꾸밉니까?"

자공이 말했다.

"애석하구려! 선생[24]께서 군자에 대해 하시는 말씀은 네 마리의 말이 끄는 수레도 [선생의] 혀를 따라가지 못하겠군요. 꾸밈이 바로 바탕이고, 바탕이 바로 꾸밈입니다. 호랑이와 표범의 털 없는 가죽은, 개와 양의 털 없는 가죽과 같습니다."[25]

棘子成曰: "君子質而已矣, 何以文爲?"

子貢曰: "惜乎! 夫子之說君子也, 駟不及舌[26]. 文猶質也, 質猶文也. 虎豹之鞟猶犬羊之鞟."

---

23) 위나라 대부인데, 《논어》 전체에서 이곳에 딱 한 번 나온다. 주희는 이에 대하여 "그 당시 사람들이 꾸밈〔文〕을 지나치게 하는 것을 싫어하여 이 말을 한 것이다〔疾時人文勝, 故爲此言〕"라고 하였다.

24) 원문의 "부자夫子"를 번역한 것으로 여기서는 극자성을 지칭한 것이다. 즉, 대부를 높여 부자라고 한 것이다.

25) 상당히 난해한 이 말은 극자성의 의견에 동조하는 것이 아니다. 바탕과 꾸밈이 같다면 호랑이나 표범을 개나 양과 구별할 수 없다는 뜻으로 한 말이다. 극자성의 말대로라면 예禮라는 것조차 필요 없게 되니, 자공은 찬동하는 척하면서 풍자를 섞어 사물을 세심하게 구분해달라고 요청한 것이다.

백성이 풍족을 공유하다 12.9

애공이 유약[27]에게 물었다.

"[어떤] 해에 기근이 들어 쓸 것(재정)이 부족하면 어떻게 하겠소?"

유약이 대답했다.

"어찌 철법徹法[28]을 하시지 않습니까?"

[애공이] 물었다.

"10분의 2로도 나는 오히려 부족한데, 어떻게 철법을 쓰라는 것이오?"

[유약이] 대답했다.

"백성이 풍족하다면 임금께서 누구와 더불어 풍족하지 않겠습니까? 백성이 부족하다면 임금께서 누구와 더불어 풍족하시겠습니까?"[29]

---

26) 역자는 이 "부자지설군자야夫子之說君子也"와 "사불급설駟不及舌"을, 쉼표를 사이에 두고 이어진 문장으로 보고 해석했다. 양보쥔은 이를 두 문장으로 보아 완전히 끊어서 해석했다. 만일 양보쥔의 설대로 한다면, "애석하구려! 선생께서 군자에 대해 하시는 말씀이여! 네 마리의 말이 끄는 수레는 [선생의] 혀를 따라가지 못하는구려"라고 번역된다. 물론 양보쥔의 번역도 일리가 없는 것은 아니다.

27) 유약은 공자의 마음을 상당히 잘 이해한 제자로서 생김새도 공자와 많이 닮았다고 한다. 공자를 성인으로 추대하는 등 사문을 빛내는 데 공을 세운 인물로 증자보다 더 추앙받았다.

28) 원문의 "철徹"은 '통通'으로서 '통한다'는 뜻이며 주희는 '균등하다'는 의미라고 풀이했다. 부연하면 주나라의 세금 제도로 농지 수확량의 10분의 1을 과세하는 것을 말한다.

29) 유약은 군주와 백성의 군민일체君民一體를 강조하여 세금을 많이 거두려는 것을 만류한 것이다.

哀公問於有若曰: "年饑, 用不足, 如之何?" 有若對曰: "盍[30]徹乎?" 曰: "二, 吾猶不足, 如之何其徹也?" 對曰: "百姓足, 君孰與不足. 百姓不足, 君孰與足?"

덕을 숭상하고 미혹을 분별하다 12.10

자장[31]이 덕을 숭상하고 미혹됨을 분별하는 것[32]에 대해 여쭈었다. 공자께서 말씀하셨다.

"충심과 믿음을 주로 하고, 의로움을 실천하며 살아가는 것[33]이 덕을 숭상하는 것이다. 사랑하면 상대방이 살기를 바라며 미워하면 상대방이 죽기를 바란다. 이미 그가 살기를 바라면서도 또 그가 죽기를 바라는 것이 바로 미혹된 것이다. 진실로 부유하게도 하지 못하고 또한 단지 기이한 것을 취할 뿐이다.[34]"

30) "합盍"은 반어적 의문을 나타내며, '어찌 ~하지 않습니까'라는 의미다.

31) 공자의 제자로서 바로 앞에 나온 유약에 대해 늘 불만을 품었다. 자장은 심지어 유약과 함께 거론되는 것조차 부끄러워했을 정도였다. 물론 공자는 유약에게 높은 점수를 주었다.

32) 원문의 "숭덕변혹崇德辨惑"을 번역한 것으로 〈위정〉 2.4에서 "40세가 되어서는 미혹되지 않았고(四十而不惑)"와 연관하여 "혹惑"은 사람이 미혹되어 자기의 주관대로 하지 못하고 흔들린다는 개념이다.

33) 원문의 "숭덕崇德"에 대해 답변한 것이다. "충심과 믿음을 주로 하고(主忠信)"는 〈학이〉 1.8에서도 나오는데 '근본을 세운다(本立)'를 기본으로 한다. "사의徙義"는 《대학》의 "일일신우일신日日新又日新"에서 "일신日新"하는 작업이라고 할 수 있다. 말하자면 "주충신主忠信"은 내면적인 측면에서 바탕인 근본에 충실한 것이고, "사의"는 외향적인 측면의 실천을 의미하는 것이다.

34) 원문의 "성불이부誠不以富, 역지이이亦祇以異"를 번역한 것인데, 문맥에 난해한 부분이 있다. 《시경》 〈소아〉의 〈아행기야我行其野〉라는 시에 나오는 시구로, 주희는 이 문장이 〈계씨〉 16.12의 "제경공유마천사齊景公有馬千駟" 앞에 나와야 한다고 주장하였다.

子張問崇德辨惑. 子曰: "主忠信, 徙義, 崇德也. 愛之欲其生, 惡之欲其死. 既欲其生, 又欲其死, 是惑也. 誠不以富, 亦祇以異."

임금은 임금다워야 12.11

제나라 경공[35]이 공자에게 정치에 대해 물었다.[36] 공자께서 대답하셨다.

"임금은 임금다워야 하고, 신하는 신하다워야 하며, 아버지는 아버지다워야 하고, 아들은 아들다워야 합니다."[37]

경공이 말했다.

"좋은 말씀이오. 진실로 만일 임금이 임금답지 못하고, 신하가

---

35) 제나라 임금으로 이름은 저구杵臼이며 43년간이나 재위했다.

36) 공자와 경공은 이미 만난 적이 있었다. 《사기》〈공자세가〉에는 이렇게 기록되어 있다. "노나라 소공昭公 20년, 공자의 나이는 아마 서른 살이었을 것이다. 제나라 경공이 안영과 함께 노나라에 와 공자에게 물었다. '옛날에 진秦나라 목공은 나라도 작고 사는 지역도 외졌지만 그가 천하의 우두머리가 된 것은 무슨 이유입니까?' [공자가] 대답했다. '진나라는 나라는 작아도 뜻은 원대했고, 처한 곳이 외졌다 하더라도 정치하는 것이 정도에 맞았습니다. [목공은] 몸소 백리해百里奚를 등용하여 대부大夫라는 작위를 주며 오랏줄에 묶여 갇힌 몸을 풀어주고는 더불어 사흘 동안 이야기를 나누고서 그에게 정사를 맡겼습니다. 이로써 천하를 다스릴 수 있게 되었고 설령 천하의 왕 노릇 하는 것이 가능했을 텐데, 천하의 우두머리가 된 것은 자그마한 일입니다.' 경공이 기뻐했다." 이렇게 본다면 두 사람의 관계는 좋다고 할 수 있을 것이다.

37) 모든 사람이나 사물이 명분대로 움직이고 명분에 맞게 존재하면 모든 일이 제대로 된다고 하였다. 공자는 정치의 근본도 명분을 바로 세우는 '정명正名'에서 이루어진다고 보았다. 진 문공은 3군을 통솔할 때 반드시 시서예악에 능통한 덕망 있는 사람을 선발했고, '송양지인宋襄之仁'이란 고사성어에서 알 수 있듯이 송 양공은 전쟁터에서 예법과 군자의 도를 따졌다. 송 양공은 죽느냐 사느냐 하는 상황에서도 명분을 중시한 것이었다. 비록 대다수는 아닐지라도 당시 제후들 사이에서 어느 정도의 도덕률은 존재했다고 봐야 한다.

신하답지 못하며, 아버지가 아버지답지 못하고, 아들이 아들답지 못하다면, 비록 곡식이 있은들 내가 [어찌] 그것을 얻어먹을 수 있겠소!"[38]

齊景公問政於孔子. 孔子對曰: "君君, 臣臣, 父父, 子子." 公曰: "善哉. 信如君不君, 臣不臣, 父不父, 子不子, 雖有粟, 吾得而食諸!"

한쪽 말만 듣고 판결한다면 12.12

공자께서 말씀하셨다.

"한쪽의 말[39]만 듣고 옥사를 판결 내릴 수 있는 사람[40]은 아마도

38) 이 말을 하고 나서 다른 날에 공자에게 정치를 묻자 공자가 말했다. "정치의 관건은 재물을 절약하는 데 있습니다." 경공은 기뻐하며 장차 이계尼谿라는 밭을 주어 공자를 봉하려고 했다. 그런데 안영이 진언하여 "무릇 유학자는 해학으로 말재주를 부리지만 법으로 그를 규제할 수는 없습니다. 거만하고 스스로 멋대로 해도 그를 아랫사람(신하)으로 삼을 수 없으며, 상례를 숭상하고 슬픔을 다한다면 가업을 탕진하면서까지 장례를 후하게 치르니 그들의 예법을 습속으로 삼기 어렵고, 유세 다니며 관직을 구하고 녹봉을 취하니 그에게 나라를 다스리게 할 수도 없습니다. 옛날의 어진 사람이 사라진 이래 주周 왕실이 쇠미해졌고 예악禮樂이 무너진 지 오래되었습니다. 지금 공자는 용모와 복식을 추존하고 번잡스런 예절만을 따지고 세세한 절차만을 따르고 있으나 아마 몇 세대가 지나도 이를 다 배울 수 없으며 평생 그 예법을 다 마칠 수 없습니다. 군주께서 그를 채용하여 제나라 풍속을 바꾸려고 하신다면 이것은 백성들을 먼저 인도하기에는 적합하지 않은 것입니다"(《사기》〈공자세가〉)라고 헐뜯었다. 결국 경공은 이후 공자를 만나면 예를 묻지 않았다. 물론 공자를 등용하지도 않았다.

39) 고대에 소송을 걸 때 원고와 피고를 '양조兩造'라고 불렀는데, 소송을 처리할 때는 반드시 이 양조의 말을 들어보아야 했다. 반면 한쪽의 일방적인 말을 "편언片言" 혹은 '단사單辭'라고 했다. 공자가 노나라의 대사구를 지냈음을 감안하면, 소송 사건 등을 맡은 일과 관련이 있는 말로 보인다.

유(자로)일 것이다! 자로는 미리 승낙한 것을 [하룻밤] 묵혀두는 일[41]이 없다."[42]

子曰: "片言可以折獄者, 其由也與! 子路無宿諾."

송사 없는 세상 12.13

공자께서 말씀하셨다.

"송사를 듣고 판결을 내리는 것[43]은 나도 다른 사람과 마찬가지지만, [나는 어떻게든] 반드시 송사가 없도록 할 것이다!"

子曰: "聽訟, 吾猶人也. 必也使無訟乎!"

---

40) 원문의 "절옥자折獄者"를 번역한 것으로 "절折"은 '결단하다[斷]'의 의미와 같다. 주희는 "충심과 믿음으로 명쾌하게 결단 내리는 것[忠信明決]"이라고 하여 자로의 성격을 빗대어 표현했다.

41) 원문의 "숙낙宿諾"을 번역한 것이다. 주희는 "말을 실천하는 데 급급하여, 그 승낙한 것을 머무르게 하지 않는다[急於踐言, 不留其諾也]"고 하였다.

42) 이 문장은 바로 앞 문장과 어떤 논리적 관계도 성립되지 않는다. 주석가 중에 육덕명陸德明은 '아마 다른 장에서 나눈 것으로 보인다'라면서 이 문장이 여기에 놓이게 된 것 자체에 의문을 표하였다.

43) 원문의 "청송聽訟"을 번역한 것으로 범조우는 "지엽적인 것을 다스려서 그 흐름(폐단)을 막는 것이다[治其末, 塞其流]"라고 하였다. 즉, 송사는 지엽적이지만 이로 인하여 문제를 발생할 소지가 있으므로 공자는 근본을 추적해 나아가 송사 없는 세상을 만들고자 한 것이다.

정치는 진심의 문제다 12.14

자장이 정치에 대해 여쭈었다. 공자께서 말씀하셨다.

"[관직에] 마음 두고 있을 때는 게으르지 않고[44], [정사를] 행할 때는 충심으로써 한다."

子張問政. 子曰: "居之無倦, 行之以忠."

배우고 단속하다 12.15

공자께서 말씀하셨다.

"글(넓은 의미의 문헌)을 널리 배우고, 예로써 단속한다면[45], 또한 [도리에] 어긋나지 않을 수 있을 것이다."

子曰: "博學於文, 約之以禮, 亦可以弗畔矣夫."[46]

44) 원문의 "거지무권居之無倦"을 번역한 것인데 "거居"는 '마음속에 담아두는 것(存諸心)'을 말한다. 주희는 "게으름이 없다는 것은 처음과 끝이 같은 것이다(無倦則始終如一)"라고 하였으며 정이천은 "자장의 단점은 인이 부족하고, 성실한 마음과 백성을 사랑함이 없으니 반드시 게으르고 마음을 다하지 않는다(少仁, 無誠心愛民, 則必倦而不盡心)"라고 하였다.

45) 원문의 "약지이례約之以禮"를 번역한 것이다. 여기서 "약約"은 '묶는다, 단속하다'의 뜻으로 주희는 '요약하다(要)'로 보았다. 즉, 하나의 규범으로 묶는다는 것이다. 역자도 이 견해를 따라 '단속하다'로 풀이했다. "지之"는 앞의 "문文"을 가리킨다.

46) 이 장의 내용은 〈옹야〉 6.25와 똑같다.

다른 이의 좋은 점을 이루어준다 12.16

공자께서 말씀하셨다.

"군자는 다른 사람의 좋은 점을 [북돋아] 이루게 하고[47], 다른 사람의 나쁜 점을 이루게 하지는 않는다. 소인은 이와 반대이다."

子曰: "君子成人之美, 不成人之惡. 小人反是."

정치란 바로잡는 것 12.17

계강자가 공자에게 정치에 대해 물었다. 공자가 대답했다.

"정치라는 것은 바로잡는다는 뜻입니다. 선생께서 올바르게 이끈다면 누가 감히 바르지 않겠습니까?[48]"

季康子問政於孔子. 孔子對曰: "政者, 正也. 子帥以正, 孰敢不正?"

47) 원문의 "군자성인지미君子成人之美"에서 "성成"은 '이룬다'는 뜻이다. 주희는 이에 대하여 "달래고 부축해서 권장해주어 그 일을 이루는 것이다(誘掖獎勸, 以成其事也)"라고 하였다. 형병은 "선한 사람을 아름답게 여기고 무능한 사람을 가엽게 여기며 인애仁愛하고 관용한다(嘉善而矜不能, 又復仁恕)"고 하였다.

48) 원문의 "숙감부정孰敢不正"을 번역한 것이다. 범조우는 "자신은 바르지 않으면서 다른 사람을 바르게 할 수 있는 사람은 없다(未有己不正而能正人者)"고 하였다. 〈계씨〉 16.3에 "작록에 대한 권한이 공실을 떠난 지 5대가 되었고, 정권이 대부의 손에 넘어간 지 4대가 되었다(祿之去公室五世矣, 政逮於大夫四世矣)"라는 구절을 염두에 두고 읽을 필요가 있다.

도둑퇴치법 12.18

계강자가 도둑[49]을 걱정하면서 공자에게 [대책을] 물었다. 공자께서 대답하셨다.

"만약 선생께서 욕심을 부리지 않는다면, 비록 상을 주면서 하라고 해도 [백성들은] 도둑질하지 않을 것입니다."

季康子患盜, 問於孔子. 孔子對曰: "苟子之不欲, 雖賞之不竊."

바람과 풀 12.19

계강자가 공자에게 정치에 대해 물었다.

"만약 도리가 없는 사람을 죽여서, 도리가 있는 데로 나간다면 어떻겠습니까?"

공자께서 대답했다.

"선생께서는 정치를 하는 데 어찌 살인이라는 방법을 쓰십니까? 선생께서 선해지려 한다면 백성들도 선해질 것입니다. [윗자리에 있는] 군자의 덕은 바람이고 소인(백성을 비유)의 덕은 풀입니다. 풀은 위로 바람이 불어오면 반드시 눕습니다.[50]"

---

49) 당시의 세금이 과중하여 도둑이 늘어나는 추세였다. 원문의 "도盜"는 남의 재산만 훔치고 상해 입히지 않는 것을 의미한다. 참고로 '적賊'이란 남의 신체에 해를 입히면서 빼앗는 것을 말한다.

50) 이 문장에서 말하는 핵심은 〈위정〉 2.3에서 "정령으로 이끌고 형벌로 다스리면 백성들은 빠져나가고도 부끄러움을 모른다. 덕으로 이끌고 예로써 다스리면 부끄러워할 줄도 알고 바로잡게 된다(道之以政, 齊之以刑, 民免而無恥. 道之以德, 齊之以禮, 有恥且格)"라는 것과 연관하여 계강자가 언급한 "살殺"의 개념

季康子問政於孔子曰: "如殺無道, 以就有道, 何如?" 孔子對曰: "子爲政, 焉用殺? 子欲善而民善矣. 君子之德風, 小人之德草. 草上之風, 必偃."

통달과 소문 12.20

자장이 여쭈었다.

"선비는 어떻게 해야 통달했다고 할 수 있습니까?"

공자께서 말씀하셨다.

"무엇이냐? 네가 말하는 통달이라는 것이![51]"

자장이 아뢰었다.

"나라 안에서 반드시 소문이 나고, 가문 안에서도 반드시 소문이 나는 것입니다."

공자께서 말씀하셨다.

"이것은 소문이지 통달이 아니다.[52] 통달이라는 것은 본바탕이

은 '형刑'과 같다고 볼 수 있다. 즉, 강압적인 방법으로 백성을 부리면 효험이 없을 것이라고 알려주는 대목이다. 특히 이 부분은《맹자》〈등문공 상〉의 내용과 연결되기 때문에 참조하여 읽으면 좋다.

51) 원문의 "하재何哉, 이소위달자爾所謂達者"를 번역한 것이다. 자장의 물음에 관하여 공자가 반문한 것인데, 이에 대하여 주희는 "자장은 바깥일에 힘쓰다 보니 공자께서 다시 캐물어 꾸짖은 것이다〔子張務外, 反詰之〕"라고 하였다.

52) "통달〔達〕"은 도가 세상에 행해지는 것이고, 소문이란 세상에 이름이 나는 것이다. 공자는 이미 나이 17세에 당시 노나라 대부 맹희자孟釐子가 죽으면서 아들 의자懿子에게 한 유언에서 "통달"한 인재로 언급하여 널리 알려져 있었다. "'내가 듣기로는 성인의 후예는 비록 당대는 아닐지라도 반드시 통달한 인재가 나올 것이다. 지금 공구는 나이는 어려도 예를 좋아하니 이 사람이 아마도 통달한 자인 것인저? 내가 곧 죽게 되면 너는 반드시 그를 스승으로 모셔라.' 희자가 죽자, 의자는 노나라 사람 남궁경숙南宮敬叔과 함께 공자에게 가서 예를 배웠다."(《사기》〈공자세가〉).

바르고 의로움을 좋아하며, [다른 사람의] 말을 살피고 [다른 사람의] 안색을 관찰하며, 다른 사람에게 자신을 낮추는 것이다. 나라 안에서도 반드시 통달하고 가문 안에서도 반드시 통달하는 것이다. 소문이 있다는 것은 겉으로는 인仁을 취하면서도 행동은 [인에] 어긋나는 것인데도, 스스로는 인하다고 믿어 의심하지 않는 것이다. [그런 사람은] 나라 안에서 반드시 소문이 나고 가문에서도 반드시 소문이 나는 것이다."

子張問: "士何如斯可謂之達矣?" 子曰: "何哉, 爾所謂達者!"
子張對曰: "在邦必聞, 在家必聞." 子曰: "是聞也, 非達也.
夫達也者, 質直而好義, 察言而觀色, 慮以下人. 在邦必達, 在家必達.
夫聞也者, 色取仁而行違, 居之不疑. 在邦必聞, 在家必聞."

번지의 훌륭한 질문 세 가지 12.21

번지[53]가 무우 아래에서 [공자를] 따라서 노닐다가 여쭈었다.

"감히 덕을 숭상하는 것, 사특한 생각을 [고쳐 마음을] 다스리는 것, 미혹됨을 분별하는 것에 대하여 여쭙고자 합니다."

공자께서 말씀하셨다.

"훌륭한 질문이구나! 일을 먼저 하고 얻는 것은 나중에 생각한다면,[54] [그것이] 덕을 숭상하는 것이 아니겠느냐? 자신의 나쁜 점을 공격하고 다른 사람의 나쁜 점을 공격하지 않는 것이, 사특한 생각

---

53) 번지樊遲는 공자의 제자로 지식욕이 강하고 실천력이 뛰어나며, 용맹스러웠다. 그러나 지나치게 외향적이며 조급하고 인내심이 부족했다고 한다.

을 다스리는 것이 아니겠느냐? 한순간의 분노로 제 자신을 잊고 자신의 부모님에게까지 [화가] 미치게 된다면 그것이 바로 미혹됨이 아니겠느냐?"

樊遲從遊於舞雩之下, 曰: "敢問崇德修慝辨惑." 子曰: "善哉問!
先事後得, 非崇德與? 攻其惡, 無攻人之惡, 非修慝與.
一朝之忿, 忘其身以及其親, 非惑與?"

정직한 사람을 천거하여 비뚤어진 사람 대신 앉혀라 12.22

번지가 인仁에 대해 여쭈었다. 공자께서 말씀하셨다.

"사람을 사랑하는 것이다."

[번지가] 지혜로움에 대해 여쭈었다. 공자께서 말씀하셨다.

"사람을 아는 것이다."

번지가 깨닫지 못했다. 공자께서 말씀하셨다.

"정직한 사람을 천거하여 비뚤어진 사람 위에 두어 비뚤어진 사람으로 하여금 바르게 될 수 있도록 하는 것이다."

번지가 물러나와 자하를 만나자 말했다.

"아까 제가 선생님을 뵙고 앎에 대해 여쭈었는데, 선생님께서는 '정직한 사람을 천거하여 비뚤어진 사람 자리에 두어 비뚤어진 사람으로 하여금 바르게 될 수 있도록 하는 것이다'라고 말씀하시던

54) 원문의 "선사후득先事後得"을 번역한 것으로 "숭덕崇德"에 대하여 답한 것이다. 범조우는 "의로움을 위에 두고 이로움을 아래 두는 것(上義而下利)"이라고 하였다. 여기에서의 "숭덕"의 개념은 '사양하고 양보하는 마음(辭讓之心)'과도 같은 것이다.

데, 무슨 뜻일까요?"

자하가 말했다.

"풍부하구나, 그 말씀이! 순임금이 천하를 차지하고 나서 여러 사람 중에서 뽑아 고요를 등용하니, 인仁하지 않은 자들이 멀어졌던 것이다. 탕임금이 천하를 차지하고 나서 여러 사람 중에 뽑아 이윤[55]을 등용하니, 인하지 않은 자들이 멀어졌던 것이다."

樊遲問仁. 子曰: "愛人." 問知. 子曰: "知人." 樊遲未達.
子曰: "擧直錯諸枉, 能使枉者直." 樊遲退, 見子夏曰:
"鄕也吾見於夫子而問知, 子曰: '擧直錯諸枉, 能使枉者直' 何謂也?"
子夏曰: "富哉言乎! 舜有天下, 選於衆, 擧皐陶, 不仁者遠矣.
湯有天下, 選於衆, 擧伊尹, 不仁者遠矣."

교우의 도리 12.23

자공이 교우의 도리에 대해 여쭈었다. 공자께서 말씀하셨다.

"충심으로 말하여[56] 잘 이끌어주고, 그것을 할 수 없다면 그만두

---

55) 이윤伊尹은 은나라의 유명한 재상으로 탕임금을 도와 어진 정치를 펼쳤으며 하나라의 걸왕을 멸망시켰다. 탕임금의 손자인 태갑이 포악한 정치를 하자 이를 말리다가 귀양까지 가게 되었으나 다시 돌아와 훌륭한 정치를 했다. 이윤은 본래 요리사 출신으로, 솥을 지고 가서 음식을 만들어 탕임금에게 바치고는 그에게 신임을 얻기를 바랐다는 전설이 있다.

56) 원문의 "충고忠告"를 번역한 것인데 포함包咸은 "옳고 그름으로써 그(벗)에게 알려주는 것이다〔以是非告之〕"라고 하였고, 정약용은 "벗에게 허물이 있으면, 곧 중심(충심)이 되는 말로써 그에게 알려주어야 한다〔友有過, 則以中心之言告之〕"고 하였다.

어야지, 스스로 욕됨을 없게 해야 한다.[57)]"

子貢問友. 子曰: "忠告而善道之, 不可則止, 毋自辱焉."

글로써 벗을 모으다 12.24

증자가 말했다.
"군자는 글(학문)을 통해 벗을 모으고,[58)] 벗을 통해 인仁을 돕는다."

曾子曰: "君子以文會友, 以友輔仁."

57) 원문의 "무자욕언毋自辱焉"을 번역한 것이다. 이 구절은 〈이인〉 4.26의 "친구에게 [간언을] 일삼으면 곧 소원해질 것이다(朋友數, 斯疏矣)"와 연관지을 수 있다. '소원하다(疏)'와 '욕됨(辱)'을 같은 맥락으로 읽을 필요가 있다.

58) 원문의 "이문회우以文會友"를 번역한 것으로, 공안국은 이에 대하여 "문과 덕으로써 서로 합치된 것이다(友以文德合)"라고 하였으며 덧붙여 "벗은 서로 간에 다듬어주고 격려하는 도리가 있으니, 그러한 관계로써 자신의 인仁을 이루도록 도와준다(友相切磋之道, 所以輔成己之仁)"고 하였다. 인仁의 기점은 시詩·서書·예禮·악樂이라고 하는 문文이 없으면 안 된다는 것이다.

제13편

자로子路

-나라를 위하는 정치의 기본들

【해설】

〈자로〉 편에서는 대부분 정치를 논하고 있으며 교육에 관한 내용도 많다. 따라서 〈위정〉 편과 연관성이 높다. 첫 장에서 공자는 정치를 할 때 솔선수범하는 성실한 자세가 필요하다는 점을 강조하고 있다.

공자가 말하는 정치의 기본은 세 가지이다. 담당 관리를 세우고, 작은 허물은 용서하고, 현명한 인재를 등용하는 것이다. 그리고 자로에게 '정치란 명분을 바로잡는 것'이라는 유명한 말을 남겼다. 번지와의 대화에서는 윗사람이 예를 좋아해야 백성들이 공경한다고 했다. 물론 공자는 자신을 바르게 가다듬고 나서 정치를 하라는 충고도 빼놓지 않았다. 무엇보다도 백성들에게는 '선부후교先富後敎', 즉 먼저 잘살게 하고 가르쳐야 한다는 원칙도 피력하고 있다. 말하자면 의식주가 먼저라는 논지다. 그리고 은근한 자기 자랑도 빼놓지 않는다. 자신이 다스릴 경우 3년이면 성과가 있을 것이라는 확신을 드러내고 있다. 특히 섭공과의 대화에서는 정치란 기쁨을 주는 것이라고 말한다.

이 편의 18장에 나오는 정직의 개념 문제에서 공자는 '양을 훔친 아버지를 아들이 고발하는 것이 바로 정직'이라는 섭공의 말을 정면으로 반박했다. 이를 통해 우리는 유가에서 말하는 정직의 개념이 공사 구분이 불분명한 인정주의에서 출발하고 있다는 논쟁의 소지가 적지 않다는 점을 어느 정도 깨달을 수 있다.

솔선수범과 성실 13.1

자로가 정치에 대해 여쭈었다. 공자께서 말씀하셨다.

"그들(백성)보다 먼저 앞장서고 나서 그들(백성)을 수고롭게 하라."[1)]

[자로가] 좀 더 [말씀해주시기를] 요청하자, 말씀하셨다.

"게으름이 없어야 한다."[2)]

子路問政. 子曰: "先之勞之." 請益. 曰: "無倦."

인재 등용 13.2

중궁(염옹)이 [자로를 대신하여] 계씨의 가신[3)]이 되어 정치에 대해 여쭈었다.

공자께서 말씀하셨다.

"유사 담당 관리를 솔선수범하게 하고,[4)] 작은 허물을 용서해주며, 현명한 인재를 등용하여라."

---

1) 덕으로 인도하여 백성들의 신임을 얻고 나서 백성들로 하여금 힘써 일하게 하라는 의미가 담겨 있다(공안국 설). 주희도 이 구절을 "자신이 먼저 앞장서[以身先之]"라는 의미로 보았다.

2) 자로는 성미가 급해 힘들면 바로 그만둬버릴까 염려하여 맡은 일을 지속하라고 조언한 말이다. 공안국은 "선지노지先之勞之"를 '일을 게을리하지 않는 것'이라 하였다.

3) 공자의 제자 중에서 세 명이 계씨의 가신이 되었으니, 자로가 기원전 498년경에 1년 정도 지냈고 이어 중궁이 약 6년간 가신 노릇을 했고, 맨 마지막으로 염유가 기원전 492년 이후에 가신이 되었으며 상당 기간 재임했다.

[중궁이] 여쭈었다.

"어떻게 현명한 인재를 알아서 그를 등용합니까?"

공자께서 말씀하셨다.

"네가 아는 사람을 등용하면, 네가 알지 못하는 사람을 다른 사람이 [추천하지 않고] 내버려두겠느냐?"

仲弓爲季氏宰, 問政. 子曰: "先有司, 赦小過, 擧賢才." 曰: "焉知賢才而擧之?" 子曰: "擧爾所知, 爾所不知, 人其舍諸?"

정치란 명분 13.3

자로가 여쭈었다.

"위나라 임금이 선생님을 우대하여 정치를 맡기시면,[5] 선생님께서는 무엇을 먼저 하시겠습니까?"

공자께서 말씀하셨다.

"반드시 명분을 바로잡아야할 것인저."

자로가 여쭈었다.

"그런 일이 [언제] 있었습니까? 선생님의 생각은 [현실과] 너무 동떨어져 있습니다. 무엇을 바로잡는다는 말씀이십니까?"

---

4) 이 대목의 해석은 세 가지로 요약된다. 바로 '유사를 선임하다', '유사가 솔선수범하게 하고 성과를 평가하다', '유사를 맡은 사람이 솔선수범하다'인데, 세 번째 설이 가장 타당하다.

5) 공자는 두 번에 걸쳐 위나라에서 벼슬했다. 첫 번째로 기원전 495년에서 기원전 493년까지로 위나라 영공을 모셨다. 두 번째로는 기원전 488년에서 기원전 485년까지로 위나라 출공出公을 모셨다. 여기서 위나라 임금은 출공으로 추정된다.

공자께서 말씀하셨다.

"거칠구나, 유(자로)여. 군자는 자기가 모르는 것은 대체로 [의문으로] 남겨두는 법이거늘 명분이 바르지 않으면 말이 순조롭지 못하다. 말이 순조롭지 못하면, 일이 이루어지지 않는다. 일이 이루어지지 않으면 예악이 일어날 수 없다. 예악이 일어나지 않으면 형벌이 들어맞지 않게 된다. 형벌이 들어맞지 않으면 백성들은 팔다리를 둘 데가 없다. 그러므로 군자는 명분을 세울 때는 반드시 말할 수 있어야 하고, 말을 할 때는 반드시 실천할 수 있어야 한다. 군자는 자신의 말에 대해 대충 행하는 것이 없도록 할 뿐이다."

子路曰: "衛君待子而爲政, 子將奚先?" 子曰: "必也正名乎!" 子路曰: "有是哉? 子之迂也. 奚其正?" 子曰: "野哉, 由也! 君子於其所不知, 蓋闕如也. 名不正, 則言不順. 言不順, 則事不成. 事不成, 則禮樂不興. 禮樂不興, 則刑罰不中. 刑罰不中, 則民無所措手足. 故君子名之必可言也, 言之必可行也. 君子於其言, 無所苟已矣."

나는 농사꾼보다 못하다 13.4

번지가 농사짓는 법을 배우기를 청했다.[6]

공자께서 말씀하셨다.

"나는 늙은 농사꾼보다 못하다."

6) 〈자로〉 13.3에서 자로가 정치에 대해 물은 것과 같은 맥락으로 백성을 잘살게 하는데 정치가 허황되고 비현실적이므로 농사짓는 것으로 백성을 잘살게 하는 것이 낫지 않느냐는 뜻에서 물은 것이다.

채소 기르는 법[7]을 청해 묻자 [공자께서] 말씀하셨다.

"나는 채소를 심는 늙은이만 못하다."

번지가 나갔다. [공자께서] 말씀하셨다.

"소인[8]이로다, 번수(번지)여! 윗사람이 예를 좋아하면 백성들은 감히 공경하지 않을 수 없고, 윗사람이 의로움을 좋아하면 백성들이 감히 복종하지 않을 수 없으며, 윗사람이 신의를 좋아하면 백성들이 감히 진정으로 행하지 않을 수 없을 것이다. 이렇게만 한다면 사방의 백성들이 그들의 자식을 포대기로 싸서 업고 찾아오게 될 텐데[9] 농사짓는 법을 어디에 쓰겠느냐?"

樊遲請學稼. 子曰: "吾不如老農." 請學爲圃. 曰: "吾不如老圃."

樊遲出. 子曰: "小人哉, 樊須也. 上好禮, 則民莫敢不敬.

上好義, 則民莫敢不服. 上好信, 則民莫敢不用情. 夫如是,

則四方之民襁負其子而至矣, 焉用稼?"

7) 원문의 "포圃"의 의미는 '채소를 심는다'이다.

8) "소인小人"은 '대인大人'과 반대되는 개념으로 '대인'은 '마음을 쓰는 자'로 다른 사람을 다스리며, "소인"은 '힘을 쓰는 자'로 다른 사람에게 다스림을 당하는 자이다. 이는 《맹자孟子》 〈등문공 상滕文公上〉에 나온다.

9) 〈자로〉 13.16의 "원자래遠者來"와 같은 의미이다.

무용지물 13.5

공자께서 말씀하셨다.

"《시》(《시경》)[10] 3백 편을 외우고 있다고 해도 정치를 맡겼을 때 통달하지 못하고, 외국에 사신으로 보냈을 때 독자적으로 대응하지 못한다면[11] 아무리 많이 외운들 또 무슨 소용이 있겠느냐?"

子曰: "誦詩三百, 授之以政, 不達. 使於四方, 不能專對. 雖多, 亦奚以爲?"

자신이 바른 것이 먼저 13.6

공자께서 말씀하셨다.

"그 자신이 바르면 [군주가] 명령하지 않아도 행하고, 그 자신이 바르지 못하면 비록 명령해도 따르지 않을 것이다.[12]"

子曰: "其身正, 不令而行. 其身不正, 雖令不從."

10) 《시경》은 "사람의 감정을 근본으로 하고 사물의 이치를 알게 해준다(本人情, 該物理)"라고 하였으며, 더 나아가 주희는 "풍속의 성쇠를 경험할 수 있고 정치의 득실을 볼 수 있다(可以驗風俗之盛衰, 見政治之得失)"고 하였다.

11) 원문의 "불능전대不能專對"를 번역한 것으로, 임금의 명을 받아야 하는 신하가 외교적으로 대응하거나 때로는 담판을 벌이는 등의 포괄적 외교 행위를 할 수 없다는 의미다.

12) 〈자로〉 13.13과 같은 맥락이다.

형제 국가 13.7

공자께서 말씀하셨다.

"노나라와 위나라의 정치는 형제뻘[13]이다."

子曰: "魯衛之政, 兄弟也."

재산 불리기에 능한 자 13.8

공자께서 위나라 공자 형[14]을 이렇게 평가했다.

"[그는] 재산을 쌓아놓으며 잘 지냈다.[15] 처음에 [재산을] 모을 때에는 '그런대로[16] 모아졌다'고 말했고, 다소 모아지고 나서는 '대체로 완비되었다'고 말했으며, 풍부하게 모으고 나서는 '대체로 호사스

13) 노나라와 위나라 군주의 성은 희성姬姓이다. 노나라는 주공 단의 후예이고, 위나라는 위 강숙衛康叔의 후예인데, 주공 단과 위 강숙은 형제 관계다. 그런데 서로 이해관계가 얽히면서 사회의 분위기가 혼란스럽게 되었음을 탄식한 것이다. 정약용의 견해는 "군신과 부자의 윤리가 상실되었으니 이 당시 정치가 형제처럼 되었다(君臣父子之倫皆亡矣, 其政如兄弟然)"고 하므로 형제의 이중적 의미를 볼 수 있다.

14) 오나라 계찰季札에 의해 위나라의 여섯 군자의 하나라는 평가를 받은 자로, 위나라 헌공의 아들이고 자는 남초南楚이며 당시 대부였다. 리링에 따르면, 이름 앞에 "위衛"라는 글자를 붙인 이유는 노나라 애공의 아들, 즉 노나라의 공자 형荊과 구별하기 위한 것이다. 이 문장에서 드러나듯 그는 재물에 대한 욕심도 거의 없고 소박한 삶을 추구한 인물로서 안분지족했다.

15) 원문의 "선거실善居室"을 번역한 것으로, 재산을 모으며 집에서 잘 지낸다는 의미이며, '살림 잘하는 사람'의 의미도 있다.

16) 원문의 "구苟"를 번역한 것으로, 황간은 '구차苟且'와 같은 것으로 보았는데 주희는 '그런대로 또한 조략하게(聊且粗略)'라는 의미로 풀이하여 역자는 주희의 견해에 따랐다.

럽다'고 말했다."

子謂衛公子荊: "善居室. 始有, 曰: '苟合矣.' 少有, 曰: '苟完矣.' 富有, 曰: '苟美矣.'"

잘살게 하고 나서 가르쳐라 13.9

공자께서 위나라에 가실 때 염유가 수레를 몰았다.

공자께서 말씀하셨다.

"[백성이] 많구나!"

염유가 여쭈었다.

"이미 많아졌는데 또 무엇을 더 해야 합니까?"

[공자께서] 말씀하셨다.

"잘살게 해줘야 한다."[17)]

[염유가] 여쭈었다.

"이미 잘살게 됐는데 또 무엇을 더 해야 합니까?"

17) 〈선진〉 11.25와 연관지어 볼 수 있다. 공자의 이 말은, 그가 비록 이중 잣대를 들이대긴 했어도, 사마천의 《사기》에 있는 말을 떠올리게 한다. "창고의 물자가 풍부해야 예절을 알며, 먹고 입는 것이 풍족해야 명예와 치욕을 알게 된다. 임금이 법도를 실천하면 아버지, 어머니, 형, 동생, 아내, 자식이 굳게 뭉치고, 나라를 다스리는 네 가지 강령, 즉 예의〔禮〕·정의〔義〕·깨끗함〔廉〕·부끄러움〔恥〕이 펼쳐지지 못하면 나라는 멸망한다. 수원水源에서 물이 흘러가듯이 명령을 내리면 그 명령은 민심에 순응하게 된다."(〈관안열전〉) 공자가 강조한 부의 중요성, 말하자면 잘사는 것을 언급한 대목을 보면 의식주가 얼마나 중요한 정치적 화두인가를 알 수 있다. 관중이 지은 《관자》 〈목민牧民〉에도 "국가에 비옥한 토지가 있지만 백성이 배불리 먹지 못하는 것은 생산 도구가 좋지 못하기 때문이고, 산림과 바다에서 각종 물품이 생산되지만 백성의 생활이 풍요롭지 못한 것은 상공업이 발달하지 못해서이다"라는 구절이 나온다.

[공자께서] 말씀하셨다.
"가르쳐야 한다."[18]

子適衛, 冉有僕. 子曰: "庶矣哉!" 冉有曰: "既庶矣, 又何加焉?" 曰: "富之." 曰: "既富矣, 又何加焉?" 曰: "敎之."

공자의 정치 광고 13.10

공자께서 말씀하셨다.
"만일 나를 등용해주는 자가 있다면 1년[19]이면 웬만큼 괜찮아질 것이고 3년이면 성과가 있을 것이다."

子曰: "苟有用我者, 期月而已可也, 三年有成."

선한 사람의 다스림 13.11

공자께서 말씀하셨다.
"'선한 사람[20]이 나라를 1백 년 동안 다스리면, 또한 잔혹한 사람을

---

18) 공자는 먼저 잘살게 하고 가르치라고 말하고 있으니, 제아무리 중요한 예의나 염치라도 생계 문제가 해결되지 못하면 제대로 지켜질 리 만무하다고 인식했다. 이러한 생각은 공자를 계승한 맹자나 순자에게도 그대로 이어졌으며, 유명한 관중의 경제 우선 정책도 공자의 가르침과 맥을 함께하고 있다.

19) 원문의 "기월期月"을 번역한 것인데, 주희는 "1년의 12개월을 일주하는 것〔周一歲之月也〕"이라고 했으므로 1년이라고 번역했다.

20) 원문의 "선인善人"을 번역한 것으로 〈술이〉 7.25에 나오며 덕이 있고 정사를 잘하는 사람을 이른다.

교화시키고 사형할 일이 없어진다'고 하니, 진실되구나, 이 말이여!"

子曰: "'善人爲邦百年, 亦可以勝殘去殺矣.' 誠哉是言也!"

왕도를 행한다고 해도 13.12

공자께서 말씀하셨다.

"만약 왕도를 행하는 사람이 있더라도 반드시 한 세대가 지난 이후에야 [백성들이] 인仁[21]하게 될 것이다."

子曰: "如有王者, 必世而後仁."

자신을 바르게 하는 것 13.13

공자께서 말씀하셨다.

"진실로 그 자신을 바르게 하면 정치에 종사하는 데 무슨 어려움이 있겠느냐? 그 자신을 바르게 하지 못한다면 다른 사람을 어떻게 바로잡을 수 있겠느냐?"[22]

子曰: "苟正其身矣, 於從政乎何有? 不能正其身, 如正人何?"

21) 주희는 "인仁"을 "교화가 흠뻑 적셔진다[敎化浹也]"라고 하였다. 맹자孟子의 '인정仁政'과 맥락을 같이하고 있다고 보아 사람들이 어버이를 친하게 여기고 어른을 윗사람으로 여기면 천하가 편해지는데 이것을 '인仁'이라고 하였다.

22) 이 문장과 유사한 문장이 앞의 6장에 나왔다. 〈안연〉 12.7에도 비슷한 문장이 나온다.

에둘러 비판받은 염자 13.14

염자가 조정에서 물러나왔다.

공자께서 말씀하셨다.

"무슨 일로 늦었느냐?"[23)]

[염자가] 대답했다.

"정사가 있었습니다."

공자께서 말씀하셨다.

"그 [계씨 집안의 사사로운] 일이었을 것이다.[24)] 만일 [나라에] 정사가 있었다면, 비록 내가 등용되지 않았더라도, 나는 아마도 참여하여 그것을 들었을 것이다."

冉子退朝. 子曰: "何晏也?" 對曰: "有政." 子曰: "其事也. 如有政, 雖不吾以, 吾其與聞之."

---

23) 원문의 "안晏"을 번역한 것으로, 정해진 시간보다 늦었다는 의미다.

24) 원문의 "사事"란 대부의 일로서 군주의 일인 '정政'과 다르며, 정과 상대되는 개념으로 봐야 한다. 말하자면 신하의 일에 해당되는 것이 '사事'다. 당시 공자는 관례에 따라 조정의 관리가 된 제자들에게 수시로 보고를 받았는데, 이 날 염유는 공적인 일이 아니라 계씨의 집안 일로 바빴다는 점을 공자가 에둘러 말한 것이다. 염유는 자신이 공적인 일, 즉 나라의 일로 바빴다고 했지만 공자는 의심을 품고 이렇게 말했다.

한마디의 힘 13.15

정공(공자에게 3년 정도 벼슬을 준 인물)이 물었다.

"말 한마디로 나라를 흥하게 할 수 있다고 하는데, 그런 일이 있습니까?"

공자께서 대답하셨다.

"그런 말이란 그런 식으로 기약할[25] 수는 없는 법입니다. 사람들의 말에 '임금 노릇 하는 것은 어렵고, 신하 노릇 하는 것도 쉽지 않다'는 것이 있습니다. 만약 임금 노릇 하는 것이 어렵다는 것을 알 정도라면, 한마디 말로 거의 나라를 흥하게 할 수 있지 않겠습니까?"

[정공이] 말했다.

"말 한마디로 나라를 망하게 할 수 있다고 하는데, 그런 일이 있습니까?"

공자께서 대답하셨다.

"그런 말이란 그런 식으로 기약할 수는 없는 법입니다. 사람들의 말에 '나는 임금 노릇 하는 것이 즐거운 것이 아니라, 오직 내가 하는 말에 아무도 감히 거스르지 못한다는 것을 즐거워한다'는 것이 있습니다. 만일 그 말이 선하여 아무도 그것을 거스르지 않는다면 또한 선하지 않겠습니까? 만일 선하지 않은데 아무도 거스르지 못한다면, 거의 한마디 말로 나라를 망하게 할 수 있지 않겠습니까?"

25) 원문의 "기幾"를 번역한 것이다. '기'는 '기약하다', '기대하다'는 의미로서 "반드시 기약한다(必期)"로 해석한 주희의 설에 따른 것이다. 한편 하안은 "기幾"를 '근近" 자와 동의어로 보아 '가까운'으로 해석했는데, 일리가 없는 바는 아니다. 뒤에 나오는 문장의 "기호幾乎"는 '거의'라는 의미의 허사虛辭로서 전혀 다른 의미로 사용된 단어다.

定公問, 一言而可以興邦, 有諸? 孔子對曰: "言不可以若是其幾也. 人之言曰: '爲君難, 爲臣不易.' 如知爲君之難也, 不幾乎一言而興邦乎?" 曰: "一言而喪邦, 有諸?" 孔子對曰: "言不可以若是其幾也, 人之言曰 '予無樂乎爲君, 唯其言而莫予違也.' 如其善而莫之違也, 不亦善乎? 如不善而莫之違也, 不幾乎一言而喪邦乎?"

기쁨을 주는 것 13.16

섭공[26]이 정치에 대해 물었다.

공자께서 말씀하셨다.

"가까이 있는 사람은 기뻐하고, 멀리 있는 사람은 찾아오는 것입니다."[27]

葉公問政. 子曰: "近者悅, 遠者來."

26) "섭공葉公"이란 인물은 《논어》에서 세 번 나온다. 〈술이〉 7.18에 나오고 두 번은 이 편에 나오는데, 뒤에서 정직의 개념(〈자로〉 13.18)을 가지고 논쟁하는 장면이 흥미롭게 펼쳐진다.

27) 이 말은 《사기》 〈공자세가〉에는 이렇게 되어 있다. "섭공葉公이 공자에게 정치를 물으니 공자가 말했다. '정치란 먼 데 있는 어진 사람을 오게 하고, 가까이 있는 사람의 마음을 얻는 데 있습니다.'" 사마천은 공자의 말에 깃든 속뜻을 풀어서 기록한 것으로 보인다. 또한, 주희는 "근자열近者悅, 원자래遠者來"를 "[군주의] 은택을 입어서 기뻐하는 것이고, [멀리 사는 이웃 나라 사람들이] 그 풍속을 듣고 국경을 넘어올 수 있는 것〔被其澤則悅, 聞其風則來〕"이라고 하였다.

서두르면 도달하지 못한다 13.17

자하가 거보의 읍재邑宰가 되어 정치에 대해 여쭈었다.

공자께서 말씀하셨다.

"서두르지 말고, 작은 이익을 보려고 하지 말아라. 서두르면 도달하지[28] 못하고, 작은 이익을 보려고 하면 큰일을 이루지 못한다."

子夏爲莒父宰, 問政. 子曰: "無欲速, 無見小利. 欲速則不達. 見小利則大事不成."

정직에 대한 온도차 13.18

섭공이 공자에게 말했다.

"우리 마을에 몸가짐이 바른[29] 자가 있으니, 그 아버지가 양을 훔

---

28) 원문의 "달達"을 번역한 것으로, 하안은 사리에 통달한다는 의미로 풀었는데 과한 해석이다. 역자는 '도달하다'라는 해석을 취했는데 이는 정약용이 이 글자를 '도달하다'라는 의미의 '수遂'로 풀이한 것과 맥을 같이한다.

29) 원문의 "직궁直躬"을 번역한 것이다. 이와는 달리 《여씨춘추呂氏春秋》 〈당무當務〉에 보면 직궁을 사람 이름으로 보고 이렇게 풀이하고 있다. "초나라에 직궁直躬이라는 사람이 있었는데, 그의 아비가 양을 훔치자 이를 벼슬아치 영윤에게 일러 바쳤더니, 영윤이 그 아비를 잡아다 바야흐로 처형하고자 했다. 직궁이 그의 아비 대신 처형되기를 청했으므로, 그를 바야흐로 처형하려 했더니 그가 옥리에게 말하기를 '아비가 양을 훔쳤는데 이를 일러바친 것은 또한 미쁜 일이 아닙니까? 아비가 처형되려 하는데 이를 대신한 것은 또한 효성스런 일이 아닙니까? 미쁘고 또한 효성스러운데도 이를 처형한다면 이 나라에 앞으로 처형당하지 않을 자가 있겠습니까?'라고 했다. 초나라 임금이 이 말을 듣고는 처형하지 않았다. 공자가 이 일을 듣고 '이상하도다, 직궁이 미쁜 일을 행한 것은 아비는 하나로 하면서 그로부터 이름은 두 번 취하였구나'라고 했다. 그러므로 직궁의 미쁨은 차라리 미쁨이 없는 것만 못하다."(여불위 지음, 《여씨춘추呂氏春秋》, 김근 옮김, 민음사, 1995)

치자 아들이 그것을 고발[30]했습니다."

공자께서 말씀하셨다.

"우리 마을의 정직한 사람은 그와 다릅니다. 아버지는 아들을 위해 숨기고, 아들은 아버지를 위해 숨겨주지만 정직은 그 가운데 있습니다."[31]

葉公語孔子曰: "吾黨有直躬者, 其父攘羊, 而子證之." 孔子曰: "吾黨之直者異於是. 父爲子隱, 子爲父隱, 直在其中矣."

오랑캐 땅에 가더라도 13.19

번지가 인仁에 대해 여쭈었다.

공자께서 말씀하셨다.

"거처할 때에는 공손하며, 일을 집행할 때는 공경하며, 사람과 만날 때는 진실해야 한다. 비록 오랑캐 땅에 가더라도 [이것들을] 버려서는 안 된다."

---

30) 원문의 "증證"을 번역한 것인데, 이 글자는 '고발하다'라는 뜻이다.

31) 이 문장은 주희가 "아버지와 아들이 서로 숨겨주는 것은 천리와 인정의 지극함이다. 따라서 정직을 구하지 않아도 정직은 그 안에 있는 것이다"라고 풀이한 이래 상당한 오해를 불러일으켰다. 공사를 구분하지 못하고 인정주의에 함몰되었다는 비판을 받은 것이다. 공자는 분명 가족 중심의 정에 가장 높은 가치를 두었기 때문에 심각한 논리적 모순이 있다고 여겨질 수 있다. 아버지와 아들이, 스승과 제자가, 같은 조직의 동료가 서로의 잘못을 은폐해줘도 된다는 위험한 생각으로 발전할 수도 있기 때문이다. 물론 부자간의 소소한 잘못을 가차 없이 고발하라는 의미는 아니지만 이 해석의 원문에 있는 "은隱"이란 단어가 상징하듯, 이 문장은 잘못을 은폐하여 합리화하는 논리로 활용될 수 있다.

樊遲問仁. 子曰: "居處恭, 執事敬, 與人忠. 雖之夷狄, 不可棄也."

선비의 조건 13.20

자공이 여쭈었다.

"어떻게 하면 선비[32]라고 할 수 있습니까?"

공자께서 말씀하셨다.

"자기의 행실을 부끄러워할 줄 알고, 사방에 사신으로 가서도 임금의 명을 욕되게 하지 않는다면 선비라고 할 수 있다."

[자공이] 여쭈었다.

"감히 그다음 가는 것을 여쭙겠습니다."

[공자께서] 말씀하셨다.

"일가친척들이 효성스럽다고 칭찬하고 마을 사람들이 우애가 있다고 칭찬하는 것이다."

[자공이] 여쭈었다.

"감히 그다음 가는 것을 여쭙겠습니다."

[공자께서] 말씀하셨다.

"말에는 반드시 믿음이 있고, 행동에는 반드시 과단성이 있다면, 꽉 막힌[33] 소인일지라도 또한 그다음 가는 것이 될 수 있다고 할 수 있을 것이다."

32) 〈안연〉 12.20의 자장의 질문인 '달사達士'와 연관이 있다.

33) "갱硜"은 '돌 부딪히는 소리 갱' 자인데, 원문의 "갱갱硜硜"은 '쨍그렁 쨍그렁' 하는 소리로 자기 고집만 부리고 융통성이 없는 소인배의 모습을 비유한 말이다.

[자공이] 여쭈었다.

"오늘날 정치에 종사하는 사람들은 어떻습니까?"

공자께서 말씀하셨다.

"아! 한 말 두 되 정도의 그릇[34]에 불과한 사람들이니 어찌 헤아릴 가치가 있겠느냐?"

子貢問曰: "何如斯可謂之士矣?" 子曰: "行己有恥, 使於四方, 不辱君命, 可謂士矣." 曰: "敢問其次." 曰: "宗族稱孝焉, 鄉黨稱弟焉." 曰: "敢問其次." 曰: "言必信, 行必果, 硜硜然小人哉, 抑亦可以爲次矣." 曰: "今之從政者何如?" 子曰: "噫. 斗筲之人, 何足算也?"

중용의 도와 그 실천 13.21

공자께서 말씀하셨다.

"중도中道(중용의 도)를 행하는 사람을 얻어서 함께할 수 없다면, 반드시 뜻이 큰 사람[35]이나 고집스런 사람과 함께할 것이다. 뜻이 큰 사람은 진취적이고, 고집스런[36] 사람은 하지 않는 바가 있다."

---

34) 원문의 "두소斗筲"를 풀이한 것이다. "두斗"는 국자 모양으로 되어 있으며 양을 재는 도구로서 열 되를 담는 그릇이고, "소筲"는 통 모양의 대나무 그릇인데 두서너 되를 담는다. 원문의 "두소지인斗筲之人"이 사자성어로 사용되면 그릇이 작고 쩨쩨한 사람을 가리킨다.

35) 원문의 "광狂"을 번역한 것으로, '선한 도道에 나아가는 사람'으로 풀이하는 포함의 견해를 취한 것이다. 한편 형병은 "나아갈 줄만 알고 물러날 줄 모른다"로 풀이했고, 주희의 경우에는 "뜻이 지극히 고고하여 행동이 거리낌이 없는(志極高而行不掩)"으로 풀이했다.

36) 원문의 "견狷"을 번역한 것인데, 고집만 부린다는 의미가 아니라, 절도를 지키면서 자신의 길을 꿋꿋이 간다는 의미가 있다. 그래서 주희는 "지식은 미치지

子曰: "不得中行而與之, 必也狂狷乎. 狂者進取, 狷者有所不爲也."

한결같은 덕을 지녀라 13.22

공자께서 말씀하셨다.

"남쪽 사람들[37]의 말에 '사람으로서 한결같은 마음(恒心)이 없다면, 무당이나 의원 노릇도 할 수 없다'고 하였는데 좋은 말이구나. '그 덕을 한결같이 하지 않으면 더러는 수치스런 일을 겪을 수 있다'[38]고 하였다."

공자께서 말씀하셨다.

"점을 치지 않을 뿐이다."[39]

子曰: "南人有言曰: '人而無恒, 不可以作巫醫.' 善夫. '不恒其德, 或承之羞.'" 子曰: "不占而已矣."

못하나 굳게 소신껏 지킨다(知未及而守有餘)"라는 의미라고 하였다.

37) 노나라의 서남쪽에 있던 송나라를 가리킨다.

38) 이 구절은 《역易》 항괘恒卦 구삼九三의 효사爻辭에 나온다. 여기서 "혹或"은 '더러는'이란 뜻이다.

39) 원문의 "불점이이의不占而已矣"는 공자가 앞에서 말한 것처럼 한결같은 마음이 없는 사람은 점을 칠 필요도 없다는 말인데, 바로 이 구절 앞에 "자왈子曰"이 있어 앞의 공자의 말과 이 구절의 관계가 이상하게 엮여 주희의 경우에도 이 말의 의미가 분명하지 않다고 지적했고 양보쥔도 동의했다.

군자와 소인의 차이 13.23

공자께서 말씀하셨다.

"군자는 [사람들과] 조화를 이루지만 [부화]뇌동하지는 않고, 소인은 [부화]뇌동하지만 조화를 이루지는 못한다."[40)]

子曰: "君子和而不同, 小人同而不和."

여론에 너무 민감하면 13.24

자공이 여쭈었다.

"마을 사람이 모두 그를 좋아하면 어떻습니까?"

공자께서 말씀하셨다.

"[그 정도로는] 안 된다."

"마을 사람이 모두 그를 미워하면 어떻습니까?"

공자께서 말씀하셨다.

"[그 정도로는] 안 된다. 마을 사람 가운데 선한 사람이 그를 좋아하고, 선하지 않은 사람이 그를 미워하는 것만 못하다."[41)]

---

40) 군자는 남을 자기처럼 생각하기 때문에 남과 조화를 이루지만, 각자 주어진 역할을 열심히 수행하므로 부화뇌동하지 않는다. 그러나 소인은 이익을 좇는 사람이기 때문에 이익을 같이하는 사람들끼리 행동하지만 남과 조화를 이루지 못한다는 뜻이다. 공명정대한 명분이나 사리 판단보다는 이해관계에 따라 생각하기 때문이다.

41) 〈위령공〉 15.27에서 말한 "모두가 그를 미워하더라도 반드시 살펴보아야 하고, 모두가 그를 좋아하더라도 반드시 살펴보아야 한다〔衆惡之, 必察焉, 衆好之, 必察焉〕"는 문장과 일맥 상통하며, 〈이인〉 4.3의 "오직 인仁한 사람만이 남

子貢問曰: "鄕人皆好之, 何如?" 子曰: "未可也." "鄕人皆惡之, 何如?" 子曰: "未可也. 不如鄕人之善者好之, 其不善者惡之."

군자와 소인 13.25

공자께서 말씀하셨다.

"군자는 섬기기는 쉬워도 기쁘게 하기는 어렵다.[42] 그를 기쁘게 할 때 도리로써 하지 않으면 기뻐하지 않는다. [그러나] 군자가 사람을 부릴 때는 그 사람의 그릇에 따른다. 소인은 섬기기는 어려워도 기쁘게 하기는 쉽다. 그를 기쁘게 할 때 도리로써 하지 않아도 기뻐한다. [그러나] 그(소인)가 사람을 부릴 때는 온갖 것을 갖추어 해주기를 요구한다."

子曰: "君子易事而難說也. 說之不以道, 不說也. 及其使人也, 器之. 小人難事而易說也. 說之雖不以道, 說也. 及其使人也, 求備焉."

을 좋아할 수 있고, 남을 미워할 수도 있다〔唯仁者, 能好人, 能惡人〕"는 문장을 이해하여야 한다.

42) 원문의 "이사이난열易事而難說"을 번역한 것인데, 앞의 "이사"를 '쉽게 일한다', 혹은 '일하기가 쉽다'고 번역하는 학자(양보쥔)도 있다. 뒤의 "열"을 설득한다는 뜻의 '세'로 읽어야 한다는 학자(모기령)도 있다. 어쨌든 이 구절 역시 다양한 번역이 있다.

교만과 편안 13.26

공자께서 말씀하셨다.

"군자는 편안하되 교만하지는 않고 소인은 교만하되 편안하지는 않다."[43)]

子曰: "君子泰而不驕, 小人驕而不泰."

인에 가까운 네 가지 13.27

공자께서 말씀하셨다.

"강직함, 의연함, 질박함, 어눌함은 인에 가깝다."[44)]

子曰: "剛毅木訥, 近仁."

---

43) 이 문장에서 핵심 용어는 "태泰", "교驕"이다. "교"는 부정적인 개념이 강한 글자인데, "태"는 태연자약하면서도 자신의 처지를 편안하게 받아들이는 긍정적인 개념이 강한 글자이다. 군자는 자존심이 강하면서도 타인에게 오만한 기색이 없고, 소인은 이와 정반대라는 의미로 보면 무난하다.

44) 〈학이〉 1.3에 나온 "교언영색巧言令色"과는 상반되는 개념이다. 공자가 생각하는 "인仁"의 개념에는 이처럼 굳셈과 소탈함이 있고 둔하고 어눌하며 투박한 면모가 있다.

선비의 자질 13.28

자로가 여쭈었다.

"어떻게 하면 선비라고 할 수 있습니까?"[45]

공자께서 말씀하셨다.

"서로 간절하게 화합하며 즐겁게 지내면 선비라고 할 수 있을 것이다. 벗 사이에는 간절하게 독려하고 노력하며, 형제 사이에는 화합하며 즐겁게 지낸다."

子路問曰: "何如斯可謂之士矣?" 子曰: "切切偲偲, 怡怡如也, 可謂士矣. 朋友切切偲偲, 兄弟怡怡."

정치 역량 13.29

공자께서 말씀하셨다.

"선한 사람[46]이 백성을 7년 동안 가르치면 또한 전쟁에 나아가게 할 수 있을 것이다."

子曰: "善人教民七年, 亦可以卽戎矣."

45) 이 질문은 앞에서 자공이 여쭌 것(〈자로〉 13.20)과 동일하다.

46) 원문의 "선인善人"을 번역한 것인데, 주석가들은 여기서도 군자, 현인, 혹은 일을 잘하는 자 등의 여러 의미가 있다고 지적하고 있다(순서대로 형병, 황간, 정약용 설).

백성을 버리는 일 13.30

공자께서 말씀하셨다.

"가르치지 않은 백성으로 하여금 전쟁하게 두면, 이것은 그들을 버리는 행위라고 할 수 있을 것이다."

子曰: "以不教民戰, 是謂棄之."

제14편

헌문憲問

– 벼슬하기 이전에 먼저 사람이 되어라

【해설】

〈헌문〉 편에서도 다른 편과 마찬가지로 인물평 위주의 대화가 이어진다. 공자는 제자들과 자유롭게 토론하면서 자신의 의견을 피력하고 있다. 공자는 추호의 망설임도 없이 냉철한 상황 분석을 바탕으로 특유의 평을 쏟아내고 있다. 대체로 동시대 사람이 많은데 어떤 사람은 공자보다 앞선 시대의 인물들이다.

난세의 처세법을 비롯하여 선비의 기본 자격, 덕德·언言·인仁·용勇의 상호관계, 군자와 소인의 차이, 애愛와 충忠의 상호관계, 관중과 자산에 대한 평가 등도 접할 수 있다. 빈자와 부자의 마음가짐의 차이점을 말한 대목이나 공자가 평가한 네 명의 완성된 사람들도 주목해볼 만하다. 진 문공보다는 제 환공이 더 낫다고 했는데 이런 평은 바름과 속임의 차이에 기인한다. 관중에 대한 평가는 다소 엇갈리는데 관중이 아니었다면 노나라 사람들이 오랑캐가 되었을 것이라는 말은 찬사일 것이다. 그러면서도 관중의 그릇이 작다고 평가했는데 이는 관중의 능력을 인정하면서도 인격 도야의 수준은 낮게 봄으로써 업적과 인격의 영역을 엄격히 구분했던 것이다.

이 편에서도 군자와 소인의 근본적인 차이가 등장하고, 배움이란 결국 자기 수양이지 남의 인정을 받으려는 행위가 아니라는 점도 빠뜨리지 않는다. 물론 자기 수양은 곧 백성을 편안하게 하는 정책의 전제라는 대목 역시 공자가 꿈꾸는 이상적인 정치인 상을 떠올리게 한다. 다른 사람과 쓸데없이 비교하지 말라는 충고도 이런 맥락에서 공자의 일관성을 보여주는 말이고, "나를 알아주는 이는 하늘뿐"이라는 독백에 이르면 우리는 어느덧 당세를 험난하게 살다 간 지식인의 고뇌를 절감하게 된다.

부끄러움과 인 14.1

원헌[1]이 부끄러움에 대해 여쭈었다.

공자께서 말씀하셨다.

"나라에 도가 있을 때에 [자리를 차지하며] 녹봉[2]을 받는 것이니, 나라에 도가 없는데도 [물러나지 않고] 녹봉을 받는 것이 부끄러운 것이다."[3]

"[남을] 이기려 하는 것, [자신을] 자랑하는 것, [남을] 원망하는 것, 탐욕스러운 것, [이런 것들을] 하지 않으면 인仁합니까?"

---

1) 원문의 "헌憲"은 '원헌原憲'을 가리키는데, 자는 자사子思로서 〈옹야〉 6.3의 "원사原思"가 바로 이 사람이다.

2) 원문의 "곡穀"은 '녹祿'의 개념으로 공안국의 풀이대로 관리에게 곡물로 급여를 주었으므로 오늘날로 따지면 급여이다. "3년 동안 배우고도 녹봉에 뜻을 두지 않은 사람은 쉽게 찾아볼 수 없다〔三年學, 不至於穀, 不易得也〕"(〈태백〉 8.12)의 "곡"도 이런 뜻이다. 공자는 제나라 경공에게 "계씨와 맹씨의 중간〔季孟之間〕"으로 예우를 받아 상경上卿과 하경下卿 사이의 벼슬을 제안받았으나 거절했다. 공자가 맡았던 노나라 대사구라는 벼슬은 대부 1급이었는데 사마천은 〈공자세가〉에서 "봉속육만奉粟六萬"이라는 기록을 남겨 그가 6만 말의 좁쌀을 받았을 것이라고 했다. 관련 내용은 이렇다. "공자가 드디어 위衛나라에 이르러 자로의 처형 안탁추顔濁鄒의 집에 거주했다. 위 영공靈公이 공자에게 물었다. '노나라에 있을 때 봉록을 얼마나 받았소?' 공자가 대답했다. '조粟 6만 두斗를 받았습니다.' 위나라 사람 또한 조 6만 두를 주었다." 공자는 물론 벼슬하지 않았을 때가 훨씬 많았는데 그때는 제자들이 가져오는 '속수束修', 즉 말린 육포 등을 받아 생활했을 것으로 보인다.

3) 이 문장의 해석은 주희의 견해를 따른 것인데, 황간의 경우에는 앞의 구절을 "나라에 도가 있으면 녹봉을 받고"라고 해석하여 긍정적인 의미를 부여했다. 사실 공자는 직업을 구하기 위해 동분서주했다. 《한서漢書》 〈유림전儒林傳〉에는 공자가 "일흔두 명 이상의 군주를 만나 관직을 구했다"고 기록돼 있으니 그가 얼마나 애를 썼는지 알 수 있다. 노나라를 제외하고는 주나라·제나라·송나라·위衛나라·조曹나라·정나라·진陳나라·채나라·초나라에 갔으며, 벼슬을 한 나라는 노나라·제나라·위나라·진나라 등 일부에 한정되었다.

공자께서 말씀하셨다.

"하기 어려운 일이라고 할 수 있겠지만, 인한지는 나도 알지 못하겠다."

憲問恥. 子曰: "邦有道, 穀, 邦無道, 穀, 恥也."[4] "克伐怨欲不行焉, 可以爲仁矣?" 子曰: "可以爲難矣, 仁則吾不知也."

선비의 자격 14.2

공자께서 말씀하셨다.

"선비이면서 [편안하게] 사는 것을 그리워하고 있으면, 선비가 되기에는 부족하다."[5]

子曰: "士而懷居, 不足以爲士矣."

난세에 처하여 14.3

공자께서 말씀하셨다.

"나라에 도가 있으면 말을 곧게[6] 하고 행동도 곧게 해야 하고, 나라에 도가 없으면 행동을 곧게 하되 공손하게 말해야 한다."

---

4) 이 문장과 비슷한 것이 "나라에 도가 있는데도 가난하고 천한 것은 부끄러운 일이고, 나라에 도가 없는데도 부유하고 귀한 것은 부끄러운 일이다(邦有道, 貧且賤焉, 恥也, 邦無道, 富且貴焉, 恥也)"(〈태백〉 8.13)라고 하였으니, 서로 비교해 가며 읽어보면 도움이 된다.

5) 거듭 강조되는 공자의 선비 상은 '천명을 실천하고 기본적인 삶의 욕구에 좌우되지 말아야 한다'는 것이다. 마치 안회처럼 말이다.

子曰: "邦有道, 危言危行, 邦無道, 危行言孫."

덕과 말, 인과 용기 14.4

공자께서 말씀하셨다.

"덕이 있는 사람은 반드시 [바른] 말[7]을 하지만, 말을 하는 사람이라고 해서 반드시 덕이 있는 것은 아니다. 인仁한 사람은 반드시 용기가 있지만, 용기가 있는 사람이라고 해서 반드시 인한 것은 아니다.[8]"

子曰: "有德者, 必有言, 有言者, 不必有德. 仁者, 必有勇, 勇者, 不必有仁."

---

6) 원문 "위危"를 번역한 것으로, '곧게', '정직하게'라는 의미다. 《광아廣雅》〈석고釋詁〉에서도 "위危"를 '단端', '직直', '공公', '정正' 등의 글자와 같은 종류로 분류하고 "올바른 것이다〔正也〕"라고 풀이했다. 왕염손의 《광아소증廣雅疏證》 1권에서는 이것을 인용하면서 '바르다'라고 풀이했다. 리링은 이들의 해석에 의거하여 "위危"를 '곧다〔直〕'는 의미로 보았는데 상당한 근거가 있다. 리링은 〈위령공〉 15.7에서 "나라에 도가 있으면 화살처럼 곧고, 나라에 도가 없어도 화살처럼 곧구나〔邦有道如矢, 邦無道如矢〕"라고 말했는데, 여기서 "화살〔矢〕"로 '곧음〔直〕'을 비유했다는 점을 근거로 들었다. 한편 주희는 "높다〔高峻〕"는 의미로 보았으며 포함은 엄하다는 의미의 '여厲' 자로 보았는데 이 설을 취하는 학자도 있다(《논어》, 동양고전연구회, 민음사, 2016).

7) 원문의 "유언有言"을 번역한 것으로, "유有"를 주희는 "능能"으로, 정약용은 "말을 세워 후세에 드리우는 것〔立言垂後〕"으로 풀이하였다.

8) 주희는 "인자仁者는 마음에 사사롭게 얽매인 것이 없어서 의를 보면 반드시 행하거니와, 용기가 있는 자는 간혹 혈기의 강함 뿐이다〔仁者心無私累, 見義必爲, 勇者或血氣之强而已〕"라고 하였다. 〈안연〉 12.3에 사마우가 인仁에 대해 여쭈었는데 "인한 사람은 자신의 말을 어렵게 여겨야 한다〔仁者, 其言也訒〕"라고 하였다.

덕을 숭상한 남궁괄 14.5

남궁괄[9]이 공자께 여쭈었다.

"예羿는 활쏘기에 뛰어났고, 오奡는 배를 끌고 다닐 만큼 힘이 있었지만 모두 제명대로 살지 못하고 죽었습니다. 우임금과 직은 몸소 농사를 지었는데도 천하를 소유했습니다."

선생(공자)께서는 대답하지 않으셨다.[10] 남궁괄이 나가자 공자께서 말씀하셨다.

"군자로구나, 이 사람이여! 덕을 숭상하는구나, 이 사람이여!"[11]

南宮适問於孔子曰: "羿善射, 奡盪舟, 俱不得其死然. 禹稷躬稼而有天下."

夫子不答. 南宮适出, 子曰: "君子哉若人! 尙德哉若人!"

소인은 인할 수 없다 14.6

공자께서 말씀하셨다.

"군자이면서 인仁하지 못한 사람은 있으나, 소인이면서 인仁한 사람은 없다."[12]

子曰: "君子而不仁者有矣夫, 未有小人而仁者也."

---

9) 노나라 대부인 남궁경숙南宮敬叔으로 자는 자용子容이고, 공자의 제자인 남궁도南宮縚가 이 사람이다.

10) 주희는 "남궁괄이 예羿와 오奡를 당시의 권력가에게 비유하고, 우왕禹王과 직稷을 공자에 비유하여 공자께서 쑥스러워 대답하지 않으셨다"라고 보았다.

11) 여기서 "덕"이란 덕이 있는 사람을 지칭한다. 공자는 남궁괄을 칭찬하여 거듭 이렇게 말한 것이다.

아낌과 수고로움 14.7

공자께서 말씀하셨다.

"아낀다고 해서 수고롭게 하지 않을 수 있겠는가? 충심으로 대한다고 해서, 깨우치게 하지 않을 수 있겠는가?"[13)]

子曰: "愛之, 能勿勞乎? 忠焉, 能勿誨乎?"

명命을 만든 인재들 14.8

공자께서 말씀하셨다.

"[나라의] 명命(외교문서)[14)]을 만들 때 비심[15)]이 초안을 만들었고, 세숙[16)]이 검토하여 논박했으며,[17)] 행인行人(사신에 관한 일을 관장하는 벼

---

12) 주희는 사량좌의 말을 인용하여 "군자는 인에 뜻을 둔다. 그러나 잠깐 사이라도 마음이 인仁에 있지 않으면 불인不仁을 면치 못하게 된다(君子志於仁矣, 然毫忽之間, 心不在焉, 則未免爲不仁也)"라고 하여 군자君子와 불인不仁의 관계를 설명하였다. 이 문장에서 군자와 소인이란 말이 내포하는 의미를 모르겠다고 하는 이도 있으니, 양보쥔이 대표적이다. 그는 여기서 군자가 '지위가 있는 사람'을, 소인은 '일반 백성'을 가리킨다고 보았는데, 너무 앞서 나간 해석이다. 〈이인〉 4.3, 4.4, 4.5에 공자의 '인仁'에 대한 생각이 보인다.

13) 《맹자》〈공손추 상公孫丑上〉에 "먹이기만 하고 아끼지 않으면 돼지로 기르는 것이며 아끼기만 하고 공경하지 않는 것은 짐승으로 기르는 것이다(食而弗愛, 豕交之也. 愛而不敬, 獸畜之)"와 같은 맥락이다.

14) 외교 문서로는 두 가지가 있는데, "명命"은 외교 사신이 다른 나라에 빙례를 갖출 때 자국의 군주로부터 받아 가져간 글이고, '사辭'는 사신이 남의 나라를 방문하여 응대하는 외교문서이다.

15) 정鄭나라 대부였으며 비조裨竈라고도 불렸다. "심諶"은 그의 자로 추정된다.

16) 자태숙子太叔이라고 하며 이름은 유길游吉이다.

슬로 오늘날의 외교관) 자우가 그것을 다듬었고, 동리(지명)의 자산[18]이 매끄럽게 다듬었다."[19]

子曰: "爲命, 裨諶草創之, 世叔討論之, 行人子羽修飾之, 東里子産潤色之."

공자가 평한 세 인물 14.9

어떤 사람이 자산에 대하여 묻자, 공자께서 말씀하셨다.
"은혜로운 사람이다."[20]

17) 원문의 "토론討論"을 번역한 것인데, 이 말은 오늘날의 토론과는 개념이 다르다. 이 정령에 문제가 없는지 잘잘못을 따지고, 검토하여 논박한다는 의미가 함축되어 있다.

18) 자산은 정나라의 재상으로, 이름이 공손교公孫僑이고 간공·정공·헌공에 걸쳐 국정을 맡았다. 그에 관한 기록이 《춘추좌씨전》〈양공〉 8년(기원전 565)에 처음 나타난다. 기원전 554년에 자전子展이 국정을 맡게 되자 자산은 소정少政에 임명되어 비로소 경卿이 되었다. 기원전 544년 자피子皮가 국정을 맡았는데 바로 이듬해 자피에게 정권을 물려받아 상당히 오랜 기간인 20여 년을 다스렸다. 기원전 522년에 죽었는데, 이때 공자 나이는 30세였다.

19) 《춘추좌씨전》〈양공〉 31년조에 이 내용이 보이는데, "정나라에 제후와 관련된 일이 생기면 자산은 각 나라의 상황에 대해서는 자우에게 묻고, 다수 그에게 문서를 쓰게 했다. 비심과는 함께 수레를 타고 들판에 가서 일을 진행할지의 가부를 계획하게 했다. 그리고 그것을 풍간자에게 보고하고 결단을 내리게 했다. 일이 갖추어지면 자대숙子大叔에게 주어 실행하게 하고 빈객을 응대하게 했다. 그래서 실행하는 일이 적었다"라고 하였다.

20) 이 말은 자산이 정치를 잘하여 백성들이 잘 따랐다는 뜻으로 해석해야 할 것이다. '은혜롭다는 공자의 말은 결코 자산의 성품이 인정 많고 은혜롭다는 의미가 아니다. 왜냐하면 자산은 임종하면서 뒷일을 유길游吉(세숙世叔)에게 부탁하면서 반드시 매서움을 간직한 채 너그러운 모습을 보이라고 충고했기 때문이다. 유길은 자산의 유언대로 하지 못하고 너그럽기만 한 정치를 펼쳤다가 도적들이 들끓는 심각한 위기를 초래했다.

자서[21]에 대하여 묻자 [공자께서] 말씀하셨다.

"[그저] 그런 사람이지! [그저] 그런 사람이지!"[22]

관중에 대하여 묻자 [공자께서] 말씀하셨다.

"인물[23]이지. 백씨(제나라 대부로 이름은 언偃이라도 함)의 병읍(제나라 지명) 3백 호를 빼앗았는데, [백씨는] 거친 밥을 먹으면서도 죽을 때[24]까지 원망하는 말을 하지 않았다."

或問子產. 子曰: "惠人也." 問子西. 曰: "彼哉彼哉!" 問管仲. 曰: "人也. 奪伯氏駢邑三百, 飯疏食, 沒齒無怨言."

---

21) "자서子西"가 누구인가를 두고 논란이 일었다. 마융은 정나라 대부 자서, 즉 공손하公孫夏라고 풀이했다. 그러나 주희는 초나라 자서, 즉 공자 신申이라고 풀이했다. 또 다른 견해는 자산子產의 집안 형제라는 설이다. 여하튼 자서는 자산과 관중보다 늦게 태어난 사람인데, 공자를 싫어했다. 초나라 소왕이 공자를 부르려 했으나 자서가 반대했고 공자도 이를 알고 있었다. 《사기》 〈공자세가〉에 나온 자서는 오나라 군대가 초나라로 쳐들어온 뒤 소왕을 보좌하여 나라를 되찾은 공신으로 두 번에 걸쳐 정권을 양보했지만, 섭공의 권고를 듣지 않고 백공의 난을 부추겼고 고통 속에서 죽었다. 공자는 그런 처세를 비판하여 이렇게 말한 것이다.

22) 이 말은 상대를 무시할 때 상투적으로 쓰는 말로 원문의 "피재피재彼哉彼哉"를 번역한 것이다. 주희는 "그를 외면하는 말씀〔外之之詞〕"이라고 하였다.

23) 원문의 "인人"을 번역한 것인데, 사실상 청대의 주빈朱彬은 이 글자를 "인仁"으로 해석해야 한다고 주장하기도 한다(《경전고증經傳考證》). 자로가 관중의 사람됨에 대해 물었는데, 공자가 "어질다〔仁也〕"라고 대답한 기록(《가어家語》 〈교사教思〉)이 있으니 이런 해석도 나름의 역사적 근거는 있다. 그러나 문제는 공자가 관중에 대해 부정적으로 말한 적이 있다는 점이다. 앞에서도 말했지만 공자는 관중의 인격과 업적을 엄격히 구분해서 평가했다. 따라서 최고의 인격에 부여되는 '인仁'을 공자가 관중에게 사용했을 가능성은 희박하다. 또한, 원문의 "인야人也"라는 어조가 관중을 낮게 평가하는 부분임을 드러낸 것이다. 〈팔일〉 3.22에서의 관중에 대한 평가를 참고하면 긍정적인 부분과 부정적인 부분을 이해할 수 있다.

24) 원문의 "몰치沒齒"를 번역한 것으로, 이가 없어질 때를 나타내므로 곧 죽을 때를 말한다.

빈자와 부자의 마음 14.10

공자께서 말씀하셨다.

"가난하면서 원망하지 않는 것은 어렵지만, 부유하면서 교만하지 않는 것은 쉽다."[25)]

子曰: "貧而無怨難, 富而無驕易."

맹공작을 저평가하다 14.11

공자께서 말씀하셨다.

"맹공작[26)]은 조씨나 위씨의 가로(가신)가 되기에 남음이 있지만, [작은 나라인] 등나라나 설나라의 대부가 될 수는 없다."

子曰: "孟公綽爲趙魏老則優, 不可以爲滕薛大夫."

---

25) 〈헌문〉 14.9와 관련하여 관중에 대한 백씨의 무원無怨과 연관하여 해석하는 학자도 있다. 황간皇侃의 소疏에는 "가난한 자는 잘 원망하고 많이 원망하며 부유한 자는 잘 교만하나 둘 가운데 가난한 자에게는 사람이 원망하지 않게 하기가 어렵다〔貧者善怨富怨, 富者善轎, 二者之中 貧者人難使不怨〕"고 하였다.

26) 노나라 대부로《사기》〈중니제자열전〉에 따르면 "공자가 엄숙하게 섬기던 (…) 노나라 맹공작〔孔子之所嚴事, (…) 於魯, 孟公綽〕"이었으며, 그의 특징이 '무욕無欲'이었으므로 공자는 이런 맹공작의 욕심 없고 여유로운 성품을 찬미하였다. 그러나 이 본문에서는 맹공작이 행정적인 급한 일들은 잘 처리했으나 사람됨이 번잡하여 경대부의 인물감은 못 되니 등滕과 설薛나라를 지휘하는 대부로는 적합하지 않다고 그를 낮추어 말한 것이다.

완성된 네 사람 14.12

자로가 [인격이] 완성된 사람에 대해 여쭈었다. 공자께서 말씀하셨다.

"장무중[27]의 지혜와 공작(맹공작)의 무욕과 변장자[28]의 용기와 염구[29]의 재주를 예악으로 꾸민다면 또한 완성된 사람이라고 할 수 있을 것이다."

[이어서] 말씀하셨다.[30]

"[그렇지만] 오늘날의 완성된 사람이란 어찌 꼭 그래야만 하겠는가? 이익을 보면 의로움을 생각하고, 위험을 보면 목숨을 바치며[31],

---

27) 노나라 대부 장손흘臧孫紇을 말하는데 여기서 "무武"는 시호이고, "중仲"은 항렬을 나타내며, '흘紇'은 이름이다. 〈헌문〉 14.14에도 나오는 인물로서 후계자 선정 문제로 아버지 장선숙臧宣叔과 갈등을 빚어 결국 노나라를 떠나 제나라로 도망가게 되는데, 상당히 소신이 있었던 인물로 평가된다.

28) 변장자卞莊子는 변읍卞邑의 대부이다. 변장자는 '변장자호卞莊刺虎'에 나오는 인물인데 이 이야기는《사기》〈장의열전〉에 보인다. "변장자가 호랑이를 찌르려고 하자, 묵고 있던 여관의 심부름하는 아이가 말리면서 '호랑이 두 마리가 소를 잡아먹으려고 합니다. 먹어봐서 맛이 좋으면 분명히 다툴 것입니다. 다투게 되면 반드시 싸울 것이고, 서로 싸우게 되면 큰 놈은 상처를 입고 작은 놈은 죽을 것입니다. 상처 입은 놈을 찔러 죽이면 한꺼번에 호랑이 두 마리를 잡았다는 명성을 얻을 것입니다'라고 했습니다. 변장자도 그럴 것이라고 생각하고 서서 기다렸습니다. 조금 있으니 정말로 호랑이 두 마리가 싸워서 큰 놈은 상처를 입고 작은 놈은 죽었습니다. 변장자가 상처 입은 놈을 찔러 죽이니, 한 번에 호랑이 두 마리를 잡는 공을 세웠다고 합니다." 이 이야기에서 변장자의 용맹함을 알 수 있다.

29) 이 세 사람의 나이를 비교해보면, 장무중과 맹공작은 공자보다 연상이고 변장자 역시 그렇다. 염구는 공자보다 29세나 적다.

30) 이 부분 원문의 "왈曰"이 과연 공자가 이어서 한 말인가, 아니면 자로가 다시 이어서 말한 것인가를 두고 논란이 있는데, 여기서는 공자가 한 말로 본다.

31) 〈자장〉 19.1과 참조하여 선비의 자세를 볼 수 있다.

오랜 제약[32]이 있더라도 평소의 말을 잊지 않는다면 또한 완성된 사람이라고 할 수 있을 것이다."

子路問成人. 子曰: "若臧武仲之知, 公綽之不欲, 卞莊子之勇, 冉求之藝, 文之以禮樂, 亦可以爲成人矣." 曰: "今之成人者何必然. 見利思義, 見危授命, 久要不忘平生之言, 亦可以爲成人矣."

공숙문자 14.13

공자께서 공명가[33]에게 공숙문자[34]에 대해 물으셨다.

"정말 선생께서는 말씀도 하지 않고 웃지도 않으며 [재물을] 받지도 않습니까?"

공명가가 대답했다.

"[선생님(공자)께] 아뢴 자가 지나쳤습니다. 선생(공숙문자)은 때에 맞은 뒤에야 말씀하시는데 사람들이 그분의 말씀을 싫어하지 않고, 즐거운 뒤에야 웃으시는데 사람들은 그의 웃음을 싫어하지 않으며, 의로움에 부합해야만 [재물을] 취하므로[35] 사람들은 그분이 받는 것

32) 원문의 "구요久要"를 번역한 것으로, "요要"는 묶고 구속한다는 '약約'과 같은 뜻이다. 그러니 오랜 시간 어려운 지경에 빠진다는 의미가 된다.

33) 위나라의 신하로 출생 연도는 미상이며, "공명公明"은 씨氏이고 "가賈"는 이름이다.

34) 출헌공出獻公의 아들 성자당成子當이다. 오吳나라 계찰季札이 여섯 군자 중 하나로 꼽은 공숙발公叔發이 바로 이 사람이다. 공숙公叔은 씨이고 문文은 시호이며 발發이 이름이다. 공자는 그의 됨됨이를 높이 평가했다.

35) "즐거운 뒤에 웃으시고〔樂然後笑〕", "의로운 뒤에 [재물을] 취한다〔義然後取〕"고 하였으니 공문숙자가 덕치를 행함을 알 수 있다.

을 싫어하지 않습니다."

공자께서 말씀하셨다.

"그렇습니까?[36] 어떻게 그럴 수 있습니까?"

子問公叔文子於公明賈曰: "信乎夫子不言不笑不取乎?" 公明賈對曰: "以告者過也. 夫子時然後言, 人不厭其言. 樂然後笑, 人不厭其笑. 義然後取, 人不厭其取." 子曰: "其然? 豈其然乎?"

장무중을 혹평하다 14.14

공자께서 말씀하셨다.

"장무중은 방읍防邑[37]을 근거지로 삼아 노나라에서 [그의 자식을] 후계자로 삼도록 요구했으니 비록 임금을 협박한[38] 것은 아니라고 하지만 나는 [그것을] 믿지 않는다."

子曰: "臧武仲以防求爲後於魯, 雖曰不要君, 吾不信也."

---

36) 그렇게 행할 수 있다는 점을 칭찬하는 말이다. 바로 뒤에 오는 문장의 "기기연호豈其然乎"는 칭찬의 논조를 띠면서도 일정 부분 의구심을 드러내는 말로 믿기 어렵다는 의미도 내포하고 있다.

37) 장무중의 사읍私邑으로 제나라 변경과 가까웠다.

38) 원문의 "요要"는 '요협要脅'과 같은 말로 세력을 이용하여 상대에게 협박을 가하는 것이다.

진 문공보다는 제 환공 14.15

공자께서 말씀하셨다.

"진나라 문공은 속이면서[39] 바르지 않았으며, 제나라 환공은 바르면서 속이지 않았다."

子曰: "晉文公譎而不正, 齊桓公正而不譎."

관중을 칭송하다 14.16

자로가 여쭈었다.

"환공이 공자 규를 죽이자 소홀은 [따라] 죽었지만, 관중은 죽지 않았습니다."[40]

---

39) 원문의 "휼譎"은 '속이다, 권모술수를 부리다'라는 뜻이므로 '간사하다'는 뜻으로 풀이해도 무방하다.

40) 환공의 이름은 소백小白이며 제나라 희공僖公의 아들이다. 희공에 이어 즉위한 형 양공襄公이 정치를 문란하게 하고 자기 마음에 들지 않는 사람을 죽이자, 소백과 규를 비롯한 양공의 동생들은 두려움에 떨며 다른 나라로 도망쳤다. 소백의 형인 규는 노나라로 가고 소백은 고高로 달아났다. 얼마 뒤 양공이 다른 사람에게 피살되었다는 소식을 듣고 소백이 먼저 돌아와 임금 자리에 올라 환공이 되었으며, 자신에게 맞섰던 공자 규도 죽여버렸다. 그런 틈바구니 속에서 소홀은 자살을 택했지만 관중은 여전히 살아남아 환공의 재상이 되었다는 말이다. 사마천은 《사기》 〈노주공세가〉에서 이렇게 적고 있다. "[장공] 9년, 노나라가 공자 규를 제나라에 돌려보내려 했으나, [제나라] 환공보다 늦어져 환공이 군대를 일으켜 노나라를 공격하자, 노나라는 다급하여 공자 규를 죽였다. 그러자 소홀이 자살했다. 제나라가 노나라에게 관중을 살려 보내 달라고 알리자, 노나라 사람 시백施伯이 말했다. '제나라가 관중을 얻고자 하는 것은 그를 죽이려는 것이 아니고, 앞으로 그를 등용하려는 것인데, 그를 등용하게 되면 노나라의 우환이 됩니다. 그를 죽여서 시체를 [제나라에게] 주는 것이 낫습니다.' 장공은 듣지 않고 결국 관중을 옥에 가두어 제나라에 보

[또] 여쭈었다.

"[관중이] 인仁하지 않은 것입니까?"

공자께서 말씀하셨다.

"환공은 아홉 번[41]이나 제후들을 규합하면서도, 군사력을 쓰지 않았는데 이는 관중의 힘이었다. [이와] 같으니 그는 인하다고 할 수 있겠지! [이와] 같으니 그는 인하다고 할 수 있겠지!"[42]

子路曰: "桓公殺公子糾, 召忽死之, 管仲不死." 曰: "未仁乎?"

子曰: "桓公九合諸侯, 不以兵車, 管仲之力也. 如其仁! 如其仁!"

관중이 아니었다면 14.17

자공이 여쭈었다.

"관중은 인仁하지 않습니까? 환공이 공자 규를 죽였는데도 [스스로] 죽지 못하고 또 그를 도와주었습니다."

공자께서 말씀하셨다.

"관중이 환공을 도와 제후들의 우두머리로 만들고 단숨에 천하를 바로잡았으며, 백성들은 오늘날까지 그의 은혜를 입고 있다. 관

내주었다. 제나라 사람은 관중을 재상으로 삼았다." 이런 내용은《춘추좌씨전》〈장공〉8년과 9년 조에도 보인다.

41) 실제로는 열한 번이다. 그러니 여기서 아홉이라는 숫자는 실수가 아니라 많다는 의미의 허수다.

42) 공자는《논어》전체에서 사람을 평할 때 "인仁하다"는 표현을 거의 쓰지 않았는데, 때로는 소인이라고까지 폄하한 관중을 이렇게 두 번씩이나 "인仁" 자를 써서 평한 것은 상당히 의외다.

중이 아니었다면 우리는 아마도 머리를 풀어헤치고 옷깃을 왼쪽으로 여미었을 것이다. 어찌 보통의 남자와 여자가 작은 신의를 지키기 위해 스스로 도랑에서 목을 매어 죽어,[43] 아무도 알아주는 사람이 없게 되는 일을 만들겠는가?[44]"

子貢曰: "管仲非仁者與? 桓公殺公子糾, 不能死, 又相之."
子曰: "管仲相桓公, 霸諸侯, 一匡天下, 民到于今受其賜. 微管仲, 吾其被髮左衽矣. 豈若匹夫匹婦之爲諒也, 自經於溝瀆而莫之知也?"

'문文'이라는 시호 14.18

공숙문자의 가신인 대부 선이 문자(공숙문자)[45]와 함께 공경의 자리에 올랐다. 공자께서 그 소식을 듣고서 말씀하셨다.
"[시호를] '문文'이라고 할 만하다."

公叔文子之臣大夫僎, 與文子同升諸公. 子聞之, 曰: "可以爲文矣."

---

43) 갖은 난관을 이겨내고 제 환공이 천하 패권을 장악하도록 도운 이 위대한 인물이 결국 도랑에서 목을 매어 죽었다고 평한다. 아무런 명분도 없이, 필부 같은 하찮은 죽음을 택한 것을 비판하고 있다.

44) 원문의 "막지지야莫之知也"를 번역한 것으로, 평서문이 아니고 의문문으로 번역해야 한다.

45) 공숙문자는 앞의 14.13에도 나오는데, 대부 선은 문자의 추천으로 대신이 된 인물로서 그의 자세한 행적은 알려져 있지 않다.

영공을 도운 세 현인들 14.19

공자께서 위나라 영공의 무도함[46]에 대해 말씀하시자 강자(계강자)가 말했다.

"이와 같이 하는데도 어찌하여 [나라를] 잃지 않습니까?"[47]

공자께서 말씀하셨다.

"중숙어[48]가 빈객을 접대하고, 축타가 종묘를 담당하고, 왕손가가 군대를 다스리고 있습니다. 이와 같이 하는데, 어찌 그가 [나라를] 잃겠습니까?"

子言衛靈公之無道也, 康子曰: "夫如是, 奚而不喪?"

孔子曰: "仲叔圉治賓客, 祝鮀治宗廟, 王孫賈治軍旅. 夫如是, 奚其喪?"

---

46) 위나라 양공襄公의 서자였던 영공은 재위 기간이 42년(기원전 534~493)이나 되는데, 아둔한 임금이었다. 위나라에 갔을 때 공자는 신분이 높은 자와 낮은 자의 예법이 없음을 느꼈다. 《사기》〈공자세가〉에 보면, 공자는 위나라 영공을 네 차례나 만나러 갔으니, 기원전 497년부터 기원전 493년 사이인데, 갈 때마다 공자는 당시의 상황이 마음에 들지 않아 위나라를 떠났다. 심지어 위나라 출공 부자가 나라를 놓고 다투어, 공자의 제자들이 위나라에서 여러 차례 벼슬을 했고 공자 또한 다섯 번째로 위나라에 갔으나 명분에 맞지 않는다 여겨 다시 위나라를 떠났다. 여기서 예법에 들어맞지 않는다는 말은 영공이 여색과 전쟁을 좋아하여 공자와 안 맞는다는 의미다. 그렇다고 해서 공자가 위나라 영공 밑에서 벼슬을 하지 않은 것은 아니다. 영공의 마지막 재위 기간 3년 동안 벼슬을 했으니 말이다. 《논어》에 영공은 겨우 두 번 등장한다. 이곳과 〈위령공〉 첫머리인데, 마찬가지로 평가가 좋지 않다.

47) 원문의 "불상不喪"에 대한 해석은 두 가지인데, '자리를 잃는다'고 해석하기도 한다.

48) 〈공야장〉 5.14에 나오는 공문자孔文子이다.

부끄러워야 실천한다 14.20

공자께서 말씀하셨다.

"자신의 말에 부끄러움을 느끼지 않는다면, 그 말을 실천하는 것도 어렵다."

子曰: "其言之不怍, 則爲之也難."

간공을 토벌하십시오 14.21

진성자가 [제나라] 간공을 시해했다.[49] 공자께서는 목욕을 하고 입조하시어 애공에게 아뢰었다.

"진항이 그의 군주를 시해했으니, 그를 토벌하십시오."[50]

애공이 말했다.

"저 세 사람에게 가서 말하시오."

공자께서 말씀하셨다.

---

49) 진성자陳成子는 항恒을 가리킨다. 제나라 귀족 진희陳僖의 아들이며, 기원전 482년에 간공을 시해했다. 이 사실은 《춘추좌씨전》〈애공〉 14년 항목에 기록돼 있다. 간공은 군주의 자리에 있을 때 형벌을 무겁고도 엄하게 했으며 세금을 지나치게 부과하고 백성들을 살해했으므로 평이 좋지 않았다. 그리하여 진성자가 그를 시해한 뒤 평공平公을 내세우고 자신이 재상이 되어 국정을 장악하고 봉읍도 넓혔다.

50) 원문의 "청토지請討之"를 번역한 것이다. 《맹자孟子》에 "천자는 토벌하고 정벌하지 않으며, 제후는 정벌하고 토벌하지 않는다(天子討而不伐, 諸侯伐而不討)"라고 하여 "토討"는 천자만이 할 수 있는데 그 당시 주천자周天子의 위상이 없으므로 애공이 토벌하고 고告하면 천자가 토벌한 것이 된다는 의미로 쓴 것으로 본다. 그러나 애공에게 "토"라고 한 것은 격에 맞지 않는 것이다.

"제가 대부의 뒤를 쫓아다니는 사람이라서 말씀드리지 않을 수 없습니다. [그런데] 임금께서는 '저 세 사람(맹의자, 숙손무숙, 계강자로 추정됨)에게 가서 말하시오'라고 말씀하시는군요."

그 세 사람들에게 가서 말했더니 안 된다고 했다. 공자께서 말씀하셨다.

"제가 대부의 뒤를 쫓아다니는 사람[51]이라서 감히 말씀드리지 않을 수 없었다."

陳成子弑簡公. 孔子沐浴而朝, 告於哀公曰: "陳恆弑其君, 請討之." 公曰: "告夫三子." 孔子曰: "以吾從大夫之後, 不敢不告也. 君曰告夫三子者." 之三子告, 不可. 孔子曰: "以吾從大夫之後, 不敢不告也."

임금 섬기는 요령 14.22

자로가 임금을 섬기는 것에 대해 여쭈었다. 공자께서 말씀하셨다. "속이려 하지 말고, 대놓고 [간언하도록] 해라."[52]

---

51) 〈선진〉 11.7에 보이는데, 공자가 자신의 신분이 예전에 대부였다는 의미로 한 말이다.

52) 《예기禮記》〈단궁 상檀弓上〉에 "어버이를 섬길 때는 숨김이 있으면서도 범하지 않고, 임금을 섬길 때는 범하면서 숨김이 없다(事親, 有隱而無犯, 事君, 有犯而無隱)"고 나온다. 군주와 신하는 사회적 관계이므로 신하가 조정에서 백성을 위해 군주의 잘못을 간하는 것이 당연하고, 부모와 자식의 사이는 혈연관계이므로 숨겨줄 수 있다는 것이다. 자로의 성격이 거칠고 유협의 기질이 있으므로 자로의 성격대로 간언하는 것이 어려운 것이 아니라고 말씀하신 것이다. 〈이인〉 4.26에는 "군주를 섬기는 데 간언을 일삼으면 곧 모욕을 당하게 된다(事君數, 斯辱矣)"는 말이 있듯이 간언을 하고 받아들여지는 것이 쉬운 일은 아니다.

子路問事君. 子曰: "勿欺也, 而犯之."

군자는 위로, 소인은 아래로 14.23

공자께서 말씀하셨다.
"군자는 위(고상한 곳 혹은 천리天理)로 통하고, 소인은 아래(천박한 곳 혹은 욕심)로 통한다."

子曰: "君子上達, 小人下達."[53)]

나를 위해 배운다 14.24

공자께서 말씀하셨다.
"옛날에 배우는 자들은 자신의 수양을 위해서 배웠는데, 오늘날 배우는 자들은 남의 인정을 받으려고 배운다."

子曰: "古之學者爲己, 今之學者爲人."[54)]

---

53) "상달上達"은 '천리를 따르고 날로 높고 밝은 곳으로 나아간다〔循天理故, 日進乎高明〕'라는 것이고, "하달下達"은 '인간의 욕심을 따르므로 날로 오염된 곳에 이르는 것이다〔循人欲故, 日究乎汚下〕'라는 것이므로 지향하는 바가 다름을 볼 수 있다(주희 설). 〈이인〉 4.11에서는 "군자는 덕을 생각하고, 소인은 땅을 생각한다. 군자는 법도를 생각하고, 소인은 은혜를 생각한다〔君子懷德, 小人懷土. 君子懷刑, 小人懷惠〕"고 하였고, 〈이인〉 4.16에서는 "군자는 의리에 밝고, 소인은 이익에 밝다〔君子喩於義, 小人喩於利〕"고 하였으며, 〈자로〉 13.23에는 "군자는 조화를 이루지만 뇌동하지 않고, 소인은 뇌동하지만 조화를 이루지는 못한다〔君子和而不同, 小人同而不和〕"라고 하여 군자와 소인의 차이를 설명한 부분이 있다.

사자를 칭찬하다 14.25

거백옥[55]이 공자에게 사람을 보냈다. 공자께서는 그와 함께 앉아 물으셨다.

"선생(거백옥)께서는 무엇을 하며 지내시는가?"

[그 사람이] 대답했다.

"선생(거백옥)께서는 자신의 허물을 줄이려고 하지만 아직 그러지 못하십니다.[56]"

사자가 나가자 공자께서 말씀하셨다.

"[훌륭한] 사자이구나, [훌륭한] 사자이구나!"

蘧伯玉使人於孔子. 孔子與之坐而問焉, 曰: "夫子何爲?"

對曰: "夫子欲寡其過而未能也." 使者出, 子曰: "使乎使乎!"

---

54) 정이천은 "위기爲己"는 "도를 자기 몸에 얻으려고 하는 것(欲得之於己)이며, 위인爲人은 남에게 인정을 받고자 하는 것(欲見知於人)"이라 하였다. 군자는 자기 수양을 먼저 하여 남에게 전이시키는 것이고 소인은 남이 알아주기만을 추구하므로 겉은 화려하나 자신을 상실시키는 것으로 보았다. 〈위령공〉 15.20에 "군자는 자기에게서 찾고, 소인은 남에게서 찾는다(君子求諸己, 小人求諸人)"라고 하여 본문의 명확한 뜻이 보인다.

55) 거원蘧瑗의 자이며, 오吳나라 계찰季札이 거론한 거원蘧瑗·사구史狗·사추史鰌·공자형公子荊·공숙발公叔發·공자조公子朝 등 여섯 군자 중 한 사람으로 공자가 스승처럼 받든 인물이다. 공자가 위나라에 갔을 때 그의 집에 찾아갈 정도로 가깝게 지냈다(《사기》〈공자세가〉). 이 문장에서도 알 수 있듯 스스로 반성하기를 꺼리지 않아 공자와는 통하는 점이 많았다.

56) 《장자莊子》〈칙양則陽〉에 "거백옥은 나이 육십에 육십 번 변화했다. 처음에는 옳다고 했던 일도 나중에는 잘못이라고 물리쳤다. 따라서 육십세인 지금 옳다고 생각하는 일도 지난 오십구 년 동안에 잘못이라 했던 일인지 모른다(蘧伯玉行年六十而六十化, 未嘗不始於是之而卒詘之以非也, 未知今之所謂是之非五十九年非也)"라는 구절이 나온다. 거백옥은 평생을 "욕과기과欲寡其過"하려 노력하였으며, 공자가 평생 가장 강조하였던 것이 "과즉물탄개過則勿憚改"였으므로 사자使者가 거백옥의 행동을 겸손하게 말한 것이다.

지위에 맞는 정사 14.26

공자께서 말씀하셨다.

"그 지위에 있지 않으면 그 정사를 꾀하지 않는다."

증자가 말했다.

"군자는 그 지위를 벗어나서 생각하지 않는다."[57]

子曰: "不在其位, 不謀其政." 曾子曰: "君子思不出其位."

말이 행동을 넘어서면 14.27

공자께서 말씀하셨다.

"군자는 자신의 말이 그의 행동을 넘어서는 것을 부끄러워한다.[58]"

子曰: "君子恥其言而[59]過其行."

---

57) 《논어집주論語集註》에서는 이 장을 두 장章으로 나누었다. 역자는 두 문장이 뜻이 통하므로 하나로 통합하였다. 주희는 범조우范祖禹의 말을 빌려 "사물이 각자 자리에 있으면 천하의 이치가 올바르게 된다(物各止其所, 天下之理得矣)"고 하였다. 《주역周易》〈간괘艮卦〉'대상전大象傳'에 나오는 말이다. 공자는 각자의 자리에서 자신의 역할을 다하여야 한다는 정명론을 말한 것으로 〈태백〉 8.14의 "그 직위에 있지 않으면 그 [해당되는] 정무를 논의하지 않는다(不在其位, 不謨其政)"와 맥락을 같이한다.

58) 《예기禮記》〈잡기 하雜記下〉에 "말이 있고 실천이 없으면 군자는 이를 부끄러워한다(有其言而無其行, 君子恥之)"라고 나온다. 또한 〈헌문〉 14.20의 "자신의 말에 부끄러움을 느끼지 않는다면, 그 말을 실천하는 것도 어렵다(其言之不怍, 則爲之也難)"라고 하였으니 공자는 행실보다 말이 앞서는 것을 경계한 것이다.

59) 원문의 "이而"는 어조사 '지之'와 같으니 독특하게도 주격으로 쓰였다. 황간의 《의소》에도 '지' 자를 이런 의미로 풀이했다. 한편 '말 이을 이而' 자의 의미를 그대로 살려 순접의 접속사로 보아 해석해도 큰 무리는 없다.

군자의 도 14.28

공자께서 말씀하셨다.

"군자의 도[60]에는 세 가지가 있는데 나는 할 수 있는 것이 없다. 인仁한 사람은 근심하지 않고, 지혜로운 사람은 미혹되지 않으며, 용감한 사람은 두려워하지 않는다.[61]"

자공이 말했다.

"선생님께서는 자신에 관한 말씀을 하신 것[62]이다."

子曰: "君子道者三, 我無能焉. 仁者不憂, 知者不惑, 勇者不懼."

子貢曰: "夫子自道也."

비교는 하지 말라 14.29

자공이 [자신보다 나은] 다른 사람과 비교[63]하자, 공자께서 말씀하셨다.

---

60) 정약용은 "도道"를 "사람이 행해야 하는 바이다〔人所行也〕"라고 보았다.

61) 〈자한〉 9.28에 순서만 바뀌어서 반복되어 있다.

62) 원문의 "부자자도夫子自道"를 번역한 것으로 여기의 도道는 '말하다〔言〕'의 뜻이다. 형병은 "공자가 스스로 겸양하여 말한 것〔夫子自道說〕"이라고 하였다.

63) 원문의 "방方"을 번역한 것으로 주희의 '비교하다〔比〕'라는 의미를 취하였다. 그러나 정현은 '비방하다〔謗〕'로 보았으며, 정약용은 《의례儀禮》 〈대사례大射禮〉를 인용하여 "방方은 왼쪽과 오른쪽을 서로 비교하는 것이니 방인方人은 고금의 인물을 취하여 두 사람씩 서로 비교하며 장점과 단점을 의논하는 것〔方, 左右相比也, 方人者, 取古今人兩兩相比, 議其長短也〕"이라고 하였다. 《설문해자說文解字》에는 배가 나란히 있어 길고 짧은 것을 견주는 것이 "방方"이라고 하였다.

"사(자공)는 현명한가보구나,[64] 나에게는 그럴 틈이 없다."

子貢方人. 子曰: "賜也賢乎哉.[65] 夫我則不暇."

자신을 걱정하라 14.30

공자께서 말씀하셨다.

"남이 자기를 알아주지 않는 것을 근심하지 말고, 자신이 능력 없음을 걱정하라."[66]

子曰: "不患人之不己知, 患其不能也."

먼저 깨달아야 속지 않는다 14.31

공자께서 말씀하셨다.

"[남이 나를] 속일 것이라고 예단하지 말고, [남이 나를] 믿지 않을까

---

64) 원문의 "현호재賢乎哉"를 번역한 것으로 자공의 행동이 잘못되었다고 여겨져서 칭찬하는 말처럼 하면서 비꼬는 것이다. 〈공야장〉 5.27에서 "[나] 구처럼 배우기를 좋아하는 사람은 없을 것이다(不如丘之好學也)"라 하여 호학好學하는 공자의 모습을 말하였다. 공자는 위기지학爲己之學을 하려 하므로 항상 위인지학爲人之學하려는 자공을 꾸짖은 것이다.

65) 원문의 어조사 "재哉"가 황간의 본에는 "아我"로 되어 있다.

66) 이와 비슷한 표현이 《논어》에 여러 군데 있다. 〈학이〉 1.1의 "남이 [나를] 알아주지 않아도 노여워하지 않으면 또한 군자답지 않은가?"라는 말이나 1.16의 "남이 자기를 알아주지 않는 것을 근심하지 말고, [자기가] 남을 알지 못하는 것을 근심하라"라는 말을 들 수 있다. 〈위령공〉 15.18의 "군자는 능력이 없는 것을 병으로 여기며 다른 사람이 자신을 알아주지 않는 것을 병으로 여기지 않는다"라는 말도 그렇다. 공자는 스스로 이러한 덕목을 잘 지킬 수 없다고 생각한 탓인지, 유난히 이러한 말을 많이 남겼다.

억측하지 말라.[67] 도리어 또한 먼저 알아차리는 사람[68]이 현명한 사람이구나!"

子曰: "不逆詐, 不億不信, 抑亦先覺者, 是賢乎!"

공자의 허둥댐 14.32

미생무[69]가 공자께 말했다.

"구, 그대는 어찌하여 허둥거리는가?[70] 아마도 말재주를 부리려고 하는 것이겠지?"

공자께서 대답하셨다.

67) 원문의 "역逆"은 '미리 헤아리다', "억億"은 '억측하다〔臆〕'의 뜻으로 보아 주희는 "역은 아직 이르지 않은 것을 미리 짐작하는 것이요, 억은 아직 보이지 않는 것을 억측하는 것이다〔逆未至而迎之也, 億未見而意之也〕"라고 하였다.

68) 원문의 "선각자先覺者"를 번역한 것으로 태재순은 "역逆과 억億은 뜻이 있으나 마치 소진蘇秦이 남의 속을 들추어내는 것처럼 각覺은 마음이 없으니, 기미를 아는 것에 속하는 것이다. 그러므로 현명하다〔逆億, 皆有意, 如蘇秦揣摩是已, 覺則無心, 知幾之屬也, 故曰是賢乎〕"라고 하였다.

69) "미생"이 성이고 "무"가 이름으로 생졸년은 미상이다. 공자의 이름을 부르는 태도와 어투가 교만한 것을 보니 공자보다 나이도 많은 은자인 듯하다(주희설). 《한서》 〈고금인표古今人表〉에 "미생회尾生晦"가 나오고, 《통지通志》 〈씨족략氏族略〉에는 "노나라 무성武城 사람"이라고 되어 있다. 이 미생무는 아마도 미생고尾生高라는 인물로 보이지만, '미생지신尾生之信'으로 유명한 미생고는 본문의 내용을 보더라도 다른 사람으로 판단된다.

70) 원문의 "서서栖栖"를 번역한 것으로 "서栖"는 '편치 않다'는 뜻이 있다. 역자는 형병의 뜻을 따랐는데 '황황皇皇'과 같은 뜻으로 보아 '허둥지둥대는 모양'으로 풀이하였다. 미생무가 보기에 공자는 항상 벼슬을 찾아 편치않게 돌아다닌다고 생각하여 오만하게 말한 것이다.

"감히 말재주[71]를 부리려는 것이 아니라, 완고함[72]을 미워하는 것입니다."

微生畝謂孔子曰: "丘何爲是栖栖者與? 無乃爲佞乎?" 孔子曰: "非敢爲佞也, 疾固也."

천리마인 까닭 14.33

공자께서 말씀하셨다.

"천리마는 그 힘을 일컫는 것이 아니라 그 덕[73]을 일컫는 것이다.[74]"

子曰: "驥不稱其力, 稱其德也."

---

71) 원문의 "녕佞"을 번역한 것으로 "교언영색巧言令色"의 "교언巧言"과 같은 의미다. 항상 말보다 행동을 중시하는 공자에게 이런 이야기를 하므로 공자가 반박한 것이다.

72) 원문의 "고固"란 자신의 주장을 굽히지 않는 완고함 혹은 아집을 의미한다.

73) 여기서 "덕德"이란 야생의 말이 잘 길들여져 성질이 순해짐을 가리킨다(주희 설).

74) 이 장은 당시 힘으로 승리를 쟁취하는 것만 숭상하고 덕을 무겁게 여기지 않던 것을 미워한 것이다〔此章疾時尙力取勝而不重德〕(형병 설). 〈헌문〉 14.5에 예羿나 오奡는 힘을 칭송하나 제명대로 살지 못했고, 우임금과 직은 천하를 소유했다는 이야기가 나오는데 같은 맥락에서 해석할 수 있다.

은덕으로 원한을 갚다 14.34

어떤 사람이 말했다.

"은덕으로 원한을 갚으면[75] 어떻습니까?"

공자께서 말씀하셨다.

"무엇으로 은덕을 갚겠는가? 곧은 마음으로 원한을 갚고[76] 은덕으로 은덕을 갚는다."

或曰: "以德報怨, 何如?" 子曰: "何以報德? 以直報怨, 以德報德."

알아주는 건 하늘뿐 14.35

공자께서 말씀하셨다.

"아무도 나를 알아주는 사람이 없구나!"

자공이 아뢰었다.

"어찌 아무도 선생님을 알아주지 않는다고 하십니까?"

공자께서 말씀하셨다.

"하늘을 원망하지 않고, 사람을 탓하지 않고, 아래로 [소소한 것들을] 배우고 위로는 [심오한 이치에] 통달했는데,[77] 나를 알아주는 자는 아마도 하늘일 것이다."

---

75) 《노자 도덕경》 제63장에도 "원한을 덕으로 갚는다(報怨以德)"라는 말이 나온다.

76) 원문 "이직보원以直報怨"을 번역한 것인데, 주희는 "지극히 공정하고 사심이 없는(至公而无私)"이라고 주를 달았다. 역자도 이 견해를 따른다.

子曰: "莫我知也夫." 子貢曰: "何爲其莫知子也?"

子曰: "不怨天, 不尤人, 下學而上達. 知我者其天乎."

공백료가 어찌 천명을 14.36

공백료[78]가 계손씨(계환자이거나 계강자로 추정됨)[79]에게 자로를 헐뜯었다. 자복경백[80]이 그 사실을 [공자에게] 말씀드렸다.

"저 사람(계손씨)은 진실로 공백료에게 미혹되었습니다. 나의 능력이면 오히려 공백료를 죽여 그 시체를 저잣거리나 조정에 내걸 수 있습니다."

공자께서 말씀하셨다.

"도가 장차 행해지는 것도 천명이고 도가 장차 없어지는 것도 천명이다. 공백료 그자가 천명과 같은 것을 어찌하겠는가?"

---

77) 본문의 "하학이상달下學而上達"을 번역한 것으로 정약용은 "하학下學은 도道를 배우는 것을 이르니, 이는 인사人事로부터 시작하는 것이고, 상달上達은 공부를 쌓아 올리는 것을 이르니, 이는 천덕天德에 이르러 그친다. 하학下學은 남이 알 수 있는 것이고, 상달上達은 남이 알 수 있는 바가 아니다(下學, 謂學道, 自人事而始, 上達, 謂積功, 至天德而止, 下學, 人所知, 上達, 非人之所知)"라고 보충하였다.

78) 노나라 사람으로 자는 자주子周이고 《사기》〈중니제자열전〉에 보인다. 그러나 《공자가어》〈칠십이제자해七十二弟子解〉에는 그의 이름이 보이지 않는다.

79) 공자는 "너희는 가혹한 정치가 호랑이보다 사납다는 것을 명심하라(小子識之, 苛政猛於虎也)"(《예기》〈단궁 하〉)라고 하면서 노나라에서 혹독한 세금을 거두는 계손씨를 비판한 바 있으며 그에 대해서는 늘 비우호적이었다.

80) 노나라 귀족으로 자복子服은 씨고, 경景은 시호이며, 백伯은 항렬이고 이름은 하何이다. 자복씨는 중손씨의 한 갈래다. 이 인물은 다음 문장에서 알 수 있듯 공자의 문하와 사이가 매우 좋았다. 늘 공자 문하의 입장에서 생각한 인물이다. 《사기》〈중니제자열전〉에는 그의 이름이 보이지 않는다.

公伯寮愬子路於季孫. 子服景伯以告, 曰: "夫子固有惑志, 於公伯寮, 吾力猶能肆諸市朝." 子曰: "道之將行也與, 命也. 道之將廢也與, 命也. 公伯寮其如命何?"

피해야 할 네 가지 14.37

공자께서 말씀하셨다.

"현명한 사람은 [혼란한] 세상을 피하고, 그다음 부류는 [어지러운] 지역을 피하며, 그다음 부류는 표정이 좋지 않은 사람을 피하고, 그다음 부류는 [나쁜] 말을 피한다."

공자께서 말씀하셨다.

"[이렇게] 실천한 사람은 일곱 명이다."[81)]

子曰: "賢者辟世, 其次辟地, 其次辟色, 其次辟言."

子曰: "作者七人矣."

81) 여기 나오는 일곱 사람이 누구인가를 두고, 포함은 장저長沮·걸익桀溺·장인丈人·석문石門·하괴荷蕢·의봉인儀封人·접여接輿라고 했으며 왕필은 이와 달리 백이·숙제·우중虞仲·이일夷逸·주장朱張·유하혜柳下惠·소련少連 등이라고 했다. 한편 주희는 이렇게 이름을 적시하는 시각으로는 결코 공자의 본뜻에 가까이 갈 수 없다고 비판했다. 분명한 사실은 이러한 기인들의 행적에 대해 공자는 우호적인 평가를 내렸다는 점이다.

문지기가 평한 한마디 14.38

자로가 석문(노나라 성의 외문外門)에서 묵었다. 문을 지키는 사람이 물었다.

"어디에서 왔습니까?"

자로가 대답했다.

"공씨 문하에서 왔습니다."

[문지기가] 말했다.

"그 일이 불가능하다는 것을 알면서도 하려고 하는 그 사람(공자) 말입니까?"

子路宿於石門. 晨門曰: "奚自." 子路曰: "自孔氏."

曰: "是知其不可而爲之者與?"

경쇠 치는 소리에도 근심이 14.39

공자께서 위나라에서 석경을 두드리고 계셨다. 삼태기를 메고 공씨(공자)의 문을 지나가던 사람[82]이 말했다.

"근심하는구나, 경쇠를 치는 소리여!"

그러고는 얼마 있다가 말했다.

"비루하구나, 쩡쩡거리는 소리여! 자기를 알아주지 않으면 그만둘 따름이니, 물이 깊으면 [아래옷을] 벗고 건너고, 물이 얕으면 [옷

82) 삼태기를 멘 노인이 누구인지 분명하지는 않지만 당시 초야에 묻혀 살던 선비임은 틀림없다. 그는 공자의 유세를 못마땅하게 여긴 자다.

을] 걷어 올리고 건너야 한다."

공자께서 말씀하셨다.

"그러하구나! 어려움이 없겠구나."[83]

子擊磬於衛, 有荷蕢而過孔氏之門者, 曰: "有心哉, 擊磬乎!" 旣而曰: "鄙哉, 硜硜乎! 莫己知也, 斯己而已矣. 深則厲, 淺則揭." 子曰: "果哉! 末之難矣."

삼년상 14.40

자장이 여쭈었다.

"《서》(《서경》)에 이르기를 '고종[84]께서 상중에 있었을 때[85] 3년 동안 말을 하지 않으셨다'라고 했는데 무슨 뜻인지요?"

83) 이 문장에 대한 해석도 다양하다. '그를 설득시킬 방법이 없구나', '중요할 것이 없구나' 혹은 '논박할 것이 없구나'라고도 해석한다.

84) 은나라 무정武丁을 가리키는데 무정이 세상을 떠나고 아들 조경祖庚이 제위에 올라 무정의 종묘를 세우고는 고종이라고 한 것이다. 무정은 본래 정치를 잘하지 못했는데 그에게 조기祖己라는 신하가 이런 말을 했다. "하늘은 백성을 감찰하면서 그들의 도의로써 기준을 삼는데, 내려준 수명에 길고 짧음은 있어도 하늘이 백성을 요절시키거나 중도에서 목숨을 끊는 경우는 없습니다. 백성이 덕을 따르지 않고 죄를 인정하지 않을 때에는 하늘이 경고를 내려 덕으로 바로잡으려고 합니다. 그때야 비로소 사람들은 '이를 어찌해야 하나?'라고 말합니다. 아! 임금의 직분은 백성을 공경하여 하늘의 뜻을 잇는 것이며, 정해져 내려온 제사에 따르시되 버려야 할 도를 신봉하진 마십시오."(《사기》〈오제본기〉)

85) 원문의 "량음諒陰"을 해석한 것으로 공안국은 "량諒"은 '진실로〔信〕'의 뜻이고, "음陰"은 '묵묵히 말하지 않음〔默〕'의 뜻과 같다고 하였다. 주희는 "량음諒陰"은 천자가 부모의 상喪을 입었을 때의 명칭이라고 하였다. 역자는 주희의 설을 따라 "상중에 있었을 때"로 풀이하였다.

공자께서 말씀하셨다.

"어찌 고종뿐이겠는가? 옛날 사람들이 모두 그러했다. 임금이 돌아가시면, 모든 관리는 3년 동안 자신의 일을 한데 묶어서 총재(재상)에게서 [정무를] 들었던 것이다."[86)]

子張曰: "書云, '高宗諒陰, 三年不言.' 何謂也?" 子曰: "何必高宗, 古之人皆然. 君薨, 百官總己以聽於冢宰三年."

예를 좋아하면 14.41

공자께서 말씀하셨다.

"윗사람이 예를 좋아하면 백성들은 쉽게 부릴 수 있게 된다."[87)]

子曰: "上好禮, 則民易使也."

86) 이 문장은 임금이 죽어 3년 상을 치르게 되면 3년 동안 정무를 보지 않고, 이 경우 모든 일을 총재가 주관한다는 말이다.

87) 이 문장과 비슷한 내용이 〈자로〉 13.4에도 나온다. "윗사람이 예를 좋아하면 백성들은 감히 공경하지 않을 수 없고, 윗사람이 의로움을 좋아하면 백성들이 감히 복종하지 않을 수 없고, 윗사람이 신의를 좋아하면 백성들이 감히 진정으로 행하지 않을 수 없을 것이다."

수양하고 나서 백성을 편안하게 하라 14.42

자로가 군자에 대해 여쭈었다. 공자께서 말씀하셨다.

"자신을 수양하여 공경하는 마음을 품어야 한다."

[자로가] 여쭈었다.

"그렇게 하면 끝입니까?"

[공자께서] 말씀하셨다.

"자신을 수양하여 다른 사람을 편안하게 해주어라."

[자로가] 여쭈었다.

"그렇게 하면 끝입니까?"

[공자께서] 말씀하셨다.

"자신을 수양하여 백성을 편안하게 해주어라. 자신을 수양하여 백성을 편안하게 해주는 것은 요임금이나 순임금도 아마도 오히려 어려워했던 일이었다."[88]

子路問君子. 子曰: "修己以敬." 曰: "如斯而已乎?" 曰: "修己以安人." 曰: "如斯而已乎?" 曰: "修己以安百姓. 修己以安百姓, 堯舜其猶病諸."

88) 이 말은 〈옹야〉 6.28의 구절과 비교해서 읽어보면 의미를 좀 더 정확히 알 수 있다. "자공이 여쭈었다. '만약 백성들에게 널리 은덕을 베풀어 많은 사람을 구제할 수 있다면 어떻습니까? [그를] 인仁하다고 할 수 있습니까?' 공자께서 말씀하셨다. '어찌 인한 데서 그칠 일이겠느냐, 반드시 성덕聖德일 것이다. 요임금이나 순임금조차도 [그렇게 하지 못함을] 부족한 것으로 여기셨다. 인이라는 것은 자기가 서고자 하면 남을 일으켜주고, 자신이 이루고자 하면 남을 이루게 해주는 것이다. 가까운 데서 구체적인 예를 찾을 수 있으면 그것이 바로 인의 [실천] 방법이라고 할 수 있을 것이다."

정강이를 치다 14.43

원양[89]이 다리를 벌리고 앉아 기다리고 있었다. 공자께서 말씀하셨다.

"어려서는 불손하고 우애가 없었고, 자라서는 이렇다 하게 거론할 만한 것도 없었으며, 늙어서는 죽지 않고 있으니 이는 [덕을] 해치는 것이다."

그러고는 지팡이로 그의 정강이를 두드리듯 치셨다.

原壤夷俟. 子曰: "幼而不孫弟, 長而無述焉, 老而不死, 是爲賊."

以杖叩其脛.

89) 그의 생졸년은 미상인데, 공자와는 오랜 친구 사이로 알려져 있다. 노나라에 원씨가 있는데, 이 사람은 원헌原憲과 씨氏가 같다.《예기》〈단궁 하檀弓下〉에 공자와 원양에 관한 일화가 있다. 어머니가 세상을 떠났을 때 원양은 관 위에서 노래를 불러 공자의 마음을 언짢게 했으나 공자는 그의 행동을 이해하려고 했다. 곁에 있는 사람들이 오히려 공자의 태도를 이해하지 못하자 공자는 개의치 않았다고 한다. 그런데 원양이 다시 나이 들어 공자를 만났는데 예를 갖추지 않고 제멋대로 다리를 펴고 있어서 공자가 그의 정강이를 내리치며 경각심을 일깨워주었던 것이다.

마음만 앞선 궐당의 동자 14.44

궐당(공자의 고향 마을 이름)의 동자가 [공자의] 명을 전달하는 심부름을 하고 있었는데, 어떤 사람이 그에 대해 물었다.

"[배움에] 진전이 있는 아이입니까?"

공자께서 말씀하셨다.

"내가 보니, 그 아이는 자리에 앉아 있고, 그가 선배들과 나란히 걸어가는 것을 보니, 진전이 있는 아이가 아니라 빨리 이루고자 하는 아이입니다.[90]"

闕黨童子將命. 或問之曰: "益者與?" 子曰: "吾見其居於位也, 見其與先生並行也, 非求益者也, 欲速成者也."

90) 정약용은 "앉을 때 빨리 그 자리를 차지하려 하고, 걸어갈 때 빨리 그 걸음을 재촉해 나아가려 하는 사람이 있다. 이런 것을 볼 때 그 사람은 학업도 또한 반드시 빨리 이루려고 구할 것이니, 겸손히 낮추어 진전시킬 리가 없다(居則欲速據其位, 行則欲速進其步. 以此觀之, 其學業亦必將速求其成, 無謙卑求益之理)"고 하여 공자의 사람 보는 법을 기록한 것이라고 부연하였다.

제15편

위령공衛靈公

-수신과 올바른 처신의 방법을 말하다

【해설】

〈위령공〉 편은 자신을 알아주는 군주를 만나지 못해 등용되지 못한 공자의 짧은 생각들이 정리되어 있다. 지사志士와 인인仁人에 의해 제대로 다스려지지 않는 세태에 대한 공자의 안타까움도 엿볼 수 있으며, 은자가 공자의 마음을 거스르게 하거나, 공자가 좋지 않은 일을 당했을 때의 마음 등을 엿볼 수 있는 편이다.

이 편에서 공자는 영공이 진법을 묻자 잘 모른다고 했고, 군자와 소인이 곤궁할 때 대응하는 방식이 다르다거나, 학문은 일관성이 중요하다, 덕을 아는 자가 드물다, 순임금은 무위의 정치를 했다는 등의 다양한 화제를 풀어나가고 있다. "살신성인殺身成仁"이란 말이나 '장인은 먼저 연장을 날카롭게 한다는 말'도 이 편에서 볼 수 있다.

'호덕好德하는 사람보다는 호색好色하는 사람이 많다'면서 현실을 인정하는가 하면, "군자는 죽고 나서 이름이 일컬어지지 않는 것을 싫어한다"는 말에서 자신에게 말을 건네는 공자의 모습을 볼 수 있다. 군자와 소인의 차이점이 또 거론되고 '군자는 파벌을 만들어서는 안 된다'는 언급도 여기에 나온다. '잘못하고서도 고치지 않는 것이 잘못'이라는 말을 통해 군자는 끝까지 도를 지향해야 한다는 점도 강조했다. 그러면서 "가르칠 때는 차별이 없어야 한다(有敎無類)"는 말을 남겼으니 이는 존경받을 명구로 각인되었다.

진법은 모른다 15.1

위나라 영공이 공자에게 [군대의] 진법陳法에 대하여 물었다. 공자께서 대답하셨다.

"제사에 관한 일[1]은 일찍이 들어본 적이 있으나, 군대에 관한 일은 아직 배운 적이 없습니다."

[그러고는] 이튿날 드디어 떠나셨다.[2]

[공자가] 진나라에 이르러 양식이 떨어지고,[3] 따르는 자들은 병이 나서 아무도 일어날 수조차 없었다. 자로가 화가 나서 뵙고 여쭈었다.

"군자도 곤궁해질 때가 있습니까?"

공자께서 말씀하셨다.

"군자는 곤궁함을 굳게 지키지만, 소인은 곤궁해지면 아무 짓이나 한다."

1) 원문의 "조두俎豆"는 제사에 쓰는 예기禮器이며, "조俎"는 도마처럼 굽이 낮고 평평한 그릇이며, "두豆"는 '조'보다 굽이 높고 뚜껑이 있는 나무그릇이다. 〈태백〉 8.4의 "변두지사籩豆之事"라는 단어와 유사어이다. 이 "조두지사俎豆之事"와 관련하여 다음의 기록을 참고할 수 있다. "공자가 어린 시절 장난할 때, 늘 조두俎豆를 늘어놓고 예의와 자태를 갖추었다"(《사기》〈공자세가〉).

2) 공자의 진법에 대한 관점이 영공과 달랐을 뿐이다. 〈자로〉 13.29의 "선한 사람이 백성을 7년 동안 가르치면 또한 전쟁에 나아가게 할 수 있을 것이다(善人教民七年, 亦可以卽戎矣)"라고 한 것을 보면 공자는 정치가 조급함의 문제가 아니라는 "욕속부달欲速不達"(〈자로〉 13.17)의 관점을 가지고 있었다.

3) 이때의 상황은 공자가 위衛나라를 떠나 진陳나라에 머물 때, 초楚나라에서 공자를 청하는 예물을 보내왔는데, 초나라의 속국인 채蔡나라에서 공자가 가는 길목을 막고 일주일 동안 감금한 사건을 말한다. 이와 연관한 내용이 〈자한〉 9.5에도 나와 있다.

衛靈公問陳於孔子. 孔子對曰: "俎豆之事, 則嘗聞之矣. 軍旅之事, 未之學也." 明日遂行. 在陳絶糧, 從者病, 莫能興. 子路慍見曰: "君子亦有窮乎?" 子曰: "君子固窮, 小人窮斯濫[4]矣."

학식보다는 일관성 15.2

공자께서 말씀하셨다.

"사(자공)야, 너는 내가 많이 배워서 그것들을 기억하고[5] 있는 사람이라고 생각하느냐?"

[자공이] 대답했다.

"그렇습니다. [그렇지] 않습니까?"

[공자께서] 말씀하셨다.

"아니다. 나는 배운 것들을 하나로 꿰뚫고 있다."[6]

子曰: "賜也, 女以予爲多學而識之者與?" 對曰: "然, 非與?"

曰: "非也, 予一以貫之."

---

4) 역자는 "아무 짓이나 한다"로 번역하였는데, 주희는 "방종하고 넘쳐서 그릇된 일을 한다〔放濫爲非〕"고 풀이하였다. 즉, 함부로 행동하는 것을 말한다. 군자와 소인의 근본적인 차이가 드러나는 대목이다. 군자는 곤궁해도 자신의 소신을 지키고 '화이부동和而不同'하지만, 소인은 '부화뇌동附和雷同'하여 자신을 망가뜨린다는 개념이다.

5) 원문의 "다학多學"은 공자의 지식에 대한 폄하의 개념이 아니며, "박문博聞"의 의미다. "지識"는 '기억하다'는 의미로서 '지'로 읽는다.

6) 이 문장은 〈이인〉 4.15에 이미 나온 "선생님의 도는 충忠(성심성의를 다하는 마음)과 서恕(남을 배려하는 마음)일 뿐이구나"와 같은 맥락에 놓인다.

드물구나 15.3

공자께서 말씀하셨다.

"유(자로)야, 덕을 아는 자가 드물구나.[7]"

子曰: "由, 知德者鮮矣."

순임금의 무위정치 15.4

공자께서 말씀하셨다.

"아무것도 하지 않고도 다스린[8] 이는 아마도 순임금이구나! 무엇을 했었는가? 몸을 공손히 하고 바르게 임금의 자리[9]를 지키고 있었을 뿐이다."

7) 이러한 공자의 언급에 대하여 주희는 〈위령공〉 15.1의 "자로가 화가 나서 뵙고 여쭈었다〔子路慍見曰〕"에 대한 공자의 답변과 연계되는 부분이라고 보았다. 반면 정약용은 공자가 자로와 함께 천하를 주유하는데 자신(공자)을 알아주는 사람이 없어서 감개하여 말한 것이라고 하였고, "드물구나〔鮮矣〕"라고 한 것은 그 당시 세상 사람들을 개탄한 것이라고 하였으며, 자로가 덕을 알지 못해서 이와 같이 답하였다면 자로를 용서하는 것이지 꾸짖는 것이 아니라고 하여 주희의 설과 달리 해석하였다.

8) 억지로 법석을 떨지 않아도 백성이 저절로 감화된다는 말이다. 《대대례大戴禮》 〈주언主言〉에 "옛날 순임금에게는 왼쪽에 우가 있고 오른쪽에는 고요가 있어 자리에서 내려오지도 않고 천하가 다스려졌다〔昔者舜左禹而右皐陶, 不下席而天下治〕"라는 말이 있으니 직접 나서지 않고 능력 있는 신하에게 맡겼다는 의미다. 공자의 이 말은 공교롭게도 《노자 도덕경》 57장에 나오는 이야기와 기본적으로 같은 맥락에 있다. "내가 하는 일을 없애니 백성이 저절로 교화되고, (…) 내가 욕심을 없애니 백성이 저절로 순박해진다". 위정자가 덕이 있으면 하는 게 없어도 백성은 덕에 교화된다는 말이다. 이런 견해는 공자나 노자나 마찬가지였다.

子曰: "無爲而治者其舜也與! 夫何爲哉? 恭己正南面而已矣."

큰 허리띠에 적은 말씀 15.5

자장이 [어떻게 세상에서] 처신[10]할 수 있는지 여쭈었다. 공자께서 말씀하셨다.

"말은 충실하고 미더우며, 행동은 독실하고 공경스러우면[11] 비록 오랑캐의 나라일지라도 통용될 것이다. 말에 충심과 믿음이 없고, 행동에 독실함과 공손함이 없다면 비록 자기가 태어난 마을이라 하더라도 통용되겠는가? 서 있을 때는 그러한 말이 눈앞에서 보이는 듯하고, 수레를 탈 때도 그러한 말들을 멍에에 기대어 [새겨놓고] 보아야 할 것이니, 그렇게 된 이후에 통용될 것이다."

자장은 [이 말을] 큰 허리띠에 적어두었다.

子張問行. 子曰: "言忠信, 行篤敬, 雖蠻貊之邦行矣. 言不忠信, 行不篤敬, 雖州里行乎哉. 立, 則見其參於前也, 在輿, 則見其倚於衡也, 夫然後行." 子張書諸紳.

---

9) 원문의 "남면南面"이란 군주를 북극성에 비유하여 남쪽을 향해 앉는 자리에서 나온 말로 공자가 중궁仲弓을 지칭하여 〈옹야〉 6.1에서 "임금을 시킬 만하다〔可使南面〕"라고 하였다.

10) 원문의 "행行"은 '달達'의 의미로 세상을 살아가는 처세의 원칙과 도덕이다.

11) 원문의 "행독경行篤敬"을 번역한 것으로, 정약용은 "독경篤敬"을 "공경함에 실상이 있는 것이다〔敬以實也〕"라고 하였는데, "독篤"은 '성실하다'의 개념으로 이해하면 무방하다.

강직한 사어와 군자다운 거백옥 15.6

공자께서 말씀하셨다.

"강직하구나, 사어[12]여! 나라에 도가 있으면 화살처럼 곧고, 나라에 도가 없어도 화살처럼 곧구나. 군자로구나, 거백옥이여! 나라에 도가 있으면 벼슬길에 나아가고, 나라에 도가 없으면 [재능을] 접고 [은둔하여] 그것을 품고 있었구나.[13]"

子曰: "直哉史魚! 邦有道如矢. 邦無道如矢. 君子哉蘧伯玉! 邦有道則仕. 邦無道則可卷而懷之."

잃지 않는 두 가지 15.7

공자께서 말씀하셨다.

"더불어 말할 만해도 더불어 말을 하지 않는다면 인재를 잃게 되고, 더불어 말을 하지 못할 만한데도 더불어 말을 한다면 말을

---

12) 다른 이름은 사추史鰌이고, 자는 자어子魚인데, 위나라의 명신으로 헌공獻公·상공殤公·양공襄公·영공靈公 등을 잘 보필했다. 죽을 때 자기 아들이 정당正堂 안에서 장례를 치르지 못하게 막았는데, 그리하여 위나라 영공은 거백옥을 등용하고 미자하를 파면했다. 옛사람들은 그의 이런 충성을 높게 보아 '시신이 간한다〔屍諫〕'라고 했다. 이런 이야기가 《한시외전韓詩外傳》 권7에 있다. 그의 이름은 《논어》에서는 이곳에만 나온다.

13) 원문의 "방무도즉가권이회지邦無道則可卷而懷之"를 번역한 것으로 "가권이회지可卷而懷之"를 주목할 필요가 있다. "권卷"은 '[재능을] 거두어 들이다'라는 뜻이고, "회懷"는 '[은둔하여] 마음속에만 담고 있다'라는 의미다. 주희는 "그 당시 손림보孫林父와 영식寧殖이 군주를 추방하고 시해하려는 모의에 거백옥이 대답하지 않고 나간 것이 예禮다〔孫林父寧殖放弑之謀, 不對而出, 亦其事也〕"라고 하였다.

잃게 된다. 지혜로운 사람은 인재를 잃지 않고, 또 말을 잃지도 않는다.[14)]"

子曰: "可與言而不與之言, 失人, 不可與言而與之言, 失言. 知者不失人, 亦不失言."

살신성인 15.8

공자께서 말씀하셨다.

"뜻 있는 선비와 인仁한 사람은[15)] 삶에 연연하여 인을 해치지 않고, 제 몸을 희생해서라도 인을 이루는 경우가 있다."

子曰: "志士仁人, 無求生以害仁, 有殺身以成仁."

14) '사람을 아는 것〔知人〕'에 대하여 설명한 장이다. 즉, 다른 사람과 더불어 말할 만한 사람인지 말할 수 없는 사람인지 구분하는 안목이 있어야 한다는 것이다. 〈이인〉 4.3의 "오직 인仁한 사람만이 남을 좋아할 수 있고, 남을 미워할 수도 있다〔唯仁者, 能好人, 能惡人〕"라고 한 것과 연관하여 읽으면 좋다.

15) 원문의 "지사인인志士仁人"을 번역한 것으로 주희는 "지사志士"를 '뜻이 있는 선비〔有志之士〕'라고 하였고, "인인仁人"은 '덕을 이룬 사람〔成德之人〕'이라고 하였다. 말하자면 지사志士는 뜻을 위해서 자신의 몸을 던질 준비가 되어 있는 사람이고, 인인仁人은 타인을 위해 배려하고 사양하는 마음이 체화된 사람이다. 정약용은 채청蔡淸을 인용하여 "지사는 인을 이롭게 여기는 사람이고, 인한 사람은 인을 편안하게 여기는 사람이다〔志士, 利仁者也. 仁人, 安仁者也〕"라고 하였다.

먼저 연장을 날카롭게 15.9

자공이 인을 행하는 방법을 여쭈었다. 공자께서 말씀하셨다. "장인이 자기가 맡은 일을 잘하려면 반드시 먼저 그의 연장을 날카롭게 해놓아야 한다.[16] [마찬가지로] 어느 나라에 살게 되면 그 나라의 대부들 중에 어진 사람을 섬기고, 그 나라 선비들 중에서 인仁한 자를 벗해야 한다."

子貢問爲仁. 子曰: "工欲善其事, 必先利其器. 居是邦也, 事其大夫之賢者, 友其士[17]之仁者."

나라를 다스리는 법 15.10

안연이 나라를 다스리는 방법을 여쭈었다. 공자께서 말씀하셨다. "하나라의 역법[18]을 쓰고, 은나라의 수레[19]를 타며, 주나라의 면

---

16) 장인이 그 연장을 날카롭게 하여 미리 갖추어 놓는 행동을 넘어서 내포된 뜻을 파악해야 한다. 《중용》 19장에서 "아랫자리에 있으면서 윗사람에게 신임을 받지 못하면 백성들을 얻어서 다스릴 수가 없다(在下位不獲乎上, 民不可得而治矣)"라고 한 것을 참고하자면 벼슬하는 사람은 사람을 다스리려고 할 때, 윗사람(군주)의 신임을 받아야 한다는 것이다. 등용되고 나서도 윗사람의 신임 여부에 따라 정치력을 행사하는 가능성이 발휘된다는 것을 염두에 두어야 한다.

17) 원문의 "사士"는 앞 구절의 "대부大夫"와 함께 칭해진다. 여기서는 이미 벼슬을 했거나 대부 밑에 있는 자로서 일정한 지위를 갖고 사회적 역할을 수행하는 사람을 의미한다.

18) 하나라는 역법으로 자연력自然曆을 사용했으며 인월寅月 즉, 1월을 매년 정월로 삼았는데 춘하추동의 네 계절과 잘 맞아 주나라 때에도 가장 널리 통용되었다.

류관[20]을 쓰고, 음악은〈소〉와 〈무〉[21]를 쓰도록 하라. 정나라의 음악을 내버리고, 아첨하는 사람을 멀리해야 한다. 정나라의 음악[22]은 음란하고 아첨하는 사람은 위태롭다."

顏淵問爲邦. 子曰: "行夏之時, 乘殷之輅, 服周之冕, 樂則韶舞. 放鄭聲, 遠佞人. 鄭聲淫, 佞人殆."

생각과 근심 15.11

공자께서 말씀하셨다.

"사람이 멀리 내다보며 생각하지 않으면 반드시 가까운 곳에 근심이 있다."

子曰: "人無遠慮, 必有近憂."[23]

---

19) 원문의 "로輅"는 '큰 수레'를 지칭하며, 나무로 만든 질박한 수레다. 은나라의 수레는 금과 옥으로 장식했던 주나라 수레보다 소박하여 절약 정신이 엿보이므로 공자가 한 말이다.

20) 주나라의 예모는 사실은 화려했는데, 공자는 예모에 대해서는 화려한 것을 반대하지 않았다.

21) 〈소〉와 〈무〉에 관해서 〈팔일〉 편 30.25장에 나온다. 순임금 때의 음악이 〈소〉이고 무왕 때의 음악이 〈무〉다. "무舞"는 '무武'와 같다.

22) 원문의 "정성鄭聲"을 번역한 말인데, 정나라는 진溱과 유洧라는 물가 주변에서 남녀가 희롱하며 연애의 감정을 읊었기 때문에 음란한 음악의 상징처럼 되었다.

23) 원문에서 "원려遠慮"는 '멀리까지 바라보는 안목'을 의미하는데 '멀리 계획하고 깊이 생각하는 것〔遠謀深慮〕'의 약자이다. "원遠"이라는 것은 미래의 영구永久이며, 뒷 구절의 "근近"은 이미 도래한 급박한 상태를 의미한다. 이에 대하여 왕숙은 "군자는 마땅히 환난을 생각하여 그것을 예방해야 한다〔君子當

호덕과 호색 15.12

공자께서 말씀하셨다.

"끝났구나! 나는 덕을 좋아하는 것을 마치 여색을 좋아하는 것처럼 하는 사람을 보지 못했다.[24)]"

子曰: "已矣乎![25)] 吾未見好德如好色者也."

직위를 훔친 자 15.13

공자께서 말씀하셨다.

"장문중[26)]은 아마도 직위를 훔친[27)] 자일 것이다! [그는] 유하혜[28)]가 현명하다는 것을 알고 있으면서도 [그와] 더불어 [조정에] 서지 않았다."

思患而豫防之〕"라고 하였고, 소식은 "사람이 밟는 땅은 발이 닿는 부분만 땅이고, 나머지 땅은 쓸모없는 땅이다. 그렇지만 그 나머지 땅을 버리면 안 된다. 그러므로 생각이 천 리 밖까지 가지 않으면 근심은 앉아있는 자리 아래 있다〔人之所履者, 容足之外, 皆為無用之地, 而不可廢也. 故慮不在千里之外, 則患在几席之下矣〕"고 하였다.

24) 이 문장은 〈자한〉 9.17에 나와 있다.

25) 이 "이의호已矣乎"란 단어는 '스스로 반성하며 한탄한다'는 의미로서 〈공야장〉 5.26에서도 나왔다.

26) 직책이 사구였으며, 장손진臧孫辰으로 무려 장공·민공·희공·문공 등 네 왕을 모셨던 자다. 〈공야장〉 5.17에도 나온다. 장문중은 공자에게 비판받은 인물이기도 하다.

27) 원문의 "절위竊位"를 번역한 것인데, 주희는 "그 지위에 걸맞지 않음에도 마음에 부끄러움이 있어 도둑질하여 몰래 차지한 것〔其位而有愧於心, 如盜得而陰據之也〕"이라고 하였다.

子曰: "臧文仲其竊位者與! 知柳下惠之賢而不與立也."

자신에게 엄격하라 15.14

공자께서 말씀하셨다.

"자신에 대해서는 엄중하고[29] 다른 사람에 대해서는 가볍게 책망하면 원망을 멀리할 수 있을 것이다.[30]"

子曰: "躬自厚而薄責於人, 則遠怨矣."

---

28) 노나라 현인 전금展禽이다. 아마도 버드나무 아래 살았기 때문에 "유하柳下"란 호가 붙은 것으로 보이며, 식읍 명이라는 설도 있다. "혜惠"는 시호다. 그의 관직은 사사士師였는데 이는 귀족의 소송 사건을 담당하는 관직이다.

29) 양보쥔은 원문의 "궁자후躬自厚" 글자 다음에 책망하다는 의미의 '책責' 자가 있어야 한다고 보는데, 일리가 있다. 역자는 원전에 의거하여 그대로 번역한다.

30) 이 구절은 〈위령공〉15.20의 "군자는 자기에게서 찾고, 소인은 남에게서 찾는다"라는 구절과 맥락이 통한다. 결국은 군자와 소인를 판가름하는 덕목으로 책임의 소재를 나에게서 찾는 것이 중요하다는 말이다. 정약용은 "자신을 책하기를 두텁게 하면 내가 남을 원망하지 않고, 남을 책망하기를 엷게 하면 남이 나를 원망하지 않는다〔君子求諸己, 小人求諸人, 責己厚, 則我不怨人, 責人薄, 則人不怨我〕"고 하였다. 채청은 "자신을 책하기를 두텁게 하면 몸이 더욱 닦여서 원망할 수 없고, 남을 책하기를 엷게 하면 사람이 쉬이 따르게 되어 원망을 불러오지 않는다〔責己厚, 則身益修而無可怨, 責人薄, 則人易從而不招怨〕"고 하였다.

걱정만 하는 사람 15.15

공자께서 말씀하셨다.

"'어떻게 하면 좋을까, 어떻게 하면 좋을까'라고 말하지 않는 사람에 대해 나는 어떻게 해야 할지를 모르겠구나.[31)]"

子曰: "'不曰如之何, 如之何者', 吾末如之何也已矣."

곤란한 사람이란 15.16

공자께서 말씀하셨다.

"여럿이 온종일 [함께] 지내면서 말은 의로운 일을 언급하지 않고, 사소한 지혜를 자랑하는 것만을 좋아한다면 [이런 자들은] 곤란하구나![32)]"

子曰: "羣居終日, 言不及義, 好行小慧, 難矣哉!"

31) 이 문장은 곰곰이 생각하고 심사숙고하여 대처하는 자세를 강조한 말이다. 원문의 "여지하如之何"는 〈안연〉 12.9에도 나온다.

32) 원문의 "난의재難矣哉"를 번역한 것인데, 공자가 제자들 중에서 이런 유형이 있다고 가정하여 '곤란한 사람이구나'라는 식으로 번역해도 된다. '끝내 아무것도 이루는 것이 없음(終無成)'이라는 주석도 타당성이 있다. 주희는 "덕이 들어갈 수가 없어서 장차 환해患害가 있음을 말한 것(言其無以入德, 而將有患害也)"이라 하였다. 〈양화〉 17.22에도 나오니, "종일 배부르게 먹고 마음 쓰는 데가 아무것도 없다면 곤란하구나(飽食終日, 無所用心, 難矣哉)"라는 문장이 그것이다.

군자의 네 가지 덕목 15.17

공자께서 말씀하셨다.

"군자는 의로움을 바탕으로 삼고 예로써 그것을 실행하며, 겸손하게 그것을 드러내고, 믿음으로써 그것을 이룬다.[33] [이런 사람이] 군자로다."

子曰: "君子義以爲質, 禮以行之, 孫以出之, 信以成之. 君子哉."

무능력을 근심하라 15.18

공자께서 말씀하셨다.

"군자는 능력이 없는 것을 병으로 여기며 다른 사람이 자신을 알아주지 않는 것을 병으로 여기지 않는다.[34]"

子曰: "君子病無能焉, 不病人之不己知也."

---

33) 원문의 "의義"는 일을 제재하는 근본이므로 근간으로 삼는 것이다. "손孫"은 겸손하다는 의미의 '손遜'과 같은 뜻이다. "출지出之"란 언어로 표현하는 것〔出言語〕이고, "신信"이란 언행을 총괄한 것이다. 정약용은 "의義와 신信은 머리와 꼬리가 되고, 언행은 그 두 날개다〔信者言行之總括也, 義與信, 作頭作尾, 言行其兩翼也〕"라고 하였다.

34) 이 구절은 〈학이〉 1.1의 "남이 알아주지 않아도 노여워하지 않으면 또한 군자가 아닌가〔人不知而不, 不亦君子乎〕"와 〈학이〉 1.16의 "남이 자기를 알아주지 않는 것을 근심하지 말고, 남을 알지 못하는 것을 근심하라〔不患人之不己知, 患不知人也〕"는 구절과 뜻이 통한다. 공부는 결국 자기의 소양을 넓히는 일〔爲己之學〕임을 다시 한번 강조하고 있는 말이다.

이름을 남겨야 15.19

공자께서 말씀하셨다.

"군자는 죽고 나서 이름이 일컬어지지 않는 것을 싫어한다.[35)]"

子曰: "君子疾沒世而名不稱焉."

내 탓, 남 탓 15.20

공자께서 말씀하셨다.

"군자는 [원인을] 자기에게서 찾고, 소인은 [원인을] 남에게서 찾는다.[36)]"

子曰: "君子求諸己, 小人求諸人."

---

35) 〈자한〉 9.22의 "뒤에 태어난 자들이 두렵다. 오는 자들이 지금 사람만 못할 거라는 사실을 어찌 알겠는가? [그러나] 40세나 50세가 되어도 [이름이] 알려지지 않으면 이 또한 두려워할 만한 사람이 못 된다(後生可畏, 焉知來者之不如今也, 四十, 五十而無聞焉, 斯亦不足畏也已)"라는 구절과 〈헌문〉 14.17을 보더라도 공자는 현세에도 이름이 나는 일을 중요시하였다. 그러나 천하에 도가 없어 공자를 알아주는 이가 없었기 때문에 〈헌문〉 14.35에서처럼 "나를 알아주는 자는 아마도 하늘일 것이다(知我者其天乎)"라고 탄식하였다.

36) 원문의 "구求"를 포함은 '책망하다'로 보아 "군자는 자신을 책망하고, 소인은 남을 책망한다(君子責己, 小人責人)"라고 해석하였다. 사량좌는 "군자는 자기 몸에 돌이켜 찾지 않음이 없고 소인은 이와 반대이니, 이는 군자와 소인이 분별되는 이유라 하였다(君子無不反求諸己, 小人反是, 此君子小人所以分也)"라고 하였고, 정약용은 "구한다는 것은 인을 구하는 것(求謂求仁)"이라 하였다.

파벌 15.21

공자께서 말씀하셨다.

"군자는 긍지를 갖되 다투지 않고[37], 무리를 이루지만 파벌을 만들지는 않는다.[38]"

子曰: "君子矜而不爭, 羣而不黨."

말만으로 등용하지 말라 15.22

공자께서 말씀하셨다.

"군자는 말만 듣고서 사람을 등용하지 않고, [그] 사람만 보고서 말까지 버리지는 않는다."[39]

37) 원문의 "긍矜"은 '씩씩함으로 자기 몸을 지키는 것(莊以持己)'을 뜻한다. 주희는 "사리에 어그러져 온당하지 않은 마음이 없으므로 다투지 않는 것(無乖戾之心 故不爭)"이라고 하였다. 〈팔일〉 3.7의 "군자는 다툴 일이 없으나, 꼭 [다투어야] 한다면 활쏘기일 것이다! 절하고 겸양하며 [활 쏘는 자리에] 오르고 내려와서는 [벌주를] 마시니 그런 다툼이야말로 군자의 모습이다(君子無所爭, 必也射乎, 揖讓而升, 下而飮, 其爭也君子)"라고 한 부분을 보면 이 구절을 이해하는 데 도움이 된다.

38) 원문의 "군이부당羣而不黨"을 번역한 것으로, "화이부동和而不同"(〈자로〉 13.23)이나 "군자부당君子不黨"(〈술이〉 7.31)과 연결지어 생각해 볼 개념이다. 〈이인〉 4.7의 "사람의 허물은 저마다 그가 속한 무리를 따르게 된다. 허물을 관찰해 보면 곧 [어느 정도] 인仁한지를 알 수 있다(人之過也, 各於其黨觀過, 斯知仁矣)"고 한 구절과도 같은 맥락이다.

39) 이 문장은 낮잠 자는 재여宰予를 꾸짖으며 "지금 나는 사람을 대할 때 그 말을 듣고도 행동을 살피게 되었다(今吾於人也, 聽其言而信其行)"(〈공야장〉 5.9)라는 문장과 긴밀하게 연계된다. 또 다른 의미로 뒤 구절의 의미는 외양이 초라해 보이거나 비천해 보인다고 해서 그의 좋은 말을 배척해서는 안 된다는

子曰: "君子不以言擧人, 不以人廢言."

평생 실천할 것 15.23

자공이 여쭈었다.

"한마디 말[40]로 평생 동안 실천할 만한 것이 있습니까?"

공자께서 말씀하셨다.

"아마도 서恕일 것이다.[41] 자기가 하고자 하지 않는 바를 남에게 하라고 하지 않는다.[42]"

子貢問曰: "有一言而可以終身行之者乎?" 子曰: "其恕乎. 己所不欲, 勿施於人."

것이다. 말을 잘하는 자가 반드시 덕이 있지는 않기 때문에 말로써 사람을 등용할 수 없고, 덕이 없다고 해서 착한 말까지 버릴 수는 없다는 것이다.

40) 원문의 "일언一言"을 번역한 것으로, 정약용은 "일자一字"라고 하였다. 육무관은 부연하여 "《시경時經》의 시 300편을 한마디 말로 단정할 수 있으니, 그것은 생각에 사특함이 없다는 것이라 한 것은 성문의 3자字명이다〔詩三百, 一言以蔽之曰思無邪. 此聖門三字銘也〕"라고 하였다.

41) 이 구절은 〈이인〉 4.15의 "충서忠恕"와 연계해서 볼 수 있다. 《맹자孟子》 〈진심장盡心章〉에 "서恕를 힘써 행하면 인을 구함이 이보다 가까울 수 없다〔强恕而行, 求仁莫近焉〕"는 구절과도 통한다.

42) 이 문장은 〈안연〉 12.2에도 나온다. 적생쌍송荻生雙松은 "공자가 자공에게 답한 것은 다만 앞의 한 구〔기서호其恕乎〕이고, 그 뒤의 두 구는 《논어》를 전하는 자가 앞 편의 공자의 말을 여기에다 덧붙여 기록한 것"이라 하였다.

곧은 도 15.24

공자께서 말씀하셨다.

"내가 남에 대하여 누구를 헐뜯고 누구를 칭찬하겠느냐. 만일 칭찬하는 자가 있다면 그것은 [이미] 시험해본 것이다.[43] 이 백성들은 삼대(하·은·주) 때부터 곧은 도로써 다스려온 자들인 것이다."

子曰: "吾之於人也, 誰毁誰譽. 如有所譽者, 其有所試矣. 斯民也, 三代之所以直道而行也."

의심스런 글 15.25

공자께서 말씀하셨다.

"나는 아직도 사관이 [의심스러운] 글을 빼놓고[44] 말(馬)을 가진 사람이 [말馬이 없는] 다른 사람에게 빌려주어 그것을 타도록 한 것을 볼 수 있었는데[45], 지금은 [그것도] 없어졌구나."

---

43) 원문의 "수훼수예誰毁誰譽"에서 "훼毁"는 '남의 나쁜 점을 말하면서 그 진실을 덜어내는 것(稱人之惡而損其眞)'이고, "예譽"는 '남의 좋은 점을 찬양하면서 실제보다 지나치게 하는 것(揚人之善而過其實)'을 말한다. "기유소시의其有所試矣"에서 "시試"는 '증험한다(驗)'는 뜻이다. 무릇 공자가 칭찬하는 사람은 모두 일찍이 증험한 바가 있다는 뜻이다(정약용 설).

44) 원문의 "사지궐문史之闕文"을 번역한 것으로, 문장 가운데 빠진 글자나 글귀 또는 글자나 글귀가 빠진 문장으로 해석할 수도 있으나, 여기서는 사관이 의심스런 부분이 생기면 해당 부분을 비워둔다는 의미로 쓰였다.

45) 〈공야장〉 5.25에 "수레와 말과 옷과 가죽옷을 벗들과 함께 쓰다가 그것들을 망가지게 하더라도 섭섭해하지 않았으면 합니다(願車馬, 衣輕裘, 與朋友共, 敝之而無憾)"라는 구절과 연계해서 보면 좋을 듯하다.

子曰: "吾猶及史之闕文也, 有馬者, 借人乘之, 今亡矣夫."

작은 일을 참아내야 15.26

공자께서 말씀하셨다.

"교묘한 말은 덕을 어지럽힌다. 사소한 일을 참지 못하면 원대한 계책을 그르치게 된다.[46)]"

子曰: "巧言亂德. 小不忍則亂大謀."

여론에 휘둘리지 말자 15.27

공자께서 말씀하셨다.

"모두가 그를 미워하더라도 반드시 살펴보아야 하고, 모두가 그를 좋아하더라도 반드시 살펴보아야 한다."[47)]

子曰: "衆惡之, 必察焉. 衆好之, 必察焉."

46) 원문의 "교언巧言"에 관해 주희는 "옳고 그름을 변란시키니, 이것을 들으면 사람으로 하여금 지킬 바를 상실하게 한다(變亂是非, 聽之使人喪其所守)"고 하였고, 정약용은 "사소한 일을 참지 못하면 원대한 계책을 그르치게 된다(小不忍, 則宣洩機密, 故必敗壞大謀)"고 하였다. 〈위령공〉 15.11의 "사람이 멀리 내다보며 생각하지 않으면 반드시 가까운 곳에 근심이 있다"라고 한 구절과 비교해서 읽어 보기 바란다.

47) 이 문장과 함께 읽어보아야 할 장면이 〈자로〉 13.24에 나온다. 〈이인〉 4.3에 "오직 인한 사람만이 남을 좋아할 수 있고, 남을 미워할 수도 있다"고 한 구절도 함께 보아야 한다.

사람과 도 15.28

공자께서 말씀하셨다.

"사람이 도를 넓힐 수 있는 것이지, 도가 사람을 넓힐 수 있는 것은 아니다."

子曰: "人能弘道[48], 非道弘人."

잘못이란 15.29

공자께서 말씀하셨다.

"잘못하고서도 고치지 않는 것[49], 이것을 [바로] 잘못이라고 한다."

子曰: "過而不改, 是謂過矣."

48) 원문의 "도道"는 선왕先王의 도道를 가리킨다는 설(오규 소라이)도 있는데, 이는 공자의 참뜻이 어디에 있는지 파악하기 어려운 문장이다. 일반적으로는 도덕적인 자각과 능동적인 실천의 중요성을 동시에 강조한 글로 풀이한다. 물론 뒤의 네 글자인 "비도홍인非道弘人"이 논란의 소지가 있기는 하다. '도道는 본성의 길인데 사람이 욕심으로 대해서는 안 된다'는 의미로서 사람이 추구하는 목표가 바로 도이지, 사람이 이름을 내는 데 도와주는 것이 아니라는 의미로 이해하면 무난하다.

49) 〈옹야〉 6.2에 공자가 안연을 칭찬하면서 "잘못을 거듭하지 않았다[不貳過]"라고 하였으며, 주희도 "허물이 있으나 능히 고치면 허물이 없는 데로 돌아올 수 있다[過而能改, 則復於無過]"고 하였다.

배움이 생각보다 우선 15.30

공자께서 말씀하셨다.

"나는 일찍이 온종일 먹지도 않고 밤새도록 잠자지 않고 생각해 보았지만, 유익함이 없었으며, 배우는 것이 더 나았다."[50)]

子曰: "吾嘗終日不食, 終夜不寢, 以思無益, 不如學也."

군자가 도모해야 할 것 15.31

공자께서 말씀하셨다.

"군자는 도를 도모하지, 먹을 것을 도모하지 않는다. 밭을 갈아도 굶주림이 그 속에 있지만, 배우면 녹봉은 그 속에 있다. 군자는 도를 걱정하지 가난을 걱정하지는 않는다.[51)]"

子曰: "君子謀道不謀食. 耕也, 餒在其中矣. 學也, 祿在其中矣. 君子憂道不憂貧."

---

50) 이 문장은 〈위정〉 2.15의 문장과 비교해서 읽어보아야 한다. "배우기만 하고 생각하지 않으면 미혹되고, 생각하기만 하고 배우지 않으면 위태롭다(學而不思則罔, 思而不學則殆)"라고 하였으니, 생각만 하지 말고 하나라도 더 배우라는 충고다. 《순자荀子》 〈권학勸學〉 편에도 "나는 일찍이 온종일 생각했으나 잠깐 동안 배운 바가 더 나았다(吾嘗終日思矣, 不如須臾之所學)"라고 하였다.

51) 주희는 "도道란 대체大體(心)가 따르는 것이고, 식食이란 소체小體가 누리는 것이다. 그러므로 군자가 도모하는 것은 대체에 있고 소체에 있지 않다. 즉 학문을 함에는 도를 얻지 못함을 걱정할 뿐이요, 가난을 걱정하는 이유 때문에 학문을 하여 녹을 얻고자 하는 것은 아니다"라고 하였다.

지혜와 인, 엄정함과 예 15.32

공자께서 말씀하셨다.

"지혜가 그것(직책)에 미치더라도 인仁으로써 그것을 지킬 수 없으면 비록 그것을 얻는다 하더라도 반드시 그것을 잃게 될 것이다.[52)]지혜가 그것에 미치며 인으로써 그것을 지킬 수 있더라도, 엄정하게 그것에 임하지 않으면 백성은 공경하지 않는다. 지혜가 그것에 미치고 인仁으로써 그것을 지킬 수 있으며, 엄정하게 임하더라도 백성들을 움직일 때 예로써 하지 않으면 훌륭한 것은 아니다."

子曰: "知及之, 仁不能守之. 雖得之, 必失之. 知及之, 仁能守之. 不莊以涖之, 則民不敬. 知及之, 仁能守之, 莊以涖之, 動之不以禮, 未善也.[53)]"

52) 주희는 "지혜가 충분히 이 이치를 알 수 있으나 사욕이 여기에 끼어들면 그것을 자기 몸에 소유할 수 없는 것"이라고 하였다. 《역易》에 "무엇으로 그 지위를 지키는가 하면, 이는 인仁이다"라고 한 것과 맹자가 "천자가 인仁하지 못하면 사해를 보존하지 못하고 제후가 인하지 못하면 사직을 보존하지 못한다"고 한 것은 모두 이런 뜻이다(노동원盧東元 설).

53) 원문의 "득지得之"와 "실지失之"는 지위로써 한 말이다. "장莊"은 단정하고 위엄이 있는 것이고, "이涖"는 임하다[臨]의 뜻이다. "장이리지莊以涖之"는 위의威儀의 나태함이 없으며 정령政令에 희롱하고 경시함이 없는 것이다(정약용 설).

작은 일과 큰일 15.33

공자께서 말씀하셨다.

"군자는 작은 일로써 알 수 없지만 큰일을 맡아 할 수 있고, 소인은 큰일을 맡을 수 없지만 작은 일로 알아볼 수는 있다.[54]"

子曰: "君子不可小知而可大受也, 小人不可大受而可小知也."

인에 뛰어들어라 15.34

공자께서 말씀하셨다.

"백성들이 인仁에 대해서는 물이나 불보다 더 심하다.[55] 물이나 불이라면, 나는 빠지거나 타서[56] 죽은 사람은 보았지만, 인을 실천하다 죽은 자는 보지 못했다."

子曰: "民之於仁也, 甚於水火. 水火吾見蹈而死者矣,
未見蹈仁而死者也."

54) 정약용은 "큰 재목이 작게 쓰이면 그 지혜를 두루 넓게 쓰지 못하는 바가 있어 그 직책을 잘 해내지 못하고, 작은 그릇이 크게 쓰이면 힘이 감당하지 못하는 바가 있어 반드시 그 일을 실패하게 된다〔大才小用, 則知有所不周, 而不善其職, 小器大用, 則力有所不勝, 而必敗乃事〕"라고 하였다.

55) 이 문장의 의미는 두 가지로 해석되는데 원문의 "민民"은 '인人'과 같은 의미인데 물과 불을 꼭 필요로 하는 것이라는 설(마융)과 물과 불을 위험하게 여겨 피한다는 설(주희)이 있다.

56) 원문의 "도蹈"는 '밟다', '실천하다'의 의미인데 이렇게 의역한 것이다. 뒷부분에 나오는 "도蹈"는 원의를 살려 "실천하다"로 번역한다.

스승에게도 양보하지 않는 것 15.35

공자께서 말씀하셨다. "인을 행하는 데 있어서는 스승에게도 양보하지 않는다."

子曰: "當仁, 不讓於師."

곧음과 고집은 다르다 15.36

공자께서 말씀하셨다.
"군자는 올곧지만[57] [작은] 믿음만을 고집하진 않는다."

子曰: "君子貞而不諒."

57) 원문의 "정貞"을 번역한 것으로, 이 글자는 바르다는 의미의 '정正'과 견고하다는 의미의 '고固'의 뜻을 겸하고 있다. 바로 뒤의 "양諒"과 비슷한 의미다. 단지 다른 점이 있다면, "정"은 융통성은 있되 원칙에 근거한 믿음이고, "양"은 옳고 그름을 따지지 않고 자신의 신념을 꺾지 못하는 꽉 막힌 믿음으로 정약용은 "미덥고 견고하다(信而堅)"로 풀이하였는데, '미생지신尾生之信'의 성어를 생각하면 된다. 즉 정도를 따르되 작은 신의에 얽매이지 않는다는 뜻이다.

녹봉은 뒤로 15.37

공자께서 말씀하셨다.

"임금을 섬기되 [먼저] 그 일을 경건하게 하고[58] 녹봉은 뒤로해야 한다.[59]"

子曰: "事君, 敬其事而後其食."

가르침의 원칙 15.38

공자께서 말씀하셨다.

"가르칠 때는 차별이 없어야 한다."[60]

子曰: "有敎無類."

58) 원문 "경기사敬其事"를 번역한 것인데, 맡은 직책에 마땅히 충심을 다하고, 자신의 직무를 엄격히 수행한다는 의미다. 〈옹야〉 6.20의 "인이라는 것은 어려운 일을 먼저하고 [이익을] 거두어들이는 것을 뒤로하는 것"이라고 한 구절과 통한다.

59) 원문의 "식食"이란 일에 대한 보답이다. 그러나 이를 마음에 두면 또한 먹는 것을 꾀하는 데에 돌아가고 만다. 그 일을 공경히 하는 것은 녹祿 때문이 아니다(정약용 설).

60) 이 문장의 경우 정반대의 해석이 있으니, '가르침이 있으면 차별이 없어진다'는 해석으로 가르침을 통해 신분이나 계층의 차별을 없앨 수 있다는 말로, 두 가지 해석이 가능하다. 그러나 공자는 〈술이〉 7.7에서 "스스로 말린 고기 열 묶음 이상을 가져오면 나는 일찍이 가르쳐주지 않은 적이 없다"고 했듯이 기본적으로 빈부나 귀천, 출신, 나이 등에 어떠한 차등도 두지 않았고 귀족 출신 제자가 거의 없었다는 점을 염두에 둘 필요가 있다.

길이 다르면 15.39

공자께서 말씀하셨다.
"길이 다르면[61], 서로 도모하지 않는다."

子曰: "道不同, 不相爲謀."

말은 전달력 15.40

공자께서 말씀하셨다.
"말[62]은 [꾸밈없이] 전달하면 그뿐이다."

子曰: "辭達而已矣."

61) 원문의 "도道"를 정약용은 "바라보고 그것을 말미암는 것〔望而由之〕"이라고 하였는데, '자기가 추구하는 방향' 정도로 해석하면 되겠다. 원문의 "부동不同"을 주희는 "선과 악, 사악함과 바름의 다른 것과 같다〔如善惡邪正之異〕"고 하였다.

62) 원문의 "사辭"는 단순히 '말'이 아니고 외교 사절이 쓰는 외교 사령辭令의 의미다. 한편 정약용은 "축관祝官과 사관史官의 말"이라고 단언했으나, 과도한 풀이이다. 공안국은 "무릇 일은 실상보다 지나치지 말아야 한다. 사辭는 뜻만 전달되면 충분하니, 꾸미는 사辭로 번거롭게 하지 않는다〔凡事莫過於實, 辭達則足矣, 不煩文豔之辭〕"라고 하였다.

악사를 돕는 이치 15.41

사면[63]이 [공자를] 뵈었는데, 섬돌에 이르자, 공자께서 말씀하셨다.

"섬돌이오."

자리에 이르렀을 때 공자께서 말씀하셨다.

"자리요."

모두 앉자 공자께서 그에게 일러주셨다.

"아무개는 여기에 있고, 아무개는 여기에 있소."

사면이 나갔다. 자장이 여쭈었다.

"악사와 [그렇게 하는 것이] 말하는 이치입니까?"

공자께서 말씀하셨다.

"그렇다. 진실로 악사를 돕는 이치이다."

師冕見, 及階, 子曰: "階也." 及席, 子曰: "席也." 皆坐, 子告之曰: "某在斯, 某在斯." 師冕出, 子張問曰: "與師言之道與?" 子曰: "然, 固相師之道也."

63) 원문의 "사師"는 악사樂師란 의미이고 "면冕"은 그의 이름이다. 고대의 악사는 대부분 소경이었다.

제16편

계씨季氏

-쇠미한 세상에서 살아가기 위한 실천적 방법

【해설】

〈계씨〉 편은 체재가 산만해 보인다. 〈옹야〉 편과 서로 관계가 있다고 할 만큼 정치 문제에 집중하고 있다. 쇠미해진 세상에 대한 안타까운 심정 등 공자의 정치철학에 관한 내용이 주를 이루며 현실문제에 대한 해법 제시도 많다.

대화체 문장이 길게 이어지며 1장과 13장은 특히 길다. 1장에서는 명분에 어긋난 전쟁을 반대하는 공자의 논리가 일품이다. 특히 세 차례에 걸쳐 염유를 나무라는 점층 화법도 눈여겨볼 만하다. 3장에서는 "말씀하셨다(曰)"라고 서술하지만 12장과 14장은 화자를 드러내지 않았다. 여기에서도 공자는 전쟁보다는 예의를 앞세워야 함을 밝히면서 유익한 벗의 첫째 조건을 정직에 두었다. 아울러 군자를 모실 때의 세 가지 잘못이나, 군자가 경계해야 할 세 가지 일, 군자가 두려워해야 할 세 가지 일에 대한 논의도 흥미롭다.

군자가 생각해야 할 아홉 가지는 지금 읽어봐도 옛 성현들이 얼마나 용의주도하게 자기관리에 임했는지를 알 수 있는 글이다. 특히 '자식과도 일정한 거리를 둔다'는 대목은 평생 예禮로 살아온 공자의 가치관을 보여주기에 부족함이 없다.

주목할 점은, 다른 편에서는 거의 "자왈子曰"로 공자의 말씀을 제자들이 전하는 방식으로 서술하는데, 여기서는 대부분 공자의 이름을 직접 거론하여 "공자왈孔子曰"이라고 하는 점이다. 따라서 적지 않은 사람들은 이 편이 제자들이 아니라 후대의 누군가가 지었을 것이라며 위작 개연성을 거론하기도 하지만 위작이라는 것은 아니다.

공자의 우려 16.1

계씨(계강자)가 전유顓臾를 정벌하려고[1] 했다. [계씨의 가신들인] 염유와 계로가 공자를 뵙고 여쭈었다.

"계씨가 장차 전유와 일(전쟁)을 벌이려 하는 일이 있을 것입니다."

공자께서 말씀하셨다.

"구(염구)야, 아마도 이것이 너의 잘못이 아니겠느냐? 전유는 옛날 선왕께서 동몽(몽산蒙山으로 비현의 경계에 있음)의 제사를 주관하도록 하셨고, 또한 이미 이 나라(노나라)의 강역 안에 있으니, 이는 사직의 신하인데, 어떻게 정벌한다는 것이냐?"

염유가 말했다.

"선생(계강자)이 그렇게 하려는 것이지, 저희 두 신하는 모두 원하

1) 전유는 노나라의 속국이지만 실제로는 부용국으로 사방 50리 정도의 작은 나라다. 다른 문헌에는 없고《논어》의 이곳에만 기록돼 있다. 이 당시 시대적 상황에 대해 주희는 "《춘추좌씨전》과《사기》에 의거하여 두 사람이 계씨에게 벼슬한 것이 같은 시기가 아닌데, 여기에서 이렇게 말한 것은 아마도 자로가 일찍이 공자를 따라 위나라에서 노나라로 돌아와 다시 계씨에게 벼슬하다가 오래지 않아 다시 위나라로 가서 벼슬한 듯하다"라고 지적하였다.《춘추좌씨전》에 의하면, 자로는 정공 12년에 계씨의 읍재가 되어 삼환三桓의 도성을 무너뜨리려 하였고, 염유는 애공 11년에 계씨의 읍재가 되어 제나라와의 전쟁에서 공을 세웠다는 기록이 있다. 조순손趙順孫은 자로가 애공 11년에 공자를 따라 노나라로 돌아왔고, 애공 14년에 소주역小邾射이 노나라로 망명해 와서 자로와 약속하려고 한 때까지 노나라에 있었으며, 이 해에 다시 위나라로 가서 다음 해(애공 15년) 공회孔悝의 난리에 죽었을 것이라고 추정하기도 하였다. 염유가 계씨의 읍재가 된 것은 기원전 492년, 즉 계강자가 집정한 이후의 일인데 자로는 중궁과 염유보다 앞선 시기에 읍재가 되었으니 대체로 기원전 498년이었다. 하지만 자로는 곧 일을 그만두고 공자를 따라 천하를 주유했다. 그가 공자를 따라 노나라로 돌아온 것은 기원전 484년이었고, 다시 계강자를 모신 것은 이듬해였다. 리링은 이런 점에 주목하여 계씨가 전유를 치려고 계획을 꾸민 것은 기원전 484년에서 기원전 480년 사이여야 한다고 추정했는데 합리적이다.

지 않습니다."

공자께서 [의심하며] 말씀하셨다.

"구야, 주임周任[2]이 하는 말에, '온힘을 다하여 자리에 나아가되, 잘할 수 없으면 그만둔다'고 했다. 위험에 처했는데도 도와주지 않고, 넘어지려 하는데도 붙잡아주지 않는다면, 장차 어찌 그런 신하들을 쓰겠느냐? 그러니 네가 하는 말은 잘못되었다. 호랑이나 외뿔소(들소라고도 함)가 우리에서 뛰쳐나오고, 점치는 거북과 귀한 옥이 궤 안에서 깨졌다면, 이는 누구의 잘못이겠느냐?"

염유가 말했다.

"지금 전유는 [성곽이] 견고하고 비읍에 가깝기 때문에, 지금 빼앗지 않으면 후세에 분명히 자손들의 근심거리가 될 것입니다."

공자께서 말씀하셨다.

"구야, 군자는 자기가 하고자 한다는 사실을 외면하고 구실을 찾아 말하는 것을 싫어한다.[3] 내가 듣건대 국가를 소유하고 있는 자는 [재화가] 적은 것을 근심하지 않고 고르지 못한 것을 근심하며, 가난을 근심하지 않고 안정되지 못함을 근심한다. 대개 [분배가] 고르면 가난한 사람이 없고, 조화로우면 적다고 느끼지 않을 것이며, 안정되면 [나라가] 기울어질 일이 없다.[4] 이와 같으므로 먼 곳에 있

2) 옛날의 훌륭한 사관史官이라는 설과 주 왕실의 대부라는 두 가지 설이 있는데 사관으로 보는 것이 좀더 합리적이다.

3) 염구에 대해 의심하고 반문하고 단정하는 방식의 질책을 염두에 두고 읽어야 한다. 즉, 호산壺山은 "모두 세 번 염유를 부름에 책망하심이 점점 간절해졌으니, 무내無乃는 의심하는 말이고, 언용焉用은 반문하는 말이고 질부疾夫는 단정하는 말이다〔凡三呼求, 而責之漸入切, 曰無乃, 疑辭, 曰焉用, 反辭, 曰疾夫, 決辭.〕"라고 하였는데 일리가 있다.

4) 원문의 "과寡", "빈貧", "균均", "안安"에 대해 풀이하면 이렇다. 과寡는 백성이 적

는 사람들이 복종하지 않으면 문덕文德을 닦아 그들을 오게 한다. 이미 그들을 오게 했으면, 그들을 편안하게 해주어야 한다. 지금 유(자로)와 구(염구)가 선생(계씨)을 돕고 있는데, 먼 곳에 있는 사람들을 복종시키지 못하고 그들을 오게 할 수 없고, 나라가 산산이 무너지고 떨어져 나가는데도 지키지 못하면서 나라 안에서 전쟁[5]을 일으키려 꾀하는구나. 내가 걱정하는 것은 계손씨의 근심거리가 전유에 있는 것이 아니라 노나라 임금의 담장 안[6]에 있다는 것이다."

음을 이르고, 빈貧은 재물이 궁핍함을 이른다. 균均은 저마다 분수를 얻음을 이르고, 안安은 군주와 신하가 서로 편안함을 이른다. 계씨가 전유국顓臾國을 취하려고 함은 (백성이) 적음과 가난함을 근심해서이다. 그러나 이때 계씨가 나라를 차지하고 노나라 임금은 백성이 없었으니 고르지 못한 것이요. 군주는 약하고 신하는 강하여 서로 혐의와 틈이 생겼으니 편안하지 못한 것이다. 고르면 가난함을 근심하지 않아 화和하고, 화하면 (백성이) 적음을 근심하지 않아 편안하고, 편안하면 서로 의심하거나 시기하지 않아 나라가 기울고 전복될 근심이 없게 된다.

5) 원문의 "간과干戈"를 번역한 것인데 '무력을 사용하다'는 식으로 번역해도 무방하다.

6) 원문의 "소장蕭墻"이란 노나라 임금이 사용하던 병풍으로 신하들이 이 병풍 앞에 이르면 마음이 경건해지기 때문에 엄숙한 담장이라는 의미다. 천자는 외병外屛을 두르며, 제후는 내병內屛, 대부는 주렴珠簾, 사士는 휘장을 사용한다(황간 설). 따라서 "소장지내蕭墻之內"란 노나라 임금을 가리킨다고 보면 된다. 공자가 이 말을 한 것은 노나라의 왕위를 차지하고 싶은 계손씨의 참월에 대한 속내를 드러낸 말이라고 해도 과언이 아니다. 그런데 정약용은 주희의 기존 설과 다른 풀이를 내놓았다. 정약용은 《예기》〈교특생郊特牲〉에 "쑥에 서직黍稷을 합하여 태워서 냄새가 올라가 담장과 지붕에 도달하게 한다〔蕭合黍稷, 臭陽達於牆屋〕"라고 한 것을 인용하여 "소장"은 '집의 담장〔家之垣〕'이라고 하였고, "소장의 근심은 자로와 염유 두 사람을 가리킨다"라고 하였다. 이러한 관점은 주희가 "소장지내蕭牆之內의 근심이란 애공이나 조나라를 지칭하는 것"이라고 한 것과 대비되니, 정약용은 소장의 근심이라고 할 수 없다고 하였다. 한편, 성백효는 "소장은 병풍이든 집의 담장이든 모두 노나라의 내란을 가리켰음은 의심할 것이 없다. 다만 자로와 염유를 가리켰다는 정약용의 설은 무리라고 생각된다"고 하면서 주희 설에 힘을 실었다.

季氏將伐顓臾. 冉有季路見於孔子曰: "季氏將有事於顓臾." 孔子曰: "求, 無乃爾是過與? 夫顓臾, 昔者先王以爲東蒙主, 且在邦域之中矣, 是社稷之臣也. 何以伐爲?" 冉有曰: "夫子欲之, 吾二臣者皆不欲也." 孔子曰: "求, 周任有言曰 '陳力就列, 不能者止.' 危而不持, 顚而不扶, 則將焉用彼相矣? 且爾言過矣, 虎兕出於柙, 龜玉毁於櫝中, 是誰之過與?" 冉有曰: "今夫顓臾, 固而近於費. 今不取, 後世必爲子孫憂." 孔子曰: "求, 君子疾夫舍曰欲之而必爲之辭. 丘也聞有國有家者, 不患寡而患不均, 不患貧而患不安. 蓋均無貧, 和無寡, 安無傾.[7] 夫如是, 故遠人不服, 則修文德以來之. 旣來之, 則安之. 今由與求也, 相夫子, 遠人不服, 而不能來也. 邦分崩離析, 而不能守也. 而謀動干戈於邦內. 吾恐季孫之憂, 不在顓臾, 而在蕭墻之內也."

천하에 도가 있으면 16.2

공자께서 말씀하셨다.

"천하에 도가 있으면 예악과 정벌은 천자로부터 나오고, 천하에 도가 없으면 예악과 정벌이 제후로부터 나온다. 제후로부터 나오면 대개 10대[8] 안에 [자리를] 잃어버리지 않는 경우가 드물고, 대부

7) 문맥으로 보아 이 "안무경安無傾"이란 세 글자가 다음 구절의 "기래지즉안지旣來之則安之" 다음에 나와야 한다고 주장하는 이도 있다.

8) 원문의 "10세十世"는 평왕이 동쪽으로 천도한 이래 공자가 죽을 때까지 재위했던 왕 열 명을 포괄하는 용어다. 여기서 예악과 정벌이 제후에게서 나왔다는 말의 주인공은 바로 제나라 환공이다. 주목할 만한 점은 제나라 환공에서부터 공자가 죽을 때까지 재위한 왕의 계보를 보면 희왕僖王·혜왕惠王·양왕襄王·

로부터 나오면 5대[9] 안에 [자리를] 잃어버리지 않는 경우가 드물며, 대부의 가신이 나라의 [자리를] 잡으면 3대 안에 [자리를] 잃어버리지 않는 경우가 드물다.[10] 천하에 도가 있으면 정권은 대부에게 있지 않으며, 천하에 도가 있으면 일반 백성들이 [정치 문제를] 논의하지 않는다."

孔子曰: "天下有道, 則禮樂征伐自天子出. 天下無道, 則禮樂征伐自諸侯出. 自諸侯出, 蓋十世希不失矣. 自大夫出, 五世希不失矣. 陪臣執國命, 三世希不失矣. 天下有道, 則政不在大夫. 天下有道, 則庶人不議."

도가 없으면 16.3

공자께서 말씀하셨다.

"작록에 대한 권한(정권을 비유함)이 공실(노나라 조정)을 떠난 지 5대가 되었고, 정권이 대부의 손에 넘어간 지 4대가 되었다.[11] 따라서 저 삼환[12]의 자손들도 쇠미해진 것이다."

경왕頃王·광왕匡王·정왕定王·간왕簡王·영왕靈王·경왕景王·경왕敬王 등 열 명이므로 공자가 바로 "10세"라고 한 것이다.

9) 여기서 "5세五世"란 노나라의 계씨들인 문자文子·무자武子·평자平子·환자桓子·강자康子를 말한다.

10) 공자는 이처럼 구체적인 숫자를 들어 흥망을 논했는데, 역사를 보는 안목이 예사롭지 않음을 알 수 있다. 춘추시대에 들어서면서 요·순·우·탕으로 대변되는 천자의 시대가 종말을 고하고 패권을 추구하는 제후들이 나라를 다스리는 세태를 우려한 것이니, 이는 곧 추구하는 대상이 추구하는 자를 망치는 일을 경계한 것이다.

孔子曰: "祿之去公室五世矣, 政逮於大夫四世矣.
故夫三桓之子孫微矣."

유익한 벗과 해로운 벗 16.4

공자께서 말씀하셨다.

"유익한 벗이 세 가지이고, 손해가 되는 벗이 세 가지이다. 정직한 사람을 벗하고[13], 미더운 사람을 벗하며, 견문이 많은 사람을 벗하면 이롭다. 아첨을 잘하는 사람을 벗하고, 선하고 유순한 듯하면서 [겉과 속이] 다른 사람을 벗하며, 말을 교묘히 둘러대는 사람을 벗하면 손해다."

孔子曰: "益者三友, 損者三友. 友直, 友諒, 友多聞, 益矣. 友便辟[14], 友善柔, 友便佞[15], 損矣."

---

11) 정현의 주석에 따르면 이때는 노나라 정공定公의 초기로 정사의 권한이 대부의 손에 달려 있었고, 작록도 군주의 손에서 나오지 않았다. "5세五世"는 노나라의 선공宣公·성공成公·양공襄公·소공昭公·정공定公 등 다섯 임금이고, "4세四世"는 계씨의 무자武子·평자平子·환자桓子·강자康子 등이다. 그러므로 이는 노나라 임금이 정치권력을 잃은 시기부터 공자가 이 말을 한 시기까지 왕가의 계보이다.

12) 노나라의 삼경三卿이다. 즉 중손(계손)·숙손·맹손이 모두 노나라 환공桓公의 후손이었으므로 "삼환三桓"이란 호칭을 붙인 것이다.

13) 관본언해와 율곡언해본의 "우友" 자 번역이 다르다. 관본언해에는 "우友"를 동사로 보아 "정직한 이를 벗삼으며 성실한 이를 벗삼으며 문견이 많은 이를 벗삼는다"로 해석하였으며 "우변벽友便辟" 이하도 이와 같다. 역자는 율곡언해에 따르지 않고 관본언해를 따랐다.

14) 마융에 따르면 "변便은 '재빠르게〔捷〕'의 뜻이다. "변벽便辟"은 "남이 싫어하는 것을 교묘히 피해 그 마음에 쏙 들려고 하는 사람〔巧避人之所忌, 以求容媚者〕"이라고 하였다.

좋아하는 것의 두 종류 16.5

공자께서 말씀하셨다.

"유익한 것 세 가지를 좋아하고, 해로운 것 세 가지를 좋아한다. 예악으로 절제하는 것을 좋아하는 것, 다른 사람의 장점 말하기를[16] 좋아하는 것, 현명한 친구를 많이 사귀기를 좋아하는 것은 유익하다. 교만을 즐기는 것을 좋아하고, 방탕하게 노는 것을 좋아하며, 향락에 빠져 먹고 마시는 것을 좋아하면 해롭다."[17]

孔子曰: "益者三樂, 損者三樂. 樂節禮樂, 樂道人之善, 樂多賢友, 益矣. 樂驕樂, 樂佚遊, 樂宴樂, 損矣."

잘못 모시는 허물 세 가지 16.6

공자께서 말씀하셨다.

"군자를 모실 때 세 가지 [저지르기 쉬운] 허물이 있으니, 말할 때가 되지 않았는데 말하는 것을 조급함이라고 한다. 말할 때가 되었는

15) "변녕便佞"에 대하여 정현은 "변便은 말을 잘하다[辯]이고, 변녕便佞은 말을 잘해서 남의 비위를 잘 맞추는 사람이다"라고 하였고, 황간은 변녕을 "말을 잘해서 교묘히 둘러대는 사람[辯而巧]"이라고 하였다.

16) 원문의 "도道"를 번역한 것으로, '이끌다'라는 의미의 '도導'로 해석하기도 하지만 설득력은 미흡하다.

17) 사람에게 가장 가치 있고 중요한 것은 인仁을 터득하는 일이다. 예악을 실천하고 다른 사람을 자신처럼 사랑하여 좋은 점을 말하고 아울러 어진 친구를 많이 사귀는 것이다. 반대로 육체적 욕망에 사로잡혀 방탕한 생활을 하는 행위는 인으로부터 멀어지는 해로운 것이다. 원문의 "일유佚遊"란 의미에 대해 왕숙은 "들고 나는 것에 절도가 없다[出入不節]"고 하였다.

데도 말하지 않는 것을 숨김이라고 한다. 얼굴빛을 보지도 않고 말하는 것을 눈멂이라고 한다."

孔子曰: "侍於君子有三愆. 言未及之而言謂之躁, 言及之而不言謂之隱, 未見顔色而言謂之瞽."

군자가 경계해야 할 세 가지 16.7

공자께서 말씀하셨다.

"군자에게는 세 가지 경계해야 하는 것이 있다. 젊어서는[18] 혈기가 안정되지 않았으므로 여색에 빠지는 것을 경계해야 하고, 장년이 되어서는 혈기가 막 왕성해지므로 싸움에 휘말리는 것을 경계해야 하며, 늙어서는 혈기가 이미 사그라졌으므로 탐욕에 빠지는 것을 경계해야 한다."[19]

孔子曰: "君子有三戒. 少之時, 血氣未定, 戒之在色. 及其壯也, 血氣方剛, 戒之在鬪. 及其老也, 血氣旣衰, 戒之在得."

---

18) 《황소皇疏》에서 말하길 "젊어서"는 20세 이하이고, "장년이 되어서"는 30세 이상이고, "늙어서"는 50세 이상이다. 맨 마지막의 늙음의 나이는 규정하기 어려운데 혹자는 70세까지 확장하기도 한다. 공자는 〈위정〉 2.4의 "15세에 배움에 뜻을 두었고, 30세가 되어서는 자립하였다"에서 보듯이 나이에 따라서 삶의 이정표를 잘 정해놓았다.

19) 마음을 다스리기가 쉽지 않다는 것을 강조하고 있는 문장이다. "젊어서는 색色을 생각하고 장년에는 싸움을 생각하니, 이는 꽉 차서 새어나가기를 생각하는 것이다. 노년에는 혈血이 허虛하고 기氣가 모자라 항상 보충하기를 생각하기 때문에, 그 심정은 음식을 좋아하고 재물에 애착을 가지는 것이니, 이는 두려워할 만한 기틀이다"(정약용 설). 핵심은 평정심을 잃지 않는 일이다.

군자가 두려워해야 할 세 가지 16.8

공자께서 말씀하셨다.

"군자에게는 세 가지 두려워하는 것이 있다. 천명을 두려워하고, 대인(높은 자리에 있는 자)을 두려워하며, 성인(도덕을 갖춘 자)의 말씀을 두려워해야 한다.[20] 소인은 천명을 알지 못하므로 두려워하지 않고 대인[21]을 함부로 대하며 성인의 말을 업신여긴다."

孔子曰: "君子有三畏. 畏天命, 畏大人, 畏聖人之言.
小人不知天命而不畏也, 狎大人, 侮聖人之言."

아는 사람의 네 가지 등급 16.9

공자께서 말씀하셨다.

"태어나면서부터 아는 사람은 상급이고, 배워서 아는 사람은 그다음 등급이며, 곤란을 겪고 나서 배우는 사람은 또 그다음이며, 곤란을 겪고 나서도 배우지 않는 사람은 백성들이 [바로] 그런 자들인데 이들은 하급이다.[22]"

---

20) "삼외三畏" 이외에 군자가 두려워해야 할 세 가지가 《예기》 〈잡기 하雜記下〉 편에 나와 있다. "첫째, 들은 것이 없을 때는 듣지 못했음을 두려워해야 한다. 둘째, 들었다면 이를 익히지 못함을 두려워해야 한다. 셋째, 익혔다면 이를 실천하지 못함을 두려워해야 한다." 여기서 "외畏"의 개념은 사실상 기피 대상이 아니라 경건하거나 경탄하는 의미를 갖는다.

21) 지위가 있고 연륜이 있고 덕이 있는 자를 말한다(주희 설). 덕德·재才·지智를 갖춘 사람이라고 본 맹자는 《맹자》 〈진심 하盡心下〉에 "대인에게 진언할 때는 가볍게 대해야 한다〔說大人, 則藐之〕"는 말을 했다.

孔子曰: "生而知之者上也, 學而知之者次也, 困而學之[23], 又其次也, 困而不學, 民斯爲下矣."

군자가 생각해야 할 아홉 가지 16.10

공자께서 말씀하셨다.

"군자에게는 아홉 가지 생각할 것이 있으니, 볼 때는 분명한가를 생각하고, 들을 때는 똑똑한가를 생각하고, 안색은 온화한가를 생각하며, 용모는 공손한지를 생각하고, 말은 충실한지를 생각하고, 일을 처리할 때는 경건한가를 생각하고, 의문이 들 때는 물어보아야 할 것을 생각하고, 화가 치밀면 어떤 후환이 생길까를 생각하고, 재물을 보면 의로운 것인가를 생각한다."

孔子曰: "君子有九思. 視思明, 聽思聰, 色思溫, 貌思恭, 言思忠, 事思敬, 疑思問, 忿思難, 見得思義."

---

22) 이 문장은 〈술이〉 7.19, 7.33과 긴밀한 연관이 있으니, 모두 공자의 호학好學 정신을 다룬 장들이다.

23) "곤이학지困而學之"에 대하여 주희는 "곤困은 갇혀서 통하지 못하는 바가 있는 것〔有所不通〕"이라고 하였다. 이치에 통하지 않는 것, 일을 하다가 곤란한 지경에 빠지는 것 등이 '곤'이며, 또한 사람들마다 각각의 경우에 다양한 형태의 '곤'이 있다고 볼 수 있다. '곤'은 배움의 필요성이나 그 동기가 되는 중요한 기회이다.

은자를 염원하다 16.11

공자께서 말씀하셨다.

"선한 사람을 보거든 미치지 못할 듯이 하고, 선하지 못한 사람을 보거든 끓는 물에 손을 대는 듯이 한다. 나는 그런 사람을 보았고, 나는 그런 말도 들었다.[24] 숨어 살면서 자신의 뜻을 추구하고, 의로움을 실천함으로써 자신의 도를 달성한다고 하는데, 나는 그런 말을 들었지만 그런 사람은 아직 보지 못했다."

孔子曰: "見善如不及, 見不善如探湯. 吾見其人矣, 吾聞其語矣. 隱居以求其志, 行義以達其道, 吾聞其語矣, 未見其人也."

경공과 백이 숙제 16.12

제나라 경공은 말 4천 필을 갖고 있었는데, 그가 죽던 날 백성들이 그의 덕에 대해 칭송하는 자가 없었다. 백이와 숙제는 수양산 아래서 굶어죽었지만, 백성들은 오늘에 이르기까지 그들을 칭송하고 있다.[25] 아마도 이것을 두고 하는 말인가?

齊景公有馬千駟, 死之日, 民無德而稱焉. 伯夷叔齊餓于首陽之下, 民到于今稱之. 其斯之謂與?

---

24) 공안국은 "끓는 물에 손을 댄다는 말은 악한 것을 버리기를 빨리하는 것에다 비유한 것"이라고 하였다. 뒤의 두 구절, 즉 "오견기인의吾見其人矣, 오문기어의吾聞其語矣"라는 문장의 순서가 반대로 되어야 한다고 보는 이도 있는데 문맥상 그렇게 생각할 수도 있다.

군자는 자식과도 거리를 둔다 16.13

진항(진자금)이 백어[26]에게 물었다.

"당신께서는 또한 [아버지로부터] 특별한 말을 들었습니까?"

[백어가] 대답했다.

"없었습니다. 일찍이 홀로 서 계시는데 제가 종종걸음으로 뜰을 지나가자, 말씀하시기를 '시를 배웠느냐?'라고 하셔서 '아직 배우지 못했습니다'라고 대답했습니다. [그랬더니] '시를 배우지 않으면 말

---

25) 백이와 숙제, 경공과의 대비 때문에 주희는 12장이 〈안연〉 12.10의 맨 끝 두 문장인 "성불이부誠不以富, 역지이이亦祗以異" 뒤에 와야 한다고 주장했으나 정약용은 주희의 견해가 합리적이지 않다고 하는 등 서지학적 논란이 있는 장이다. 한편, 이런 공자와 다른 시각을 보여주는 이가 바로 사마천이다. 사마천은《사기》〈백이열전〉에서 백이와 숙제가 "원망한 것인가 아닌가(怨邪非邪)"라고 단도직입적으로 질문하면서, 그들이 지었다는 〈채미가〉의 내용을 인용하고 있다. "폭력으로 폭력을 바꾸었건만/그 잘못을 모르는구나/신농神農, 우, 하나라 때는 홀연히 지나갔으니/우리는 앞으로 어디로 돌아가야 하나?/아아! 이제는 죽음뿐/우리 운명도 다했구나!"라고 말이다. 사마천이 볼 때 백이와 숙제는 천하의 대의명분을 지키려고 고고하게 살다가 죽었지만 내심 원망하는 마음이 가득했다고 여긴 것이다. 백이와 숙제의 삶에서 진한 원망의 감정을 공감한 사마천은 뒤이어 큰 물음을 던진다. "착한 사람이 곤경에 빠지는 것이 하늘의 도인가, 아닌가?" 공자의 제자 70여 명 중에 안연顏淵만이 학문을 좋아한다고 말했으나, 그런 안연은 늘 가난해서 술지게미도 배불리 못 먹었고 젊은 나이에 죽고 말았다. 이 두 사례를 곰곰이 생각해볼 일이다.

26) 진항은 〈학이〉 1.10에서도 자공에게 공자에 대해 묻는다. 이 편에서는 공자께서 아들인 백어에게 뭔가 특별한 가르침을 준 것이 있는지 궁금해하는 대목이다. 시와 예를 배웠느냐는 부자간의 대화가 예사롭지는 않다. 백어伯魚는 진항과 나이 차이가 스무 살 이상 나므로 경어체가 옳다. 사마천에 따르면 백어는 공자의 아들인데,《사기》〈공자세가〉에서 공자의 후손을 상세히 밝히고 있다. "공자는 이鯉를 낳았는데, 자가 백어伯魚이다. 백어는 나이 쉰 살에 공자보다 먼저 세상을 떠났다. 백어가 급伋을 낳았으니, 자가 자사子思이고, 향년 예순둘이었다. 자사는 일찍이 송宋나라에서 곤욕을 치렀다. 자사가《중용中庸》을 지었다."

을 할 수 없다'라고 하셨습니다. 저는 물러나 시를 배웠습니다. 다른 날 또 홀로 서 계시는데 제가 종종걸음으로 뜰을 지나가자 말씀하시기를 '예를 배웠느냐'라고 물으셔서 '아직 배우지 못했습니다'라고 대답했습니다. [그랬더니] '예를 배우지 않으면 [남 앞에] 설 수가 없다'라고 하셨습니다. 저는 물러나서 예를 배웠습니다. 이 두 가지를 들었습니다."

진항은 물러나 기뻐하면서 말했다.

"하나를 물어서 셋을 얻었으니 시를 들었고, 예를 들었으며, 또 군자가 그의 자식을 멀리한다는 것을 들었다."

陳亢問於伯魚曰: "子亦有異聞乎?" 對曰: "未也. 嘗獨立, 鯉趨而過庭. 曰, '學詩乎?' 對曰: '未也.' '不學詩, 無以言.' 鯉退而學詩. 他日, 又獨立, 鯉趨而過庭. 曰, '學禮乎?' 對曰: '未也.' '不學禮, 無以立.' 鯉退而學禮. 聞斯二者." 陳亢退而喜曰: "問一得三, 聞詩, 聞禮, 又聞君子之遠其子也."

호칭의 방식 16.14

나라 임금의 아내를 임금이 부를 때는[27] '부인夫人'이라 하고, 부인이 스스로를 부를 때는 '소동小童'이라 하며, 그 나라 사람들이 부인을 부를 때는 '군부인君夫人'이라 하고, 다른 나라 사람에게 부인을 부를 때는 '과소군寡小君'이라고 한다. 다른 나라 사람이 부를 때도 '군부인'이라고 한다.[28]

邦君之妻, 君稱之曰夫人, 夫人自稱曰小童. 邦人稱之曰君夫人, 稱諸異邦曰寡小君. 異邦人稱之亦曰君夫人.

27) 이 당시 제후들이 적첩嫡妾에 대해 분명하게 호칭하지 않고 문란하게 사용하였으므로 정명正名 사상이 강한 공자가 예에 근거하여 바로잡고자 한 것이라는 공안국의 설이 타당하다.

28) 이 문장의 원문 맨 앞에 '자왈子曰'이 누락되었을 것으로 추론한다. 양보쥔의 말처럼 아마도 8촌에 불과한 죽간의 형편상 너무 자수가 많아 두 글자를 누락한 것이 아닌가 짐작된다. 그런데 주희는《논어집주》에서 오역吳棫의 말을 인용한다. "무릇《논어》에 기재된 내용 중에 이런 종류의 것이 무엇을 말하는지 알 수 없다. 혹 옛날에도 있었는지 혹은 부자夫子께서 일찍이 말씀하신 것인지 상고할 수 없다"라고 하였다. 덧붙여 말하면 "부인夫人"은 제후의 아내를 말하고, 천자의 비妃는 "후后"라고 한다. "소동小童"은《예기》〈곡례〉 편에 "무지하기가 어린아이 같다"는 뜻이라고 하였다. "과소군寡小君"도 "과인寡人"의 경우와 더불어 모두 자신을 낮추는 겸양의 호칭이다.

제17편

양화陽貨

–타락한 사회에 홀로 서 있는 공자의 외침

【해설】

《논어》 전체 20편 가운데 17편부터 20편까지는 결론부에 해당되는데, 특히 〈양화〉 편은 〈술이〉 편과 긴밀한 관계가 있다. 이 편의 내용 역시 정치적인 담화뿐 아니라 공자의 처세 방식에 관련된 이야기들이 많이 수록되어 있다. 공자의 실제 모습이 가장 잘 담겨 있는 이 편에는 공자를 벼슬길로 나오도록 부추기는 권력자 양화陽貨, 반란자 필힐佛肹 등이 등장한다. 공자는 필힐 밑으로 가서 벼슬하려는 자신에게 제자 자로가 핀잔하며 말리자 변명조의 말을 하기도 했다. 공자는 정명과 구세의 뜻을 펼치고자 50세 이후부터는 직접 이 나라 저 나라를 주유하면서 현실정치에 참여할 방안을 찾았으나 이렇다 할 결과를 얻지 못했다. 이런 상황, 말하자면 현실과 이상 사이에서의 좌절과 갈등은 이 편의 앞 부분에서 중점적으로 드러나고 있다.

하지만 여기서도 공자는 스승 특유의 교육자다운 모습을 보여주고 있다. 공자는 자로에게 여섯 가지 말과 여섯 가지 폐단을 말하면서 마치 이런 폐단이 자로에게만 있는 것처럼 몰아세운다. 그러면서 비루한 자는 관직에 연연하면서 근심에 휩싸인다며 "교언영색"이란 말을 다시 강조하고 있다.

전반부에는 공자가 평소 싫어했던 유형의 인간들로 인해 흔들리는 공자의 모습이 생동감 있게 묘사되어 있다. 후반부에서는 공자의 분노와 시대를 향한 외침이 많이 들려온다. 의롭지 않은 것을 보고도 못 본 체하는 비겁한 행동을 철저히 거부하는 것이다.

공자는 평소 정치적 올바름을 강조했고 이를 지키는 데서 오는 자부심도 강했지만, 이 편을 보면 권력의 유혹에 넘어갈 뻔하는 나약한 지식인의 모습을 보여주기도 한다. 이러한 균열은 뜻을 펼치길 갈망하면서도 쓰이지 못하는 처지에 놓인 모든 지식인의 서글픈 자화상인지도 모른다.

이외에 삼년상을 두고 제자와 펼친 논쟁도 흥미로운 대목이고, 여자와 소인은 돌보기 어렵다는 구절은 유가 사상의 남성우월주의 및 엘리트주의와 관련하여 논란의 빌미를 제공한 대목들이다.

공자를 뒤흔든 양화 17.1

양화[1)]가 공자를 만나고자 했으나, 공자께서 만나려 하지 않자,[2)] [없는 틈에] 공자께 [삶은] 돼지[3)]를 [선물로] 보냈다. 공자께서는 그가 없을 때를 기다렸다가 그에게 사례하러 갔는데[4)] [돌아오는] 길에서 우연히 만났다. [양화가 지나치는] 공자께 말했다.

"[이리] 오십시오. 제가 당신과 할 말이 있습니다."

[양화가] 말했다.

"그 보배를 품고서도 자신의 나라를 혼미하게 한다면[5)] 인仁하다

---

1) "양화陽貨"에 대해서는 양호陽虎라는 자와 동일 인물이라는 설(공안국)이 가장 설득력이 있는데, '호虎'와 '화貨' 가운데 무엇이 이름이고 무엇이 자인지는 분명하게 정리되지 않았다. 유보남은 '화'가 이름이고 '호'가 자라고 풀이했다. 여하튼 양화는 《논어》에서는 오직 이곳에만 나온다. 계씨의 가신이었고, 계평자·계환자 등을 모셨으며, 마지막에 삼환을 제거하려다가 실패하여 진晉나라로 달아났다. 당시 그다지 평이 좋지 않았는데 공자에 대해서는 대단한 호의를 보였다. 그가 공자로 하여금 벼슬에 나오도록 부추겼고 공자는 마음이 흔들릴 수밖에 없었다. 공자는 어찌되었든 벼슬을 하려고 했으니 말이다.

2) 《사기》〈공자세가〉에 이런 이야기가 전한다. 젊은 시절 공자가 계씨의 연회석에 참석하려 했다. 그때 양화가 공자를 들어오지 못하게 막았다. 그러면서 "계씨가 사인들에게 연회를 베푼 것이지 감히 그대에게 연회를 베푸는 것은 아니오"라고 말했다. 공자는 이 말을 듣고 물러나올 수밖에 없었다. 과거에 이런 일도 있었기에 공자가 양화와의 만남을 거부한 듯하다. 양화 또한 공자가 집에 없는 틈을 타서 선물을 보냈다.

3) 원문의 "돈豚"은 삶은 돼지를 의미하며 선물로 보낸 시기는 공자가 대부가 되기 이전인 정공 6년이나 7년경으로 추정한다(정약용 설).

4) 이 내용은 《맹자孟子》〈등문공 하滕文公下〉에 보인다. 양화는 공자께서 자신을 만나러 오게 하고 싶었지만, 예를 갖추지 않았다는 비난을 듣기 싫었다. 당시에는 "대부가 사士에게 선물을 보낼 경우 자기 집에서 직접 받지 못하면 대부의 집에 가서 절을 하는 것[大夫有賜於士, 不得受於其家, 則往拜其門]"이 예의였다. 양화는 공자가 집에 없는 틈을 엿보아 공자에게 삶은 작은 돼지를 보냈는데 공자도 또한 그가 집에 없는 것을 엿보아 가서 예를 표한 것이다.

고 할 수 있겠습니까?"

[공자께서] 말씀하셨다.

"그렇다고 할 수 없습니다."

"[정사에] 종사하는 것을 좋아하면서 자주 때를 놓치면 지혜롭다고 할 수 있겠습니까?"

[공자께서] 말씀하셨다.

"그렇다고 할 수 없습니다."

[양화가 말했다.]

"해와 달이 가버리듯 세월은 나와 함께하지 않습니다."

공자께서 말씀하셨다.

"알겠습니다. 나는 장차 벼슬할 것입니다."[6)]

陽貨欲見孔子, 孔子不見, 歸[7)]孔子豚. 孔子時其亡也, 而往拜之, 遇諸塗. 謂孔子曰: "來. 予與爾言." 曰: "懷其寶而迷其邦, 可謂仁乎?" 曰: "不可." "好從事而亟失時, 可謂知乎?" 曰: "不可." "日月逝矣, 歲不我與." 孔子曰: "諾. 吾將仕矣."

---

5) 마융은 공자가 벼슬을 하지 않음이 곧 보배를 품은 것이고, 나라가 다스려지지 않은 것을 알면서도 정사를 하지 않음이 곧 나라를 혼미하게 하는 것이라 하였다.

6) 공자가 바로 벼슬에 나아간 것은 아니다. 이 말을 듣고 3~4년 지난 기원전 501년 공자는 양화가 진晉나라로 도망간 뒤에야 나와서 벼슬을 했으니 말이다. 그러니 양화의 행동거지를 공자 역시 그다지 신뢰하지 않았을 것으로 추정된다. 보다 자세한 내용이 《춘추좌씨전》〈정공〉 8~9년조에 보인다.

7) 원문의 "귀歸"는 '궤饋'와 같은 뜻으로 '선물을 보내다'라는 의미다.

본성보다는 습관이다 17.2

공자께서 말씀하셨다.

"[타고난] 본성은 서로 비슷하지만, 습관은 서로 멀어지게 된다."

子曰: "性相近也, 習相遠也."

변화시킬 수 없는 두 부류 17.3

공자께서 말씀하셨다.

"오직 가장 지혜로운 사람과 가장 어리석은 사람은 바뀌지 않는다."

子曰: "唯上知與下愚不移."[8]

8) 원문의 "상지上知"와 "하우下愚"의 개념에 이설이 존재한다. 《한서》〈고금인표古今人表〉에는 "가히 더불어 선을 하고 가히 더불어 악을 하지 않는 것을 일컬어 상지라고 하고, 가히 더불어 악을 하고 가히 더불어 선을 하지 않는 것을 일컬어 하우라고 한다(可與爲善, 不可與爲惡, 是謂上智. 可與爲惡, 不可與爲善, 是謂下愚)"라고 했으나, 손성연孫星衍의 《문자당집問字堂集》에는 "상지는 태어나면서 아는 것을 일컫는 것이고, 하우는 곤궁한데도 배우지 않는 것을 일컫는 것이다(上知謂生而知之, 下愚謂困而不學)"라고 하였다. 물론 문맥상 손성연의 설이 합당하다. 공자는 이미 〈계씨〉 16.9에서 "태어나면서 아는 사람은 상급이다(生而知之者上也)"라는 말을 했다. 물론 공자는 스스로 "생이지지자生而知之者"임을 부인했다(〈술이〉 7.19).

닭 잡는 데 소 잡는 칼 17.4

공자께서 무성(노나라 도성인 곡부의 작은 읍으로 자유子游가 당시 현령이었음)에 가셔서 현악기 소리에 따라 부르는 노래 소리를 들으셨다.[9] 선생님께서는 빙그레 웃으시면서 말씀하셨다.

"닭을 잡는 데 어찌하여 소 잡는 칼을 쓰느냐?"[10]

자유가 대답했다.

"예전에 저는 선생님께서 '군자가 도를 배우면 남을 사랑하고, 소인이 도(여기서는 예악을 지칭)를 배우면 [소인을] 부리기 쉽다'고 하신 말씀을 들었습니다."

공자께서 말씀하셨다.

"제자들아, 언(자유)의 말이 맞다. 아까 한 말은 농담이었을 뿐이다."

子之武城, 聞弦歌之聲. 夫子莞爾而笑, 曰: "割雞焉用牛刀?"

子游對曰: "昔者偃也聞諸夫子 曰: '君子學道則愛人,

小人學道則易使也.'"

子曰: "二三者. 偃之言是也. 前言戲之耳."

---

9) 현령인 자유子游의 교화로 무성 사람들이 모두 공자에게 배운 예악을 익혀 생활 속에서 사용함을 들으신 것이다.

10) 자유가 나라를 다스릴 만한 인재인데도 이런 작은 읍에서 성실하게 일하는 것이 보기 좋다는 설이 있고, 무성과 같이 작은 읍을 다스림에 있어서 어찌 나라를 다스리는 데 필요한 예악을 쓰느냐는 설도 있다. 필자는 문맥상 후자가 타당하다고 본다.

공산불요로 인해 흔들리다 17.5

공산불요[11]가 [노나라의] 비읍을 근거지로 해서 반란을 일으키고 나서 [공자를] 부르자,[12] 공자께서 가시려고 했다. 자로가 언짢아하며 말했다.

"가실 곳이 없으면 그만둘 일이지, 어찌하여 꼭 공산씨에게 가시려고 합니까?"[13]

공자께서 말씀하셨다.

"그자가 어찌 헛되이 [나를] 불렀겠느냐? 만약 나를 써주는 사람만 있다면 나는 그곳(노나라의 비읍)을 동쪽의 주나라로 만들 것이다!"

---

11) 공산불요公山弗擾는 계씨의 가신으로 비읍費邑의 수장首長이면서 계씨에게 반발을 일으키고 공자를 부른 것이다. 공자의 기준에 비추어 이 사람은 난신적자이기에 원래는 탐탁지 않은 인물이다. 황간은 "공산불요公山不擾"라고 했으나 양보쥔은《춘추좌씨전》〈정공〉 5년과 8년, 12년 및 애공哀公 8년조에 나오는 공산불뉴公山不狃가 아닌지 의심스럽다고 주장하고 있다.《춘추좌씨전》에는 여기 나오는 이야기가 없다는 점이다. 즉 공산불뉴가 반란을 도모했을 당시 공자는 가지도 않았다는 것이 정설이며 그 당시 사구 벼슬을 하고 있었으므로 사람을 시켜 그를 무찌르도록 했다는 것이 양보쥔의 보충설명이다. 사마천의《사기》〈공자세가〉에도 "공산불뉴公山不狃"라고 되어 있기는 한데 동일인물로 봐야 한다는 설도 일리가 있다.

12) 부름의 주체에 대해 이설이 있다. 즉 문맥에 따르면 공산불요가 부른 것인데, 계씨가 불렀다고 해석하는 이들도 있다.

13) 이 당시의 상황에 대해 사마천은 이렇게 기록하고 있다. "[계씨의 가신인] 공산불요는 비읍費邑에서 계씨에게 반기를 들고, 다른 사람을 보내어 공자를 초청했다. 공자는 [나라를 다스리는] 도를 따른 지 아주 오래되어, 시험해볼 곳이 없음을 답답해하였으나 자신을 등용하려는 사람은 아무도 없었다. 이에 말했다. '주나라의 문왕과 무왕은 풍灃과 호鎬 땅에서 일어나 왕 노릇을 하였는데, 지금 비읍이 비록 작지만 아마도 치국의 도를 실현할 수는 있겠지!'"(《사기》〈공자세가〉). 여기서 말하는 공산불뉴가 곧 공산불요다. 그러자 자로가 반대한 것이다.

公山弗擾以費畔, 召子欲往. 子路不說, 曰: "末之也已, 何必公山氏之之[14]也?" 子曰: "夫召我者, 而豈徒哉? 如有用我者, 吾其爲東周乎!"

공恭·관寬·신信·민敏·혜惠 17.6

자장이 공자께 인仁에 대해 여쭈었다. 공자께서 말씀하셨다.

"다섯 가지를 천하에 실행할 수 있으면 인을 구현했다고 할 수 있다."

[자장이] 그 내용을 청해 여쭈었다.

[공자께서] 말씀하셨다.

"공손함, 너그러움, 믿음, 영민함, 은혜이다. 공손하면 모욕을 받지 않고, 너그러움을 베풀면 많은 사람의 마음을 얻으며, 믿으면 사람들이 신임하고, 영민하면 공을 세우게 되며, 은혜로우면 사람을 충분히 부릴 수 있다."

子張問仁於孔子. 孔子曰: "能行五者於天下爲仁矣." 請問之. 曰: "恭寬信敏惠. 恭則不侮, 寬則得衆, 信則人任焉, 敏則有功, 惠則足以使人."

---

14) 이 "지지之之"에서 앞 글자는 단지 도치를 돕기 위한 어조사이고, 뒤 글자가 동사 '가다'의 뜻으로 쓰였다.

가려는 공자와 말리는 자로 17.7

필힐[15]이 부르자 공자께서 가시려고 했다. 자로가 말씀드렸다.

"예전에 저는 선생님께 이런 말씀을 들었습니다. '그 자신에게 몸소 나쁜 짓을 한 자에게는 군자는 다가서지 않는다'고 말입니다. [하물며] 필힐은 중모에서 반란을 일으켰는데 선생님은 가려 하시니, 어찌된 일입니까?"

공자께서 말씀하셨다.

"그래. 그런 말을 한 적이 있었지. 그런데 견고하다고 하지 않았더냐? 갈아도 닳지 않는다고 말이다. 희다고 하지 않았더냐? 검게 물들여도 검어지지 않는다고 말이다. 내가 무슨 조롱박[16]이더냐? 어찌 매달아놓기만 하고 먹을 수도 없단 말이냐?[17]"

15) "필힐佛肹"은 《한서》〈고금인표古今人表〉에는 "불힐茀肹"이라고 되어 있고, 《사기》〈공자세가〉에는 "필힐佛肹"이라고 나온다. 〈공자세가〉에는 진나라 조간자趙簡子의 가신인 중모땅 읍재邑宰 필힐이 진나라 정공定公 18년에 자신이 다스리던 중모를 중심으로 조간자에게 반란을 일으켰다고 적고 있다. 리링은 이 반란이 기원전 490년의 일로《춘추좌씨전》〈애공〉 5년에 조앙이 중모를 포위한 사건이라고 고증했다.

16) "조롱박〔포과匏瓜〕"은 단 것과 쓴 것 두 종류가 있다. 쓴 박은 물보다 가벼워 허리에 차고 물을 건네는 데에 사용할 수 있지만 먹을 수는 없다.《국어國語》〈노어魯語〉에 "쓴 박은 재료가 아니니 사람이 함께 건너는 데 쓸 뿐이다〔苦瓠不材, 於人共濟而已〕"라는 구절이 있다. 특이한 경우로 "포과匏瓜"를 별 이름으로 보는 학자도 있다.

17) 공자가 워낙 견고하여 갈아도 닳지 않고 검은 물을 들여도 검어지지 않음을 말한 것이니, 이는 군자가 비록 혼탁하고 어지러운 곳에 있어도 그 혼탁하고 어지러운 것이 군자를 더럽힐 수 없음을 비유한 것(공안국 설)이라 하여 공자의 자신감과 의지를 피력한 것이다. 〈양화〉 17.5와 같은 맥락이다.

佛肸召, 子欲往. 子路曰: "昔者由也聞諸夫子, 曰: '親於其身爲不善者, 君子不入也.' 佛肸以中牟畔, 子之往也, 如之何?" 子曰: "然, 有是言也. 不曰堅乎, 磨而不磷. 不曰白乎, 涅而不緇. 吾豈匏瓜也哉.
焉能繫而不食?"

여섯 덕목과 여섯 병폐 17.8

공자께서 말씀하셨다.

"유(자로)야, 너는 여섯 가지 덕목〔六言〕과 [그것들의] 여섯 가지 병폐〔六蔽〕에 대해 들어보았느냐?"

[자로가] 대답했다.

"아직 [들어보지] 못했습니다."

"앉거라, 내 너에게 들려주마. 인을 좋아하고 배우기를 좋아하지 않으면 병폐가 있으니[18] 어리석게 된다. 지혜를 좋아하고 배우기를 좋아하지 않으면 병폐가 있으니 방탕하게 된다. 신의를 좋아하고 배우기를 좋아하지 않으면 병폐가 있으니 [남을] 해치게 된다. 곧은 것을 좋아하고 배우기를 좋아하지 않으면 병폐가 있으니 박절하게 된다. 용기를 좋아하고 배우기를 좋아하지 않으면 병폐가 있으니 혼란하게 된다. 강한 것을 좋아하고 배우기를 좋아하지 않으면 병폐가 있으니 경솔하게 된다.[19]"

18) 주희는 "폐는 가려지는 것이다〔蔽遮掩也〕"라고 하였고, 형병은 "가려져서 막히면 스스로 그 허물을 보지 못한다〔蔽塞不自見其過〕"고 하였다.

子曰: "由也. 女聞六言六蔽矣乎?"

對曰: "未也." "居. 吾語女. 好仁不好學, 其蔽也愚. 好知不好學, 其蔽也蕩. 好信不好學, 其蔽也賊. 好直不好學, 其蔽也絞. 好勇不好學, 其蔽也亂. 好剛不好學, 其蔽也狂."

시를 배워야 하는 이유 17.9

공자께서 말씀하셨다.

"너희는 어찌하여 아무도 시詩(《시경》을 가리킴)를 배우지 않느냐? 시는 [감흥을] 불러일으킬 수 있고, [사회를] 관찰할 수 있고, [사람들을] 모을 수 있고, [사회의 병폐를] 원망할 수 있다. 가까이로는 부모를 섬길 수 있고, 멀리로는 임금을 모실 수 있으며, 새와 짐승과 풀과 나무의 이름을 많이 알게 된다."

子曰: "小子何莫學夫詩? 詩可以興, 可以觀, 可以羣, 可以怨. 邇之事父, 遠之事君. 多識於鳥獸草木之名."

19) 주희는 "한갓 좋아하기만 하고 배움으로써 그 이치를 밝히지 않으면, 저마다 가려지는 바가 있다〔徒好之而不學以明其理, 則各有所蔽〕"고 하면서 "우愚는 함정에 빠뜨릴 수 있고 속일 수 있는 종류와 같은 것〔愚若可陷可罔之類〕"이라고 풀이했는데 타당하다. 주희는 "탕蕩"은 높은 것을 다하고 넓은 것을 다하여 그치는 곳이 없는 것, "적賊"은 스스로를 해치는 것, "용勇"은 '강剛'이 겉으로 드러난 것, "강剛"은 '용勇'의 몸체이고, "광狂"은 조급하고 경솔한 것이라고 풀이하였다.

시를 배우지 않으면 17.10

공자께서 백어에게 말씀하셨다.

"너는 〈주남周南〉과 〈소남召南〉을 배웠느냐?[20] 사람이 〈주남〉과 〈소남〉을 배우지 않으면[21], 아마도 마치 벽을 마주하고 서 있는 것과 같도다!"

子謂伯魚曰: "女爲周南召南矣乎? 人而不爲周南召南, 其猶正牆面而立也與!"

예와 악 17.11

공자께서 말씀하셨다.

"예를 말하고 예를 말한다고 해서 [그것이] 옥이나 비단[22]을 말하는 것이겠는가? 악을 말하고 악을 말한다고 해서 [그것이] 종이나 북을 말하는 것이겠는가?"[23]

---

20) 〈주남周南〉과 〈소남召南〉은 "이남二南"이라고 하며 15개 국가의 가요로 구성된《시경》〈국풍國風〉 첫머리에 놓여 있다. 원문의 "위爲"는 '배울 학學'의 의미다(주희 설). 〈계씨〉 16.13에도 비슷한 내용이 나온다.

21) 공자가 이렇게 말한 내막을 살펴볼 필요가 있다. 이 두 편은 〈국풍國風〉에 남아 있는 편명으로 시·악·무를 함께 익힐 수 있다. 이는 시만 암송하라는 의미가 아니며 음악, 춤도 배워야 하고, 내용으로는 수신修身·제가齊家와 관련되어 있으니《시경》대목에서 중요한 역할을 하고 있음을 알 수 있다.

22) 원문의 "옥백玉帛"을 번역한 것으로 옥과 비단은 옛날에 중국의 제후가 천자를 만날 때 가지고 가던 예물로 가장 귀한 것의 상징이며 허례허식의 대명사가 될 수 있다.

子曰: "禮云禮云, 玉帛云乎哉? 樂云樂云, 鐘鼓云乎哉?"

겉모습만 엄하면 17.12

공자께서 말씀하셨다.

"얼굴빛은 엄하지만 마음속이 유약한 것은, 소인으로 비유하자면, 아마도 마치 벽에 구멍을 뚫고 담장을 넘는 좀도둑과 같도다!"

子曰: "色厲而內荏, 譬諸小人, 其猶穿窬[24]之盜也與!"

위선자 17.13

공자께서 말씀하셨다.

"향원鄕原은 덕을 해치는 자다."[25]

子曰: "鄕原, 德之賊也."

23) 예와 악의 정신적 면모를 중시한 것이니, 옥이나 비단, 혹은 종이나 북 같은 물질적 형식보다 내용이 더 가치 있다는 뜻이다. 정이천은 "예는 다만 하나의 차례일 뿐이며, 악은 다만 하나의 조화일 뿐이다(禮只是一個序, 樂只是一個和)"라고 하였다. 이 문장은 〈팔일〉 3.3, 3.4와 함께 읽어보면 좋다.

24) 공안국에 의하면 "천穿"은 '벽을 뚫는 것'이고, "유窬"는 '담장을 넘는 것'이라고 하였다.

25) "향원鄕原"이란 시비를 온전히 가리지 못하고 시세에 영합하면서도 순박한 듯이 행동하는 위선자를 말한다. "향원"의 개념을 가장 정확히 설명한 이는 맹자다. 맹자는 《맹자孟子》 〈진심 하盡心下〉 편에서 이렇게 말하고 있다. "어찌하여 뜻이 높고 큰가? 말은 행동을 돌아볼 수 없고 행동도 말을 돌아볼 수 없으면서 곧 '옛날 사람이여 옛날 사람이여라고 하면서 행동은 어찌하여 이렇게 고독하고 어울리지 못하는가? 이 세상에 태어났으면 이 세상을 위해 일하

도청도설 17.14

공자께서 말씀하셨다.

"길에서 듣고 나서 [그것들을] 길에서 말하는 것[26]은 덕을 해치는 것이다."

子曰: "道聽而塗說, 德之棄也."

고 그저 살아가면 그만이다'라고 하며 세상에 아첨하며 잘 보이는 자가 바로 향원이다(何以是嘐嘐也? 言不顧行, 行不顧言, 則曰, 古之人, 古之人, 行何爲踽踽涼涼? 生斯世也, 爲斯世也, 善斯可矣. 閹然媚於世也者, 是鄕原也)". 향원은 고을에서 점잖다고 일컬어지지만 학문에는 전혀 뜻이 없고, 점잖고 훌륭한 사람으로 위장하는 데 능하고 빈틈이 없으므로 겉으로는 훌륭한 사람으로 보여서 사회적인 영향력도 갖게 된다. 《맹자》〈진심 하〉에 따르면 제자 만장萬章이 맹자에게 이렇게 물었다. "한 마을 사람이 모두 진실한 사람이라고 칭찬한다면 어느 곳을 가더라도 진실한 사람이 되지 않을 리가 없을 텐데, 공자께서 덕을 해친다고 한 것은 무슨 까닭입니까?" 맹자가 말했다. "비난하려 해도 특별히 지적할 게 없고, 꼬집으려 해도 꼬집을 만한 게 없으며, 일반 세속과 함께하며, 깨끗하지 못한 세상에 합세하여 평소에 충성하고 신의 있는 듯이 보이며, 행동은 청렴하고 결백한 것 같아서 모든 사람이 다 그를 좋아하고 자기 스스로도 옳다고 여기지만 요와 순 같은 성인의 도에 함께 들어갈 수 없기 때문에 덕을 해친다고 한 것이다. 공자께서는 '비슷하지만 다른 것을 싫어하나니 독보리를 싫어하는 이유는 곡식을 더럽힐까 두렵기 때문이고, 말재주 부리는 사람을 싫어하는 이유는 신의를 어지럽힐까 두렵기 때문이며, 정나라의 음란한 음악을 싫어하는 이유는 정악正樂을 어지럽힐까 두려워서이고, 자줏빛을 싫어하는 이유는 그것이 붉은빛을 어지럽힐까 두려워하기 때문이요, 향원鄕原을 싫어하는 이유는 덕을 어지럽힐까 두려워해서이다'라고 하셨다. 군자는 바른길로 돌아올 뿐이니 떳떳한 길이 바로잡히면 일반 백성이 일어나고, 일반 백성이 일어나면 사특한 것과 나쁜 것이 없어질 것이다." 이 문장은 다음 14장과 연계된다.

26) 어떤 사람에게 들은 말을 반드시 잘 이해하여 섭취할 만한 것은 마음 깊이 새기고 반성할 것은 반성하여 자아를 발전시키는 데 도움이 되도록 하면 이는 자기 덕을 밝히는 자료가 되지만, 건성으로 듣고 다른 사람에게 생각 없이 말해버리면 덕을 버리게 된다는 말이다.

비루한 자의 심리 17.15

공자께서 말씀하셨다.

"비루한 자와 함께 임금을 섬길 수 있을까? 그런 사람은 [관직을] 얻기 전에는 그것을 얻으려고 근심하고, 이미 얻고 나서는 그것을 잃을까 근심한다. 만약 그것을 잃을까 근심하게 되면 저지르지 못할 일이 없다."[27)]

子曰: "鄙夫可與事君也與哉? 其未得之也, 患得之, 旣得之, 患失之. 苟患失之, 無所不至矣."

세 가지 병폐 17.16

공자께서 말씀하셨다.

"옛날 사람들에게는 세 가지 고질병이 있었는데, 지금은 아마도 그런 것도 없는 듯하다. 옛날의 광인狂人은 거침없이 살았지만, 오늘날의 광인은 방탕하다.[28)] 옛날의 자긍심을 가진 사람은 정중했지만,

---

27) 주자는 "비부鄙夫"를 "용렬·악·비루·졸렬함〔庸惡陋劣〕"이라 하였고, 이를 〈자로〉 13.20에서는 "한 말 두 되 정도 그릇의 사람〔斗筲之人〕"의 개념으로 이해하면 된다. "환득지患得之"는 문맥상 "환부득지患不得之"라는 설이 있는데 타당하다. 얻으면 [잃을까] 근심하여〔患得之〕 집착함을 보여준다. "무소부지無所不至"는 무슨 짓이든 할 수 있다는 뜻인데 주희는 "작게는 등창을 빨고 치질을 핥는 것이고 크게는 임금과 아버지를 시해할 수 있다〔小則吮癰舐痔, 大則弑父與君〕"라고 하였다.

28) 원문의 "사肆"는 작은 예절에 얽매이지 않는 것이고, "탕蕩"은 큰 법도를 벗어나는 것을 이른다(주희 설).

오늘날의 자긍심을 가진 사람은 화를 낸다. 옛날의 어리석은 사람은 정직했지만 오늘날의 어리석은 사람은 속이기만 할 뿐이다.[29]"

子曰: "古者民有三疾, 今也或是之亡也. 古之狂也肆, 今之狂也蕩. 古之矜也廉, 今之矜也忿戾. 古之愚也直, 今之愚也詐而已矣."

교언영색 17.17

공자께서 말씀하셨다.
"말을 교묘하게 하고 얼굴빛을 꾸미는 사람에게는 인이 드물다."[30]

子曰: "巧言令色, 鮮矣仁."

미워한 세 가지 17.18

공자께서 말씀하셨다.
"자주색이 붉은색을 빼앗는 것을 미워하고,[31] 정나라 음악이 아악을 어지럽히는 것을 미워하며, 입만 놀리는 사람이 나라를 뒤엎는 것을 미워한다."

---

29) 옛날보다 못한 당시의 도덕 수준을 개탄한 말이다. 이 장은 〈자로〉 13.21과 〈양화〉 17.18과 함께 읽어볼 만하다.

30) 〈학이〉 1.3에 이미 나온 말이다.

31) 제 환공과 노 환공이 자주색을 좋아하여 자주색 옷값이 터무니없이 비싼 세태를 빗댄 것이다. 공자는 붉은색이 정색이라고 보았으므로 그런 유행을 미워했다.

子曰: "惡紫之奪朱也, 惡鄭聲之亂雅樂也, 惡利口之覆邦家者."

무언의 이유 17.19

공자께서 말씀하셨다.

"나는 말을 하지 않으려 한다."

자공이 말했다.

"선생님께서 말씀을 안 하시면, 저희가 어떻게 기록하겠습니까?"

공자께서 말씀하셨다.

"하늘이 무슨 말을 하더란 말이냐? 그래도 네 계절이 운행되고 만물이 생겨나지만, 하늘이 무슨 말을 하더란 말이냐?[32]"

子曰: "予欲無言." 子貢曰: "子如不言, 則小子何述焉?"

子曰: "天何言哉. 四時行焉, 百物生焉, 天何言哉?"

---

32) 형병은 "사시四時가 차례로 운행되면 모든 사물이 모두 사시에 따라 생성해 나가는데, 하늘이 어찌 일찍이 말이 있어 가르치고 명령하겠는가? 이 때문에 사람도 만약 말이 없고 다만 행동만 있으면 또한 좋지 않겠느냐(四時之令遞行焉, 百物皆依時而生焉, 天何嘗有言語教命哉? 以諭人若無言, 但有其行, 不亦可乎)"라고 비유한 것이다. 〈헌문〉 14.35의 "하늘을 원망하지 않고, 사람을 탓하지 않고, 아래로 [소소한 것들을] 배우고 위로는 [심오한 이치에] 통달했는데, 나를 알아주는 자는 아마도 하늘일 것이다(不怨天, 不尤人. 下學而上達. 知我者其天乎)"라고 한 자로와의 대화와 접목해볼 만하다.

공자의 뒤끝 17.20

유비[33]가 공자를 만나뵈려 했으나 공자께서는 병을 핑계로 거절하셨다. 명을 전하는 사람이 지게문을 나서자 비파를 가져와 노래를 불러 그(유비) 로 하여금 그 소리를 듣도록 했다.[34]

孺悲欲見孔子, 孔子辭以疾. 將命者出戶, 取瑟而歌, 使之聞之.

제자 재아와 삼년상을 논하다 17.21

재아가 여쭈었다.

"삼년상은 기간이 너무 깁니다. 군자가 3년 동안 예를 닦지 않는다면 예는 반드시 무너질 것입니다. 3년 동안 악을 팽개친다면 악도 반드시 무너질 것입니다. 묵은 곡식이 없어지면 새 곡식이 올라오며, 불씨 얻을 나무도 다시 바꾸니,[35] 1년[36]이면 충분합니다."

---

33) 유비孺悲의 생몰년은 알 수 없는데 노나라 사람으로 공자의 제자였다고 한다. 애공이 공자에게 보내 선비의 상례(士喪禮)를 배우게 했는데, 공자는 병을 핑계로 만나지 않으려 했다.

34) 자신이 집 안에 있으면서도 의도적으로 피한다는 인상을 분명히 드러낸 것이다.

35) 원문의 "개화改火"를 번역한 것으로, 불피우기 좋은 나무를 선정하여 불을 피우는 것이다. 《주서周書》〈월령月令〉 편에 '불을 바꾸다(更火)'라는 글이 있다. "봄에는 느릅나무와 버드나무의 불을 취하고, 여름에는 대추나무와 은행나무의 불을 취하고, 늦여름에는 뽕나무와 산뽕나무의 불을 취하고, 가을에는 떡갈나무와 졸참나무의 불을 취하고, 겨울에는 느티나무와 박달나무의 불을 취하는데, 1년 동안 불을 번갈아 다른 나무에서 취한다(春取楡柳之火, 夏取棗杏之火, 季夏取桑柘之火, 秋取柞楢之火, 冬取槐檀之火, 一年之中, 鑽火各異木)"(마융 설).

공자께서 말씀하셨다.

"쌀밥을 먹고 비단옷을 입는 것이 너에게 편안하겠느냐?"

"편안합니다."37)

"네가 편안하면 그렇게 하거라. 군자는 상을 치르는 기간에 기름진 것을 먹어도 맛을 모르고 음악을 들어도 즐거움을 모르며, 집에 있어도 편안하지 않다. 그래서 그렇게 하지 않는 것이다. 지금 너는 편안하다고 하니 그렇게 하거라."

재아가 나가자 공자께서 말씀하셨다.

"여(재여)는 인仁하지 못하구나. 자식은 태어나서 3년이 지나야만 부모의 품을 벗어난다. [그러니] 삼년상은 천하에서 통용되는 상례38)인 것이다. 여(재여)도 그의 부모로부터 3년 동안 사랑을 받았을까?"

36) 원문 "기期"를 번역한 것으로, 어떤 달부터 내년의 어떤 달까지 꽉 찬 1년을 의미한다.

37) 주희는 "재아가 인仁하지 못하기 때문에 어버이를 사랑하는 데 박함이 이와 같다〔由其不仁, 故愛親之薄如此也〕"고 하였고, 정약용은 "재아가 편하다고 대답한 것은 그 마음이 진실로 편안해서가 아니라, 다만 직면하여 굽히거나 꺾으려 하지 않아 억지로 자기 의견을 세워서 문득 편안하다고 대답한 것이다〔宰我對曰安, 非其心眞安, 直是當面不肯屈折, 強立己見, 遽對曰安〕"라고 하였다. 재아의 뜻은 3년의 상례喪禮는 형식만 있고 실행이 없어 유명무실하니 차라리 기년朞年으로 단축하여 따라 행하기 쉽도록 하는 것이 낫다고 여긴 것이다. 당시 군자란 천자·제후·대부인데 삼년상을 하지 않았으므로 본래 명분에 따라 이에 맞게 실상을 구하려는 데에서 나온 것으로 보았다.

38) 공자의 이 말은 공자가 죽었을 때 제자들의 행동에서 입증되었다. 길지만 인용해보자. "공자는 노나라 도성 북쪽의 사수泗水 부근에 매장되었다. 제자들은 모두 3년간 상복을 입었다. 그들은 3년 동안 마음에서 우러나는 슬픔을 나누고 서로 이별을 고하고 헤어졌는데, 헤어지면서 통곡하고는 각자 다시 슬픔에 잠겼으며, 어떤 제자는 다시 머무르기도 했다. 오직 자공만은 무덤 옆에 여막廬幕을 짓고 모두 6년 동안 있다가 떠났다. 공자의 제자들과 노나라 사람들이, 무덤가에 와서 집을 짓고 산 사람들이 1백여 가구나 되었으며, 이로 인

宰我問: "三年之喪, 期已久矣. 君子三年不爲禮, 禮必壞. 三年不爲樂, 樂必崩. 舊穀旣沒, 新穀旣升, 鑽燧改火, 期可已矣." 子曰: "食夫稻, 衣夫錦, 於女安乎?" 曰: "安." "女安, 則爲之. 夫君子之居喪, 食旨不甘, 聞樂不樂, 居處不安, 故不爲也. 今女安, 則爲之." 宰我出. 子曰: "予之不仁也. 子生三年, 然後免於父母之懷. 夫三年之喪, 天下之通喪也, 予也有三年之愛於其父母乎?"

장기라도 두어라 17.22

공자께서 말씀하셨다.

"온종일 배부르게 먹고 마음 쓰는 데가 아무것도 없다면 곤란하구나. 육박(장기의 일종)과 바둑이라도 있지 않은가? 그런 것이라도 하는 것이 오히려 그만두는 것보다 낫다."

子曰: "飽食終日, 無所用心, 難矣哉. 不有博奕者乎? 爲之, 猶賢[39]乎已."

하여 이곳을 '공리孔里(공자 마을)'라고 이름 지었다. 노나라에서는 대대로 서로 전하여 새해를 맞을 때마다 공자의 무덤에서 제사를 받들었으며, 많은 유생들도 공자의 무덤에 모여서 예의를 논하고 향음례鄕飮禮를 행하고 활쏘기를 했다. 공자의 무덤은 크기가 1경頃이나 되었다. 공자가 살던 집과 제자들이 쓰던 내실은 훗날 공자의 묘廟로 만들어져, 공자가 사용하던 의관과 거문고, 수레, 책 등이 소장되었는데, 그것은 한漢나라에 이르기까지 2백여 년 동안이나 끊기지 않았다"(《사기》〈공자세가〉).

39) "현賢"은 '승勝'의 뜻으로 "낫다"로 번역하였다. 이 문장은 나태함에 대한 비판이 담겨 있다.

의와 용이 다 중요하다 17.23

자로가 여쭈었다.

"군자는 용기를 숭상합니까?"[40]

공자께서 말씀하셨다.

"군자는 의義를 최상으로 여긴다. 군자에게 용기만 있고 의가 없다면 난을 일으키게 되고, 소인에게 용기만 있고 의가 없다면 도적이 될 것이다."

子路曰: "君子尙勇乎?" 子曰: "君子義以爲上. 君子有勇而無義爲亂, 小人有勇而無義爲盜."

공자와 자공이 미워한 것들 17.24

자공이 여쭈었다.

"군자도 미워하는 것이 있습니까?"

공자께서 말씀하셨다.

"미워하는 게 있다. 다른 사람의 나쁜 점을 말하는 것을 미워하고, 낮은 지위에 있으면서 윗사람을 비방하는 것을 미워하고, 용감하기만 하고 예의가 없는 사람을 미워하며, 과감하면서 융통성 없는 사람을 미워한다."

40) 자로는 용맹으로 출중한 자인데 군자로 인정받고 싶은 마음을 담아 질문을 한 것이다. 〈위령공〉 15.1에서는 군자의 곤궁함에 대해 물었으며, 〈술이〉 7.10에서는 3군三軍을 거느릴 때 함께할 사람이 누구냐고 물었던 자로의 발언을 염두에 두고 읽어야 한다.

"사야, 너도 미워하는 것이 있느냐?"

" [남을] 엿보아 훔쳐 [자기가] 아는 것처럼 하는 사람을 미워하고, 겸손하지 못한 것을 용감한 것처럼 하는 사람을 미워하며, [남의] 비밀을 까발리는 것을 솔직한 것처럼 하는 사람을 미워합니다."

子貢曰: "君子亦有惡乎?" 子曰: "有惡. 惡稱人之惡者, 惡居下流而訕上者, 惡勇而無禮者, 惡果敢而窒者." 曰: "賜也亦有惡乎?" "惡徼以爲知者, 惡不孫以爲勇者, 惡訐以爲直者."

여자와 소인 대하는 법 17.25

공자께서 말씀하셨다.

"오직 여자와 소인은 다루기[41] 어렵다. 그들은 가까이하면 불손해지고, 멀리하면 원망한다."

子曰: "唯女子與小人爲難養也, 近之則不孫, 遠之則怨."

41) 원문의 "양養"은 공영달의 풀이대로, '다루다', '상대하다'라는 뜻으로 보았다. 원문의 "여자女子"는 첩실의 개념으로 보기도 하며, "소인小人"은 '마부나 노예, 하인〔僕隷下人〕'으로 보아야 한다는 견해(주희 설)도 있다.

나이 마흔에 미움 받으면 17.26

공자께서 말씀하셨다.

"나이 마흔이 되어서도 미움을 받는다면 그야말로 끝이다."[42]

子曰: "年四十而見惡焉, 其終也已."

42) 원문의 "기종야이其終也已"를 번역한 것으로 그 나이에 남의 미움을 받는다면 선행을 기대하는 것이 무리라는 뜻으로 인생 자체가 별로 희망이 없다는 의미다. 〈자한〉 9.22에 "40세나 50세가 되어도 [이름이] 알려지지 않으면 이 또한 두려워할 만한 사람이 못 된다(四十五十而無聞焉, 斯亦不足畏也已)"라는 구절을 함께 볼 수 있다. 공자는 이름이 들리지 않는 것과 미움을 받는 것의 기준을 모두 마흔으로써 단정 지었는데, 주희는 마흔을 "덕이 이루어지는 시기(成德之時)"로 보았으며, 정약용은 대개 나이 마흔에 이르면 혈기가 쇠퇴해서 개과천선할 가망이 없다고 하였다. 한편 양보쥔은 여기서 "이已"는 동사로 쓰인 것이라고 하면서 그 용법상 "말지야이末之也已"(〈양화〉 17.4), "사해야이斯害也已"(〈위정〉 2.16)의 "이已" 자와 같은 용법이라고 하였으나 역자는 취하지 않는다.

제18편

미자 微子

– 현자는 무도한 군주 곁에 머물지 않아야 하는가

【해설】

〈미자〉 편은 제목에 암시되어 있듯이 관직을 버리고 재야에 은둔해 사는 은사隱士와 일민逸民 들과 관련된 내용이 대부분이다. 〈태백〉 편과 연계되는 내용도 많으며 앞의 편들과는 다루는 내용이나 문체가 많이 다르다. 벼슬에 대한 공자의 미련이 드러나 있으며 벼슬길을 열망하는 공자에 대한 은자들의 조롱과 비판, 무시가 거리낌 없이 펼쳐지고 그들의 말에 때로는 위축되어 말도 제대로 못하는 공자의 약한 모습도 복합적으로 드러난다.

1장에서는 은나라의 세 인자들을 거론하는데, 그들의 삶이 결코 순탄하지 않았으나 그들에 대한 공자의 평가는 절대적이다. 3장에는 제나라 경공의 거절로 상처 입고 떠나는 공자의 모습과 노나라를 벗어나게 된 경위 등이 간략하게 그려지고 있다. 5장에서 공자는 초나라 미치광이 접여가 만남을 거부하고 떠나가버려 허탕을 치기도 했다. 8장을 보면 공자는 자신이 평가한 일곱 명의 은자들 중에서 백이와 숙제를 높게 보았으며, 다른 다섯 사람은 이들보다 낮게 보았음을 알 수 있다.

이 편에서 눈여겨볼 대목은 장저와 걸익이 공자를 냉소적으로 풍자하는 6장에 있다. 공자는 그들의 말을 자로에게 전해 듣고 마치 아무렇지도 않다는 듯이 받아들이면서도 천하에 도가 없으므로 자신의 길을 멈출 수 없다고 다짐한다. 어찌 보면 사회에 냉정한 비판의 잣대를 들이댈 것 같지만 실상은 그렇지 못하고 오히려 타협점을 모색해나가려는 공자의 모습이 애처롭게 그려지고 있다.

은나라의 세 사람 18.1

미자[1]는 떠나갔고, 기자[2]는 노비가 되었으며, 비간은 간언하다가 죽었다.[3]

공자께서 말씀하셨다.

"은나라에는 세 명의 인仁한 사람이 있었다."

微子去之, 箕子爲之奴, 比干諫而死. 孔子曰: "殷有三仁焉."

1) 주왕紂王의 서형庶兄으로, 그가 태어났을 때 그의 어머니는 제을帝乙의 첩이었다. 나중에 정실이 된 후 주를 낳았다. 제을이 죽자 주가 임금 자리를 이어받았다(양보쥔 설). 《여씨춘추呂氏春秋》〈중동기仲冬紀〉에 관련된 내용이 있는데, 《맹자孟子》〈고자告子〉 편에는 주의 숙부로 되어 있다.

2) 은나라 주왕紂王의 숙부로 이름은 서여敍余 또는 수유須臾이다. 기국箕國에 봉해져 기자로 불렸다. 자子는 작위다. 은나라 주왕이 음란한 행위를 그치지 않자 기자는 힘껏 간언했다. 그러나 주왕은 받아들이지 않고 오히려 그를 붙들어 노비로 삼았다. 주나라 무왕이 은나라를 멸망시킨 후에 기자는 자유로운 몸이 되었다.

3) 비간은 은나라 주왕의 숙부이다. 사마천은 이렇게 기록하고 있다. "주紂가 더욱 음란해져 그칠 줄 몰랐다. 미자微子가 여러 번 간언했지만 듣지 않자, 태사太師 및 소사少師와 상의한 후 마침내 떠나버렸다. 그러나 비간은 '신하 된 자는 목숨을 바쳐 간언하지 않을 수 없다'면서 강하게 간언했다. 주가 화를 내면서 말했다. '나는 성인의 심장에는 일곱 개의 구멍이 있다고 들었다'. 그러고는 비간의 배를 갈라 그 심장을 꺼내 보았다. 기자箕子는 두려워서 미친 척하여 노비가 되었지만 주왕이 다시 그를 가두었다. 이에 은나라의 태사와 소사가 은나라의 제기와 악기를 들고 주나라로 달아났다"(《사기》〈은본기〉).

떠나지 않는 유하혜 18.2

유하혜가 사사士師[4] 벼슬에서 세 번이나 쫓겨나자[5], [어떤] 사람이 말했다.

"당신은 [이런 나라를] 아직 떠날 수 없습니까?"

[유하혜가] 말했다.

"도를 곧게 지키며 남을 섬기려고 한다면, 어디에 가더라도 세 번은 쫓겨나지 않겠소?[6] 도를 굽혀 남을 섬기려고 한다면 어찌하여 부모의 나라를 떠날 필요가 있겠습니까?"

柳下惠爲士師, 三黜. 人曰: "子未可以去乎?" 曰: "直道而事人, 焉往而不三黜? 枉道而事人, 何必去父母之邦?"

4) "사사士師"를 정현은 "사士는 살핀다는 뜻이니, 감옥의 소송 일을 맡아 살피는 자이다〔士察也, 主察獄訟之事者〕"라고 하였다. 즉, 소송을 관장하는 법관을 뜻한다.

5) 주희는 "유하혜가 세 번 내침을 당하고도 떠나가지 않고 말의 기운이 온화하고 여유로움이 이와 같아 '화和'하다고 이를 만하다〔柳下惠三黜不去, 而其辭氣雍容, 如此, 可謂和矣〕"라고 하였는데, 이는《맹자孟子》〈만장 하萬章下〉에 "백이는 성인 중 맑은 자이고, 이윤은 성인 중 스스로 책임을 다한 자이며, 유하혜는 성인 중 화합하는 자이다. 공자는 성인 중 때에 맞는 자이시다〔伯夷聖之淸者也, 伊尹聖之任者也, 柳下惠聖之和者也, 孔子聖之時者也〕"라는 구절을 보아도 알 수 있다.

6) 공자가 유하혜를 이와 비슷한 구절로 평가한 문장이 〈미자〉 18.8에 나온다.

공자를 거부한 경공 18.3

제나라 경공이 공자를 우대하는 문제를 말했다.

"나는 계씨처럼 대우해줄 수는 없고, 계씨와 맹씨의 중간으로 대우하겠소.[7]"

[그러고는 경공이 다시] 말했다.

"나도 늙었나 봅니다. 등용할 수 없소."[8]

[이 말을 듣고] 공자는 [제나라를] 떠나셨다.[9]

齊景公待孔子曰: "若季氏則吾不能, 以季孟之間待之." 曰: "吾老矣, 不能用也." 孔子行.

---

7) 원문의 "대지待之"를 번역한 것으로, 정약용은 "대待는 희뢰餼牢로써 예우하여 접대하는 것을 이른다. 뢰예牢禮는 그 명수命數와 같게 한다. 계씨는 노나라 경이니 삼뢰에 지나지 않지만, 그가 국정을 마음대로 하였기 때문에 때로는 오뢰를 쓰기도 하고, 맹씨는 권력이 없어 그대로 삼뢰를 썼던 것이다(待謂以餼牢遇接之. 牢禮如其命數. 季氏魯卿不過三牢, 而其專政, 或用五牢, 孟氏無權 仍用三牢)"라고 하였다. 희뢰餼牢는 희생犧牲이다. 국빈을 대우함에는 음식이 첫 번째인 것은 맞지만, 여기의 "대지待之"는 음식과 의복은 물론이고 모든 예우로 넓게 보아야 한다.

8) 원문의 "불능용야不能用也"를 '아무런 역할을 할 수 없다'로 번역하기도 하는데 설득력은 좀 부족하다. 그리고 앞의 문장 "오로의吾老矣"라는 말에서 짐작하는 바 경공의 당시 나이는 60세쯤으로 보이는데 경공 33년 즈음이다.

9) 경공이 공자 면전에서 한 말이 아니며, 공자는 제3자를 통해 전해 들었다고 보아야 할 것이다. 경공의 말은 모두 핑계일 뿐이었다. 공자가 중용되지 않은 이유는 여러 번 밝혀두었듯이 안영晏嬰의 배척 때문이었다. 경공과 공자의 대화는 〈안연〉 12.11에도 나오는데, 경공이 공자에게 정치에 대해 묻자, "임금은 임금다워야 하고, 신하는 신하다워야 하며, 아버지는 아버지다워야 하고, 아들은 아들다워야 한다"고 답하였다.

노나라를 떠난 이유 18.4

제나라 사람이 여악女樂(춤추고 노래하는 기녀들 혹은 가무단)을 보내왔다. 계환자[10]가 그것을 받아들여 사흘 동안이나 조회를 열지 않자,[11] 공자께서는 [노나라를] 떠나셨다.[12]

齊人歸女樂, 季桓子受之, 三日不朝, 孔子行.

---

10) 계환자가 공자를 매우 좋아했다는 설이 있는데, 사마천은《사기》〈공자세가〉에서 이렇게 말하고 있다. "그가 병이 심해져, 마차에 올라 노나라의 도성을 바라보고 한탄하며 말했다. '옛날에 이 나라는 거의 흥성할 수가 있었는데 내가 공자에게 죄를 지어 그렇게 되지 못했다.' 그러고는 다시 회고하면서 그의 계승자인 강자康子에게 일러 말했다. '내가 죽으면 너는 반드시 노나라의 상국이 될 것이다. 노나라의 상국이 되면 반드시 공자를 불러들여라.' 그 뒤 며칠 지나서 계환자가 죽자 강자가 대신 자리에 올랐다. 장례가 끝난 뒤 강자는 공자를 부르려고 했다." 그러나 아이러니하게도 공자가 노나라를 떠난 것은 계환자 때문이었다.

11) 사마천은 〈공자세가〉에서 이렇게 기록하고 있다. "이에 제나라 여자 중에서 여든 명의 미인을 뽑아 모두 아름다운 옷을 입혀 강락무康樂舞를 추게 하고 무늬 있는 말 120필과 함께 노나라 군주에게 보냈다. 여악女樂들과 아름다운 마차들을 노나라의 도성 남쪽의 높은 문밖에 늘어놓았다. 계환자는 평상복 차림으로 살며시 몇 차례 가서 살펴보고는 받아들이기로 했다. 이에 노나라 군주와 각 지역을 순시한다는 말을 하고, 실제로는 그곳으로 가서 온종일 관람하고, 정무는 게을리했다."

12) 떠난 시기는 노나라 정공 44년으로 기원전 497년, 즉 공자 나이 55세 때였다. 이 일에 사마천은 상당히 중요한 의미를 부여했는데 공자가 노나라와 제나라 사이에서 상당한 정치적 갈등을 했으리라고 보았다.

공자를 피한 미치광이 접여 18.5

초나라 미치광이 접여[13]가 노래를 부르며 공자가 있는 곳을 지나가다가 말했다.

"봉황이여, 봉황이여! 어찌 그토록 [당신의] 덕이 쇠락했는가? 지나간 것은 [도리어] 간언할 수 없고, 오는 것은 오히려 좇아갈 수 있네.[14] 그만두시게, 그만두시게![15] 지금 정치를 따르는 자들은 위태롭다네."

공자께서 [수레에서] 내려 그와 말씀을 해보려고 하셨다. [그러나] 종종걸음으로 공자를 피했으므로[16] 그와 말씀하시지 못했다.[17]

楚狂接輿歌而過孔子, 曰: "鳳兮鳳兮! 何德之衰? 往者不可諫, 來者猶可追. 已而已而! 今之從政者殆而!" 孔子下, 欲與之言. 趨而辟之, 不得與之言.

---

13) '접여'란 글자 그대로 '수레를 타고 가다가 스쳐지나가다'라는 뜻을 지닌 일종의 별칭이다. 초나라 시골에 숨어 살던 선비로 성은 육陸이고 이름은 통通이다. 초나라 소왕昭王 때, 정치가 혼란스러워지자 몸에 옻칠을 하여 문둥병자로 꾸미고 머리를 풀어헤쳐 미치광이처럼 보이게 했다고 한다. 당시 사람들은 그를 초광楚狂이라고 했다.

14) 이 문장은《장자》〈인간세〉에도 원문의 순서와 글자가 일부 바뀌어 비슷하게 나온다. "봉황이여, 봉황이여, 어찌 그토록 [당신의] 덕이 쇠락했는가. 오는 것은 오히려 기다릴 수 없고 지나간 것은 오히려 좇아갈 수 없네〔鳳兮鳳兮, 何如德之衰也. 來世不可待, 往世不可追也〕."

15) 벼슬길에 나아갈 시기가 이미 지났으니 무리수를 던져 나아가지 말라는 의미다.

16) 이 부분에 관해서는 주희의 다음과 같은 말을 염두에 두어야 한다. "공자가 수레에서 내려 그에게 출처의 뜻을 알려주려고 하는데, 접여는 스스로 옳다고 여겼다. 그러므로 들으려고 하지 않고 피한 것이다〔孔子下車, 蓋欲告之以出處之意, 接輿自以爲是. 故不欲聞而辟之也〕."

17) 그래서 공자는 초나라에서 위衛나라로 돌아왔다. 공자의 나이는 63세였고, 때는 노 애공 6년이었다.

장저와 걸익이 밭을 갈고[18] 있었는데, 공자께서 그곳을 지나가다가 자로로 하여금 [그들에게] 나루터를 물어보게 하셨다. 장저가 말했다.

"저기 수레 고삐를 잡고 있는[19] 사람은 누구신가?"

자로가 말했다.

"공구이십니다."

[장저가] 말했다.

"노나라의 공구이신가?"

[자로가] 말했다

"그렇습니다."

[장저가] 말했다.

"그 사람은 나루터를 알고 있을 것이오."

[자로는] 걸익에게 물었다. 걸익이 말했다.

"그대는 누구시오?"

[자로가] 말했다.

"중유(자로)입니다."

[걸익이] 말했다.

---

18) 원문의 "우耦"를 번역한 것으로 씨를 뿌리고 흙을 덮어주는 것이란 설과 흙덩이를 부수어 고르게 하는 것이란 설이 있다. 주희는 '나란히 밭을 가는 것〔並耕〕'이라고 하였으니, 두 사람이 쟁기를 잡고 양쪽에 서서 밭을 가는 모습이다.

19) 원문의 "집여執輿"를 번역한 것이다. 주희는 "집여는 고삐줄을 잡고 수레에 있는 것이다. 아마도 본래 자로가 수레를 몰아 고삐를 잡았는데, 지금 [수레에서] 내려와 나루터를 물었기 때문에 선생님께서 대신 잡고 있다는 의미다. '나루터를 안다'는 것은 여러 차례 두루 흘러 다녔으므로 스스로 나루터의 처소를 알았음을 말한 것이다〔執輿, 執轡在車也. 蓋本子路御而執轡, 今下問津, 故夫子代之也. 知津, 言數周流, 自知津處〕"라고 하였다.

"노나라 공구의 제자인가?"

[자로가] 대답했다.

"그렇습니다."

[걸익이] 말했다.

"도도[20]하게 흐르는 물처럼 천하는 모두 이렇게 흘러가는 법인데, 누가 그것을 바꾸겠소?[21] 그대 또한 사람을 피해 다니는 선비를 따르는 것이, 어찌 세상을 피해 다니는 선비를 따르는 것만 같겠소?"

[그러고는] 밭가는 일을 그만두지 않았다. 자로는 가서 금방 있었던 일을 말씀드렸다. 선생님께서는 실망스러운 듯 말씀하셨다.

"새나 짐승 들과 함께 무리를 이룰 수는 없다. 내가 이 [세상] 사람들[22]과 함께 살지 않고 누구와 더불어 산다는 말인가? 천하에 도가

---

20) 원문의 "도도滔滔"를 주희는 "흘러가서 돌아오지 않는 뜻(流而不反之意)"이라 하여 어지러운 천하의 형세를 비유적으로 나타낸 말로 보았는데, 정약용은 큰 물의 모양(大水之貌)이라고 하여 걸익의 대답은 "천하가 모두 이러한 물이니, 어찌 도를 행하겠는가?(天下皆此水也, 何以行道)"라는 뜻으로 보았다.

21) 원문의 "이수이역지而誰以易之"를 번역한 것인데, 학자들마다 의견이 분분하다. 공안국은 "지금 천하가 하나같이 혼란한데 공연히 이 나라를 버리고 저 나라로 가기 때문에 '수이역지誰以易之'라고 한 것이다(言當今天下治亂同, 空舍此適彼, 故曰誰以易之)"라고 하였고, 형병은 "지금 천하가 모두 도道가 없는데 공연히 이 나라를 버리고 저 나라로 가니, 누가 [그것을] 바꾸어 도道가 있게 할 수 있겠는가(今天下皆是無道也, 空舍此適彼, 誰以易之爲有道者也)"라고 하였다. 이들의 의견을 두루 참고하여 주희는 "천하가 모두 어지러우니 장차 누구와 함께 변화시키겠는가(天下皆亂將誰與變易之)"라고 요약 정리하였다.

22) 원문의 "사인지도斯人之徒"를 번역한 것인데, 공안국과 주희는 모두 '세상 사람들'의 의미로 보아, 공자의 이 말씀을 '장저와 걸익처럼 세상을 끊고 사람을 피할 수 없다'는 의미로 해석하였다. 그러나 정약용은 주희의 견해를 반박하면서 공자가 장저와 걸익을 배척하는 말씀을 한 것으로 보았는데, 그 이유를 "세상에 숨어서도 번민하지 않는 것은 본래 또한 성인의 한 의리다. (…) [공자가] 그들을 그리워하여 따르고자 하는 마음이 있었으니, [이들을] 배척하는 말로 만들어서는 안 된다(遯世無悶, 本亦聖人之一義, (…) 有所懷伊人欲往從之之意, 不可作排斥語也)"라고 하였다.

있다면 나는 바꾸는 일에 참여하지 않을 것이다."

長沮桀溺耦而耕, 孔子過之, 使子路問津焉. 長沮曰: "夫執輿者爲誰?" 子路曰: "爲孔丘." 曰: "是魯孔丘與?" 曰: "是也." 曰: "是知津矣." 問於桀溺. 桀溺曰: "子爲誰?" 曰: "爲仲由." 曰: "是魯孔丘之徒與?" 對曰: "然." 曰: "滔滔者天下皆是也, 而誰以易之? 且而與其從辟人之士也, 豈若從辟世之士哉?" 耰而不輟. 子路行以告. 夫子憮然曰: "鳥獸不可與同羣, 吾非斯人之徒與而誰與? 天下有道, 丘不與易也."

자로가 마주친 은자 이야기 18.7

자로가 [공자를] 따르다가 뒤처졌는데 한 노인과 마주쳤다. [그 노인은] 김매는 도구를 지팡이에 걸어 메고 있었다. 자로가 물었다.

"어르신, [저희] 선생님을 보셨습니까?"

노인이 말했다.

"사지를 부지런히 움직이지도 않고, 오곡도 분간하지 못하거늘, 누가 선생이란 말인가?"

[그러고는] 지팡이를 꽂아놓고 김을 맸다. 자로는 두 손을 맞잡고 서 있었다. 그는 자로를 붙잡아 [하룻밤] 자고 가라고 하고는 닭을 잡고 기장밥[23]을 해서 먹였으며, 자신의 두 아들을 만나게 했다. 이

23) 원문의 "서黍"를 번역한 것이다. 양보쥔은 "서黍는 당시 주요 식량이었던 직稷보다 수확량이 적었기 때문에 일반인들에게도 비교적 귀한 주식으로 여겨졌다"라고 하였다. 이와 달리 정약용은 "위서爲黍"의 "서黍"를 기장밥으로 보지 않고 '각서角黍'로 보고 설명하기를 "위서爲黍는 기장밥이 아닌 듯하다. (…) 서黍라고만 말하는 것은 꼭 밥을 의미하지는 않는다〔爲黍, 恐非黍飯 (…) 單言

틀날 자로는 [공자에게] 가서 [이런 일이 있음을] 말씀드렸다. 공자께서 말씀하셨다.

"은자로구나."

[그러고는] 자로로 하여금 돌아가 그를 뵙도록 했다. [자로가] 도착했을 때는 [그들이] 떠난 뒤였다. 자로가 말했다.

"벼슬을 하지 않는 것은 의로운 것이 아니다. 어른과 아이의 예절을 없앨 수 없는데, 군신의 도의를 어찌 없앨 수 있겠는가? 자신의 몸을 깨끗이 하고자 하여 큰 인륜을 어지럽히는 것이다. 군자가 벼슬하는 것은 그러한 도의를 실행하는 것이니, 도가 행해지지 않고 있다는 것은 이미 알고 계시다."[24]

子路從而後, 遇丈人, 以杖荷蓧. 子路問曰: "子見夫子乎?"

丈人曰: "四體不勤, 五穀不分, 孰爲夫子?" 植其杖而芸. 子路拱而立.

止子路宿, 殺雞爲黍而食之, 見其二子焉. 明日, 子路行以告. 子曰: "隱者也." 使子路反見之. 至, 則行矣.

子路曰: "不仕無義. 長幼之節, 不可廢也. 君臣之義, 如之何其廢之? 欲潔其身, 而亂大倫. 君子之仕也, 行其義也, 道之不行, 已知之矣."

黍, 未必飯也)"라고 하였다.

24) 송대 초기의 복주각본福州刻本에는 "자로가 돌아와 공자가 말하기를(子路反, 子曰)"이라 쓰여 있는데 이는 자로의 말이 공자의 심정을 잘 대변해주고 은자의 생리를 잘 파악하였기 때문으로 본다. 필자는 주희본을 따랐다. 자로의 정치적 감각과 공자의 정치에 대한 인륜적 목적을 엿볼 수 있다.

일곱 은자들 18.8

일민[25]은 백이, 숙제, 우중(오중옹吳仲雍의 후손으로 처음으로 우虞나라의 군주로 봉해짐), 이일(누구인지 분명하지 않음), 주장(공자와 비견되는 인물로 자는 자궁子弓), 유하혜, 소련(상을 잘 치른 동이의 아들로 추정됨)이다. 공자께서 말씀하셨다.

"자기의 뜻을 굽히지 않고 자기의 몸을 욕되게 하지 않은 사람은 백이와 숙제일 것이다."

유하혜[26]와 소련에 대해서 [이렇게] 말씀하셨다.

"뜻을 굽히고 몸을 욕되게 했으나, 말은 도리에 들어맞았고, 행동은 사리에 들어맞았으니, 그들은 그것뿐이었다."

우중[27]과 이일에 대해서는 [이렇게] 말씀하셨다.

"숨어 살면서 말을 자유롭게 하였으나, 자기 몸은 청렴에 들어맞

---

25) "일민逸民"은 학문과 덕행이 있으면서도 산림에 숨어 살면서 관리가 되는 것을 달가워하지 않는 사람을 말한다. 즉 정치 세계를 떠나 자연에 은둔해 있는 사람이다.

26) 《맹자孟子》〈공손추 상公孫丑上〉 첫 장에 "유하혜는 더러운 군주를 [섬김을] 부끄러워하지 않으며, 작은 벼슬을 사양하지 않으며, 나아가면 어짊을 숨기지 아니하여 반드시 그 도리대로 하며, 벼슬길에서 버림을 받아도 원망하지 않고 곤궁을 당해도 걱정하지 않으며, 향인鄕人들과 더불어 거하되 여유롭게 차마 떠나지 못해서 말하기를 '너는 너이고 나는 나이니, [네가] 비록 내 옆에서 옷을 걷고 벗는다 한들 네가 어찌 나를 더럽히겠는가?'〔柳下惠, 不羞汙君, 不卑小官. 進不隱賢, 必以其道. 遺佚而不怨, 阨窮而不憫. 故曰, 爾爲爾, 我爲我, 雖袒裼裸裎於我側, 爾焉能浼我哉〕"라고 하였는데, 정약용은 "이것이 바로 이른바 '항지욕신降志辱身'이다"라고 하였으며, 장문중臧文仲이 원거爰居라는 해조海鳥에 제사 지낸 것과 민공과 희공의 두 묘의 위치를 바꾸어 제사하는 것을 유하혜가 비판한 일이 《국어國語》〈노어魯語〉에 이른바 "언중론言中論"이라고 언급된다. 유하혜의 '어짊〔賢〕'에 관한 공자의 말씀이 〈위령공〉 15.13에 있으며, 〈미자微子〉 18.2에서도 사사士師 벼슬에서 세 번 내침을 당한 유하혜가 거명되었으니 참조하여 읽으면 좋다.

았고, 관직을 버린 것도 권도權道에 들어맞았다. 나는 이들과 달라, 꼭 해야 할 것도 없고 해서는 안 될 것도 없다."

逸民, 伯夷叔齊虞仲夷逸朱張柳下惠少連. 子曰: "不降其志, 不辱其身, 伯夷叔齊與." 謂柳下惠少連, "降志辱身矣, 言中倫, 行中慮, 其斯而已矣." 謂虞仲夷逸, "隱居放言, 身中淸, 廢中權. 我則異於是, 無可無不可."

흩어진 악관들 18.9

[노나라] 태사大師(악사의 우두머리)였던 지摯는 제나라로 갔고, 아반[28]이었던 간干은 초나라로 갔으며, 삼반이었던 료繚는 채나라로 갔고, 사반이었던 결缺은 진나라로 갔으며, 고(북)를 치던 방숙은 황하로 들어갔고, 도(손으로 흔드는 작은 북)[29]를 연주하던 무武는 한수로 들어갔고, 소사였던 양陽과 경을 연주하던 양襄은 바다로 갔다.

27) 《사기》〈오태백세가吳太伯世家〉에 우중과 관련된 내용이 있다. "주장의 동생 우중虞仲에게는 주나라의 북쪽에 있던 옛 하夏나라 도읍터를 봉해 주었고, 이렇게 우중은 제후의 반열에 올랐다〔乃封周章弟虞仲於周之北故夏虛, 是為虞仲, 列為諸侯〕".

28) 고대에 천자와 제후는 식사를 할 때 악단이 연주를 했다. 특히 일반 백성들은 두 끼만 먹었는데 천자는 네 끼를 먹어 매번 식사의 흥을 돋울 악단이 필요했다. 여기에서 "아반亞飯", "삼반三飯", "사반四飯"은 모두 식사의 종류이자 담당 악관 이름이다.

29) 원문의 "파도播鼗"를 번역한 것이다. "파播"는 흔드는 것이고 "도鼗"는 소고이니, 양옆에 귀가 달려 있어 자루를 잡고 흔들면 곁의 귀가 다시 스스로 제 몸을 치게 된다(주희 설).

大師摯適齊, 亞飯干適楚, 三飯繚適蔡, 四飯缺適秦, 鼓方叔入於河, 播鼗武入於漢, 少師陽 擊磬襄入於海.

주공의 훈계 18.10

주공이 노공[30]에게 말했다.

"군자는 자신의 친족을 소홀히 하지 않고, 대신들이 부려지지 않는다고 원망을 품게 해서는 안 되며[31], 이전 옛사람들도 큰 문제[32]가 없으면 버리지 않아야 하며, 한 사람에게 [모든 것을] 갖출 것을 요구[33]해서도 안 된다."

周公謂魯公曰: "君子不施其親, 不使大臣怨乎不以. 故舊無大故, 則不棄也. 無求備於一人."

30) 노공은 주공의 아들 백금伯禽이다.

31) 대신은 그 사람이 적임자가 아니면 버려야 하고, 그 자리를 맡고 있다면 그의 역량을 적극적으로 헤아려 쓰지 않을 수 없다는 의미를 담고 있다.

32) 원문의 "대고大故"를 번역한 것으로 패륜이나 반역 등의 죄악인 악역惡逆을 이르는 의미다.

33) 원문의 "구求"를 번역한 것으로 '책責'의 뜻으로 쓰여 '요구한다'로 풀이하였다. 형병은 "사람에게 일을 맡기되 마땅히 그 재능에 따라 해야 하고, 한 사람에게 재능이 다 갖추어지기를 요구할 수는 없다(任人當隨其才, 無得責備於一人也)"라고 보충 설명하였다. 〈자로〉 13.25의 "그(소인)가 사람을 부릴 때는 온갖 것을 갖추어 해주기를 요구한다"라고 한 구절과 통한다.

주나라의 여덟 선비 18.11

주나라에는 여덟 명의 선비가 있으니 백달, 백괄, 중돌, 중홀, 숙야, 숙하, 계수, 계와[34]가 그들이다.

周有八士, 伯達伯适仲突仲忽叔夜叔夏季隨季騧.

34) 이 여덟 선비들은 주나라 때 한 어머니가 네 번 임신해 각기 쌍둥이를 낳아서 여덟 명의 인재가 나왔다는 설이 있다(포함·항간·형병 설). 그 가운데 '백伯' 자, '중仲' 자, '숙叔' 자, '계季' 자를 쓰는 사람이 각각 두 명이다.

제19편

자장 子張

– 제자들의 자유로운 학문적 논쟁들

【해설】

〈자장〉 편은 모두 25장으로 제자들이 기억을 되살려 공자의 말을 기록한 것이다. 공자의 말보다는 자하子夏의 말이 열 군데로 가장 많고 자공子貢의 말이 여섯 군데로 두 번째다. 그리고 증자의 말이 네 군데, 자장과 자유의 말이 세 군데 나온다. 제자들끼리의 문답 혹은 설전 등이 주요 내용인데, 전반부의 〈자한〉 편과 유사한 점이 있다. 〈자한〉 편에는 공자의 학문이나 언행 등이 기록되어 있는데, 이 편에서는 제자와 문인 들이 공자의 사상을 어떻게 학문에 접목했는가를 살필 수 있다. 말하자면 응용편이다.

흥미로운 점은 공자의 말이 듣는 자에 따라 달리 전해지기도 한다는 점이다. 이는 공자의 교육법에서 비롯된 매우 재미있는 현상인데, 이 때문에 공자의 원래 생각이 그대로 전해질 수 없다는 한계가 있다. 공자는 제자들의 개성에 맞추어 사안을 설명하거나 교육했지만 이 과정에서 저마다 들은 바가 달라졌다. 그러니 "내가 들은 바와는 다르다"는 식의 다툼이 적지 않게 보인다.

내용을 살펴보면, 백성의 신뢰가 먼저라거나, 큰 덕과 작은 덕의 차이, 상을 당해서는 슬픔을 다하는 것, 벼슬과 배움의 관계 등 대부분 앞에서 거론된 내용들이다. 오히려 공자를 존경하는 제자들이 스승을 사모하며 남긴 어록들이 눈에 띈다. 해와 달 같아서 넘어설 수 없다는 자공의 말은 제자들 사이에서 공자는 언제나 성인이었음을 알려준다. 요컨대, 자장과 자하 학파 사이의 상호 논쟁과 비판 등은 공자가 세상을 떠난 뒤 그의 제자들이 얼마나 공자를 추종했는지 보여주는 것이다.

선비의 자세 19.1

자장이 말했다.

"선비가 위험을 보면 목숨을 바치고, 이득을 보면 의로움을 생각하며, 제사를 지낼 때는 공경함을 마음에 품고, 상을 당해서는 슬픔을 생각한다면, 거의 [선비로서] 괜찮다고 할 수 있다."

子張曰: "士見危致命, 見得思義, 祭思敬, 喪思哀, 其可已矣[1]."

덕을 고집해봐야 19.2

자장이 말했다.

"덕을 고집하면서도 넓히지 못하고 도를 믿어도 독실하지 못하면, 어찌 있다고 할 수 있으며, 어찌 없다고 할 수 있겠는가?"[2]

子張曰: "執德不弘, 信道不篤, 焉能爲有, 焉能爲亡?"

---

1) "기가이의其可已矣"를 주희는 "거의 괜찮다〔庶乎其可〕"라고 주석하였으며, "이已"를 형병의 설에 따라 조사로 보아 '괜찮다', '겨우 가하다〔僅可〕'라는 뜻으로 풀이하였다. 주희는 "이已"를 '지止'로 보는 것은 "자장의 뜻이 아니다〔非子張之意〕"라고 하여 일부러 본뜻과 다르게 주석한 것이 아니라, 그 말의 의미를 '서호기가庶乎其可'라는 의미로 본 것이다. 그러나 이와 달리 정약용은 "살펴보건대 가可는 적합適合의 뜻이고, 이已는 어조사이다. 면재(황간)는 '이已'를 '지止'의 뜻으로 읽었기 때문에 이와 같이 말한 것이다〔案可者適可之意, 已者語辭. 勉齋讀已爲止, 故其言如此〕"라고 하였다(성백효 설).

2) 덕과 도는 실천의 문제이므로 덕과 도가 있는지 없는지의 문제는 논할 가치가 없다는 뜻이다. 말하자면 경중輕重을 따질 문제가 아니라는 것이다(공안국 설). 원문에서 맨 마지막 두 구절의 의미는 '있어도 그만이고 없어도 그만'이니 그 경중輕重을 논할 필요가 없다는 의미다.

자하의 문인이 자장에게 [벗을] 사귀는 것에 대해 묻자 자장이 말했다.

"자하는 무엇이라고 말씀하시던가?"

[문인이] 대답했다.

"자하께서는 '괜찮은 사람은 사귀고, 괜찮지 않은 사람은 거절하라'고 하셨습니다."

자장이 말했다.

"내가 들은 것과는 다르다. 군자는 현명한 사람을 존경하고 뭇사람을 포용하며, 선한 사람을 좋게 여기고, 능력 없는 사람을 불쌍히 여긴다. 내가 크게 현명하다면 다른 사람에 대해 무엇인들 포용하지 못하겠는가? 내가 현명한 사람이 아니라면 사람들이 나를 거절할 것이니 [내가] 어떻게 남을 거절할 수 있겠는가?[3)]"

子夏之門人問交於子張. 子張曰: "子夏云何?" 對曰: "子夏曰: '可者與之, 其不可者拒之.'" 子張曰: "異乎吾所聞. 君子尊賢而容衆, 嘉善而矜不能. 我之大賢與, 於人何所不容? 我之不賢與, 人將拒我,

3) 자장이 자하를 낮추어 보려는 경향이 두드러진 이 장은 〈자장〉 19.24 문장과 관련된 주희의 풀이를 참고할 필요가 있다. "자하子夏의 말이 너무 박절하고 좁으니, 자장이 나무라는 것이 옳다. 다만 [자장이] 말한 것도 지나치게 높은 폐단이 있다. 크게 현명하면 비록 포용하지 않음이 없으나 큰 잘못은 또한 마땅히 끊어야 하고, 어질지 못한 이는 진실로 남을 거절할 수 없으나 손해 되는 벗은 또한 마땅히 멀리해야 하니, 배우는 자가 살피지 않으면 안 된다(子夏之言迫狹, 子張譏之是也. 但其所言亦有過高之病. 蓋大賢雖無所不容, 然大故亦所當絕 不賢固不可以拒人, 然損友亦所當遠, 學者不可不察)"라고 하였다. 요컨대, 꼬장꼬장한 성격의 자하와 담대하고 거침없는 자장의 교우관이 잘 드러난다 하겠다.

如之何其拒人也?"

군자가 하지 않아야 할 것 19.4

자하가 말했다.

"비록 작은 재주[4]라도 반드시 볼 만한 것이 있다. 멀리 가면서 통하지 않을까 두려워 이 때문에 군자는 하지 않는 것이다."

子夏曰: "雖小道, 必有可觀者焉, 致遠恐泥[5], 是以君子不爲也."

4) 원문의 "소도小道"를 번역한 것으로 군사, 농사와 원예, 의술과 점복과 같은 것들이다(주희 설). 정약용도 기본적으로 주희의 설과 같다. 어떤 이는 이단으로 해석하기도 하는데 그런 의미는 아니다. 리링은 단어의 속뜻을 풀지 않고 "비록 작은 길이라도 분명히 볼 만한 것이 있겠지만, 멀리 가려면 흙이 묻을까 염려된다. 그래서 군자는 그렇게 하지 않는다"라고 직역했는데, 이렇게 해도 뜻은 잘 통한다. 〈자로〉 13.4에서 번지가 농사짓는 법을 물은 장면이 떠오르는 단어다.

5) "니泥"는 '통하지 않다〔不通〕'라는 의미로 보았다. 황간은 '어렵다〔難〕'는 의미로 보았으며 끈끈하면서도 찐득찐득하여 잘 통하지 않는다는 의미도 있다(정약용 설). 이 구절은 도를 추구하는 멀고 험한 여정에서 이런 기예와 재주는 장애가 될 뿐이라는 말이다.

호학의 조건 19.5

자하가 말했다.

"날마다 모르는 것들을 알게 되며, 달마다 잘하는 것을 잊지 않는다면[6] 배움을 좋아한다고 말할 수 있다."

子夏曰: "日知其所亡, 月無忘其所能, 可謂好學也已矣."

인이 존재하는 곳 19.6

자하가 말했다.

"널리 배우고 뜻을 돈독히 하며, 절실한 것을 묻고 가까운 것부터 생각하면, 인仁은 그 가운데 있다.[7]"

子夏曰: "博學而篤志, 切問而近思, 仁在其中矣."

---

6) 주희는 이 장이 "온고지신溫故知新"과 같지 않다고 하였다. "온고지신溫故知新"은 "온고溫故" 가운데서 새로운 도道를 얻는 것이고, "지신知新"으로 인하여 '온고'를 따라 얻는 것이라 하였다. 그러나 정약용은 얻는 바의 선후先後로는 '온고'가 먼저이고 '지신'이 뒤이며, 그 공부하는 완급緩急으로는 '지신'이 다급하므로 '일日'이고 '온고'는 느슨하므로 '월月'이라 하였다. 그러므로 그 실재는 선先이 되기도 하고 후後가 되기도 하니 나눌 수 없다는 것이다. 만약 주희처럼 "지켜서 잃지 않는 것[守而不失]"이라고 말한다면 아는 바가 많지 않아 이미 알고 있는 것을 통해 새로운 앎을 축적해 앎이 점점 많아지는 '온고지신溫故知新'과 다름이 있는 것이다(성백효 설). 정약용은 일취월장의 의미로 결론내렸다.

7) 주희는 "네 가지는 모두 배우고 묻고 생각하고 분별하는 일이니, 힘써 행해서 인仁을 하는 데에는 미치지 못한다. 그러나 여기에 종사하면 마음이 밖으로 달리지 않아 보존하고 있는 것이 저절로 익숙해진다. 그러므로 인이 이 가운데 있다고 말씀한 것이다[四者皆學問思辨之事耳, 未及乎力行而為仁也. 然從事於此,

장인의 길과 군자의 길 19.7

자하가 말했다.

"모든 장인은 공방에 머물면서[8] 자신의 일을 이루고, 군자는 배움으로써 그 도에 이른다."

子夏曰: "百工居肆以成其事, 君子學以致其道."

소인은 꾸며댄다 19.8

자하가 말했다.

"소인은 잘못을 저지르면 반드시 꾸며댄다.[9]"

則心不外馳, 而所存自熟, 故曰仁在其中矣)"라고 하였고, 정이천은 "배우기를 널리 하고 뜻을 독실히 하며, 절실하게 묻고 가까이 생각하는 것을 어찌하여 인仁이 이 가운데 있다고 말하였는가? 배우는 자들은 이것을 생각하여야만 하니 이것을 깨달으면 곧 위로 통하고 아래로 통하는 방도이다(博學而篤志, 切問而近思 何以言仁在其中矣. 學者要思得之, 了此, 便是徹上徹下之道)"라고 하였다.

8) 원문의 "거사居肆"를 번역한 것으로《국어國語》〈제어齊語〉에 상세히 설명되어 있다. 요약하면, 장인을 모여 살게 하고, 재료의 성질을 살펴보게 하며 비교 선택하여 용도에 조화시켰으며, 아침부터 저녁까지 제자들에게 일에 관한 기술·제품을 공유하였다. 어릴 때부터 학습하여 마음이 안정되어 다른 직종을 보아도 마음이 변치 않게 되었다고 하였는데, 정약용도 이 뜻을 따랐다. 주희는 "사肆는 관청의 물건을 만드는 곳을 이른다. 장인이 공장에 있지 않으면 다른 일에 [마음이] 옮겨가 일이 정밀하지 못하다(肆謂官府造作之處, 工不居肆則遷於異物而業不精)"라고 하였다. 왜냐하면 장인의 역할과 할 일은 '사'에서 이루어지기 때문이다.

9) 주희는 "소인小人은 잘못을 고치는 것을 꺼리고 스스로 속이는 것을 꺼리지 않는다. 그러므로 반드시 꾸며서 그 잘못을 가중하는 것이다(小人憚於改過, 而不憚於自欺, 故必文以重其過)"라고 하였다.

子夏曰: "小人之過也必文."

군자의 세 모습 19.9

자하가 말했다.

"군자에게는 세 가지 변하는 것이 있으니, 그를 멀리서 보면 근엄하고, 그를 가까이에서 보면 온화하며, 그의 말을 들으면 엄정하다."

子夏曰: "君子有三變. 望之儼然, 卽之也溫, 聽其言也厲."[10)]

신뢰를 얻고 간언하라 19.10

자하가 말했다.

"군자는 신뢰를 얻은 다음에 그의 백성들을 수고롭게 하는 것이니, 신뢰받지 못하면 자신들을 괴롭힌다고 생각한다. [군자는] 신뢰를 얻은 다음에 간언하는 것이니 신뢰받지 못하면 자신을 비방한다고 생각한다."

子夏曰: "君子信而後勞其民. 未信, 則以爲厲己也. 信而後諫. 未信則以爲謗己也."

---

10) 원문의 "엄연儼然", "온溫", "려厲"를 풀이하면 "엄연儼然"은 용모가 장엄한 것이고, "온溫"은 얼굴빛이 온화한 것이며, "려厲"는 말이 확실하다는 뜻이다. 〈술이〉 7.37의 "온이려溫而厲"란 구절을 염두에 두어야 한다.

큰 덕과 작은 덕 19.11

자하가 말했다.

"큰 덕[11]에서 울타리를 넘지 않는다면, 작은 덕에서는 넘나들더라도 괜찮다."

子夏曰: "大德不踰閑, 小德出入可也."[12]

자유와 자하의 다툼 19.12

자유가 말했다.

"자하의 문인과 제자들은 물을 뿌리고, 비질하는 일이나, [손님을] 응대하며 나아가고 물러나는 예절은 괜찮다. 그러나 [그러한 것들은] 말단인 것이고 근본이 없으니 어쩌겠는가?"

자하가 그 말을 듣고서 말했다.

11) 원문의 "대덕大德"을 풀이한 것으로, 살아가면서 꼭 지켜야 할 중요한 규범이나 넘지 말아야 할 선으로 삼강오륜의 인륜을 의미한다. 양보쥔은 사람이 입신하는 데 필요한 절개 따위를 가리킨다고 보았다. 정약용은 주희의 설에 따라 "대덕"의 의미를 '대절大節'로 보고 "소덕小德"의 의미를 '소절小節'로 보아 큰 절목과 작은 세목이라고 풀이했는데 타당하다.

12) 원문의 "한閑"은 "란欄"의 의미이고 "출입出入"은 넘나든다는 뜻이니, 주희는 "사람이 먼저 큰 것을 세우면 작은 일은 비록 혹 이치에 부합하지 않더라도 또한 해가 없음을 말한다〔言人能先立乎其大者, 則小節雖或未盡合理, 亦無害也〕"라고 했고, 정약용은 공안국과 형병의 설을 취하여 "대덕大德은 성인을 말하고, 소덕小德은 배우는 이를 말한다. 한閑은 예를 막는 것이고 출입出入은 머지 않아 되돌아오는 것을 이른다〔大德謂聖人, 小德謂學者, 閑禮防也. 出入謂不遠而復〕"라고 하였다. 한편, 성백효는 일이 모두 예법에 맞지 못하고 들쑥날쑥함을 이른다고 하였다.

"아, 언유(자유)가 지나치구나! 군자의 도에서 어느 것을 먼저 전수해야 하는가? 어느 것을 나중으로 게을리하겠는가? 풀이나 나무에 비유하면 [종류에 따라] 구별이 있는 것과 같다. 군자의 도를 어찌 속일 수 있겠는가?[13] 처음이 있고 끝이 있는 것은 아마도 오직 성인일 것이다![14]"

子游曰: "子夏之門人小子, 當灑掃應對進退, 則可矣, 抑末也. 本之則無, 如之何?" 子夏聞之, 曰: "噫! 言游過矣! 君子之道, 孰先傳焉? 孰後倦[15]焉? 譬諸草木, 區以別矣. 君子之道, 焉可誣也? 有始有卒者, 其惟聖人乎!"

---

13) 원문의 "군자지도君子之道 언가무야焉可誣也"를 번역한 것으로 주희는 "군자君子의 도道가 어찌 이처럼 속이겠는가"로 풀이하였으나, 정약용은 "군자의 사람을 가르치는 법은 본래 이러한데 내가 어찌 속일 수 있겠는가〔君子教人之法, 本自如此, 我何可誣也〕"라고 풀이하였다. 역자도 정약용의 설이 타당하다고 본다.

14) 자하는 군자의 도를 쇄소응대灑掃應對하는 소학 수준의 작은 일에서 근본이 된다고 생각하였으며, 자유는 충忠과 서恕의 일관된 대학 수준이 군자의 도라 하여 근본적인 차이를 보이고 있다. 자유의 비판에 자하는 배움이란 "나무에 비유하면 구별이 있는 것과 같다〔譬諸草木, 區以別矣〕"라 하여 본말이 있을 수 없으며 '유시유졸有始有卒'은 '중도이폐中道而廢'할 수 없는 생이지지자生而知之者인 성인만이 할 수 있는 것이라 하여 자유의 말에 수긍할 수 없음을 보인 것이다.

15) "권倦"은 〈술이〉 7.2 "남을 가르치는 데 게을리하지 않는 것〔誨人不倦之倦〕"에서의 "권倦"과 의미가 같다.

벼슬과 배움의 양면 19.13

자하가 말했다.

"벼슬을 하면서 여유가 있으면 배우고, 배우면서 여유가 있으면 벼슬한다."

子夏曰: "仕而優則學, 學而優則仕.[16)]"

최상의 상례 19.14

자유가 말했다.

"상례에서는 슬픔을 다하는 데서 그쳐야 한다."

子游曰: "喪致乎哀而止."

능하지만 인하지 않은 자장 19.15

자유가 말했다.

"나의 벗 자장은 어려운 일을 하는 데 능하다. 그러나 아직 인仁하지는 않다."

16) 정약용은 "배우면 벼슬하는 까닭이고 벼슬함은 배움에서 도움받는다. 그러므로 서로 관여하는 것이다(學所以仕, 仕資於學, 故得相間)"라고 하였다. 정윤부程允夫에게 답한 편지에서 주희는 "예전에 일찍이 두 구句의 순서가 뒤바뀌었다고 의심하였다(舊亦嘗疑兩句次序顚倒)"라고 했다가 "학學"과 "사士"의 상관관계의 가변성에 주목하면서 이 문장의 선후 관계를 그대로 두어야 한다는 의견을 표했다.

子游曰: "吾友張也, 爲難能也. 然而未仁."

당당한 자장이건만 19.16

증자가 말했다.
"당당한 자장이지만, 그와 더불어 인仁을 행하기는 어렵다.[17)]"

曾子曰: "堂堂乎張也, 難與並爲仁矣."

어버이의 상 19.17

증자가 말했다.
"내가 선생님께 들으니 '사람은 스스로 [마음을] 다하는 사람은 없지만, 반드시 어버이의 상에서는 [마음을] 다할 것이다'라고 하셨다.[18)]"

曾子曰: "吾聞諸夫子. '人未有自致者也, 必也親喪乎.'"

---

17) 인仁의 핵심은 〈자로〉 13.27의 "강직함, 의연함, 질박함, 어눌함은 인에 가깝다[剛毅木訥, 近仁]"라고 한 것과 같다. 그러나 자장은 이러한 강의목눌의 내면보다 외양을 중시하였으므로 증자가 이렇게 말한 것이다.

18) 원문의 "치致"는 "그 극진함을 다한다盡其極"(주희 설)는 뜻이다. 같은 맥락에서 마융도 "사람이 비록 다른 일에는 스스로 [마음을] 다할 수 없어도 친상親喪에 이르러서는 반드시 스스로 [마음을] 다함을 말한 것이다[言人雖未能自致盡於他事, 至於親喪, 必自致盡]"라고 하였는데, 정약용도 마융의 설을 취했다. 《맹자孟子》 〈등문공 상滕文公上〉 편에서 "친상은 진실로 스스로 [마음을] 다해야 하는 바이다[親喪, 固所自盡也]"라고 하였다.

능하기 어려운 효 19.18

증자가 말했다.

"내가 선생님께 들으니 '맹장자의 효 가운데 다른 것들은 할 수 있지만, 아버지의 신하와 아버지의 정치를 고치지 않는 것, 이것은 능하기 어렵다'고 하셨다."[19]

曾子曰: "吾聞諸夫子, '孟莊子之孝也, 其他可能也. 其不改父之臣與父之政, 是難能也.'"

윗사람이 도를 잃으면 19.19

맹씨(맹경자孟敬子인데 증자의 일곱 제자 중 하나)가 양부(증자의 제자)를 사사(소송을 담당하는 관직)로 삼자, [양부가] 증자에게 가르침을 청했다. 증자가 말했다.

"윗사람이 자신의 도를 잃어 백성들이 흩어진 지 오래되었다. 만일 그러한 정황[20]을 안다면 슬퍼하고 불쌍히 여겨야지 기뻐해서는

---

19) 맹장자는 노나라 대부 맹헌자孟獻子의 아들로서 이름이 중손속仲孫速이다. 노나라 양공을 섬겼고 공자의 선배였는데, 효성으로 유명했다. 이 문장의 맥락을 살펴보면, 노나라 양공 19년에 아버지가 죽었고, 본인 역시 4년 뒤인 양공 23년에 죽었는데, 아버지의 원칙에 따라 정치체계 등을 바꾸지 않고 그대로 유지하려 했다고 하여 이렇게 말한 것이다. 이 장은 〈학이〉 1.11에 나오는 "3년 동안 아버지의 도에서 고침이 없다면 효도라고 할 수 있을 것이다〔三年無改於父之道, 可謂孝矣〕"와 연결해서 읽으면 의미가 분명히 드러난다.

20) 원문의 "기정其情"의 의미로서 증자의 말은 윗사람들이 도를 잃어서 민심이 이반했으므로 설령 백성들에게서 범죄 혐의를 발견한다고 해도 그들을 감싸주어야 한다는 의미다.

안 될 것이다."

孟氏使陽膚爲士師, 問於曾子. 曾子曰: "上失其道, 民散久矣. 如得其情, 則哀矜而勿喜."

하류를 피해야 하는 이유 19.20

자공이 말했다.

"주紂[21]의 선하지 않음이 그토록 심한 것은 아니었다. 그러므로 군자는 하류[22]에 머무는 것을 싫어하니 천하의 악이 모두 그곳으로 돌아가기 때문이다."

子貢曰: "紂之不善, 不如是之甚也. 是以君子惡居下流, 天下之惡皆歸焉."

---

21) 은殷 왕조 마지막 군주로 이름은 수受이고 호는 제재帝宰다. 성격이 포악하기 이를 데 없었으며, 하 왕조의 걸桀과 더불어 폭군으로 유명하다. 중원의 문화를 회하, 장강 유역에 전파했으나 폭정으로 민심을 잃게 되어 주 무왕에게 토벌되어 스스로 목숨을 끊었다. 《사기》〈은본기〉에 그의 행적에 대한 상세한 내용이 전한다.

22) 주희의 풀이대로 지형이 낮은 곳으로 모든 물이 흘러들어오는 것을 의미하니, "사람의 몸이 더럽고 천한 실질이 있으면 또한 악명이 모이는 곳을 비유한 것이다(喩人身有汚賤之實, 亦惡名之所聚也)"라 하였다. 여기서는 한 왕조가 망할 때의 군주가 되거나, 이미 효용을 다해 실행할 가치가 없는 일을 맡는 것을 가리킨다.

일식이나 월식 같은 허물 19.21

자공이 말했다.

"군자의 허물은 마치 일식, 월식과 같다. 허물이 있으면 사람들이 모두 그것을 보고, 고쳤을 때에는 사람들이 모두 그것을 우러러본다."

子貢曰: "君子之過也, 如日月之食焉. 過也人皆見之, 更也人皆仰之."

스승이 없었다 19.22

위나라 공손조[23]가 자공에게 물었다.

"중니(공자)는 어떻게 배웠습니까?"

자공이 [공자를 변호하여] 말했다.

"문왕과 무왕의 도가 땅에서 떨어지지 않고 사람들에게 남아 있습니다. 현명한 자는 그중에서 큰 것을 기억하고, 현명하지 못한 사람은 그중에서 작은 것을 기억하고 있으니 문왕과 무왕의 도가 없는 곳이 없습니다. 선생님께서 어찌 배우지 않았겠습니까? 또한 어찌 일정한 스승이 있어야 했겠습니까?"

---

23) 원문의 "위공손조衛公孫朝"를 양보쥔은 적호翟灝의 《사서고이四書考異》라는 책의 구절을 인용해서 "춘추시대 노나라에는 성成 땅의 대부 공손조公孫朝가 있었는데 〈소공昭公〉 26년 전傳에 보이며, 초나라에도 무성武城의 윤尹[수령] 공손조가 있었는데 〈애공哀公〉 17년 전傳에 보이고, 정자산鄭子産에게 공손조라는 동생이 있었으니 《열자列子》에 보인다. 기록하는 사람이 그런 연유로 '위衛' 자를 따로 두고 있다〔春秋時魯有成大夫公孫朝, 見昭二十六年傳, 楚有武城尹公孫朝, 見哀公十七年傳, 鄭子産有弟曰公孫朝, 見列子. 記者故系衛以別之〕"라고 했다. 그러니 동명이인인 3명의 공손조가 있었던 셈이다.

衛公孫朝問於子貢曰: "仲尼焉學?" 子貢曰: "文武之道, 未墜於地, 在人. 賢者識其大者, 不賢者識其小者. 莫不有文武之道焉? 夫子焉不學, 而亦何常師之有?"

깊이의 차이 19.23

숙손무숙[24]이 조정에서 대부들에게 말했다.

"자공은 중니(공자)보다 현명합니다."

자복경백[25]이 [그 말을] 자공에게 알려주자, 자공이 말했다.

"궁궐의 담장에 비유한다면 나의 담장은 어깨에 미치므로 집안의 좋은 것을 엿볼 수 있지만 선생님의 담장은 몇 길이므로 그 문을 찾아 들어가지 못하면 종묘의 아름다움과 백관의 풍성함을 보지 못합니다. 그 문을 찾은 자도 적으니 선생(숙손무숙)께서 그렇게 말씀하시는 것도 당연하지 않겠습니까?"

叔孫武叔語大夫於朝曰: "子貢賢於仲尼." 子服景伯以告子貢. 子貢曰: "譬之宮牆, 賜之牆也及肩, 窺見室家之好. 夫子之牆數仞, 不得其門而入, 不見宗廟之美, 百官之富. 得其門者或寡矣. 夫子之云, 不亦宜乎?"

24) 숙손씨의 사람으로 시호는 무武이고 항렬은 숙叔이며 이름은 주구州仇이며, 무숙의자武叔懿子라고도 한다. 정공과 애공 두 임금을 섬기고 공자의 사후에 그를 강력하게 비방한 인물이다.

25) 노나라 대부로 자복하子服何이다. 자복경백은 자공의 현명함이 공자를 능가한다는 분위기를 자공에게 전할 정도로 자공과 사이가 좋았다.

헐뜯지 말라 19.24

숙손무숙이 중니를 헐뜯었다. 자공이 말했다.

"그러지 마십시오. 선생님을 험담할 수 없습니다. 다른 사람의 현명함은 구릉과 같아서 오히려 넘을 수 있지만, 선생님은 해와 달과 같아서 넘어설 수 없습니다. 사람들이 비록 스스로 [해와 달을] 끊으려 해도 어찌 해와 달에 손상이 갈 수 있겠습니까? 다만 자신이 분수를 알지 못하는 것을 드러낼 뿐입니다!"

叔孫武叔毁仲尼. 子貢曰: "無以爲也. 仲尼不可毁也. 他人之賢者, 丘陵也, 猶可踰也. 仲尼, 日月也, 無得而踰焉. 人雖欲自絶, 其何傷於日月乎? 多見其不知量也."

살아 계시든 돌아가시든 19.25

진자금[26]이 자공에게 말했다.

"그대가 공손한 것이지, 중니가 어찌 그대보다 현명하겠소?"

자공이 말했다.

"군자는 한마디 말로 지혜롭게 여겨지기도 하고, 한마디 말로 지혜롭지 않다고 여겨지기도 하니, 말을 하는 데 신중하지 않을 수 없습니다. 선생님에게 미칠 수 없는 것은 마치 하늘에 사다리를 놓고

26) 사마천은《사기》〈중니제자열전〉에서 공손조가 아니라 진자금陳子禽이란 자가 물었다고 기록하고 있다. 이름은 진항陳亢으로, 〈자장〉을 보면 공자의 제자가 아닌 것 같기도 하다.

올라갈 수 없는 것과 같습니다.[27] 선생님께서 나라를 얻었다면 이른바 백성들을 세우면 이에 세워지고, 백성들을 이끌어주면 이에 행하여졌을 것이며, 그들을 편안하게 해주면 그들이 다가왔을 것이고, 백성들을 동원하려고 했다면 그들이 화합했을 것입니다. 그분은 살아서는 영광스러웠고, 그분이 죽어서는 슬퍼했으니, 어떻게 그분에게 미칠 수 있겠습니까?"

陳子禽謂子貢曰: "子爲恭也, 仲尼豈賢於子乎?" 子貢曰: "君子一言以爲知, 一言以爲不知, 言不可不愼也. 夫子之不可及也, 猶天之不可階而升也. 夫子之得邦家者, 所謂立之斯立, 道之斯行, 綏之斯來, 動之斯和. 其生也榮, 其死也哀, 如之何其可及也?"

27) 정약용은 원문의 "계階"에 대하여 "계階는 낮은 데서 높은 데로 올라가기 위한 것이다(階, 所以自卑升高)"라고 하였다. 즉 사다리를 말한다. 이 글자는 '제梯' 자와 같으며 '사다리를 놓다'는 의미의 동사로 쓰였다.

제20편

요왈 堯曰

–성현이 전하고자 하는 말씀들

【해설】

〈요왈〉 편도 앞 편과 마찬가지로 공자가 세상을 뜬 후에 지은 것으로 유학의 정통성을 부연하려는 의도와도 연결된다고 볼 수 있다. 단 세 개의 장으로 구성되었고, 앞의 두 장은 매우 길어 다른 편들과는 전혀 다른 양상을 보인다.

글의 내용도 대부분 요임금과 순임금, 그리고 우임금의 선양에 대해 말하고 있다. 1장은 전반부와 후반부로 나뉘는데 전반부는 《상서》의 〈우서禹書〉 '대우모大禹謨' 편의 문장을 전재하여 능력의 중요성과 군주의 책임을 강조하고 있다. 후반부가 바로 공자의 말로 보이는데 나라와 백성들을 다스리는 방법을 설명하고 있다. "윤집기중允執其中"이란 단어에서 보이듯 중용의 정신을 강조하고 있으며 엄격한 법의 집행을 강조하며 너그러움, 신의, 부지런함, 공정성 등이 지도자의 덕목임을 강조한다. 2장은 자장이 공자에게 정치에 종사하는 문제를 두고 가르침을 청한 것인데 공자가 답한 다섯 가지 미덕과 네 가지 악에 주목해서 읽어야 한다. 3장은 매우 짧은데, 공자의 몇 마디 말로 이루어져 있을 뿐이고, 군자의 수양과 관련이 있는 글이다.

이 편은 매우 난삽하고 내용도 딱딱하고 문장의 구성 등이 이전의 대화체와 너무도 달라 후인의 가탁이 아닌가 의구심이 들 정도다. 혹자는 이 편을 《논어》 전체의 후서後序 혹은 보유補遺라고 보기도 하지만 아직도 《논어》 20편의 맨 마지막 편이라는 사실을 뒤집을 만한 반론은 나오지 않고 있다.

주희는 마지막 편을 요堯·순舜이 불러서 명한 말씀과 탕湯·무武가 군사들에게 맹세한 뜻 및 정사에 시행한 것들을 자세히 적어 성현이 전하고자 하는 말씀이 한결같음을 밝히고 있다고 보았다.

치국과 치민 20.1

요임금께서 말씀하셨다.

"아! 그대 순이여! 하늘의 역수[1]가 그대의 몸에 있으니, 진실로 그 중심을 잡도록 하라. 천하가 곤궁해지면 하늘이 내려주신 녹위祿位도 영원히 끊어질 것이다."

순임금도 우임금에게 이와 같이 명하셨다.[2]

[탕임금이] 말씀하셨다.

"저 소자 리履는 삼가 검은 수소를 [제물로] 바치면서 감히 빛나고 빛나신 하느님께 분명하게 아룁니다. 죄 있는 사람을 감히 용서하지 않겠으며, 하느님의 신하를 숨기지 않겠으며, 간택은 하느님의 마음에 달려 있습니다. 제 몸에 죄가 있다면 그것은 온 세상 사람들 때문이 아니고, 온 세상 사람들에게 죄가 있다면 그 죄는 저 자신에게 있습니다."

[은나라 정벌 후] 주나라에서 크게 은혜가 베풀어져, 착한 사람들이 부자가 되었다.[3]

---

1) 고대 제왕들은 천하를 다스리면서 율력律曆을 우선으로 했다. 율력은 음률과 역수의 줄임말인데, 율자를 따로 떼어 풀이하면 법률法律로 해석할 수도 있다. "역수曆數"는 제왕들이 서로 계승하는 차례이니, 세시와 절기의 선후와 같은 것이다. 공안국은 "역수는 천도天道를 말한다"고 하고, 하안은 "제위 서열의 차례〔列次〕"라고 하니 뜻은 다 통한다.

2) 이 장은 앞뒤 연결상 문제가 있다. 그래서 송대의 소식蘇軾 이래 문장이 누락되지 않았을까 하는 의구심을 품었는데 일리가 있다. 여하튼 우임금이 자리를 물려준 과정을 간단히 요약하면 이러하다. 요堯임금은 순舜임금에게 군주 자리를 물려주었고, 순임금은 우禹에게 군주 자리를 물려주었다. 순임금 때 사악四嶽(요순 때 사방 제후들의 우두머리와 열두 주의 목牧, 각 주의 행정 장관)이 모두 함께 우를 추천하였으므로 시험 삼아 벼슬을 주고 수십 년을 맡겨 공적을 확인한 연후에 군주 자리를 넘겨주었다.

[무왕이 말했다.]

"비록 주나라의 친척이었다 해도 인仁한 사람이 있는 것만은 못했습니다.[4] 백성에게 허물이 있다면 [그 책임은] 저 한 사람에게 있습니다."

도량형을 신중히 정하고, 법도를 심사했으며, 폐지[5]되었던 관직을 정비하니 사방의 정사가 행해졌다. 멸망한 나라를 일으키고, 끊어진 세대를 이어주고, 일민을 등용하자 천하 백성들의 마음이 돌아오게 되었다.

중시한 것은 백성·양식·상례·제사였다.

너그러우면 많은 사람을 얻게 되고, 신의가 있으면 백성이 따르게 되며, 부지런하면 공을 세우게 되고, 공정하면 [백성들이] 기뻐할 것이다.

3) 이 부분에 대해서는 서지학적인 문제가 제기된다. 주희는 "선인시부善人是富" 이하를 모두 무왕의 일을 서술한 것으로 보았으나, 양보쥔은 이하 두 절節(주유대뢰周有大賚, 선인시부善人是富)은 무왕이 제후를 봉하는 고체誥體로 보고 아래 "근권량謹權量" 이하만 공자의 말씀으로 보았다.

4) 공안국에 따르면 "지친至親이더라도 어질지 못하고 충성스럽지 못하면 이들을 베니, 관숙管叔, 채숙蔡叔이 바로 이에 해당하고, 인인仁人은 기자箕子·미자微子를 이르니, 그들이 오자 이들을 기용하였다〔親而不賢不忠則誅之, 管蔡是也. 仁人, 謂箕子微子, 來則用之〕"라고 하였고, 정약용은 "주친周親"을 '주실周室의 형제들'로 보아 "무왕은 미처 수레에서 내리지도 않고 황제黃帝와 요堯·순舜의 후예를 봉하고, 겨우 수레에서 내리자 하夏·은殷의 후예를 봉하고 비간比干의 묘에 봉분을 하였으니 미자·기자를 봉한 것도 모두 이 시기였는데, 노魯·위衛·모毛·담聃·관管·채蔡·조曹·등滕 등은 이 시기에 아직 한 치의 땅도 封함을 받지 못하였던 것이다. '비록 주친周親이 있어도 인인仁人만 같이 못하다'고 한 것은 이를 두고 한 것이다"라고 하였다.

5) 원문의 "폐廢"를 번역한 것으로 양보쥔은 조우趙佑의 《사서온고록四書溫故錄》에 "직무는 있는데 그 관직이 없거나, 관직은 있는데 그 일을 하지 않는 경우를 모두 '폐廢'라 한다〔或有職而無其官, 或有官而不擧其職皆曰廢〕"고 하여 "수폐관修廢官"을 '폐지되었던 관직을 정비하다'로 번역하였다.

堯曰: "咨! 爾舜! 天之曆數在爾躬, 允執其中. 四海困窮, 天祿永終." 舜亦以命禹. 曰: "予小子履, 敢用玄牡, 敢昭告于皇皇后帝. 罪不敢赦. 帝臣不蔽, 簡在帝心. 朕躬有罪, 無以萬方. 萬方有罪, 罪在朕躬." 周有大賚, 善人是富. "雖有周親, 不如仁人. 百姓有過, 在予一人[6]." 謹權量, 審法度, 修廢官, 四方之政行焉. 興滅國, 繼絶世, 擧逸民, 天下之民歸心焉. 所重民食喪祭. 寬則得重, 信則民任焉, 敏則有功, 公則說.

군자의 다섯 가지 미덕과 네 가지 악 20.2

자장이 공자께 여쭈었다.[7]

"어떻게 해야 정사에 종사할 수 있습니까?"

공자께서 말씀하셨다.

"다섯 가지 미덕을 존중하고 네 가지 악을 물리치면 곧 정사에 종사할 수 있을 것이다."

자장이 여쭈었다.

"무엇을 다섯 가지 미덕이라고 합니까?"

공자께서 말씀하셨다.

"군자가 은혜를 베풀면서도 낭비하지 않고, 수고롭더라도 원망

6) 원문의 "여일인予一人"은 "여소자予小子"라고 한 부분과 함께 모두 상고上古 때 제왕들이 스스로를 칭할 때 쓰는 말이다. 《사기史記》 〈은본기殷本記〉에 보면 탕湯의 이름이 천을天乙이라는 것을 알 수 있으며, 갑골 복사卜辭에서는 '태을大乙'로 썼다. 또 전하는 바에 의하면 탕의 이름은 '리履'라고도 했다(양보쥔 설). 이 원문은 연고주의를 배격하고 군주의 절대적 책임을 강조한다.

7) 원문의 "자장문어공자子張問於孔子"를 번역한 것인데, 황간은 여기서 "문問" 자 뒤에 '정政' 자가 누락되지 않았나 하는 의구심을 품었다.

하지 않으며[8], 욕망은 있어도 탐욕은 없고, 느긋하면서도 교만하지 않고, 위엄이 있으면서도 사납지 않은 것이다."

자장이 여쭈었다.

"무엇이 은혜를 베풀면서도 낭비하지 않는 것입니까?"

공자께서 말씀하셨다.

"백성들이 이롭게 여기는 바에 따라서 백성들을 이롭게 하면, 이것이 또한 은혜를 베풀면서도 낭비하지 않는 것이 아니겠느냐? 수고롭게 할 만한 일을 가려서 수고롭게 한다면 또한 누가 원망하겠느냐? 인하고자 하여[9] 인을 이룬다면 또 어찌 탐욕스럽겠느냐? 군자는 많고 적음을 상관하지 않고, 작거나 큰 것을 상관하지 않으며, 함부로 오만하게 하지 않으니 이 또한 바로 넉넉하면서도 교만하지 않는 것이 아니겠느냐? 군자가 그의 의관을 바르게 하고 그 바라보는 시선을 존엄히 함으로써 근엄한 모습을 보여 사람들로 하여금 우러러 두렵게 한다면 이 또한 위엄이 있으면서도 사납지 않은 것이 아니겠느냐?"[10]

---

8) 원문의 "노이불원勞而不怨"을 번역한 것으로 〈이인〉 4.18에 "부모를 섬길 때는 완곡하게 간언하고, [자신의] 생각을 [부모님이] 따라주지 않는다 하더라도 또한 공경하여 거스르지 않아야 하고, 힘들더라도 [부모님을] 원망해서는 안 된다〔事父母幾諫, 見志不從, 又敬不違, 勞而不怨〕"라고 언급하는데, 성백효에 의하면 여기에서는 위정자의 미덕을 말하는 것으로 '백성을 수고롭게 하나 백성이 원망하지 않는다'의 의미가 되어 〈이인〉 4.18과는 다른 뜻으로 보았다.

9) 원문의 "욕인欲仁"을 번역한 것으로 정약용은 "백성을 편안하게 하고자 하는 것〔欲安民〕"이라 하였다.

10) 원문의 "존기첨시尊其瞻視"에 대하여 정약용은 "백성들이 바라보는 바에 있어서 위의威儀가 존엄함을 이른다〔謂民之所瞻視, 威儀尊嚴〕"라고 하였고, 양보쥔은 "눈으로 비뚤어지게 보지 않는다〔目不邪視〕"라고 보았다. 이 구절은 자장이 공자께서 말씀하신 다섯 가지 미덕 중에서 첫 번째로, '은혜를 베풀면서도 낭비하지 않는 것'을 물었는데, 공자가 다섯 가지 미덕을 다 설명하고 있다.

자장이 여쭈었다.

"무엇을 네 가지 악한 것이라고 합니까?"

공자께서 말씀하셨다.

"가르쳐주지도 않고 죽이는 것을 잔인하다 하고, 경계하지도 않고 성과를 보려는 것을 포악하다 하며, 명령은 태만히 하고 기한 안에 이루려는 것을 해치는 것이라 하고, 사람들에게 고루 나누어 주어야 하는데도 출납을 인색하게 하는 것[11]을 옹졸한 벼슬아치라고 한다."[12]

子張問於孔子曰: "何如斯可以從政矣?" 子曰: "尊五美, 屛四惡, 斯可以從政矣." 子張曰: "何謂五美?" 子曰: "君子惠而不費, 勞而不怨, 欲而不貪, 泰而不驕, 威而不猛." 子張曰: "何謂惠而不費?" 子曰: "因民之所利而利之, 斯不亦惠而不費乎? 擇可勞而勞之, 又誰怨. 欲仁而得仁, 又焉貪? 君子無衆寡, 無小大, 無敢慢, 斯不亦泰而不驕乎? 君子正其衣冠, 尊其瞻視, 儼然人望而畏之, 斯不亦威而不猛乎?" 子張曰: "何謂四惡?" 子曰: "不敎而殺謂之虐. 不戒視成謂之暴. 慢令致期謂之賊. 猶之與人也, 出納之吝謂之有司."

---

11) 양보쥔에 따르면 "출납出納"에서 '내어준다'는 의미의 "출出"과 '들인다'는 뜻의 "납納"은 서로 상반되는 단어인데, 비록 연용해서 사용되었지만 오히려 "출出"의 뜻으로 사용되었으며, "납納"의 뜻은 없다고 하였다. 재물은 함께 마땅히 사람들에게 나누어주어야 하는데, 출납에 인색해서 이를 어렵게 여기는 것이다(공안국 설).

12) 이 구절의 의미는 의義로써 백성을 가르치고 형벌을 사용하고, 미리 경계할 것을 점차 해나가며, 목적이나 결과만 갑작스럽게 책망하지 말며, 명령을 태만히 늦추다가 기한에 재촉하면 피해가 많다는 뜻이다. 〈요왈〉 20.1이 큰 틀에서 치국에 대한 집대성이라면 이 편은 정사로 백성을 다스리는 요체의 집대성이라 하겠다.

알아야 할 세 가지 20.3

공자께서 말씀하셨다.

"천명을 알지 못하면 군자가 될 수 없다. 예를 알지 못하면 자립할 수 없다. 말을 알지 못하면 다른 사람을 알 수 없다."[13)]

孔子曰: "不知命, 無以爲君子也. 不知禮, 無以立也. 不知言, 無以知人也."

13) 《논어》의 마지막 문장에서 공자는 군자가 갖추어야 할 중요한 덕목으로 "명命", "예禮", "언言" 세 가지를 알아야만 군자가 될 수 있고 스스로 설 수 있으며 사람을 이해할 수 있다고 강조하고 있다. 특히 "립立" 자는 자신의 세계관을 구체적 상황 속에서 처결해나갈 수 있는 자립적 상황이나 능력을 의미한다. 또한 세 차례나 "지知"를 사용한 데서 알 수 있듯이 이 마지막《논어》문장은《논어》의 첫 문장인 "학이시습지學而時習之"의 '학學', '습習', 그리고 첫 편 "인부지人不知"에서의 '지知'란 단어 등과 연관지어 생각해볼 수 있다.

참고문헌

何晏,《論語注疏》(《十三經注疏)》下册), 中華書局, 1980
刑昺,《論語義疏》, 中華書局, 1980
皇侃,《論語義疏》
韓愈,《論語筆解》
宋翔鳳,《論語說義》
朱熹,《論語集注》, 中華書局, 1983
楊樹達,《論語疏證》, 科學, 1955
이장우, 박종연 역,《논어역주》, 중문출판사, 1997
趙紀彬,《論語新探》, 人民出版社, 1976
楊伯峻,《論語譯注》, 中華書局, 1980
錢穆,《論語新解》, 三聯書店, 2002(1963년 초판)
——,《錢穆先生全集(新校本)-孔子與論語》, 九洲圖書, 2011
李澤厚,《論語今讀》, 三聯書店, 2004
程樹德,《論語集釋(全4册)》, 中華書局, 2011
劉寶楠,《論語正義(上·下)》, 中華書局, 1990
丁若鏞,《論語古今註》, 성균관대학교 대동문화연구원 刊, 한국경학자료
이지형 역주,《논어고금주》, 사암, 2017
李珥,《論語釋義》, 한국경학자료집성본
李滉,《論語釋義》, 한국경학자료집성본
朴世堂,《論語》, 민족문화추진회본

李零,《去聖乃得眞孔子-論語縱橫讀》, 三聯書店, 2008
———, 《喪家狗我讀論語》, 山西人民出版社, 2007
김갑수 역,《집 잃은 개》(1, 2), 글항아리, 2012
———, 《郭店楚簡校讀記》, 北京大學出版社, 2001
南懷瑾,《論語別裁》, 復旦大學出版社, 1990
孫欽善,《論語注譯》, 巴蜀書社, 1990
金良年,《論語譯注》, 上海古籍出版社, 1995
牛澤群,《論語札記》, 連山出版社, 2003
傅佩榮,《論語300講(上·下)》, 中華書局, 2010
司馬遷,《史記》(標點本), 中華書局, 2002(1959년 초판)
倪晋波, 〈《史記·孔子世家》辨惑〉,《渭南師范學院學報》, 第23卷 第6期(2008. 11)
田率, 〈孔子言行考兩則以《史記·孔子世家》爲中心〉,《湖南科技學院學》, 第29卷 第9期(2008. 9)
陳移瑜, 〈孔子形象的悲色彩讀《史記·孔子世家》〉,《中國校外教育雜志教》, 2008. 8
———, 〈讀《史記·孔子世家》談孔子形象的悲色彩〉,《中國校外教育下旬刊》, 2008. 1
李啓謙,《孔門弟子硏究》, 齊魯書社, 1988
李啓謙·駱承烈·王式倫 編,《孔子資料彙編》, 山東友誼書社, 1991
———, 《孔子弟子資料彙編》, 山東友誼書社, 1991
孫星衍·郭沂 校補,《孔子集語校補》, 齊魯書社, 1998
이강재, 〈《論語》, 上十篇의 解釋에 대한 硏究〉, 서울대학교 박사학위 논문. 1998
許愼, 段玉裁,《說文解字注》, 黎明文化公司, 1986
김학주,《논어》, 서울대출판부, 2009
———, 《공자의 생애와 사상》, 태양문화사, 1978
성백효,《논어집주》, 전통문화연구회, 2011
———, 《논어집주》 3권, 한국인문고전연구소, 2013
동양고전연구회 역,《논어》, 민음사, 2016
배병삼,《논어》 1·2, 문학동네, 2010

심경호,《논어》(1~3), 민음사, 2013
이을호,《논어》, 박영사, 1973
류종목,《논어의 문법적 이해》, 문학과지성사, 2000
황희경,《논어》, 시공사, 2000
김용옥,《논어한글역주(전3권)》, 통나무, 2008
피에르 도딘, 김경애 옮김,《공자》, 한길사, 1998
벤자민 슈워츠, 나성 옮김,《중국 고대사상의 세계》, 살림, 1996
차주환,《동양의 지혜-논어》, 을유문화사, 1972
김원중,《사기세가》, 민음사, 2015
——,《사기열전》, 민음사, 2015
——,《사기본기》, 민음사, 2015
김종무,《논어신해》, 민음사, 1989
김학주,《시경》, 명문당, 1985
——,《서경》, 명문당, 2001
——,《순자》, 을유문화사, 2001
안동림,《장자》, 현암사, 2004
오규 소라이, 임옥균 등 옮김,《논어징(전3권)》, 소명출판, 2010
카이즈카 시게키, 박연호 옮김,《공자의 생애와 사상》, 서광사, 1991
金谷治,《論語》, 岩波文庫, 1999
Robert Eno, "The Background of the Kong Family of lu and the Origins of Ruism", *Early China*, No.28, 2003
Dawson, Raymond Stanley, *The analects Confucius*, New York : Oxford University Press, 2008
Leonel M. Jesen, *Manufacturing Confucianism: Chinese Traditions & Universal Civilization*, Durhamand London : Duke University Press,1997
E. Bruce Brooks and A. Taeko Brooks, *The Original Analects: Sayings*

of Confucius and His Successors, New York : Columbia University Press, 1998

D. C. Lau, *Confucius-The Analects*, Hong Kong : Chinese University Press, 1979

Herrlee Gr. Creel, *Confucius and The Chinese Way*, New York : Harper & Row Publishers, 1949(이성규 옮김,《공자: 인간과 신화》, 지식산업사, 1983)

Herber Fingratte, *Confucius: The Secularas Sacred*, New York : Harper & Row Publishers, 1972

Roger T. Amesand Henry Rosemont, Jr., *The Analects of Confucius: a Philosophical Translation*, New York : The Ballantine Publishng Group, 1998

Michael Loeweed, *Early Chinese Texts: a Bibliogphical Guide*, Berkeley: The Society for Study of Early China and The Institute of East Asian Studies, Universoty of California, 1993

찾아보기

ㄱ

ㄷ

ㄹ

ㅁ

ㅂ

ㅅ

ㅇ

ㅈ

옮긴이 김원중金元中

성균관대학교 중문과에서 문학박사 학위를 받았다. 대만 중앙연구원과 중국 문철연구소 방문학자 및 대만사범대학교 국문연구소 방문교수, 중국 푸단대학교 중문과 방문학자, 건양대학교 중문과 교수, 대통령 직속 인문정신문화특별위원, 한국학진흥사업위원장을 역임했다. 현재 단국대학교 사범대학 한문교육과 교수로 재직 중이며, 대통령 직속 국가교육위원회 전문위원과 중국인문학회 부회장을 맡고 있다.

동양의 고전을 우리 시대의 보편적 언어로 섬세히 복원하는 작업에 매진하여, 고전 한문의 응축미를 담아내면서도 아름다운 우리말의 결을 살려 원전의 품격을 잃지 않는 번역으로 정평 나 있다. 《교수신문》이 선정한 최고의 번역서인 《사기 열전》을 비롯해 《사기 본기》, 《사기 표》, 《사기 서》, 《사기 세가》 등 개인으로서는 세계 최초로 《사기》 전체를 완역했으며, 그 외에도 MBC 〈느낌표〉 선정도서인 《삼국유사》를 비롯해 《논어》, 《맹자》, 《대학 · 중용》, 《노자 도덕경》, 《장자》, 《한비자》, 《손자병법》, 《명심보감》, 《채근담》, 《정관정요》, 《정사 삼국지》(전 4권), 《당시》, 《송시》, 《격몽요결》 등 20여 권의 고전을 번역했다. 또한 《고사성어 사전: 한마디의 인문학》(편저), 《한문 해석 사전》(편저), 《중국 문화사》, 《중국 문학 이론의 세계》 등의 저서를 출간했고 40여 편의 논문을 발표했다. 2011년 환경재단 '2011 세상을 밝게 만든 사람들'(학계 부문)에 선정되었다. 삼성사장단과 LG사장단 강연, SERICEO 강연 등 이 시대의 오피니언 리더들을 위한 대표적인 인문학 강연자로도 널리 알려져 있다.

논어 인생을 위한 고전 (개정판)

초판 1쇄 발행일 2017년 5월 22일
개정판 1쇄 발행일 2019년 10월 14일
개정판 8쇄 발행일 2024년 1월 8일

지은이 공자
옮긴이 김원중

발행인 김학원
발행처 (주)휴머니스트출판그룹
출판등록 제313-2007-000007호(2007년 1월 5일)
주소 (03991) 서울시 마포구 동교로23길 76(연남동)
전화 02-335-4422 **팩스** 02-334-3427
저자·독자 서비스 humanist@humanistbooks.com
홈페이지 www.humanistbooks.com
유튜브 youtube.com/user/humanistma **포스트** post.naver.com/hmcv
페이스북 facebook.com/hmcv2001 **인스타그램** @humanist_insta

편집주간 황서현 **편집** 박상경 **디자인** 김태형 **표지글씨·전각** 강병인
조판 홍영사 **용지** 화인페이퍼 **인쇄** 삼조인쇄 **제본** 경일제책

ISBN 979-11-6080-031-9 04140
ISBN 978-89-5862-322-9(세트)